美国337调查
规则、实务与案例

钟 山◎主 编

商务部进出口公平贸易局◎组织编写

知识产权出版社

全国百佳图书出版单位

图书在版编目（CIP）数据

美国337调查：规则、实务与案例/钟山主编；商务部进出口公平贸易局组织编写. ——
北京：知识产权出版社，2012.5（2018.4重印）

ISBN 978-7-5130-0970-6

Ⅰ.①美… Ⅱ.①钟…②商 Ⅲ.①关税法—研究—美国 Ⅳ.①D971·222

中国版本图书馆CIP数据核字（2011）第251344号

内容提要

国际金融危机后，中国企业面对的国际竞争更加激烈和复杂。在"走出去"过程中，国内企业如
何在跨国公司和专利公司的知识产权布局及诉讼阵中突围？本书全面介绍和梳理美国337调查的规则
和运行机理，深入解析应诉的策略和技巧，总结典型案例的经验和教训，为国内企业提供权威应诉指
南。尤其是，国内外资深律师在应诉策略选择、应诉团队组建、证据收集与保全、商业秘密保护、专
利权利要求阐释、规避设计、反制以及海关执法等方面提供的详细的实务解决方案，对于国内企业具
有重要参考价值。

读者对象：外贸经营者、行业组织管理人员、知识产权领域科研人员、政府公务员、法律工作者、
高校师生以及普通大众。

责任编辑：倪江云		责任校对：韩秀天	
装帧设计：张　冀		责任出版：卢运霞	

美国337调查：规则、实务与案例
Meiguo 337 Diaocha：Guize、Shiwu Yu AnLi
钟　山　主编
商务部进出口公平贸易局　组织编写

出版发行：知识产权出版社有限责任公司	网　　址：http：//www.ipph.cn	
社　　址：北京市海淀区气象路50号院	邮　　编：100081	
责编电话：010－82000860转8335	责编邮箱：nijiangyun@cnipr.com	
发行电话：010－82000860转8101/8102	发行传真：010－82000893/82005070/82000270	
印　　刷：北京嘉恒彩色印刷有限责任公司	经　　销：各大网上书店、新华书店及相关专业书店	
开　　本：720mm×960mm　1/16	印　　张：23	
版　　次：2012年5月第1版	印　　次：2018年4月第2次印刷	
字　　数：396千字	定　　价：62.00元	

ISBN 978-7-5130-0970-6/D·1372（3862）

编　委　会

序

改革开放 30 多年，特别是加入世界贸易组织 10 年来，我国社会经济和对外贸易快速发展，已成为全球第二大经济体、世界第一大出口国和第二大进口国。国际金融危机后，各国均把恢复发展作为首要任务，着力打造和发展新兴战略产业，抢占未来科技发展制高点，知识产权已成为国家发展战略和企业核心竞争力的重要内容。

随着我国产业结构调整和产业升级步伐加快，进口和出口商品结构逐步优化，我国企业参与国际竞争的能力显著提升，国内企业知识产权创新意识和保护意识不断提高。在激烈的国际竞争中，国外企业注重知识产权布局和运用，部分企业利用其知识产权优势地位，以发动知识产权诉讼为竞争手段，不断谋求更高的商业利润，抑制竞争对手发展。近年来，我国企业遭遇的知识产权贸易摩擦呈上升趋势，严重影响企业正常经营，损害"中国制造"形象，不利于我国对外贸易持续稳定发展。尤为突出的是，国外企业频繁利用以美国 337 调查为代表的知识产权保护制度，对中国企业提出侵权调查，如应对不利，将使企业陷入发展瓶颈，对中国高科技产品进入美国市场形成制度上制约。数据显示，中国加入世界贸易组织 10 年来，中国企业累计遭遇美国 337 调查 101 起，占同期美国立案总数的 30.4%。2010 年，中国企业遭遇美国 337 调查达到 19 起，创历史之最。2011 年，涉及中国企业的美国 337 调查案件已经达到 17 起。中国企业和出口产品已成为 337 调查的主要对象，损失巨大。

商务部高度重视知识产权保护及贸易摩擦应对工作。多年来，商务部遵循"企业为主体、行业组织协调、政府指导"的原则，积极指导帮助中国企业应对美国 337 调查。2010 年 10 月，商务部与美国国际贸易委员会共同举办了"337 调查中美交流研讨会"，就调查中的程序和实践问题进行了坦诚深入的对话与交流，取得良好成效。经各方共同努力，中国企业应对美国 337 调查的应诉率已由

I

"入世"之初的 60% 跃升至 2011 年的 80% 以上，部分案件还取得完胜的可喜效果。

　　美国 337 调查应对工作的法律性、专业性和实践性很强，针对我国一些涉案企业尤其是中小企业因不了解美国 337 调查的法律制度和调查程序而蒙受巨大损失的现状，商务部进出口公平贸易局组织社会征文和专题研究，结合具体案例，精心组织编写了《美国 337 调查：规则、实务与案例》。本书理论与实践相结合，专业与实务相结合，旨在普及 337 调查制度基础知识，交流应对经验，提供策略性指导，帮助我国企业和商协会提高对知识产权贸易摩擦的防范能力。

　　本书撰稿人包括经验丰富的中外律师、从事 337 调查制度研究的学者、组织协调企业应诉的商协会专家等，他们出谋划策、各抒己见。希望本书能为所有从事对美出口的企业、参与美国 337 调查及相关知识产权纠纷的应对中国企业、商协会提供有益的启发和帮助，为从事涉外知识产权法律研究和实务工作的专业人士提供研究素材和参考。

商务部副部长

2011 年 12 月

编写说明

为更好地帮助我国企业全面了解美国337调查的规则和实务，介绍应对经验和教训，并提供权威咨询，指导我国企业更好地应对337调查，商务部进出口公平贸易局于2010年10月开展了"美国337调查案例征文活动"。征文活动得到社会各界的广泛支持。经过汇总，编委会共收到来自中外律师、高等院校知识产权研究人员、涉案企业、商协会和各级商务主管部门工作人员等30余篇稿件。经过慎重审查和筛选，同时考虑为全面向读者介绍美国337调查制度，编委会决定在所选优秀稿件的基础上，纳入商务部进出口公平贸易局编写和整理的"美国337调查及应诉常见问题系列问答"、美国《1930年关税法》第337节（英文）以及《ITC操作与程序规则》（英文）作为附录，汇总形成本书。

本书包括规则篇、形势篇、实务篇、案例篇和附录五个部分。规则篇涵盖制度概述、参与各方、立案条件、基本程序、救济措施及执行、实体法规则、后续和关联司法程序以及该制度在多边遭遇的挑战共八节，对于企业、商协会、政府部门、法律实务工作者和理论研究人员等详细了解337调查的实体和程序规则均具有参考价值。形势篇包括美国337调查情况总体分析、涉华337调查情况分析、我国电子信息产品行业频繁遭遇337调查原因及特点剖析、重点涉案地区情况分析，以及对日、韩及我国台湾地区企业遭遇337调查的历史情况及应对经验的系统介绍。实务篇为涉案企业应对337调查提供实务解决方案和具体的应诉策略，同时也为国内律师从事337调查应诉法律服务提供有益经验，包括：企业建立对外贸易知识产权战略、应诉策略选择、组建应诉团队、证据收集与保全、商业秘密的保护、专利权利要求阐释、规避设计、尽早结案的方式、反制、海关执法的应对及应诉费用的控制等共十一节。案例篇对自2003年以来我国企业应诉337调查的十个经典案例进行解读。这些案件诉由不同，抗辩策略存在差别，结案方式也各异，给企业带来的影响和启示也不同。每一个案例都采取开篇导言及结尾总结的方式，既有利于读者快速了解案例特点，又能给有关读者带来启示。希望能以此为我国政府相关部门、商协会、企业、律师和学术界了解我国企业应对 337 调查的具体案例和实战经验提供参考。

本书历经近一年的审稿、翻译和校对，会聚了编委会全体成员的辛勤劳动和努力。编委会多次组织召开统稿和编审会议，对书稿的结构、内容和完善提出许多建议性意见，并就译文（因部分投稿为外国律师以英文写成）校订、术语统一、索引与查询等做了大量细致认真的工作。商务部钟山副部长担任本书主编并亲自为本书作序。商务部进出口公平贸易局周晓燕局长担任副主编，负责书稿的统一指导；夏翔调查副专员、刘丹阳副局长对本书的编写提出了具体的指导意见。商务部进出口公平贸易局壁垒调查处罗津处长、李飒一等商务秘书、张金定以及北京大学知识产权学院黄贤涛老师反复对书稿进行修改和完善。感谢各位作者的踊跃投稿和积极配合，本书除文字及用语等方面进行具体调整外，各章节特别注意保留了各位作者的观点。

本书编写分工如下（按撰写章节排序）：

第一部分第一节：冉瑞雪、黄贤涛、谢琳；第二节：冉瑞雪、谢琳；第三至七节：冉瑞雪；第八节：张金定。

第二部分第一节：李磊、黄贤涛；第二节：黄贤涛；第三节：刘鹏旭、燕钢；第四节：张勇；第五节：里察·福岛（Ric Fukushima）、王翔（Xiang Wang）、王大伟（David Wang）。

第三部分第一至二节：冉瑞雪；第三节：冉瑞雪、史蒂文·E. 艾德楷（Steve E. Adkins）；第四节：曾世瑾（Jim S. Zeng）；第五节：冉瑞雪；第六节：克里斯托弗·A. 休斯（Christopher A. Hughes）、东尼·V. 佩扎诺（Tony V. Pezzano）、肯特·R. 史蒂文斯（Kent R. Stevens）；第七节：冉瑞雪、张伟；第八节：冉瑞雪；第九节：韩度尘（Edward V. Anderson）、杜喜格（Teague I. Donahey）；第十节：毕澜碣（Richard Belanger）；第十一节：冉瑞雪。

第四部分第一节：张涛；第二节：斯蒂芬·J. 罗森曼（Stephen J. Rosenman）、王宏（Henry Wang）；第三节：马宇峰、朱晓洁；第四节：汤姆·M. 萧尔伯格（Tom M. Schaumberg）、莎拉·E. 汉柏林（Sarah E. Hamblin）、盛茜（Kelly Q. Sheng）；第五节：安·G. 福特（Ann G. Fort）、威廉·F. 龙（William F. Long）、方蕾（Lei Fang）、乔希·D. 库瑞（Joshua D. Curry）；第六节：王子聪；第七节：玛莎·H. 桑丁（Marcia H. Sundeen）；第八节：查尔斯·F. 希尔（Charles F. Schill）；第九节：巴·德·布兰克（Bas de Blank）、米莎夏·铃木（Misasha Suzuki）、唐海燕（Haiyan Tang）；第十节：张金定。

附录一由商务部进出口公平贸易局编写；附录二和附录三由商务部进出口公平贸易局整理和校对。

感谢北京大学知识产权学院和中国机电产品进出口商会对书稿的审校、翻译，同时还要感谢北京君合律师事务所冉瑞雪律师、盛德国际律师事务所李磊律师、知识产权出版社倪江云编辑，以及北京大学知识产权学院研究生谢琳、沈盼、王子聪、张伟、周慧婷、彭伟、王帆、宋晓盼、纪登波、王晓丹、侯典杰、黄晓燕等为本书的审核和校对提供的帮助。最后，还要感谢知识产权出版社对本书的鼎力支持。

由于统稿水平所限，本书还存在许多不足之处，希望读者给予批评指正、提出宝贵意见。

本书编写组

目　　录

第一部分　规则篇

第二部分　形势篇

第三部分　实务篇

第四部分　案例篇

附　　录

第一部分　规则篇

第一节　337 调查制度概述

一、337 调查简介

337 调查是美国国际贸易委员会（International Trade Commission，ITC）依据美国《1930 年关税法》第 337 节的有关规定，针对进口贸易中的知识产权侵权行为以及其他不公平竞争行为开展调查，裁决是否侵权及有必要采取救济措施的一项准司法程序。

337 调查通常应当事人的申请发起，原则上也可由 ITC 自行发起。337 调查虽然不是由司法机关负责，但其调查程序、调查方式与民事诉讼有许多相似之处。它由一名行政法官负责审理，一项完整调查的程序可大致分为以下阶段：立案、证据开示程序、开庭、行政法官初裁、ITC 复审、总统审查和 ITC 终裁。根据调查结果，若 ITC 认定被申请人违反 337 条款，可应申请人的请求，针对被申请人发布有限排除令（Limited Exclusion Order），或在满足特定条件的前提下发布普遍排除令（General Exclusion Order），禁止侵权产品进入美国市场。此外，ITC 还可发布制止令（Cease and Desist Order），要求美国境内的批发商或零售商等停止销售相关侵权产品。

实践中，涉及侵犯美国知识产权的 337 调查案件 85% 以上是针对专利侵权行为，少数调查涉及注册商标侵权、版权侵权、集成电路布图设计侵权和外观设计侵权等行为。其他不公平竞争案件的类型包括普通法商标侵权、虚假指定原产地、仿冒、虚假广告、侵犯商业秘密、商业外观侵权、违反反垄断法、商标淡化以及其他不公平竞争行为等。

337 调查与裁决所遵循的法律规则包括实体法和程序法两部分。在实体法方面，337 调查主要适用美国《1930 年关税法》第 337 节的有关规定，美国联邦和各州关于知识产权侵权认定的各种法律，以及其他关于不公平竞争的法律；在程序法方面，337 调查主要适用包括《联邦法规汇编》（C.F.R.）关于 ITC 调查的有关规定、《ITC 操作与程序规则》、《联邦证据规则》关于民事证据的规定、《行政程序法》关于行政调查的有关规定等。此外，美国联邦法院关于知识产权和 337 调查上诉案件的判例对 ITC 的调查与裁决也有一定影响。

（一）美国 337 条款

美国《1930 年关税法》第 337 节简称"337 条款"，其前身是《1922 年关税法》第316条，现被汇编在《美国法典》（U.S.C.）第19编第337节，主要调查进口贸易中侵犯知识产权以及其他不公平竞争的行为。经过《1974年贸易法》、《1988年综合贸易与竞争法》以及《1994年乌拉圭回合协议法》等多次修改，该条款已成为美国在国际贸易中保护知识产权的重要机制。

（二）《ITC操作与程序规则》

ITC依据《ITC操作与程序规则》开展337调查。《ITC操作与程序规则》系《联邦法规汇编》第19编第210节"裁决和执行"部分，适用于337调查及相关程序，其内容主要包括：（1）普遍适用的规则；（2）调查前程序和调查程序；（3）申请书；（4）动议；（5）证据开示和强制程序；（6）庭审前会议和听证会；（7）裁决和采取行动；（8）临时救济；（9）强制执行程序和咨询意见。

（三）美国联邦法院关于337调查的判例

337调查案件可能涉及的美国联邦法院包括：美国联邦地区法院、美国联邦巡回上诉法院和美国联邦最高法院。美国联邦地区法院受理337调查中的反诉❶、与337调查案件争议相关的平行诉讼❷和依据ITC起诉判定罚金❸，美国联邦巡回上诉法院（CAFA）受理337调查当事人因对ITC终裁不服提起的上诉，美国联邦最高法院审理对美国联邦巡回上诉法院裁决的上诉，其判决也是最终判决。联邦法院在司法实践中通过判例确定的原则和方法等对337调查案件的调查与裁决也具有约束作用。

二、337调查制度的起源和发展

337调查制度最早可追溯到美国《1922年关税法》，在美国国内政治、产业竞争和对外贸易政策变化等因素影响下，它经历了停滞、复苏的发展历程，经过20世纪70~90年代期间的四次立法推动，ITC的管辖权得以确立和扩大，337调查程序和救济手段不断充实和丰富，337调查制度成为美

---

❶ 在337调查中，如果被申请人向ITC提出反诉请求，该反诉将被迅速移送到对同案有管辖权的联邦地区法院审理，联邦地区法院仅对源于本诉的同一件事的反诉有管辖权。

❷ 被申请人在同时面临同一案由引发的337调查和联邦地区法院侵权诉讼时，可以申请暂时中止联邦地区法院的诉讼程序。申请人向ITC请求发起调查的30日内，经被申请人请求，联邦地区法院中止案件审理。当ITC作出337调查的最终裁决后，联邦地区法院再行审理，而且联邦地区法院可以利用ITC的审理记录。

❸ 根据《1979年贸易协定法》的规定，当ITC对违反其排除令或制止令的行为提起民事诉讼，要求处罚罚金时，联邦地区法院可以审理并作出判决。

国知识产权保护体系的重要组成部分，被美国专利权人及跨国公司日益频繁的使用。

（一）337 调查制度的萌芽（1922 年）

在美国早期的经济贸易发展中，关税法起到增加和调节政府财政收入、保护国内产业和维护美国对外贸易利益的作用。美国国会于 1916 年建立关税委员会（ITC 前身），负责调查本国海关法对财政和产业的管理效应、海关法的税则安排和商品归类、美国与外国关税间的关系及其他与国际贸易相关的事宜，关税委员会向总统和国会提交信息和报告。❶ 对于进口贸易中的不公平竞争方法和不公平行为，美国《1922 年关税法》在第 316 条作出规定：如果关税委员会发现存在这些做法，应向总统报告，总统有权对有关产品增加关税或禁止这些产品进入美国。

《1922 年关税法》第 316 条是 337 条款的雏形，但它并未明确侵犯美国知识产权的进口行为是否属于其管辖范围。1922～1930 年，关税委员会通过对四个案件的调查和裁决实践，确定境外仿造美国境内商品、假冒商标和侵犯美国专利是不公平竞争方法或不公平行为；在以上四个案件中，总统均对进口产品签发了进口禁令。❷ 在其中一个案件的上诉中，美国海关和专利上诉法院（CCPA，即 CAFA 的部分前身）维持了关税委员会裁决的实体内容，❸ 实质上支持了关税委员会对侵犯专利行为是不公平竞争方法或不公平行为的认定，但是保留了对专利有效性认定的专属管辖权。

（二）337 调查制度的产生（1930 年）

1929 年，美国国会考虑修订关税法，同年，因股票市场崩溃，美国出现经济大萧条，贸易保护主义思潮加剧。1930 年 6 月，美国为保护国内产业通过了《斯穆特—霍利关税法》（*The Smoot - Hawley Tariff Act*），即《1930 年关税法》，设定了美国历史上最高的关税税率。❹ 该法在第 337 节纳入了《1922 年关税法》第 316 条的内容，赋予关税委员会调查权。以保护知识产权（尤

---

❶ 布鲁斯·克拉伯. 美国对外贸易法和海关法［M］. 蒋兆康，王洪波，何晓睿，等，译. 北京：法律出版社，2000：71 - 73.

❷ 布鲁斯·克拉伯. 美国对外贸易法和海关法［M］. 蒋兆康，王洪波，何晓睿，等，译. 北京：法律出版社，2000：590.

❸ 布鲁斯·克拉伯. 美国对外贸易法和海关法［M］. 蒋兆康，王洪波，何晓睿，等，译. 北京：法律出版社，2000：591.

❹ 布鲁斯·克拉伯. 美国对外贸易法和海关法［M］. 蒋兆康，王洪波，何晓睿，等，译. 北京：法律出版社，2000：96.

其是专利权）为特征的 337 条款由此得名。

1930～1935 年，关税委员会的肯定性裁决仅限于专利案件，即使某些案件涉及其他不公平行为，关税委员会在案件处理中仍以专利违法为核心，总统接受关税委员会关于颁布禁止进口令的建议；即使有时出现非议，海关和专利上诉法院仍支持关税委员会依据以专利为基础的救济请求所采取的行动。❶

（三）337 调查制度的停滞（1936～1968 年）❷

1936～1968 年，关税委员会对 337 条款的实施采取消极的态度。其间，关税委员会收到 66 件救济申请，仅作出三项肯定性裁决，而总统未对任何一项裁决签发禁止进口令。❸

337 条款的适用陷入停滞。一是由于关税委员会与海关和专利上诉法院存在分歧。1935 年，在“阿姆托格贸易公司案”中，请求救济的美国专利权人提出：提炼某种磷酸盐岩的方法是受专利保护的。关税委员会在判决中确认了他的请求，建议禁止该产品进口到美国。在对该案上诉中，海关和专利上诉法院推翻了关税委员会裁决，裁定方法专利不受 337 条款的保护。❹ 此后，关税委员会建议国会将专利事务移交联邦法院处理，所有其他不公平行为的案件移交联邦贸易委员会处理，并表示管理不公平行为的职责不符合关税委员会的主要职能。❺ 虽然关税委员会多次提出该建议，但国会没有接受。关税委员会对 337 条款的实施采取回避态度，经常在不公开原因的情况下，拒绝受理收到的救济请求。尽管在 1940 年国会颁布的修正案中，规定《1930 年关税法》第 337 条应该保护方法专利，但关税委员会仍只在极少数情况下才展开调查。二是美国贸易自由化的选择。第二次世界大战以后，除美国以外的其他资本主义强国均遭重创，美国成为世界头号经济强国。为在世界市场推动美国出口，美国极力倡导自由贸易，要求各国开放市场，并成为最大的受

❶ 布鲁斯·克拉伯. 美国对外贸易法和海关法 [M]. 蒋兆康，王洪波，何晓睿，等，译. 北京：法律出版社，2000：592.

❷ 布鲁斯·克拉伯. 美国对外贸易法和海关法 [M]. 蒋兆康，王洪波，何晓睿，等，译. 北京：法律出版社，2000：593.

❸ 布鲁斯·克拉伯. 美国对外贸易法和海关法 [M]. 蒋兆康，王洪波，何晓睿，等，译. 北京：法律出版社，2000：596.

❹ 吕霜纯. 美国“337 条款”制度与实务研究 [C]. 北京：北京大学法学院，2006：5.

❺ 布鲁斯·克拉伯. 美国对外贸易法和海关法 [M]. 蒋兆康，王洪波，何晓睿，等，译. 北京：法律出版社，2000：593 - 594.

益者，这一时期的 337 条款基本处于"休眠"状态。

（四）337 调查制度的复兴和发展（1968 年以后）

1968 年，一位美国专利权人向关税委员会提出救济申请，声称一种药品未经许可进入了美国市场。关税委员会提出 337 调查建议，总统签发了临时禁止令，这是自 1936 年以来的 32 年时间里第一次根据该法采取行动。20 世纪 70~90 年代，美国先后颁布了《1974 年贸易法》、《1979 年贸易协定法》、《1988 年综合贸易与竞争法》和《1994 年乌拉圭回合协议法》，推动了 337 调查制度的发展。

一是 ITC 权力不断扩大。1974 年以前，在 337 调查案件中，关税委员会仅仅是一个咨询机关，其任务是将有关的违法情况报告给总统。在《1974 年贸易法》施行后，关税委员会更名为 ITC，并成为 337 条款下违法行为以及处罚措施的裁决机关。在《1979 年贸易协定法》中，ITC 更是拥有了通过民事诉讼程序强制执行其禁令的权力。并且，ITC 在进行 337 调查和签发救济措施的过程中拥有相当大的自由裁量权。

二是规制范围明确。在 1988 年以前，337 条款规制的范围是所有进口或与进口有关的销售中的不公平行为（除倾销与补贴行为外），对于侵犯知识产权的行为是否属于 337 条款中规定的"不公平行为"，在实践中和理论上一直存有争议。1988 年以后，侵犯知识产权的行为被明确纳入 337 条款调查的范畴。

三是保护作用加强。1988 年以前，知识产权案件中的申请人必须证明损害的存在；1988 年以后，337 条款取消了知识产权案件中的损害要件，从而使知识产权权利人能够更容易地获得 337 条款的救济。

四是救济措施多样。《1974 年贸易法》规定的救济措施主要是排除令和制止令，而且两种救济方式不能同时使用。《1979 年贸易协定法》增加了 ITC 可以征收罚金。《1988 年综合贸易与竞争法》规定的救济措施更加多样化，包括：（1）授权 ITC 发布临时排除令；（2）明确制止令既可以单独使用，也可以和临时排除令同时使用；（3）对于违反制止令的，ITC 可以处以罚金；（4）如果被申请人不应诉，ITC 可以缺席判决；（5）授权 ITC 发布扣押和没收令等。

337 条款的复兴，有着深厚的时代背景。从其自 20 世纪 70 年代以来的演变可以看出，围绕 337 条款的修改贯穿着两条主线：其一是贸易保护主义政策的影响，20 世纪七八十年代的两次大的修改均是在美国对外贸易出现不利及国内产业的游说情形下进行的，以图通过国内立法加强对国内市场的贸易保护；其二是在实行贸易保护政策时，迫于贸易伙伴的压力，对国内立法进行调整，适应《关税与贸易总协定》（GATT）和 WTO 规则。

20 世纪 70 年代，在美国的经济形势恶化、知识产权强化保护、新贸易保护主义的兴起和司法保护的不足等背景下，337 条款得以复兴，并担当起保护美国产业和防止不公平贸易行为的重任。在 1974 年到 1981 年之间，337 条款成为"打击所谓国际贸易中不公平竞争而使用最多的法律之一"。❶ 越来越多的美国企业开始利用 337 条款对进口产品发起调查，一些跨国公司为了保护美国市场利益，也在注册为美国公司后策略性地利用 337 条款打击竞争对手。

（1）世界各国的经济发展对美国造成冲击。进入 20 世纪 70 年代后，随着西欧和日本经济的恢复和迅速发展，美国的一些国际市场不断丧失，有关国家的产品源源不断销往美国，美国企业的本土市场空间也被挤压。20 世纪 70 年代以来，美国对外贸易收支状况持续恶化，1971～2008 年的 38 年中，美国贸易有 36 年为贸易逆差（1973 年和 1975 年为贸易顺差），而且逆差呈现上升趋势。长期居高不下的贸易赤字一直困扰着美国，知识产权大量被侵权和巨额贸易赤字之间似乎存在某种此消彼长的联系，即只要能够有效地制止对美国知识产权的侵权行为，美国的商品出口就会增加，贸易收支的严重不平衡就能得到极大改善。❷ 在这一背景下，美国国内新贸易保护主义势力逐渐抬头，要求政府对进口贸易中的知识产权保护和干预，337 条款也因此被委以重任。

（2）知识产权成为产业竞争的战略资源。知识产权在美国经济发展中逐渐发挥更重要的作用。20 世纪 50 年代，知识产权对美国出口的贡献率为 10% 左右，到 20 世纪 90 年代末，该比例已上升到接近 50%。2001 年，美国出口产品对知识产权的依赖度已经达到了 65%。❸ 知识产权成为美国经济发展的战略资源。美国认为，世界各国对美国知识产权的盗取，并利用本国的原材料、劳动力、制造成本等优势，使得美国的产品失去竞争力。因此，美国非常重视利用知识产权打击进口产品中的侵权行为。

（3）弥补司法程序对知识产权保护的不足。运用司法程序保护知识产权，需要司法机关具有属人管辖权。对于进口产品侵犯知识产权，由于国外生产商在美国一般无经营场所，受害者只能针对美国国内进口商起诉。但仅对国内进

---

❶　苏珊·K. 塞尔. 私权、公法——知识产权的全球化 [M]. 董刚，周超，译. 北京：中国人民大学出版社，2008，76.

❷　刘剑文. TRIPS 视野下的中国知识产权制度研究 [M]. 北京：人民出版社，2003：27.

❸　王一娟. 跨国公司逐鹿中国市场的两大利器 [N/OL]. 经济参考报，2001 - 10 - 11. [2009 - 03 - 05]. http://www.zaobao.com/special/newspapers/2001/10/jjckb111001.html.

口商起诉，国外生产商可通过变更进口商规避，削弱当事人通过司法途径限制外国侵权产品进入美国的效果。此外，通过司法程序，法院也很难判令非当事人的国外生产商提供起诉所需的资料，使得侵权事实的调查取证变得困难。尤其是在涉诉事实涉及"方法专利"的情况下，如果侵权事实发生在国外，更无法收集侵权的证据。而 ITC 在 337 调查中的管辖权针对进口产品，一旦立案，ITC 具有广泛的调查取证权利，即使被申请人不参加调查，不影响 ITC 作出裁决，对申请人提供救济，禁止侵权产品进入美国市场。

三、337 调查制度的历次修改

（一）1974 年 337 调查制度的修改

尽管美国《1930 年关税法》中详细规定了 337 条款，但美国产业界认为在提起侵权之诉后，该条款缺乏有效的救济措施。代表相关地区贸易和产业利益的国会议员也不断向国会和美国政府施加压力。在这种背景下，美国的政策制定者对 337 条款进行修改。在此之后，337 条款重新在知识产权保护方面发挥了重要作用。《1974 年贸易法》对 337 条款修改的主要内容包括：

（1）将美国关税委员会更名为 ITC，将 337 调查的权力由总统转移到 ITC。此前，如果关税委员会发现存在违反 337 条款的行为，应将情况报告总统，由总统决定是否签发进口禁令。

（2）ITC 有权签发制止令。根据修改后的规定，ITC 有权发布排除令和制止令，总统将对违反 337 条款的产品采取救济措施的决定权授予 ITC，使 ITC 成为具有决策权力的机构。通过制止令，ITC 可以禁止已经进口到美国的产品继续销售。但总统对 ITC 作出的决定有权进行审查，在特殊情况下，总统出于政策考虑，可以在 60 日内否决 ITC 的命令。

（3）增加了调查时限。在此之前，由于 337 调查案件没有时限的规定，一些案件久拖不决，甚至长达数年不能结案。这期间，侵权行为仍然可以继续不受限制，对申请人不利。❶《1974 年贸易法》规定，337 调查应遵循严格的时间期限，ITC 必须在调查开始之日起 12 个月内，或对于复杂的案件，在18 个月内结束案件的调查。修改后的时限要求留给被申请人的准备时间非常紧迫，使优势从被申请人转移到申请人一方。

---

❶ 苏珊·K. 塞尔. 私权、公法——知识产权的全球化［M］. 董刚，周超，译. 北京：中国人民大学出版社，2008，76.

（4）增加了按《行政程序法》举行听证会的程序要求。此前，关税委员会曾对部分337调查案件举行听证会，听证会不是必经程序，仅是调查过程的一个组成部分。从关税委员会的案件档案与各方当事人和证人的问话笔录中也可以获取有关案件相关信息。《1974年贸易法》规定，依据337条款进行调查时，必须按照《行政程序法》记录存档。这要求ITC在作出决定时要提供有关案件的文件或事实的说明，并举行类似联邦地区法院程序的听证会，337条款的准司法性得到增强。

（5）增加了抗辩理由。根据《1974年贸易法》规定，被申请人可以通过专利无效或不具有强制执行力等理由进行抗辩。

（二）1979年337调查制度的修改

《1979年贸易协定法》对337条款的修订，主要体现在：

（1）明确ITC的管辖范围。ITC管辖的是进口贸易中的不公平竞争行为，但反倾销和反补贴案中的掠夺性定价或补贴也可以认为是不公平竞争行为，这样似乎ITC也对反倾销或补贴案件具有管辖权。《1979年贸易协定法》专门对此作了规定：单独基于反倾销和反补贴法范围的行为不属于ITC的管辖范围。

（2）ITC有权对违反其排除令或制止令的行为提起民事诉讼，要求对违反行为处以不高于10万美元/日的罚款或相当于其每日违令输入美国产品的国内价值2倍的民事处罚，以金额较高者为准。

（三）1988年337调查制度的修改

进入20世纪80年代，美元大幅升值，1980～1985年，美元升值高达35%，严重削弱美国产品的出口竞争力，使美国贸易赤字从1980年的314亿美元上升到1985年的1 336.5亿美元。❶ 与此相反，世界各国的产品借助美元升值优势抢滩美国市场。美国电影协会（MPAA）、美国药品制造商协会（PMA）、计算机和商业设备制造商协会（CBEMA）以及知识产权持有者公司积极向国会游说，抱怨337条款没有切实保护他们的权利，侵权人对知识产权权利人的侵权行为可以由于程序的拖沓而继续。

美国国会认为，美国知识产权受到来自世界范围的侵害，给美国公司造成巨大的经济损失，美国有必要采取积极的措施对此予以回应。贸易保护主义倾向开始抬头。为此，美国1988年颁布《1988年综合贸易与竞争法》，对

---

❶ 张燕生. 80年代以来美国经济的政策和结构调整［J］. 宏观经济研究，2001（1）.

337 条款再次进行了重要修改，修改的着眼点在于加强对美国知识产权的保护。❶ 这次修改，奠定了现行 337 条款的基础，主要包括：

（1）将知识产权列出单独的条款。337 条款将其调整的案件分为两类，即知识产权案件和非知识产权案件，并规定了不同的适用条件。为使 337 条款的规定与 ITC 的实际做法一致，《1988 年综合贸易与竞争法》将侵犯美国知识产权的行为单独作为一个条款，与其他不公平竞争方法和不公平行为作为并列的两种违反 337 条款的行为加以规定。❷

（2）对"损害"标准的修改。此次修改取消了知识产权案件中的损害标准，对于知识产权案件只规定了行为要件和产业要件，只需证明在美国境内存在与申请人主张的知识产权相关的产业，不再要求证明有损害的存在。对于非知识产权案件，337 条款则不但规定了行为要件和产业要件，还需要证明损害的存在。这样一来，申请人在知识产权侵权案件中所承担的证明义务要轻于其他不正当竞争案件。

（3）只需证明国内产业存在或正在建立即可。根据修改后的规定，申请人只需要证明国内产业正在"经济的、有效率的"运营中，只需证明国内产业存在或正在建立即可。这一修改，使得申请人的申请调查成本大大降低。

（4）扩大了国内产业的认定范围。此次修改，扩大了国内产业的认定范围，凡在美国进行的工厂投资或设备投资，或劳动力的雇用及资本的投入，或开发知识产权的投资等，均视为国内产业。只要具备上述条件，就可以构成国内产业，无论是否在美国销售产品。

（5）授权 ITC 发布临时排除令。根据修改后的规定，ITC 有权在发布调查公告后一定期限内发布临时排除令。❸ 其中，一般案件为发布调查公告后 90 日，复杂案件为发布调查公告后 150 日。根据修改后的规定，ITC 可以根据临时排除令，禁止被调查产品的继续进口。这对申请人非常有利，而且即使申请人最终败诉，其代价也仅仅是保证金被没收。

（6）明确了 ITC 发布制止令的条件。根据修改后的规定，制止令既可以单独使用，也可以和临时排除令同时使用。而此前，ITC 曾经理解为两种禁令不能同时使用，美国国会在法律修订报告中特别指出这种理解是错误的。❹

❶ 薄守省，等. 美国 337 调查程序实务［M］. 北京：对外经济贸易大学出版社，2005：3.
❷ 胡馨月. 美国 1930 年关税法 337 条款研究——分析、对策及借鉴［C］. 北京：北京大学法学院，2006：9.
❸ 判断标准是：（1）被申请人违法的可信程度；（2）申请人胜诉的可能性。
❹ 薄守省，等. 美国 337 调查程序实务［M］. 北京：对外经济贸易大学出版社，2005：4.

（7）加强了对被申请人缺席的处罚。根据修改后的规定，如果被申请人不应诉，ITC 可以根据申请人提供的事实和请求作出缺席裁决。通过这一规定，迫使国外的被申请人应诉，从而有利于 ITC 进行调查取证，也为美国律师提供了更多的法律服务市场。

（8）授权 ITC 发布扣押和没收令。根据修改后的规定，ITC 有权对涉案产品进行扣押或没收，以防止产品的所有权人、进口方、销售方、代理方等逃避排除令的限制。

（9）加强对保密信息的保护。根据修改后的规定，一方当事人根据调查和诉讼的需要，向另一方当事人、海关、ITC 以及有关政府人员提供的保密信息，未经提供一方当事人同意，不得对外披露。

（10）授权 ITC 终止调查。根据修改后的规定，ITC 有权通过签发同意令的方式终止全部或部分调查，也可以通过和解协议的方式终止全部或部分调查。

此外，此次修改还授权 ITC 发布禁令，禁止滥用披露程序等。修正后 337 条款赋予 ITC 更大的自由裁量权，使得 337 条款的受理门槛、认定标准大大降低。❶

（四）1994 年 337 调查制度的修改

1989 年，针对欧共体对 337 条款的投诉，GATT 专家小组认定美国 337 条款部分违反了 GATT 关于国民待遇原则的规定，建议美国对其进行修改。1992～1993年期间，参议员两次向国会提交修改 337 条款的法案，这一法案经修改被克林顿政府接受，最后纳入《1994 年乌拉圭回合协议法》正式实施。主要修改内容包括：

（1）取消调查的具体时间限制。修改后的 337 条款取消调查的具体时间限制，以目标日期（Target Date）取代固定日期，规定了调查和终裁应在"可实现的最短时间内"完成，要求 ITC 在发起调查 45 日内确定作出终裁决定的期限。实际上，美国参议院曾表示期望 ITC 继续在与修订前大约相同的时间内完成调查。行政法官在发起调查后 45 日内发布目标日期时，如果该目标日期超过 15 个月，则该命令构成初步裁决，此后由 ITC 复审，ITC 期望行政法官能够在大约 12 个月的时间内基本完成调查。因此，从时间问题上来讲，此次修改只是象征性的。

（2）规定了平行诉讼中的中止审理程序。根据修改后的规定，允许被申请人在同时面临同一行为引发的 337 调查和联邦地区法院侵权诉讼时，申请暂时中止联邦地区法院的诉讼程序。申请人向 ITC 请求发起调查的 30 日内，经被申

---

❶　苏珊·K. 塞尔. 私权、公法——知识产权的全球化［M］. 董刚，周超，译. 北京：中国人民大学出版社，2008：92.

11

请人请求，联邦地区法院中止案件审理，待 ITC 作出最终裁决后再行审理，并允许法院利用 ITC 的调查记录。实际上，此次修改并没有解决双重管辖的问题，使中止法院诉讼程序的权力也受到很大限制。ITC 调查程序结束后，被申请人仍然需要在法院进行二次抗辩，而 ITC 的调查程序和结果对法院没有约束力。

（3）允许被申请人反诉。根据修改后的规定，允许被申请人向 ITC 提出反诉请求，该反诉将被迅速移送对同案有管辖权的联邦地区法院审理，联邦地区法院仅对源于本诉的同一件事的反诉有管辖权。需要说明的是，虽然修改后的 337 条款允许被申请人提起反诉，但该反诉要由联邦地区法院审理，与在 ITC 提起的申请没有关系，被申请人在 ITC 调查程序中的抗辩能力并没有得到增强，这也就失去了反诉的意义。

（4）关于普遍排除令的修改。关于普遍排除令，修改后的规定坚持了原有的适用标准。❶ 由于普遍排除令是 ITC 独有的，而且 GATT 的专家小组在报告中提醒美国谨慎使用普遍排除令，因此此次修改强调只有在完全满足该标准，并且在查证侵权产品来源困难的情况下才可适用。

（5）关于终止调查的修改。根据修改后的规定，ITC 在争议双方就违反337 条款达成协议时，应终止案件调查。而根据此前的规定，当事人之间的协议不能阻止一方利用 337 条款向 ITC 寻求排除令救济。

（6）关于保证金的修改。根据修改后的规定，如果申请人败诉，保证金应当归对方当事人所有。而根据此前的规定，保证金需要上缴美国国库。

因此，虽然此次修改缓和了被申请人的应诉压力，但并没有从根本上改变 337 条款对外国进口产品的歧视，对国内侵权产品和国外侵权产品仍然延续两种不同的审理程序。美国对此次的修改态度消极，只限于象征性和最低的限度，没有根据 GATT 专家小组的意见逐项变更，也未能弥合国内法的适用措施与 GATT 多边贸易体制的冲突，距离国际社会的普遍期望值相差甚远。而且，即使是修改部分条款，在执行中也大打折扣。

（五）2008 年 337 调查制度的修改

2008 年 7 月 7 日，ITC 在《联邦公报》（the Federal Register）上公布了337 调查程序的新规则，并于 2008 年 8 月 6 日正式生效，新规定将对 ITC 未

---

❶ 普遍排除令是通过 ITC 的一些判例发展起来的，最早的判例是 1981 年的"无气喷漆案"（337 - TA - 90），由于该案中侵权行为非常普遍，不能具体确定侵权产品的所有来源，因此 ITC 发布普遍排除令，一般性地禁止此类产品的进口。

决的以及未来发生的案件产生影响。❶ 该新规则用于规范 ITC 的调查，其中较为重要的修改主要涉及四个方面：申请材料、许可合同、调查期限和复审文件。这些修改虽然是细节性的，但足以引起各方当事人的关注。具体如表 1 − 1 所示。

表 1 − 1　337 调查程序规则修改的主要内容

修改内容	修改前	修改后
申请材料	专利权人仅需就每一主张的专利提供一个权利要求的图表	专利权人须提供权利要求图表，并针对每一主张的独立权利要求所指控的侵权情况进行描述。专利权人仍可在不提供权利要求图表的情况下主张从属权利要求
许可合同	专利权人就其主张的每一专利的每一许可文件提供三个副本	专利权人在申请时无须提交专利许可文件
调查期限	由于案件增加，调查时间实际上略长于历史上所需平均时间，需对此延长作立法确认	行政法官可以设定的期限由 15 个月延长至 16 个月（ITC 自己可以设定更长的期限）
复审文件	并无对页数的限制	对行政法官初裁提出复审的请求书即对请求的答复意见限制在 100 页以内

（1）关于申请调查应提交的书面材料。ITC 修改了《联邦法规汇编》第 19 编 210.12（a）（9）（viii）的内容，申请人应当在申请书中附上与其独立的专利调查请求相关联的专利权利要求图表。此前，申请人仅需提供就每项专利的样本权利要求书即可。另外，专利权人仍可以在不提供权利要求图表的情况下主张从属权利要求。该变化给专利权人增加了额外的负担（并且在立案之前向被申请人提供额外的信息）。然而，专利权人仍有可能在整个调查过程中征得同意而主张额外的权利要求，因此上述规则的作用仍有待进一步观察。

（2）关于提交许可合同的要求。新修订的《联邦法规汇编》第 19 编增设 210.12（a）（9）（iv），（10）（i）和（10）（ii），以减少申请人必须提交的

---

❶ ITC 的行为受《联邦法规汇编》第 19 编第 200 节及其后的条款支配。2007 年 12 月 20 日，ITC 公布了一套规范 ITC 调查的新规则提议，征询并获得关于这些新规则的公众意见。如今，在考虑这些意见之后，ITC 最终形成新的规则并在《联邦公报》上予以公布。

许可合同副本的数量，从之前每项专利的许可合同须提交三个副本缩减到仅须提交一份副本的要求。同时，ITC 还修订了 210.12（c）（l），（d），（f），（g）的内容，规定仅在申请人需要通过其自己的许可行为或通过其被许可人在本国的行为而寻求满足国内工业的管辖要求时，上述许可合同文件的提交才是必要的。可以看出，修改后略微简化了申请书的准备和提交，并且可能推迟被申请人获得该信息的时间，然而正如 ITC 在公布该规则时所指出的，在证据开示中将可能要求提供该许可信息，因此这一变更的最终影响可能并不大。

（3）调查期限上的变更。新修订的《联邦法规汇编》第 19 编 210.42，210.43，210.51 规定将行政法官可以设定的调查期限从 15 个月延长至 16 个月。同时，除非 ITC 另有规定，行政法官须在上述所设定的调查期届满前 4 个月（而非仅 3 个月）向 ITC 提交关于是否违反 337 条款的初步裁决。近年来，337 调查案迅速增加，而 ITC 行政法官数目基本保持不变（目前有 6 名行政法官）。这使得调查时间略长于历史上的平均所需时间。期限修改后，调查时限可能延长，但并不会推迟庭审。另一方面，ITC 将有额外的时间来对行政法官的决定进行复审，并作出最终裁决。

（4）关于复审请求书的页数限制要求。对于行政法官所作出的初步裁决，任何一方当事人都可以向 ITC 提请复审。此前由于该复审请求书并没有页数的限制，通常情况下该复审请求书可长达几百页。新修改的《联邦法规汇编》第 19 编 210.43（b）（1）规定，当复审请求书的篇幅超过 50 页时，其摘要部分不得超过 10 页，并且复审请求书的篇幅应限制在 100 页以内（摘要以及其他实物展示除外）。由于美国联邦巡回上诉法院也提出了 30 页的限制要求，该 100 页的篇幅限制适用于任何类型的当事人可能向联邦巡回上诉法院提起上诉的争议。鉴于未在复审请求中提出的主张即视为放弃的事实，各方当事人将不得不在安排其复审意见的优先次序及撰写意见时分外谨慎以满足新的页数限制要求。总体说来，337 条款规则修改是程序性的，不太可能影响 ITC 调查案的实质认定标准。但是，有些修改仍然非常重要，应引起 337 调查中申请人和被申请人双方的重视，新的规则将会对 ITC 审理 337 调查案件产生直接影响。

第二节　337 调查的参与各方

337 调查涉及多方主体，通常包括申请人、被申请人（以及第三人）以及 ITC 的相关部门和人员，调查的审议和执行还分别涉及总统和海关。此外，当事人围绕涉案专利及 337 调查的裁决，有可能提出相应的司法诉讼及对专利的行政审查，因此还有可能涉及美国联邦地区法院、美国联邦巡回上诉法院、美国联邦最高法院及美国专利商标局（见表 1 - 2）。

表 1 - 2　337 调查的参与方及相关机构

相关主体	具体机构/主体	相关主体	具体机构/主体
美国国际贸易委员会	不公平进口调查办公室（OUII）	美国总统	美国贸易代表办公室（USTR）
	行政法官（ALJ）	美国海关	美国海关与边境防卫局（USCBP）
	ITC 委员（Commissioner）	美国联邦法院	联邦地区法院
当事人	申请人（Complainant）		联邦巡回上诉法院（CAFA）
	被申请人（Respondent）		联邦最高法院
	第三人（又称"介入者"）（Intervenor）	美国商务部	美国专利商标局（USPTO）

一、调查和裁决机关

ITC 是一个独立的、准司法性质的联邦机构，由美国国会于 1916 年设立，当时名为"关税委员会"，《1974 年贸易法》修订时改为现有名称。该机构在与国际贸易相关的事务中拥有广泛的调查权。在知识产权的保护方面，ITC 负责调查进口货物是否侵犯美国知识产权的案件。根据美国《1930 年关税法》第 337 条的规定，ITC 有权要求海关禁止侵权产品进入美国边境，同时要求停止进口商的有关侵权行为。此外，ITC 还负责反倾销、反补贴案件中的国内产业损害调查、保障措施调查等。ITC 同时是全国收集分析贸易数据的信息中心，负责向美国总统和国会提供贸易数据、产业分析报告供制定政策参考。

ITC 内部负责 337 调查申请立案、调查和裁决的部门或者人员包括不公平进口调查办公室、行政法官和委员会委员。

（一）不公平进口调查办公室

不公平进口调查办公室（Office of Unfair Import Investigations，OUII）是下设于 ITC 的三个职能机构之一，其工作人员由调查律师组成。在 337 案件的不同阶段，OUII 负有不同的职责。在立案前，OUII 负责受理 337 调查申请，与申请人和被申请人沟通，对申请书中的主张进行非正式的调查，向 ITC 提出是否立案的建议。立案后，OUII 指定一名律师担任 337 调查中的调查律师，其职责是在整个调查程序中维护公共利益。337 条款和《ITC 操作与程序规则》均明确规定：337 调查的终止或者救济方式的发布必须考虑公共利益。此处的"公共利益"包括"公共健康和福利、美国经济的竞争条件、美国境内相似产品的生产及美国消费者"❶。在此阶段，调查律师的地位相对独立，既不代表任何当事人也不代表行政法官的意见，其有权提请证据开示、提交动议、答复其他当事人的动议、对证人证言进行质证等。在调查结束后，一旦 ITC 发布普遍排除令、有限排除令或和解令，OUII 还负责监督当事人对上述救济措施的执行情况，在特定条件下参与到相应的执行程序中。

（二）行政法官

行政法官（Administrative Law Judge，ALJ）负责 337 调查程序的审理和作出初裁。其主要职责为：发布调查取证的具体程序和规则、召集听证会、对案件作出初裁并对救济措施提出相应建议。值得注意的是，行政法官具有相应的独立性，在调查取证和相应的审理过程中，有权作出自己的独立判断；行政法官在 337 调查中所作的初裁往往是 ITC 终裁的基础。

在 ITC 启动 337 调查后，首席行政法官将为该案件指定一位行政法官，被指定的行政法官根据《ITC 操作与程序规则》和《行政程序法》主持调查。在调查初期，行政法官将就该案件的调查程序发布"基本规则"（Ground Rules），设定详细的规则，包括证据开示规则、动议的形式以及其他文件的要求等。行政法官通常在 337 调查立案之日起 45 日内设定该调查的目标日期，即预定的结案日期，但实践中许多案件的目标日期因实际审查的需要被推延。在作出初裁前，行政法官通常举行听证会，会后行政法官需要在目标日期前 4 个月对"进口行为是否违反 337 条款"作出初裁；如果结论是违反 337 条款，行政法官须在作出初步裁决后 14 日内就救济方式提出建议。行政法官的初裁和对救济方式的建议能否成为终裁，取决于委员会的意见。

根据《行政程序法》的规定，行政法官必须经过严格的考试产生，择优选拔任命，应具有丰富的实践经验和职业训练。为确保其独立性，《行政程序法》规定，除其无法继续胜任其职位之外，行政法官不能被免职。ITC 现有 6 名行政法官，分别为首席行政法官查尔斯·布鲁克（Charles E. Bullock）、西奥多·易塞克斯（Theodore R. Essex）、詹姆士·吉尔德（E. James Gildea）、罗伯特·罗杰斯（Robert K. Rogers Jr.）、大卫·肖（David P. Shaw）和托马斯·彭德（Thomas B. Pender）。

（三）ITC

ITC 负责对行政法官的初裁进行复审和作出最终裁决。ITC 由 6 名委员组

---

❶ 美国《1930 年关税法》第 337 节第（d）（1）条。

成。委员由总统提名，参议院通过，任期9年，委员必须具备足够的国际贸易方面的专业知识，以确保解决相关问题的效率。委员中不得有3名以上同属一个政党。目前的委员中，民主党和共和党各占3名。委员会设一名主席和一名副主席，都由总统从现任委员中指定，任期2年。主席和副主席必须为美国公民，来自不同的政党，并且前任和后任主席不得来自同一个政党。

ITC现任6名委员分别是主席安娜·坦纳·奥肯（Deanna Tanner Okun）、副主席埃文·威廉姆森（Irving A. Williamson）、丹尼尔·皮尔森（Daniel R. Pearson）、沙拉·阿诺夫（Shara L. Aranoff）、迪恩·平克尔特（Dean A. Pinkert）和大卫·约翰逊（David S. Johanson）。❶

根据美国《1930年关税法》的规定，美国总统负责对ITC就337调查作出的裁决建议进行审查，经总统审查后的裁决建议为ITC终裁。总统对337调查审查的职责由美国贸易代表办公室（Office of the United States Trade Representative，USTR）负责履行。

二、当事人

（一）申请人

337调查中的申请人是向ITC提出申请，宣称它的一项或多项知识产权受到侵犯，或者受其他不公平行为影响的当事方。在一起337调查中，申请人可以是一个或者多个实体或自然人。只要申请人认为进口产品侵犯其在美国登记或注册的专利权、商标权、版权或集成电路布图设计权，都可以提出相应的申请。

337调查程序中的申请人在许多方面和美国联邦地区法院知识产权侵权诉讼的原告相似，但也存在一些重要的区别，其中最重要的是337调查中的申请人必须证明在美国有涉诉知识产权相关的国内产业，或者证明这种产业正处于设立过程中，即申请人在厂房和设备方面已经进行重要的投资、雇用大量的劳动力，并对涉案的相关知识产权产品进行了设计、研发或许可。国内产业要求并不限制申请人必须是美国企业。事实上，在2007年以来立案的337调查案件中，几乎有1/3的申请人来自美国以外的国家。也有一些跨国企业选择由位于美国之外的母公司与位于美国境内的子公司联合提起调查申请。

（二）被申请人

被申请人，即涉案产品的制造商、将涉案产品进口至美国的进口商、在

---

❶　[EB/OL]．[2011－03－15]．http://www.usitc.gov/press_room/bios.htm.

美国对涉案产品进行销售的销售商，其地位相当于一般法院程序中的被告。相对于法院的诉讼程序而言，337 调查针对的是具体的侵权货物，因此，并不要求 ITC 具有属人管辖权。

申请人通常会将其认为的侵权产品的所有制造商和进口商列为被申请人。但如果某一个大企业（如沃尔玛）既是申请人也是被申请人的客户，且该企业从拟定的被申请人那里进口了涉案产品，申请人往往要从商务角度慎重考虑是否将这个大企业列为被申请人。

"京瓷案"后，如何确定被申请人就显得更为重要。根据该案确定的原则，申请人申请的排除令只能针对已被列为被申请人之企业的下游产品。如果一个申请人既想要申请有限排除令，又想获得针对侵权商品下游产品的救济，那它必须明确地将其所意欲限制的下游产品的相关公司列为被申请人。

（三）第三人

在 ITC 发布普遍排除令的情况下，受该救济措施影响的不仅有申请书中列明的被申请人，还可能会涉及其他在申请书中未被指名但可能向美国出口同类涉案产品的企业。此时，利益有可能受调查结果影响的企业可以用"第三人"的名义或以被申请人的名义参与到 337 调查的程序中。

具体而言，337 调查程序中的第三人包括涉嫌侵权产品的生产商、进口商和消费者（前提是这些实体或自然人本身没被列为被申请人）等。337 调查中，如果第三方以被申请人的角色介入有关程序，则被称为所谓的"介入者"（Intervenor）。

如果一家公司的产品可能受到一起 337 调查案件的影响，这家公司可以提出书面请求，要求介入该案。例如，有些案件中，申请人可能要求发布普遍排除令。此时，对于未被列为被申请人的企业而言，其产品将受到普遍排除令的影响，它可以考虑申请介入案件调查。《ITC 操作与程序规则》本身并没有对介入者作实质要求。通常，ITC 的行政法官会参考《联邦民事程序法》第 24 条的规定："如果及时提交了申请，应该准许符合以下条件的第三方参与诉讼：（1）美国的法律授予了无条件的介入权利；（2）申请人宣称与涉诉财产或交易有利害关系，如果不批准它介入的申请，会阻碍和损害它维护自己利益的能力，除非现有当事方能够充分代表申请人的利益。"

三、执行及其他相关机构

（一）美国海关

美国海关隶属于美国国土安全部，在实际的 337 调查中，海关（主要是美国海关与边境防卫局，即 CBP）主要负责执行 ITC 的裁决，ITC 发布的排除令、罚款和查封。ITC 的裁决是海关执行的依据和基础。如果 ITC 发布的是普遍排除令，海关的执行主要针对涉案商品本身，而不管相关的进口商是否是337 调查中的当事人。除此之外，美国海关还设有自动的联网检索系统，以便对已经备案的版权、商标等知识产权进行保护。

总体而言，在 337 调查案件中，海关所执行的 ITC 裁决主要都是针对专利方面的知识产权侵权案件。

（二）美国联邦地区法院

美国联邦地区法院所管辖的案件类型主要包括普通刑事和民事案件的一审或初审。在 337 调查案件中，美国联邦地区法院主要负责 337 调查中的反诉以及 337 调查中的平行诉讼，并可以依据 ITC 起诉判定罚金。

1. 反诉

在 337 调查中，如果被申请人不服 ITC 裁决，想要对申请人提起反诉，则该反诉不能在 ITC 提起，只能向对该案本诉有管辖权的联邦地区法院提起。

2. 平行诉讼

根据 337 条款的相关规定，如果被申请人因同一行为面临并行的 337 调查程序和联邦法院的侵权诉讼，可以申请中止正在联邦地区法院进行的诉讼程序。即在申请人向 ITC 提出调查请求的 30 日内，经被申请人请求，联邦地区法院应当中止案件的审理活动，待 ITC 作出终裁之后，联邦法院再对案件继续审理。

3. 判定罚金

根据《1979 年贸易协定法》规定，当 ITC 对违反其排除令或制止令的行为提起民事诉讼，并要求判处罚金时，联邦地区法院可以进行相应的审理并作出判决。

（三）美国联邦巡回上诉法院

美国联邦巡回上诉法院（Court of Appeals for the Federal Circuit，CAFC）成立于1982 年，其前身是关税与专利上诉法院和索赔法院（Court of Federal Claims）。1982 年改革之后，该法院专门负责美国所有涉专利案件的审理。

就与 337 调查有关的案件而言，联邦巡回上诉法院负责审理对 ITC 最终裁决不服的上诉。

（四）美国联邦最高法院

美国联邦最高法院位于首都华盛顿，成立于 1790 年，是美国联邦法院系统的最高审判机关。法院由 9 名法官组成，其中有 1 人为首席大法官。法官由总统任命，并须获得参议院的同意。

法院每年的开庭时间为 10 月的第一个星期一到次年的 6 月中旬。

依据美国宪法的规定，美国联邦最高法院拥有对其管辖权范围内的案件进行初审和复审，其所作判决均是终审判决。法官以简单多数投票的方式对案件结果进行最终的表态，且持不同判决意见的各法官都会在判决书中写明自己的判决意见。

就 337 调查案件而言，联邦最高法院主要受理对联邦巡回上诉法院判决不服提起的上诉，其所作判决为案件的终审判决。

（五）美国专利商标局

美国专利商标局（United States Patent and Trademark Office，USPTO）原名为美国专利局，1975 年经国会批准正式更名为美国专利商标局，该局是为美国发明人及其相关发明提供专利保护、商标注册保护以及其他相关的知识产权保护的行政机构。其职能包括：专利授权与商标注册；为发明人提供与其专利或发明、产品及服务标识相关的服务；通过实施专利与商标等知识产权相关法律，管理专利、商标以及与贸易有关的知识产权事务，并向总统和商务部部长提出相关政策建议，为增强国家经济实力出谋划策；为商务部和其他机构提供涉及知识产权事务的建议和帮助；通过保存、分类和传播专利信息，帮助、支持创新和国家科技发展。❶

专利商标局局长经美国参议院批准后由总统任命，同时兼任商务部主管知识产权事务的副部长。根据局长提名，由商务部部长委派一名主管知识产权事务的商务部助理副部长兼任专利商标局副局长。专利商标局的下设机构包括专利局、商标局、总法律顾问部、国际部、专利公共咨询委员会和商标公共咨询委员会等。

就 337 调查及其相关程序而言，专利商标局所发挥的主要作用在于反制策略中。在 337 调查的反制策略中，鉴于专利商标局是美国专利的授权机构，被申请人可以利用与专利商标局有关的复审程序和干预程序对申请人进行相应的反击，即通过对 337 调查申请人所持专利的有效性或优先性进行相应的攻击和反驳，以使调查的进行转而有利于被申请人。对于如何利用专利商标局的复审程序和干预程序，本书后文第三部分第九节中介绍。

---

❶ ［EB/OL］．［2011－03－15］．http://www.usitc.gov/press_room/bios.htm.

第三节　337 调查的立案条件

只有满足 337 条款规定的要件，ITC 才会接受申请人的 337 调查申请。337 调查的立案条件因涉案的不公平行为类型的不同而有所差异。对于侵犯注册知识产权类型的案件，如专利权、注册的版权或商标权、掩膜作品权（即集成电路布图设计权）的侵权指控，申请人必须证明：（a）申请人在美国具有与涉案知识产权有关的国内产业（Domestic Industry）；（b）被申请人有向美国进口涉案产品的行为；（c）被申请人进口的产品侵犯了申请人在美国注册的知识产权。

如涉案的不公平行为涉嫌侵犯普通法上的商标权利、侵犯商业秘密、错误标示来源、违反《数字千年版权法案》（*Digital Millennium Copyright Act*）等其他不公平行为，申请人除了需要证明被申请人有进口行为、存在国内产业，被申请人的行为构成不公平行为之外，还需要证明存在对国内产业的损害或损害威胁，或者阻止该等产业的建立，限制或垄断美国境内的贸易和商业等。

一、侵犯知识产权类型案件的立案条件

（一）被申请人有向美国进口涉案产品的行为

337 条款中的"进口"含义比通常理解更加广泛，它涵盖了进口到美国、为进口而销售，以及进口后在美国境内销售的行为。[1] 实施主体可以是货物的所有人、进口者或者代理人。因此，即使发生在外国的"为进口而销售"行为和在美国境内进行销售的零售及代理行为，若与侵权产品有关，也受到 337 条款的调整。进口行为可以说是引发 337 调查的导火索。但是，337 条款并没有对进口的产品数量作出要求，即便是只进口了一件产品，例如作为商业目的宣传样品，也可能被认定构成 337 条款规范的"进口"。ITC 对"进口"发生的时间并没有特别的限制。事实上，如果在提交申请后甚至在提交申请以前，被申请人就停止进口侵权产品，侵权产品的进口行为仍然可以被认定违反 337 条款。

（二）申请人在美国具有与涉诉知识产权有关的国内产业

申请人必须在申请书中证明它已经满足国内产业的要求，才有可能会被

---

[1] 美国《1930 年关税法》第 337 节第（a）（1）条。

受理。在侵犯注册知识产权类型的调查中，行政法官通常会从两方面分析判断是否存在国内产业：一是经济上，即证明在美国境内存在除了销售以外的重要运营行为；二是技术上，即说明申请人的经济行为与其所主张的知识产权的利用有关。

1. 经济角度

关于联邦注册的知识产权，申请人须证明其在美国境内至少满足以下三个要求之一：（1）对工厂和设备有相当数量的投资；（2）有相当数量的劳工和资金的使用；（3）对知识产权利用（包括研究、工程、开发或许可）有相当数量的投资。

国内产业要求包含了两个状态：一是已经有了国内产业，二是国内产业正在设立过程中。

2003 年 2 月 13 日，ITC 应迪尔公司（Deere & Company）的申请发起了基于商标侵权的 337 调查（337 – TA – 286），迪尔公司诉称中国农机生产企业如江苏悦达、东风农机集团和江铃摩托有限公司侵犯其商标权并淡化其注册商标。❶ 迪尔公司在申请书中为证明相关的美国产业已经建立提供如下材料：（1）在工厂、设备方面的投资，包括自有的 27 家工厂和租用的另外 3 处工厂的厂址和生产、办公的总面积，1999～2001 年的投资总额，厂房设备的评估总价值和迪尔公司总部在黄绿品牌的管理、广告、研发、市场、信息系统、财经、法务等方面等的费用；（2）劳工和资金的使用：迪尔公司提供了员工雇用总数，2001 年迪尔公司员工劳动时间总计；（3）知识产权利用方面的投资，1999～2001 年投放在"黄绿"品牌产品的广告和促销费用，产品研发费用，商标许可经营活动，包括迪尔公司商标许可的标准合同文本和已经签订的许可合同文本。❷ 可见，迪尔公司提供的是非常详尽的关于"国内产业"要求的材料。

至于"正在设立过程中的国内产业"，可以参考 ITC 以前裁决的案例。行政法官曾在一个案件中认定，基于申请人之前对生产的投资而继续运营和维护的行为，能够满足国内产业的要求。❸

关于知识产权的利用构成国内产业的问题上，ITC 曾在"弦乐器案"（337 – TA – 586）中有过如下阐述："拥有某项专利并不能满足国内产业要

---

❶ Complaint filed by robert s swecker, burns doane swecker and mathis, on behalf of deere and company [EB/OL]. [2011 – 03 – 20]. http://dockets. usitc. gov/eol/public.

❷ 迪尔公司的申请书 [EB/OL]. [2011 – 03 – 21]. http://dockets. usitc. gov/eol/public.

❸ Tom M. Schaumberg. A Lawyer's Guide to Section 337 Investigations before the U. S. International Trade Commission [M]. ABA Publishing, 2010：52 – 53.

求。在美国境内实施专利许可行为的实体可以满足国内产业要求，但申请人不需要证明被许可人实际实施了该专利。申请人必须证明它从许可行为中获取收入，例如许可费。"

2. 技术角度

在侵犯注册知识产权类型的案件中，申请人必须证明其国内产业利用了涉案的知识产权。

通常，申请人需要在申请书中说明它从技术角度上符合国内产业要求。例如，在"接地故障断路器案"（337 - TA - 739）中，申请人在申请书中的"国内产业"项下的"技术角度"中说明了如下内容：

（1）申请人在美国研发并销售的所有接地故障断路器至少实施了涉案专利的一项权利要求。申请人分别阐述了四种产品是如何实施涉案专利的，并附有专利的权利要求对照表，将申请人产品的技术特征和涉案专利的权利要求进行对比。

（2）申请人在美国许可了涉案专利，并详细说明被许可产品如何实施涉案专利技术。

而在实际案件中，也有申请人因在技术角度不符合要求而被认定没有满足国内产业要求。例如，在"同轴电缆接头案"（337 - TA - 650）的复审程序中，ITC 不同意行政法官对涉案专利的权利要求的解释。相应地，ITC 根据修正后的权利要求的解释，认定申请人并没有在美国境内实施一项涉案专利，因而在技术角度上未满足国内产业要求。

（三）存在侵权行为

在侵犯注册知识产权类型的案件中，证明存在侵权行为的条件，其实与美国知识产权实体法中证明存在专利侵权、商标侵权、版权侵权等规定一致。

对于侵犯注册知识产权类型的 337 调查案件而言，申请人须证明有一项有效的、可执行的美国知识产权权利，包括专利（包括方法专利）、登记的版权、注册商标或注册的掩膜作品（即集成电路布图设计）。❶ 在"迪尔公司案"中，申请人迪尔公司在申请书中就提供了美国专利商标局颁发的"跳跃鹿"商标的三份商标注册证。❷值得一提的是，知识产权权利的独占许可人也可以提起 337 调查。例如，Kola Colombiana 公司因 Colgran 公司和 International Grain Trade 公司涉嫌软饮料商标侵权而直接要求 ITC 提起 337 调查（337 - TA - 321），但 Kola Colombiana 公

---

❶❷　美国《1930 年关税法》第 337 节第（a）（1）（B），（C），（D）条。

司并不是商标的所有权人，而是商标的独占许可人。❶

二、针对其他不公平行为的 337 调查案的立案条件

与涉及侵犯注册知识产权的 337 调查的立案条件不同，提起其他不公平行为类型 337 调查案件有证明"国内产业损害"（Injury）的要求。依据美国《1930 年关税法》规定，在产品向美国进口或销售的过程中，所有人、进口商或代理人的不公平的竞争方法或不公平的做法（除了侵犯联邦注册/登记的版权、商标、外观设计权和专利权的行为），产生或可能产生以下这样一些后果：（1）破坏或实质上损害美国的产业；（2）阻止该产业的建立；（3）限制或垄断美国的贸易或商业。❷

若要证明存在对国内产业损害，申请人必须证明：（1）被申请人的行为导致国内产业遭受了实质性损害；（2）被申请人的行为与国内产业的损害之间具有因果关系。ITC 在裁定不公平行为是否导致国内产业遭受实质性损害时，考虑的因素包括：（1）被申请人的进口量及对国内市场的渗透程度；（2）申请人丧失的销售量；（3）被申请人低于市场价格销售；（4）申请人产量、利润和销售量的减少。此外，如果认定存在实质性损害，ITC 还会考虑不公平行为对申请人商誉的损害。对于是否存在对国内产业的损害威胁，ITC 考虑的因素包括：（1）国外生产成本优势和产能；（2）相当数量的产能和被申请人渗透美国市场的意图。此外，申请人必须证明，对国内产业的损害威胁必须是实质性且可预见的，被申请人的不公平行为与所称的未来的损害之间具有因果关系。❸

第四节　337 调查的基本程序

337 调查的基本程序主要包括立案、证据开示、开庭、行政法官初裁、复审和终裁以及总统审查等程序。一个完整的 337 调查程序通常持续 12～16 个月，视案件的复杂程度而定。具体流程如图 1－1 所示：

---

❶ Kola Colombiana 公司申请书［EB/OL］.［2011－03－21］. http://dockets. usitc. gov/eol/public.
❷ 美国《1930 年关税法》第 337 节第（a）（1）（A）条。
❸ 参见第 337－TA－522 号调查案的初裁。

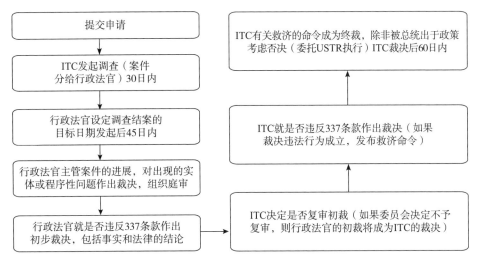

图1-1　337调查流程

一、立案

（一）申请书的提交

337调查可以由申请人向 ITC 提起，也可以由 ITC 主动发起，实践中由 ITC 主动发起的案件很少。当申请人认为进口到美国的产品侵犯了自己的知识产权，可以向 ITC 不公平进口调查办公室提交 337 调查申请。OUII 可自收到申请书 20 日之内调查申请书中的背景情况，确定申请是否符合 ITC 的程序性规定，向 ITC 提出是否立案的建议。❶ 在对申请审查过程中，OUII 可要求申请人对申请书进行补充或修改。申请书中列名的被申请人在得知其被诉之后可以向 ITC 提起动议或直接与 OUII 的调查律师进行非正式的沟通，要求其不予立案。实践中，被申请人多采用的形式是与 OUII 调查律师进行非正式沟通。ITC 通常自收到申请书之后 30 日内决定是否立案。❷ 如果申请人在提交申请时要求 ITC 签发临时救济措施，ITC 可在收到申请书之后 35 日内决定是否立案。❸ 一旦决定立案，ITC 将在《联邦公报》上发布立案公告，将申请书

---

❶　Tom M. Schaumberg. A Lawyer's Guide to Section 337 Investigations before the U. S. International Trade Commission［M］. ABA Publishing，2010：66.

❷　《ITC 操作与程序规则》第 210. 10（a）（1）条。

❸　《ITC 操作与程序规则》第 210. 10（a）（3）条。

和立案公告一并送达给被申请人以及被申请人所属国家驻美国大使馆，并委派一名行政法官负责审理该案件；同时，OUII 的一名调查律师也将作为独立的一方当事人全程参与调查。如果 ITC 决定不予立案，ITC 将书面通知申请人和所有的被申请人。ITC 对申请人提交的材料进行形式上的审查，而申请人所提交的材料通常都能满足 ITC 相关规则的要求，因此，实践中不予立案的情况比较鲜见。

（二）申请书的修改

立案前，申请人可自主决定修改申请书中的内容；立案后，对申请书的修改必须以动议的方式提出并获得行政法官的批准。对于修改申请书中细微错误的动议，行政法官通常会批准；而对于增加被申请人、增加或变更涉案专利请求、增加涉案专利等动议，行政法官除了考量被申请人和公共利益的需要之外，通常要求申请人应在合理的时限内提出动议。

（三）案件的公布

《联邦公报》公布 337 调查的立案公告后，337 调查程序正式开始。行政法官在被指定负责案件的 15～30 日内将召开初次庭前会议，设定结案期限、审理进程及基本规则。在立案后的 45 日内，行政法官将确定结束调查的目标日期，通常情况下设定在 12～16 个月内审结；行政法官将确定案件的审理进程，设定相关事项的具体时间；各个行政法官将根据其习惯设定基本规则，对调查程序中涉及的动议、证据开示、专家报告以及和解会议等事项作出明确的规定。

二、证据开示

与法院诉讼相似，当事人在 337 调查应诉中的主要工作之一是在证据开示（Discovery）程序中提供证据。证据的收集、准备以及提交十分重要，在提供证据过程中，即使一个微小的失误也有可能导致案件全盘皆输。为避免在证据开示程序中被行政法官作出不利的事实认定，337 调查中各方须应对方的要求在短时间提供大量的证据。除证据提交时间紧迫的特点，ITC 对提供证据的格式和形式也有严格的要求，对于收集证据的企业来说是一个很大的负担和挑战，需要企业在律师的指导下合理地调动有关资源进行准备。由于案件各方会进行很多轮的证据开示，企业应做好持久战的准备，通常需要专门的内部应诉小组来配合律师提供证据。

证据开示程序通常在《联邦公报》公布立案公告后开始。与美国《联邦民事程序规则》相似，一方可以请求对方开示所有与请求和抗辩相关的文件、物品以及知情人的相关信息，除非该信息受拒证特权保护。拒证特权是英美普通法上一项传统的证据规则，享有拒证特权的人可以拒绝提供证言或阻止他人提供证明。❶在 337 调查中，享有拒证特权的材料包括律师和客户之间的沟通交流信息、为诉讼作准备的劳动成果以及与国外的专利代理人之间的某些沟通交流信息。❷ 证据开示程序通常持续 5～10 个月。如果任何一方在开示程序中拒不配合他方的开示请求，对方可以请求行政法官颁布命令强制要求证据开示。❸ 如果该方拒不遵守行政法官的命令，除罚款外，行政法官可以作出对该方不利的事实认定，以及禁止在将来的程序中使用相关证据或采取其他其认为合理的惩罚措施。证据开示的方式包括问卷（Interrogatories）、提供文件（Production of Documents）、现场检查（Request for Entry on Land or Inspection）、调取证人证言（Deposition）、专家证人（Expert Witness）以及承认（Request for Admission）。

（一）问卷

337 调查立案后，一方当事人可以向其他当事人送达问卷，要求被送达的当事人答复。发出问卷的一方可以提出与案件请求或抗辩有关的任何问题，对方当事人作出的答复可以作为证据使用。《ITC 操作与程序规则》并没有限制问卷问题的数量，但有些行政法官将问卷题目限制在 175 个。除非提交动议要求延期，收到问卷的当事人应当在问卷送达之日起 10 日内提供答复。❹行政法官通常会同意延期的动议，尤其是在对方无反对意见的情况下。

《ITC 操作与程序规则》第 210.29（b）（2）条对答复问卷提出了具体的要求，主要包括：（1）答复方应当在每个答案前重复问卷的题目；（2）应当逐一回答每一问卷题目，如果对问卷问题有异议，需要列明反对的理由；（3）问卷的答案应由提供答复的人员签署，而反对意见应由律师签署。答复方在某些情况下可以通过援引文件或记录的形式代替给予答复，即"如果对一个问卷的答复可能来自或通过答复人的记录确定，或者来自一个检查、审计或

❶ 拒证特权具体是指当证人因负有义务被强迫向法庭作证时，为了保护特定的关系、私人利益，赋予证人中的一些人因特殊情形而享有在诉讼中拒绝提供证据的一种特殊权利。建立拒证特权规则旨在保护特定关系和利益（包括婚姻关系、律师与当事人、医生及心理治疗人员与病人以及神职人员与忏悔者之间等关系），这些关系或利益比从社会考虑有关证人可能提供的证言更为重要。享有特权者，可以免除出庭作证和就特权事项提供证明，可以制止他人揭示特权范围内的情况。

❷ 关于"与国外的专利代理人之间的沟通交流信息"的拒证特权，参见：Tom M. Schaumberg. A Lawyer's Guide to Section 337 Investigations before the U. S. International Trade Commission [M]. ABA Publishing，2010：121 –122.

❸《ITC 操作与程序规则》第 210.33（a）条。

❹《ITC 操作与程序规则》第 210.29（b）（2）条规定。

此类记录的检查，或者一个编辑物、文摘、或者基于它们的摘要，对于此类问卷的一个充分的答复是详细说明答复来源的记录，并且给予问卷方合理的机会来核对、审查或检查此类记录，并制作副本、编辑物、文摘或者摘要。规范的说明应当包括详细的介绍以便保证问卷方像答复人一样容易地查找以及确定答案所在的文件"。❶ 例如，在一个案例中，申请人向被申请人发出问卷，但申请人仅提供了 50 箱的文件而没有告知如何在 50 箱文件中如何找到答案，被申请人向行政法官提出动议要求申请人明确答案所在的文件。❷ 如果答复方提供的文件不足以回答相关的问卷问题，答复人应当以描述的方式提供补充答复。此外，如果答复人发现与问卷答复有关的新信息，答复人应当进一步补充答复。❸

（二）提供文件

337 调查启动后，当事人可以"要求被请求方出示或者允许请求方或其代理人检查并复制任何指定的文件（包括书面记录、图画、图表、表格、相片以及其他包含信息的文件），或者检查并复制、测试、或者采样任何被请求方所拥有、保管或控制实物"。❹ 此类请求应当列明要检查的事项，合理描述每一事项，并确定检查的时间、地点以及方式。被请求方应当在请求送达 10 日内作出答复，列明允许的检查和相关的行为，如果反对该请求，应当写明反对的理由。出示待查文件的一方应按照文件在日常业务中保存的顺序提供。❺ 如果文件提供人杂乱无章地或不按照日常业务中文件保存顺序将文件提供给对方，行政法官有可能要求重新提交文件。

（三）现场检查

为了检查、测量、勘测、拍照、测试或者取样相关财产或者任何指定的物体或者运营状况，一方当事人可以请求对方当事人允许其进入对方当事人所拥有或控制的土地或其他财产。❻ 进入现场检查的请求应当列明要检查的事项，并确定检查的时间、地点和方式。被请求人应当在收到请求 10 日内作出是否同意进行现场检查的答复，如果反对该请求，应当写明反对的理由。❼ 通常情况下，被请求方通常会拒绝进入现场检查的请求，主要是担心相关保密信息可能会被泄露给竞争对手以及可能影响日常的生产运营。如果被请求

---

❶ 《ITC 操作与程序规则》第 210.29（c）条规定。
❷ 见第 337 - TA - 372 号调查案第 16 号令。
❸ 《ITC 操作与程序规则》第 210.27（c）条规定。
❹ 《ITC 操作与程序规则》第 210.30（a）（1）条。
❺❻❼ 《ITC 操作与程序规则》第 210.30（b）（2）条。

方拒绝，请求方可以向行政法官提交动议，强迫被请求方允许其进入现场检查，而被请求人可以以检查成本过高、扰乱日常运营、与调查事实无关以及无法取得与调查相关的证据作为抗辩理由。在以侵犯商业秘密和方法专利为案由的 337 调查中，当事人双方通常会参观对方的工厂。

（四）调取证人证言

与民事诉讼程序一样，为了更好地了解案情，337 调查的申请人和被申请人通常会对对方的证人调取证言。在 337 调查立案之后，任何一方当事人可以向任何有能力宣誓作证的人收集证词。一方当事人想对某人收集证词时应当书面通知调查中其他各方当事人，该通知中应当列明收集证词的时间和地点以及作证人员的姓名和地址。当事人可以请求以电话方式收集证词，但是行政法官可以根据任何当事人的动议要求证词应当当场对证人收集。❶ 除了在美国境内进行宣誓作证，各方也会在美国之外进行取证，但通常必须遵守所在地的相关规定。

在宣誓作证过程中，律师可以在证人宣誓之后开始交叉询问，通常以速记或录像的方式记录整个取证过程。在取证过程中，任何一方律师可以对对方律师提问的问题表示异议并说明异议的理由。❷ 在取证结束之后，记录员将向证人提交作证记录供其签署，记录员之后将在记录上确认证人在其面前作证且该记录真实准确。❸有经验的律师通常会在宣誓作证前为己方证人讲解作证的基础常识和技巧。

（五）专家证人

337 调查中的申请人和被申请人通常会聘请各自的专家证人对相关专业问题发表意见。专家证人需要出具专家报告。一方的专家通常应当在收到对方专家的报告 10 日内递交反驳报告。专家证人在递交反驳报告之后将进行宣誓作证。除就专业问题发表意见之外，专家证人的另一个重要作用是在庭前的技术演练（Tutorials）中给主审行政法官普及技术知识，争取获得行政法官的支持。

（六）承认

任何当事人可向任何其他当事人送达一份书面请求要求其承认与调查有关的事实。❹ 被请求人应当在收到承认请求后 10 日内或行政法官指定的期限内作出答复；如果被请求人未在前述期限内作出答复，行政法官将推定相关

---

❶ 《ITC 操作与程序规则》第 210.28（c）条。

❷❸ 《ITC 操作与程序规则》第 210.28（d）条。

❹ 《ITC 操作与程序规则》第 210.28（d）条，第 210.31（a）条。

事实成立，除非行政法官根据被请求方的动议撤销或重新考虑该事实推定。被请求人不得以"缺少相关信息或不知情"为由拒绝承认，除非其已进行了合理的调查且已知的信息不足以作出承认或拒绝承认的决定。❶ 当事人在 337 调查中作出的任何承认仅适用于该调查，不得在任何其他程序中被用作对其不利的证据。

（七）传票

337 调查的一方当事人在无法从对方当事人取得相关证据的情况下，可以请求第三方开示相关信息。对于位于美国境内的第三人，一方当事人可以请求 ITC 采用传票（Subpoena）的方式要求第三人提供相关信息，被请求人通常情况下应在 10 日内作出答复。如果被请求人拒不配合，ITC 可以请求美国联邦地区法院强制执行。❷ 由于 ITC 的传票对位于美国境外的第三人没有约束力，ITC 很难要求美国境外的第三人配合开示程序，除非相关信息由其位于美国境内的关联公司掌握。值得注意的是，如果第三人是任何一方当事人控制的子公司或其母公司，该子公司或母公司掌握的资料视为该方当事人掌控的材料而应予以开示，不论该子公司或母公司位于何处。前述规则和解释解决了 ITC 的传票无法延伸到美国境外第三人的难题。

（八）电子取证

随着越来越多的企业以电子的形式进行保存资料，电子取证（E - discovery）逐渐成为 ITC 证据开示程序中很重要的一部分。除非受拒证特权的保护，任何以电子形式保存的与调查有关的文件都有可能落入 337 调查开示的范围之内，例如电子邮件、即时聊天记录、电脑硬盘上储存的数据、数据库、CAD 文件以及网页等电子信息。值得注意的是，在企业得知其被列为 337 调查的被申请人之后，其不得对与调查有关的数据和信息进行修改或删除，一旦被发现，行政法官和 ITC 将作出对被申请人不利的事实推定。由于进驻企业收集电子信息或拷贝硬盘的调查取证人员可以还原被删除的信息或追踪到修改记录，因此，如被申请人对相关的电子信息做手脚，这种举动暴露的可能性极大。

三、开庭

（一）开庭前的准备

在证据开示程序结束后的 1 ~ 2 个月内，各方的主要任务是为开庭作准

---

❶ 《ITC 操作与程序规则》第 210.28（d）条，第 210.31（b）条。

❷ 《ITC 操作与程序规则》第 210.32（g）条。

备，包括准备庭审前陈述和证据、提交证据可采性的动议、进行某些调查中的技术演练以及召开最后一次开庭前会议。

为提高庭审效率，行政法官通常要求当事人提交庭审前陈述（Pre - hearing Statement），该陈述主要包括如下内容：（1）出庭作证的证人名单；（2）出庭将提交的证据清单；（3）需要由行政法官审理的主要争议点以及表明本方的立场及理由；（4）庭审前会议将要提出的问题；（5）对由宣誓作证证言代替现场作证的看法。OUII 调查律师通常在双方提交相关陈述后的几日内也向行政法官提交其庭审前陈述，在该陈述中，OUII 调查律师将首次全面地对调查的实体问题发表相应的立场和观点。

准备庭审证据也是开庭前准备的重要内容之一。通常，日程表中会确定交换初步和反驳证据的最迟日期。各方应当准备好相关证据，例如剔除重复的内容以及保证外文证据已有翻译版本。关于相关证据的可采用性，各方可以提起动议，要求行政法官排除与调查无关的证词或证据。

在涉及复杂技术的情况下，行政法官可能会要求进行技术演练，帮助其了解相关的技术。通常情况，技术演练通常由各方的专家证人进行，各方不得利用技术演练向行政法官表明其立场。

（二）开庭

开庭程序是整个 337 调查程序中的至关重要的一步，当事人将在主审行政法官前表明本方的立场、反驳对方的立场并提供证据支持。庭审由行政法官在 ITC 法庭内进行，持续数天甚至数周。在实践中，因 337 调查通常涉及商业秘密信息，绝大部分的庭审不公开进行。其间，OUII 将作为独立第三方参加庭审。

开庭通常以申请人的律师进行陈词（Presentation）为开端，之后分别由被申请人律师和 OUII 调查律师陈词。在某些情况下，行政法官会要求各方在陈词之前做开场陈述（Opening Statement）。各方的开场陈述应当简明扼要，行政法官不赞成冗长的开场陈述，因此持续的时间较短。陈词的过程主要围绕着证据进行，任何一方都应当对自己的陈述和主张承担举证责任。举证的方式包括提供出庭证人和提供相关证据，对方和 OUII 调查律师将对提供的证据进行询问或提出反对意见。以提供出庭证人为例，申请人和被申请人通常都会提供各自的出庭证人，对方和 OUII 调查律师将对本方的出庭证人进行交叉询问，行政法官有时也会向证人提问。OUII 虽然有权提供出庭证人，但通常不会提供出庭证人，主要针对申请人和被申请人提供的出庭证人进行交叉询问。不同行政法官询问证人（Witness Examination）的方式可能不同。有的行政法官采取传统的模式，即按照本方询问、对方交叉询问、OUII 调查律师询问和本方再询问的程序进行；有的行政法官要求一方在开庭之前提供本方证人相应的书面证词，这样在开庭时就省去了本方询问，直接进行对方交叉询问和 OUII 调查律师询问等。❶

（三）开庭后相关事宜

行政法官不是在开庭后立即作出决定，而是在审阅各方当事人以及 OUII 调查律师提交的庭审总结（Post - hearing Brief）之后作出初裁，此时离庭审结束大约 2 个月的时间。行政法官会在庭审结束后设定各方当事人及 OUII 调查律师提交庭审总结的日程，通常持续 3 ~ 5 周。❷ 该日程包括提交本方庭审总结及提交反驳对方庭审总结的安排。本方庭审总结主要就事实和法律争议点发表意见，这也是各方说服行政法官的最好机会。❸部分行政法官会在收到庭审总结后举行总结辩论（Closing Argument），但大部分调查不举行总结辩论。❹

四、初裁

在收到庭审总结后，行政法官将就被申请人行为是否违反 337 条款作出初裁（Initial Determination）。❺ 初裁的内容包括事实认定和法律结论。初裁对所有重大问题作出认定，包括不公平行为、进口以及国内产业是否存在等问题。初裁通常不对公共利益等问题发表意见。如果调查不涉及在联邦登记/注册的知识产权，行政法官还须就国内产业是否受到损害作出认定。除非 ITC 在初裁作出 60 日内作出复审决定，初裁即被视为 ITC 的终裁。在作出初裁之后的 14 日内，行政法官将颁布建议裁决（Recommended Determination），主要对一旦 ITC 认定存在侵权时的救济措施以及总统审查期间的保证金数额提出

---

❶ Tom M. Schaumberg. A Lawyer's Guide to Section 337 Investigations before the U. S. International Trade Commission［M］. ABA Publishing，2010：155.

❷❸ Tom M. Schaumberg. A Lawyer's Guide to Section 337 Investigations before the U. S. International Trade Commission［M］. ABA Publishing，2010：157.

❹ Tom M. Schaumberg. A Lawyer's Guide to Section 337 Investigations before the U. S. International Trade Commission［M］. ABA Publishing，2010：158.

❺ 行政法官对某些动议也以初裁的方式作出决定，主要包括确立目标日期动议、缺席裁决动议、简易裁决动议、没收或归还被申请方方保证金动议、终止调查动议等。对于上述动议作出的初裁也要提交 ITC 审议。

建议。❶ 与初裁不同，建议裁决不会自动成为 ITC 的裁决，仅供 ITC 参考。❷

五、复审及终裁

不服行政法官初裁的任何一方当事人可以在行政法官初裁送达后 12 日内向 ITC 提出申请，要求其复审。❸ ITC 可以接受或拒绝复审申请，也可依职权主动决定复审。当事人不提出申请则视为其放弃以后任何上诉的权利。❹ 如果 ITC 决定对初裁进行复审，将就复审范围和问题作出具体规定；如果 ITC 只决定审查初裁的部分内容，则未被列入审查范围的内容将自动成为 ITC 的终裁。❺ 如果 ITC 不进行复审，则行政法官的初裁在上报 60 日后成为 ITC 的裁决。❻ 对行政法官的初裁，ITC 可以在复审后作出终裁，维持、撤销、修改或驳回初裁的部分或全部，也可以发回由行政法官重审。❼ 此外，对于初裁中的某些问题，ITC 可以不发表意见，即不表示赞同，也不表示反对。❽ITC 终裁送达后 14 日内，任何关系方均可以提出申请要求 ITC 复议。❾ ITC 在收到复议申请后，可以维持、撤销或修改其终裁。❿

六、总统审查

在 ITC 作出被申请人违反 337 条款的终裁后，除了应立即在《联邦公报》上公告外，还应立即将其终裁裁决、救济措施意见以及作出终裁的依据一并呈交美国总统或者美国总统授权的人员。⓫ 这里的"美国总统授权的人员"指美国贸易代表。在实践中，终裁以及相关文件最初递交给白宫文书办公室，之后转交 OUII，由美国贸易代表处理。⓬ 在审查相关文件后，美国贸易代表

---

❶ 《ITC 操作与程序规则》第 210.42（a）（1）（ii）条。

❷ 《ITC 操作与程序规则》第 210.50（a）条。

❸ 《ITC 操作与程序规则》第 210.43（a）条相关规定。

❹ Tom M. Schaumberg. A Lawyer's Guide to Section 337 Investigations before the U. S. International Trade Commission［M］. ABA Publishing，2010：180.

❺ 《ITC 操作与程序规则》第 210.43（d）条相关规定。

❻ 《ITC 操作与程序规则》第 210.42（h）（2）条相关规定。

❼❽ 《ITC 操作与程序规则》第 210.45（c）条相关规定。

❾ 《ITC 操作与程序规则》第 210.47 条相关规定。

❿ 《ITC 操作与程序规则》第 210.48 条相关规定。

⓫ 《ITC 操作与程序规则》第 210.49（b）条相关规定。

⓬ Tom M. Schaumberg. A Lawyer's Guide to Section 337 Investigations before the U. S. International Trade Commission［M］. ABA Publishing，2010：188.

将向总统建议应采取哪种措施。❶ 美国法律允许在适当的情况下对美国贸易代表开展游说活动。❷美国总统应在收到终裁后 60 日内决定是否批准终裁。如果美国总统收到终裁后 60 日内没有作出否决终裁的决定，则视为美国总统已批准终裁。在实践中，美国总统一般都会支持 ITC 的终裁。

如果 ITC 认定被申请人未违反 337 条款，则无须总统审查程序。如果申请人不服 ITC 作出的被申请人不违反 337 条款的裁决，可以立即启动上诉程序，向美国联邦巡回上诉法院对 ITC 的裁决提起上诉。

第五节　337 调查的救济措施及执行

一、排除令

排除令是 337 条款中最重要也是最具威慑力的处罚措施，它将直接导致相关产品无法进入美国市场。排除令由美国海关执行，禁止侵犯申请人知识产权的产品入关。排除令包括有限排除令（Limited Exclusion Order）和普遍排除令（General Exclusion Order）。

（一）有限排除令

有限排除令禁止被申请人的涉案产品进入美国。有限排除令通常也会要求被申请人提交报告。如果 ITC 有此种要求，被申请人应当定期向 ITC 报告涉案产品相关的活动。❸ 与普遍排除令相比，如果被认定存在侵权，ITC 通常针对被认定侵权的被申请人颁布有限排除令。例如，在"同轴电缆连接盒案"（337 – TA – 650）中，ITC 支持申请人 John Mezzalingua Associates 公司的请求，终裁认定 4 家中国企业存在侵权行为，并颁布有限排除令禁止这 4 家中国企业的相关产品进入美国市场。

（二）普遍排除令

申请人可以要求 ITC 颁布普遍排除令，即裁定所有涉案产品将不问来源地被排除在美国市场之外。与有限排除令不同的是，普遍排除令针对的是产品，且不仅仅限于被申请人的产品。也就是说，普遍排除令是一个针对全世界的禁令，而不论产品来自哪个国家和地区。普遍排除令的签发有其严格的

---

❶❷　Tom M. Schaumberg. A Lawyer's Guide to Section 337 Investigations before the U. S. International Trade Commission [M]. ABA Publishing，2010：188.

❸　《ITC 操作与程序规则》第 210. 71 条相关规定。

前提条件：普遍排除产品进入美国市场对阻止规避有限排除令的行为是必要的；或存在违反 337 条款的侵权模式且难于确定侵权产品的来源。ITC 虽然很少颁布普遍排除令，但一旦颁布普遍排除令，这将给整个行业带来毁灭性的打击。例如，在 2005 年的"复合木地板案"（337 - TA - 545）中，ITC 终裁颁布普遍排除令，禁止所有侵犯申请人专利权的复合木地板进入美国市场。对于中国企业而言，这意味着行业内所有侵犯涉案专利的复合木地板无缘美国市场，对于复合木地板的生产和出口企业造成很大打击。

（三）排除令的期限

排除令的期限依据所侵犯的知识产权类型的不同而有所区别。如果产品侵犯的是美国的专利，那么排除令的期限就等于该专利的有效期限；专利到期失效，排除令也就自动失效。如果是商标侵权，因为商标可以无限期续展，排除令实质上没有明确的期限，只要商标仍然合法有效，排除令就继续有效。

（四）排除范围

因侵权产品可能以不同的形式进入美国市场，有的是以独立产品的形式，而有的是作为其他产品的一部分组装加工成下游产品后进入美国市场。对于前者的出口，排除令排除的产品容易界定，海关执行起来也较为容易。而对于后者，由于打击面扩大，增加了海关执行的负担。对于下游产品的排除范围，联邦巡回上诉法院在"京瓷案"中确定了 ITC 仅有权将列为被申请人的下游产品排除在美国市场之外；如果 ITC 未颁布普遍排除令，则未被列为被申请人的下游产品仍可以进入美国市场。对于违反有限排除令或普遍排除令的行为，ITC 可以命令扣押和没收货物。❶

二、制止令

排除令目的是防止侵权产品进入美国市场，制止令是为了禁止继续销售已经进口到美国的产品，它主要针对美国企业，尤其是被诉企业在美国的分支机构。ITC 在作出制止令裁决时通常会考虑已经进口到美国侵权产品的库存数量。如果库存数量可观，ITC 很有可能根据申请人的要求颁布制止令。违反制止令的行为将导致没收侵权产品、罚款或其他制裁。以罚款为例，违反制止令的企业将被处以 10 万美元/天的罚款，或相当于输往美国产品价值 2 倍的罚款，两者以较高者为准。❷ 制止令也适用于企业的股东、管理人员、董

---

❶ 美国《1930 年关税法》第 337 节第（i）条规定。
❷ 美国《1930 年关税法》第 337 节第（f）（2）条。

事、雇员、代理人、被许可人、分销商、以股权或其他形式被控制的企业、被诉企业的继承人或被转让人等。❶ 因此，有些作为被申请人的企业在美国设立销售公司，如果这些销售公司销售的进口产品被 ITC 认定为侵权且 ITC 作出制止令，在美销售公司也应当遵守制止令的要求，不得继续销售库存产品。

三、临时救济措施

申请人在提交 337 调查申请书的同时还可以提交要求 ITC 采取临时救济措施的动议，包括临时制止令和/或排除令。申请人通常应当在提交申请书时一并提交获得临时救济措施的动议。❷ 在有正当理由的情况下，申请人可以在提交申请书之后至 337 调查正式立案之前向 ITC 提起获得临时救济措施的动议。在 337 调查正式立案之后，申请人不得再提起要求临时救济措施的动议。❸ 在 337 调查正式立案前，申请人可以随时修改临时救济措施的动议；立案后，申请人不得增加请求的临时救济措施的范围。❹ ITC 通常在决定是否立案的同时决定是否受理申请人的临时救济动议。❺ 被申请人通常应在收到临时救济措施动议申请后 10 日内作出答复；在案情复杂的情况下，可以延长至 20 日。❻

ITC 在判断是否采取临时救济措施通常考虑如下因素：申请人在调查中胜诉的可能性；如不采取临时救济措施可能对美国国内产业造成的损害；采取临时救济措施对被申请人可能造成的损害以及对公众利益的影响程度。对于是否采取临时救济措施，行政法官通常在不迟于立案后 70 日内（疑难案件 120 日内）裁定。对于行政法官采取临时救济措施的初裁，ITC 的复审应在立案后 90 日内（疑难案件 150 日内）完成。《ITC 操作与程序规则》第 210.60 条对如何认定案件属于疑难案件作出了规定，既可以由 ITC 认定，也可以由行政法官依职权或动议认定。❼

与在专利侵权诉讼中原告通常请求法院颁布诉前禁令不同，在 337 调查中的申请人通常不提交获得临时救济的动议，主要由于 337 调查程序快速推

---

❶ 冉瑞雪. 337 调查 [J]. 中华商标，2003（5）.
❷ 《ITC 操作与程序规则》第 210.52 条相关规定。
❸ 《ITC 操作与程序规则》第 210.53 条相关规定。
❹ 《ITC 操作与程序规则》第 210.57 条相关规定。
❺ 《ITC 操作与程序规则》第 210.58 条相关规定。
❻ 《ITC 操作与程序规则》第 210.59 条相关规定。
❼ 《ITC 操作与程序规则》第 210.60 条相关规定。

进以及颁布临时救济措施的标准与联邦法院颁布诉前禁令的标准一样严格。❶
1976～2007 年，申请人总共向 ITC 提交了 41 个临时救济动议，获得批准的仅有 9 个。❷例如，在 1996 年的"逻辑仿真系统硬件案"（337－TA－359）中，经过 11 天的开庭审理，行政法官裁决颁布临时救济措施，并要求被申请人缴纳等值于与货物价值的 45% 的保证金。❸

四、保证金

临时排除令签发后，涉嫌侵权的产品仍然可以进入美国，前提是被申请人缴纳保证金。保证金的数额应当足以保护申请人的利益。如果案件裁决被诉企业确实侵犯了申请人的知识产权，那么被诉企业先前缴纳的保证金将归申请人所有。❹ 另外，ITC 也可以要求申请人缴纳保证金以保护被申请人在临时排除令实施期间的利益。与前述被申请人提交的保证金不同，美国有关法律法规没有强制性要求申请人在提交临时救济措施申请时同时缴纳保证金。如果案件裁决被申请人并没有违反 337 条款，那么，申请人的保证金将归被申请人所有。类似的机制也用于针对美国国内厂商的临时制止令。

ITC 作出裁决后，如果进口商需要在总统审查期间继续向美国进口侵权产品，则必须向海关缴纳保证金（Bond），保证金的数额由 ITC 确定；同样，在总统审查期间，只要被申请人向 ITC 缴纳保证金，则可以不执行制止令，继续在美销售侵权产品。如果总统没有否决 ITC 的救济命令，在 60 日的审查期届满后，制止令将发生效力，上述保证金有可能将归申请人所有。❺

五、救济措施的执行

排除令和制止令分别由不同机关执行。美国海关负责执行与进口相关的排除令和临时排除令，由其判断相关进口的产品是否落入 ITC 裁决中的侵权产品范围，如果进口产品落入侵权产品范围，则美国海关将阻止相关产品进入美国市场。尽管美国海关无权对是否侵权等实体问题发表意见，但在执行 ITC 签发的排除令的时候，美国海关具有一定的自主性，可以对相关产品是否落入排除令的范畴作出判断。通常情况下，在收到 ITC 的排除令通知后，海

---

❶❷　Tom M. Schaumberg. A Lawyer's Guide to Section 337 Investigations before the U. S. International Trade Commission ［M］. ABA Publishing,2010:79.

❸　［EB/OL］.［2011－03－25］. http://usitc. gov/publications/docs/pubs/337/pub3074. pdf.

❹　美国《1930 年关税法》第 337 节第（e）（1）条。

❺　美国《1930 年关税法》第 337 节第（j）（3）条。

关将在《海关知识产权搜查通告》（*Customs' Intellectual Property Rights Search*）上公布排除令通知，由美国全境海关执行。该《通告》列出 ITC 调查案号，排除货物清单，简要介绍排除进口的货物，列出专利权人并说明专利的有效期限等。海关通常在 60 日总统审查期间结束之后才颁布排除令通知。

ITC 负责制止令和临时制止令的执行。如果被申请人违反制止令，ITC 可对相关申请人处以罚款。ITC 同时有权监督以同意令结案的 337 调查的执行情况。此外，如果申请人认为相关产品的进口已经违反 ITC 的救济措施，该申请人可以请求 ITC 启动执行程序。[1] 例如，在 "特种磁铁案" 中 （337 - TA - 372），两家中国企业以同意令方式结案，但后来申请人于 1996 年以中国企业违反同意令为由请求 ITC 启动执行程序。1997 年，ITC 作出裁定认为中国企业违反了同意令并处以罚款。[2]

第六节　337 调查实体法规则

尽管《1930 年关税法》第 337 节明确规定，该条款针对的是不公平贸易行为，并非仅针对贸易（包括进口和在美国销售）中侵犯知识产权的行为，但在 ITC 的实践中，依据 337 条款启动的调查绝大部分涉及知识产权侵权问题。为更好地理解 337 调查，以下简要介绍美国的专利法、商标法、版权法和商业秘密方面等实体法相关内容。

一、专利法

专利权作为有期限的合法垄断权利，专利权人的权益往往取决于法律对专利侵权的认定标准和一旦侵权成立对权利人的救济力度。目前，大多数 337 调查案件涉及专利侵权，了解美国专利法有益于应对此类 337 案件。

在美国，专利法有数个重要的来源，包括《美国法典》第 35 编的《专利法》（*Patent Act*）、《联邦法规汇编》、《专利审查指南》 （*Manual of Patent Examining Procedure*） 以及法院判例。[3]

依据《美国专利法》第 271 条，任何人非经授权在美国制造、使用、销售或许诺销售任何专利特许发明，或在专利期限内向美国进口任何专利特许

---

[1] 《ITC 操作与程序规则》第 210.75 （b） 条相关规定。

[2] 此案申请人和两家中国企业在 1999 年达成和解，共同请求 ITC 撤销罚款裁决。

[3] Alan L. Durham. Patent Law Essentials ［M］. Praeger Publishers，2009：7.

发明，均构成对专利的侵权。

在337条款项下，专利权人可以请求禁止侵权产品（甚至是含有侵权产品的下游产品）的进口以及没收已进入美国流通渠道的侵权产品。作为337调查涉案产品利害关系方的进口商、出口商及生产商，若希望其产品继续进入美国市场，则须针对专利侵权的指控作出相应抗辩。实践中，对专利侵权指控的抗辩主要有三种方式：一是挑战专利的有效性。若专利本身被认定为无效，则根本不存在是否侵权的问题。二是质疑专利的可实施性。若专利被认定为不可实施，亦不存在侵权问题。三是证明进口产品不侵权，即证明涉案产品所含的技术或方法与涉案专利不同。通俗而言，前两种方法重点是要证明对方有"污点"，而第三种方法是重点证明自身"清白"。当然，若专利权人对涉案专利的权利有瑕疵，也可以因对方不是涉案专利的所有人或者对涉案专利没有权利为由，请求ITC认定申请人无权提起337调查。以下分四种情况，简要介绍在专利侵权案件中可以提出的抗辩。

（一）挑战专利的有效性

在美国，有效专利的法定要件是新颖性、非显而易见性和实用性。❶ 一项发明被授予专利以后，会被默认为有效的专利。但是，如果被诉企业能够证明该项发明实际上不符合专利的有效要件，会导致专利无效。如果专利无效，自然就不存在侵权。

1. 新颖性抗辩

一项发明要想获得专利保护，则它必须具有新颖性，即与现有技术相比，拟申请专利的发明必须具备有新颖性。在先发明以及专利、专利申请和披露在先发明的出版物等，被统称为"现有技术"。《美国法典》第35编第102节罗列了各种形式的现有技术。❷ 而确定现有技术的时间分割点就是"发明日"，即发明日之前的发明、专利、专利申请以及出版物等，构成涉案专利的现有技术。❸ 被诉企业如果发现涉案发明与一项或多项现有技术相同，则可以向ITC主张该发明不具有新颖性而无效。

2. 非显而易见性抗辩

以涉案专利不具有非显而易见性作为抗辩点，是美国专利纠纷中被诉企业常用的策略之一。《美国专利法》第103（a）条对专利的非显而易见性做

---

❶　李明德. 美国知识产权法［M］. 北京：法律出版社，2003：72.

❷　Alan L. Durham. Patent Law Essentials［M］. Praeger Publishers，2009：94.

❸　Alan L. Durham. Patent Law Essentials［M］. Praeger Publishers，2009：100.

了如下规定："尽管披露的发明没有和第 102 条规定的（现有技术）相同，但如果在发明作出时，发明与现有技术之间的区别在本领域普通技术人员来看是显而易见的，那该发明不能获得专利。"可见，非显而易见性衡量的是涉诉发明是否对现有技术有创造性改进，相当于我国专利法中的创造性要求。

3. 实用性抗辩

《美国宪法》第 8 条第 1 款规定要推动"实用性技术"（Useful Arts），《美国专利法》第 101 节也规定专利可以授予"新颖和具有实用性"（New and Useful）发明的发明人。❶ 美国法院在审判实践中确立了一条规则，即一项发明在被授予专利前必须具有实用性，这也就是所谓的"实用性"要求。

从专利法的角度讲，绝大多数发明都被认为具有实用性，尽管其用途可能是微不足道的。一般来讲，如果认定了一个专利中的某项权利请求被侵权了，则法院通常不愿再裁定发明缺乏实用性，因为法院认为人们很少会盗用无用的发明。❷ 因此，在专利侵权抗辩中，实用性抗辩的作用有限。

（二）可实施性抗辩

关于发明的可实施性（Enablement），《美国专利法》第 112 条明确规定，专利说明书中必须包括一份关于发明以及运用该项发明的方式和程序的书面描述，描述必须全面、清晰、精确，应使技术人员能够准确运用该项发明。为了满足这项要求，专利文件必须非常清楚并且准确地描述发明的内容，从而使得本领域的普通技术人员能够在不做过分实验的情况下就能实施该发明。❸ 如果专利申请人将实施发明所必要的信息作为商业秘密保留，那么它就违反了可实施性要求。通常的发明只需用文字或者图表说明如何实施，但对于一些利用活体材料的发明，例如微生物或者培育的细胞，语言表述可能不足以使所属领域的普通技术人员实施该发明，那就需要把这样的材料向特定的机构提交样品加以保藏。❹ 如果被诉企业发现涉诉的专利违反可实施性要求，则可以以此为由抗辩专利无效。

---

❶ Alan L. Durham. Patent Law Essentials [M]. Praeger Publishers, 2009: 74.

❷ Alan L. Durham. Patent Law Essentials [M]. Praeger Publishers, 2009: 77.

❸ Alan L. Durham. Patent Law Essentials [M]. Praeger Publishers, 2009: 81.

❹ Alan L. Durham. Patent Law Essentials [M]. Praeger Publishers, 2009: 82. 原文如下：In the case of inventions that depend on the use of living materials, such as microorganisms or cultured cells, words alone may be insufficient to enable one skilled in the art to make and use the invention. A sample of the biological materials may be necessary to begin. In such cases, inventors can satisfy the enablement requirement by depositing samples of the material in a certified depository where they are available to researchers in the field.

（三）不侵权抗辩

如果被诉产品的技术特征没有落入涉案专利的权利要求的范围，那就不构成专利侵权。这也是专利纠纷案件中通常采纳的抗辩方案。

（四）申请人并非涉案专利的权利人

《美国专利法》要求必须以发明人的名义申请专利且发明人为专利所有权人。但是，劳动合同通常会要求雇员在受雇期间所做的可获得专利的发明必须转让给雇主，即使劳动合同没有明示约定，如果发明属于雇员的职责范围内，也会认为存在默示的转让义务，这与我国的职务发明类似。因此，专利最终的所有权人往往是作为受让人的雇主公司。❶

当然，这只是许多美国专利发生的第一次转让行为。许多时候，涉案专利经过多次转让，或者由于公司合并、分立、并购等事项的发生，权利所有人多次变更，可能会导致权利权属不清或者出现其他权利瑕疵。如果有证据能够证明申请人不是涉诉专利的正当权利人，那被诉企业可以以此为抗辩，请求 ITC 认定申请人没有权利提起 337 调查。

二、商标法

（一）概述

相较于专利侵权，商标侵权作为案由的 337 调查数量较少，中国企业因商标侵权而被提起 337 调查的案例也不多。2001～2010 年期间，中国企业因涉嫌商标和商业外观侵权被提起 337 调查案件共计 9 起。

美国现行商标法是 1948 年颁布的《兰哈姆法》（*Lanham Act*），载于《美国法典》第 15 编。这部法律最近一次修订是在 1982 年 10 月。《美国商标法》规定，商标包括文字、名称、符号、图形或者其组合，由制造者或者销售商用以识别其商品，以区别于其他生产商或者销售商。商标可以是平面视觉商标，也可以是立体（三维）的视觉商标。

（二）商标的注册

美国商标制度独特之处在于，美国各州均有商标立法权和商标的"州级注册权"，并设有州级注册机关。在美国，商标权的地域性特点不仅反映在国与国之间，而且还反映在州与州之间，在各州注册的商标在本地区内得到保护，而联邦注册商标则可以在全国范围得到保护。

美国申请商标注册有四种基础：（1）在先使用：可以在申请时一并提供

❶ Alan L. Durham. Patent Law Essentials［M］. Praeger Publishers，2009：48.

使用证据。将商标附在商品上并在美国两个州以上的市场上销售（如果是中美之间贸易只要一个州有销售即可），被视为"已经使用"。依据在先使用原则申请注册的商标，在美国专利商标局（USPTO）确认没有异议后就会颁发商标注册证，而不需要再递交其他声明。因此程序相对简单，费用也较低。❶（2）意图使用：USPTO 可以先接受相关申请，在商标公告期满之后，申请人须提供在美国实际使用的证据，否则，不予注册。（3）单独申请：与美国有条约关系的国家的国民可基于其商标在国内注册在美国提交商标申请，但申请人在美国提交的商标标样与商品项目要与本国注册的完全一致。选择"本国注册"为申请基础，USPTO 在确认没有异议后就会颁发商标注册证，而不需要再递交其他声明。因此，程序相对简单，费用较低。（4）国际申请：中国申请人根据《巴黎公约》的规定，在国内申请提交之日起 6 个月内，可基于国内申请的优先权在美国提交商标申请，以国内的申请日作为在美国的申请日（优先权日）。选择本条作为申请基础，要等到该商标在中国注册成功，并向 USPTO 递交相应的注册证明才能获准颁发注册证。如果在国内未能注册成功，该申请将会被撤销。

（三）商标侵权

商标的功能在于区分商品或服务的来源，而商标侵权是指在类似商品或者服务上未经许可使用了与他人相同或者近似的商标，并且有造成消费者对于商品或服务来源的混淆。

根据《兰哈姆法》第 32 条，获得联邦注册的商标所有人，可以在两种情况下提起诉讼：

（1）他人未经许可而复制、假冒、模仿或欺骗性地仿造其商标，用于商品或服务的销售、提供、广告等商业活动，并且有可能造成混淆、误导、欺骗。

（2）他人未经许可而复制、假冒、模仿或欺骗性地仿造其商标，并在商业活动中将此种商标用于标签、标记、印刷物、包装盒、包装纸、包装容器和广告，有可能造成混淆、误导、欺骗。❷

从上述内容可以看出，商标是否侵权的根本问题在于商标的相同或者近似是否会导致消费者对于商品或服务来源产生混淆。如果只是商标近似，但由于销售途径、销售方法的原因，消费者不会因为商标的近似而混淆商品或

---

❶ ［EB/OL］.［2011 - 07 - 21］. http://www.canvisas.com/Corporation/USA/brand.html.

❷ 李明德. 美国知识产权法［M］. 北京：法律出版社，2003：297.

服务的来源，则不会构成商标侵权。例如，在一起雪茄商标纠纷案中，被告的证据证明不同雪茄在展示时用非常不同的盒子，而购买者往往通过盒子来选择雪茄。因此，法院认定，尽管"SAN MARCO"和"DON MARCOS"这两个商标具有一定的相似性，但在实际销售中不会导致消费者因为商标的相似而混淆这两种产品的来源。❶

三、版权法

（一）概述

以版权侵权作为案由的 337 调查数量较少。2001～2010 年期间，我国企业因版权侵权而被提起的 337 调查仅有 1 起。《美国版权法》来自《美国宪法》第 1 条第 8 款第（八）项的授权："议会有权为促进科学和实用技艺的进步，对作家的著作在一定期限内给予专有权利的保障。"美国版权保护存在联邦法和州法在不同领域的保护。规范版权的联邦法律主要有《版权法》❷。具体而言，受《美国版权法》保护的作品种类包括但不限于以下 8 种：文字作品；音乐作品；戏剧作品；表意动作和舞蹈作品；绘画图形和雕刻作品；电影和其他视听作品；录音作品；建筑作品。其中，计算机软件被归于文字作品。

（二）获得版权的条件

在版权法领域，保护对象是表述或表现形式，而非保护特定的思想、观点。《美国版权法》第 102（b）条规定："在任何情况下，对于作者原创性作品的版权保护，都不延及于思想观念、程序、工艺、系统、操作方法、概念、原则和发现，不论它们在该作品中是以何种方式描述、解释、说明或体现的。"那什么样的作品可以获得版权保护呢？版权法保护范围限于"固定在任何有形表述工具上的原创性作品"，因此，版权保护需要满足至少两个条件：一是作品的原创性，二是作品在有形载体的固定。

1. 原创性

《美国版权法》并没有对"原创性"作出定义，但美国法院在多个判例中对"原创性"做了阐释。美国最高法院在 1991 年"Feist 案"中，对原创

---

❶　Albert Robin. The Defense of a Trademark Infringement Case［J］. The Journal of Law and Technology, 1992.

❷　经过多次大规模修订，又叫《1790 年版权法》、《1909 年版权法》、《1976 年版权法》，而 1998 年还专门就版权保护期间出了延长法案，即 *Sonny Bono Copyright Term Extension Act*，《千年数字版权法》和 2005 年的《家庭娱乐和版权法》。

性要求阐述如下："版权的绝对必要条件是原创性。为了符合版权保护的要求，一部作品必须是由作者原创的。版权中所使用的原创性这一术语，仅仅意味着作品是由作者独立创作的（与复制他人的作品相反），而且至少具有某种最低限度的创造性。当然，创造性要求的水平是极低的，甚至有一点点就可以满足。"❶ 但是如何判断和把握作品的原创性，就不同种类的作品如何判断，需要具体分析，而法院也尽量避免采用艺术的或文学的标准判断"原创性"。

2. 作品的固定

《1976 年版权法》第 102（a）条规定："版权保护固定在任何有形表述工具上的原创性作品。通过有形的表述工具（不论是现在已知的还是以后产生的），作品可以或直接或借助机器、设备而被感知、复制或传送。"此外，《1976 年版权法》第 101 条规定了作品固定的两种形式：一是复制品，二是唱片。唱片是指录音得以固定的有形物质，而复制品是指除唱片以外，作品得以首次固定的有形物质，其有形物质范围非常广泛，包括纸张、金属片、石板、纺织物和软盘等。

（三）版权侵权

美国的司法实践确定了认定版权侵权的两步法：第一步，是否存在复制行为；第二步，这种复制是否已经达到非法占用的程度，即两部作品之间是否存在实质性相同或相似。需要注意的是，这里的"复制"不仅包括复制，还包括抄袭、改变、演绎等。以下对这两项步骤做一简单介绍。

1. 复制行为

复制或者抄袭权利人（原告）的作品，大概可以分为三种情形：（1）有直接证据证明被告复制了原告的作品；（2）被告接触过原告的作品，并且二者的作品的表述相似；（3）被告的作品与原告的作品具有显著的相似性，以至于可以依此断定存在复制行为。❷

2. 实质性相同或相似

实质性相似可以分为两种情形，一是字面相似性，即被告逐字逐句地抄袭了原告的作品；二是对原告的作品稍作修改使用，例如，在文学作品中，与原告的作品相比，被告的作品使用了相似的人物、场景和情节等。第一种情形，是否存在实质性相似，比较容易判断，但第二种情形，则比较难以判

---

❶ 李明德. 美国知识产权法［M］. 北京：法律出版社，2003：145.

❷ 李明德. 美国知识产权法［M］. 北京：法律出版社，2003：207.

断，因为版权保护所要求的创造性要求非常低，超过一定程度，则被告的作品可能构成新的创作。此时，区分是否侵权的这条线存在主观性，如美国法官曾经说过："从来也没有人确立过，而且也没有人能够确立那个界限。"❶

四、商业秘密法

(一) 法律渊源

以商业秘密为案由的 337 调查比较少见。2001 ~ 2010 年期间，中国企业因侵犯商业秘密而被提起的 337 调查仅有 2 起。

美国对商业秘密的保护不同于专利权、商标权及版权，没有制订统一的联邦商业秘密法。但从 20 世纪 30 年代末开始，美国法学会和律师协会分别相继发布了《侵权法重述》（1939 年）、《统一商业秘密法》（1979 年）、《反不正当竞争法重述》（1995 年）。这些文件中所涉及的主要内容及确立的基本原则，业已被美国多数州立法所接受，成为处理商业秘密纠纷的重要法律渊源。而 1996 年克林顿总统签署了《1996 年美国经济间谍法》，诞生了美国历史上第一个成文的联邦商业秘密法案。此外，判例是美国法律中的重要渊源。因此，美国商业秘密保护法律体系包含了判例法、各州商业秘密成文法、联邦商业秘密成文法以及商业秘密示范法。❷

尽管保护体系内容丰富，但是"商业秘密"却没有统一的定义。以下我们从商业秘密构成要件的角度，来阐释美国商业秘密的内涵。与我国的商业秘密构成要件相似，美国的商业秘密也需具备秘密性和具有经济价值。

1. 秘密性

美国第三次《反不正当竞争法重述》第 39 节指出："构成商业秘密的信息必须是秘密，然而并不要求绝对的秘密。如果他人不通过第 40 节所述违法手段，而以合法手段得到该信息是困难的或代价是昂贵的时候，该信息即可满足秘密性要求。"

在生产经营和商业交易活动中，有限地公开或披露商业信息往往是不可避免的。例如，为了工作的需要，雇主必须向一定范围内的雇员披露其商业信息；在进行商业谈判时，信息所有人不可避免地向其合作者披露一些商业信息；为了业务需要，人们势必向其代理人披露商业信息。在这种情况下，

❶ 李明德. 美国知识产权法 [M]. 北京：法律出版社，2003：212.
❷ 祝磊. 美国商业秘密法律制度研究 [M]. 长沙：湖南人民出版社，2008：5.

如果不接受相对秘密性概念，人们则无法保护有价值的信息。况且，除信息所有人以外，任何人均可通过反向工程或自主研究开发获得同类的商业秘密，在这种情况下并不构成对他人商业秘密的损害。

美国法官在审判实践中提出了判断秘密性的一些标准，包括：信息在行业内被知晓的程度；信息被其雇员或其他业务有关人知晓的程度；信息所有人采取保密措施的程度；他人可正当获得或复制的难易程度。❶ 从这些判断标准我们可以看出，美国商业秘密法中"秘密性"要求已经涵盖了我国商业秘密的要件之一，即"采取了保密措施"。

2. 具有经济价值

若是毫无价值的事物，是无须费时费力进行保护的。美国商业秘密保护法对商业秘密的经济性要求很重视，其内容也不断发展。在 1939 年第一次《侵权法重述》中，商业秘密是指其所有人在商业业务中使用的，并提供机会使其较之其他不知或没有使用该信息的竞争对手以优势的信息。1985 年的《统一商业秘密法》提出了商业秘密是"具有实际存在的或潜在的独立经济价值的信息"的观点，即具有"潜在的价值"的信息也属于商业秘密。需要说明的是，商业秘密的经济价值不限于直接的、正面的价值，如正处于研究开发中的阶段性成果，以及那些无法使用的技术和经营信息，即所谓的"消极信息"（Negative Information）也是人们劳动的成果，一旦被竞争对手获知，便可在开发研究上少走弯路，缩短研究时间和节约开发成本，从而取得在商业领域中的竞争优势。❷

（二）侵权判断

证明商业秘密侵权的成立的关键，一是证明存在商业秘密，即所涉及的信息符合商业秘密的构成要件；二是证明商业秘密被侵犯。具体而言，1979 年《统一商业秘密法》的定义部分对"不正当手段"和商业秘密的"侵占"进行了相应的界定：

"不正当手段"包括盗窃、贿赂、虚假陈述、违反或诱使违反保密义务，或通过电子或者其他手段进行商业间谍活动。

"侵占"：（1）明知或者应知所获得的他人的商业秘密是通过不正当手段获取的，而获得该商业秘密；（2）未经明示或暗示的同意，披露或使用他人的商业秘密，且该人（A）使用了不正当获取的商业秘密；（B）在披露或使

---

❶❷ 单海玲. 中美商业秘密保护制度比较研究 ［EB/OL］.［2011－07－28］. http://smbh. suzhou. gov. cn/news/bmj/2006/11/19/bmj－14－03－28－1005. shtml.

用时知道或者应该知道他对商业秘密的了解是（ⅰ）源于或经由使用了不正当手段获取了商业秘密的人获得，（ⅱ）在负有保密义务或者限制使用义务的情况下获取，（ⅲ）源于或经由对寻求救济以保护商业秘密的秘密性或限制其使用的人负有保密义务的人获得；（C）在他的地位发生实质性变更以前，知道或者应该知道这是商业秘密，但因意外或者错误而获得。❶

从上述规定可以看出，如果权利人未经授权许可的商业秘密的获取及其后续披露和使用都构成侵犯商业秘密。而侵权当事人获得商业秘密的途径可能是通过非法手段，或者是违反保密义务。

在涉及商业秘密的 337 调查案件中，被诉企业通常会从以下几个角度进行抗辩：（1）申请人的商业秘密不是商业秘密，已经是业内公开的信息，即不具有秘密性；（2）被诉企业使用的技术是自己研制开发的，即不是通过不正当行为获取的；（3）被诉企业所使用的技术与申请人所主张的商业秘密不同。

第七节　337 调查后续和关联司法程序

一、不服 337 调查裁决的上诉程序

ITC 对 337 调查的裁决结果不具有终局性。任何受到 ITC 终裁不利影响的当事人（包括申请人、被申请人、第三人）可在 ITC 终裁生效之日起 60 日内向美国联邦巡回上诉法院（CAFC）上诉。❷ 2007～2010 年，各方就 337 调查裁决向 CAFC 提起的上诉数量分别占 ITC 当年作出裁决总量的 69%、53%、71% 和 48%。❸ 因此，如果企业对 ITC 的终裁不服，可以向 CAFC 上诉维护自身利益。

CAFC 的审理范围包括事实问题和法律问题。对于事实问题，只有在缺乏实质性证据之时，往往是 ITC 基于案卷证据不能自证其说时，CAFC 才会推翻 ITC 的事实认定。对于法律问题，CAFC 可以依据其自身的对法律的理解作出

---

❶　美国《统一商业秘密法》第 1.（2）条相关规定。

❷　美国《1930 年关税法》第 337 节（c）条相关规定。

❸　G. Brian Busey 和 Cynthia Beverage 所撰写的 "*Appealing ITC Determinations to the Federal Circuit*" 一文，引自其在由 American Conference Institute 于 2011 年 2 月 23～24 日举行的 ITC Litigation & Enforcement 研讨会的演讲资料。

结论。❶ 至于可以向 CAFC 提起上诉的事项，当事方必须首先在 ITC 用尽行政救济。因此，如果一方对行政法官在初裁中作出的对其不利的认定不服，该方应当首先向 ITC 提起复审；如果该方没有就相关问题向 ITC 提起复审，视为其放弃对相关问题提起复审的权利，通常情况下这些问题也就无法上诉至 CAFC。❷ 根据行政法官设定口头辩论的日期且假定不存在延期的情况下，从终裁生效到最终取得 CAFC 的裁决通常持续约 12～18 个月。❸ 表 1－3 列出了 ITC 终裁在 CAFC 上诉的主要事项和大致时间表。

表 1－3　上诉大致时间表（假定 ITC 作出的裁决于 2011 年 1 月 1 日生效）❹

事　件	法定或实践期限	案例期限
向书记员提交上诉通知	自 ITC 终裁生效之日起 60 日内提交	2011 年 3 月 2 日
提交介入上诉动议	自上诉人提交上诉通知 30 日内提起	2011 年 4 月 1 日
提交认证清单/目录（Certified List/Index）	自 ITC 收到 CAFC 发出的上诉通知之日起 40 日内提交	2011 年 5 月 11 日
上诉人案情摘要（Brief）	自 ITC 提交认证清单/目录之日起 60 日内提交	大约在 2011 年 7 月 18 日
被上诉人和第三人案情摘要	通常自收到上诉人案情摘要之日起 40 日内提交	大约在 2011 年 8 月 29 日
上诉人答复摘要（Reply Brief）	通常自收到被上诉人案情摘要之日起 14 日内提交	大约在 2011 年 9 月 12 日
设定口头辩论日期	通常自提交案情摘要之日起 45～90 日内决定	大约在 2011 年 10 月 27 日至 12 月 19 日
口头辩论	通常自设定口头辩论日期之日起 90～180 日内进行	大约在 2012 年 1 月 26 日至 2012 年 3 月 25 日
作出裁决	通常自口头辩论之日起 120～180 日内作出	大约在 2012 年 4 月 25 日至 2012 年 9 月 17 日

　　CAFC 的裁决包括以下几种：根据上诉人的上诉请求决定是否维持 ITC 的

---

　　❶　Tom M. Schaumberg. A Lawyer's Guide to Section 337 Investigations before the U. S. International Trade Commission [M]. ABA Publishing，2010：195.

　　❷❸❹　G. Brian Busey 和 Cynthia Beverage 所撰写的"*Appealing ITC Determinations to the Federal Circuit*"一文，引自其由 American Conference Institute 于 2011 年 2 月 23～24 日举行的 ITC Litigation & Enforcement 研讨会的演讲资料。

原判或改判，或者发回 ITC 重审。理论上，如果当事人对 CAFC 的判决不服，还可向美国联邦最高法院上诉。但是，美国联邦最高法院极少受理此类案件，因此，在司法实践中，CAFC 的判决通常是终局裁决。2007～2010 年，CAFC 在约 70% 的 337 调查的上诉案中维持了 ITC 作出的裁决。❶

实践中，既有我国企业在 ITC 调查程序中败诉而向 CAFC 提起上诉的案例，也有国外的申请人因不服 ITC 终裁而提起上诉的案例。以我国企业提起上诉为例，在"复合木地板 337 调查案"（337 - TA - 545）中，ITC 签发普遍排除令，禁止任何未经许可的侵犯申请人专利的复合木地板进口到美国，并对部分被申请人签发了制止令。考虑到 ITC 的终裁对我国木地板在未来十多年对美出口造成重大影响，广东盈彬大自然木业有限公司等公司于 2007 年 5 月向 CAFC 提起上诉。CAFC 在 2009 年 5 月作出判决，维持了 ITC 此前作出的终裁。

国外企业在 337 调查败诉之后提起上诉的案例也不少。例如，在"无汞碱性电池 337 调查案"（337 - TA - 493）中，申请人美国劲量公司在 ITC 败诉后，向 CAFC 提起了上诉，CAFC 判决美国劲量公司专利无效，并拒绝了其重审请求。此后，美国劲量公司继续向美国联邦最高法院提起上诉，此案最终以美国最高法院拒绝受理该案告终。此外，在"赖氨酸 337 调查案"（337 - TA - 571）中，行政法官于 2008 年 7 月作出初裁，认定涉案的相关专利无效，裁决中国企业大成生化集团有限公司等并未违反 337 条款，ITC 在之后的复审中同样认定大成生化集团有限公司等并未违反 337 条款。申请人日本味之素公司随后上诉至 CAFC。经过一年多的审理，2010 年 3 月 8 日，CAFC 就该诉案作出判决，维持了 ITC 对赖氨酸案所作的不违反 337 条款的裁决。该案是中国企业应诉 337 调查在初裁、终裁和上诉全胜的首例。

二、平行诉讼和关联诉讼的处理

为了弥补 ITC 无法就损害赔偿问题作出裁决的不足，同时通过诉讼手段向竞争对手施加更大的压力，337 调查的申请人在向 ITC 提起调查请求的同时还经常在美国联邦地区法院提起专利诉讼（"平行诉讼"），甚至有可能在其他国家和地区对竞争对手提起诉讼（"关联诉讼"）。为避免两头应诉造成的承重负担，被申请人可以请求联邦地区法院中止平行诉讼，联邦地区法院通

---

❶ G. Brian Busey 和 Cynthia Beverage 所撰写的 *"Appealing ITC Determinations to the Federal Circuit"* 一文，引自其在由 American Conference Institute 于 2011 年 2 月 23～24 日举行的 ITC Litigation & Enforcement 研讨会的演讲资料。

常会同意中止审理。337 调查结束后，美国法院将恢复诉讼。ITC 的 337 调查案卷将应美国法院的要求移送到美国联邦地区法院。❶ 至于 ITC 裁决对美国法院的影响，对于商标侵权案件，美国联邦地区法院将认同 ITC 的裁决，不再就已裁事项重新裁决；对于专利侵权案件，美国联邦地区法院对于专利相关问题有专有的管辖权，因此 ITC 关于专利事项的裁决不能作为既判事项约束美国联邦地区法院。联邦地区法院的法官通常尊重 ITC 行政法官对是否侵权的事实认定，因此，在 ITC 调查程序中获得行政法官的支持至关重要。

三、反诉

类似于美国联邦地区法院的民事诉讼，作为 337 调查被申请人的企业可以向 ITC 提起反诉，但为了不拖延案件的审理进程，ITC 并不会审理该反诉，而是自动交由有管辖权的美国联邦地区法院审理。对于提起反诉的时间要求，根据《ITC 操作与程序规则》第 210. 14（e）条规定，被申请人可以在调查启动后至开庭之前任何时候提出反诉。此外，被申请人提出反诉时应根据《1930 年关税法》第 337 节第（c）条的规定向 ITC 提交单独的文件，并向具有管辖权的联邦地区法院提交移案通知。

尽管在 337 调查中提起反诉可以在一定程度作为迫使申请人接受和解的筹码，但 337 调查实践中提起反诉的案例较少，主要是因为反诉的程序复杂以及不太容易确定管辖法院。❷

第八节　337 调查制度在多边遭遇的挑战

自 337 条款出台之后，就不断受到国际社会关于其是否符合国民待遇原则的质疑和抗议。作为美国贸易保护主义的典型代表和贸易制裁的单方条款，337 调查给国际贸易和产业发展带来了很大的负面影响，并引发了世界各国的强烈不满。1983 年，加拿大政府向 GATT 提请成立专家小组认定 337 条款违反 GATT 的规定；1989 年，欧共体向 GATT 就 337 条款与 GATT 的规定不符提请专家小组审理；2000 年，欧盟要求在 WTO 框架下进行 337 条款的磋商，加拿大、日本也相继加入。

---

❶ 《ITC 操作与程序规则》第 210. 39（b）（1）条。

❷ [EB/OL]. [2011 - 08 - 21]. http://findforms.com/pdf_files/ded/40969/26. pdf.

一、1981 年加拿大诉美国汽车弹簧组件进口案❶

（一）案件主要经过

1981 年 9 月 25 日，加拿大在《关贸总协定》（GATT）多边争端解决机制下向美国提出磋商请求，请求就 ITC 在"汽车弹簧组件 337 调查案"中作出的终裁及排除令进行磋商。美国和加拿大依据 GATT 第 23.1 条进行了双边磋商。虽然双方表示仍愿意进行进一步磋商，但加拿大提出希望 GATT 成立专家组。1982 年 2 月 22 日，GATT 应约成立专家组。GATT 总干事的前任特别助理 Mr. H. Reed、来自马来西亚的 Mr. H. Siraj 和来自英国的 Mr. D. McPhail 组成了本案专家组。❷ 在不到 4 个月的时间内，专家组进行了分析，最终于 1982 年 6 月 11 日向全体 GATT 成员散发了专家组报告。1983 年 5 月 26 日，专家组报告得到通过。

（二）争议双方主张

该争端案源于 ITC 于 1981 年 7 月 14 日作出的一起 337 调查案的裁决。该 337 调查案原告为美国 Kuhlman 公司，被告为加拿大 Wallbank 公司和美国福特公司、通用汽车公司。原告指控被告侵犯其在汽车弹簧组件上的 2 项方法专利。❸ ITC 最终裁决部分汽车弹簧组件的进口和销售违反 337 条款，因为其侵犯美国产品专利及方法专利，且将实质性损害一产业在美国的良性发展。同时，ITC 还发布了普遍排除令。其理由是弹簧组件属于比较简单的产品，制造成本低，新生产商可以迅速地制造侵权弹簧组件，并且普遍排除令可以防止任何来源的侵权弹簧组件进入美国市场，因此也是最有效的救济措施。

在该争端案中，加拿大主张：337 条款是高度保护主义工具；在专利侵权案件中，美国法给予进口产品的待遇明显低于国内产品；加拿大关注的不仅是该汽车弹簧组件 337 调查中个案的裁决，而是在一般性的专利案件中 337 条款的适用。❹ 而美国则主张：337 条款符合 GATT 第 20（d）条所规定的"一般例外"，且无论该侵权产品是国内产品或进口产品，决定专利是否侵权的法律标准与美国法是相同的；337 条款的立法目的是打击不公平竞争行为，

---

❶ United States – Imports of Certain Automotive Spring Assemblies, Report of the Panel［EB/OL］.［2011 – 07 – 19］. http://www. wto. org/english/tratop_e/dispu_e/81spring. pdf.

❷ United States – Imports of Certain Automotive Spring Assemblies, Report of the Panel, para. 4.

❸ United States – Imports of Certain Automotive Spring Assemblies, Report of the Panel, para. 6.

❹ United States – Imports of Certain Automotive Spring Assemblies, Report of the Panel, para. 14.

而不是保护国内产业；❶ 在产品专利侵权问题上，联邦法院和 ITC 对进口和国内产品适用的基本的实体法是相同的，适用的程序虽然不同，但在两个程序里同样的法律和衡平上的抗辩都是可能的；❷ ITC 程序产生的背景主要是因为送达和执行等司法程序方面存在的难题。❸

（三）专家组裁决

首先，专家组确立了其在该争端案中的审查范围，即"汽车弹簧组件 337 调查案中美国根据《1930 年关税法》第 337 节实施的进口排除"。与此有关的 GATT 条款包括：GATT 第 2.1（b）条、第 3.1 条、第 3.2 条、第 3.4 条、第 11.1 条以及第 20（d）条。❹

其次，专家组考虑了该案的审查顺序，即专家组首先应审查 GATT 第 20（d）条是否适用于该 337 调查案。如是，则没有必要再审查该排除令与上述 GATT 其他条款的一致性问题。在审查该案关于 GATT 第 20（d）条的合法性时，专家组首先应审查存在争议的措施是否满足 GATT 第 20 条的前言。在满足 GATT 第 20 条前言的基础上，专家组再审查该措施是否符合 GATT 第 20（d）条。❺

经过审查，专家组认为：第一，ITC 在 337 条款和程序下发布的排除令可以成为"措施（Measure）"；排除令是普遍排除令，不分产品来源，对所有国家适用，因此未"在情形相同的国家之间构成任意或不合理歧视的手段"；❻ ITC 在《联邦公告》上发布裁决公告且措施由海关执行，排除令仅针对侵权产品（未侵权产品仍可进入），因此排除令未构成"对国际贸易的变相限制"。这说明 337 条款满足了 GATT 第 20 条的前言要求。❼ 第二，由于法院诉讼程序不能提供满意的、有效的方法，排除令程序是原告所能选择的"惟一的方法"以有效地保护进口侵权产品对自己专利在美国市场上的排他使用权。❽ 因此，该措施是"必需的"，即符合 GATT 第 20（d）条，即符合 GATT 的规定。❾

---

❶ United States – Imports of Certain Automotive Spring Assemblies, Report of the Panel, para. 22.

❷ United States – Imports of Certain Automotive Spring Assemblies, Report of the Panel, para. 24.

❸ United States – Imports of Certain Automotive Spring Assemblies, Report of the Panel, para. 27.

❹ United States – Imports of Certain Automotive Spring Assemblies, Report of the Panel, para. 49.

❺ United States – Imports of Certain Automotive Spring Assemblies, Report of the Panel, para. 50.

❻ United States – Imports of Certain Automotive Spring Assemblies, Report of the Panel, para. 55.

❼ United States – Imports of Certain Automotive Spring Assemblies, Report of the Panel, para. 56.

❽ United States – Imports of Certain Automotive Spring Assemblies, Report of the Panel, para. 60.

❾ United States – Imports of Certain Automotive Spring Assemblies, Report of the Panel, para. 61.

此外，专家组还审查了美国在专利侵权案件中对 337 条款的适用。专家组认为：在审查时有可能得出与上述结论相同的结果（即该 337 案措施符合 GATT 第 20（d）条）；这一结论原则上也适用于许多专利侵权案件；但是，专利案件之间有很大的不同。在某些案件中，法院诉讼程序能够为专利权人提供同等满意的、有效的侵权救济措施，在此类案件中 337 条款不能认为是"必需的"，因此也不会被认为是符合 GATT 第 20（d）条。在这种情况下，需要进一步审查其与 GATT 其他相关条款的一致性问题。❶

最后，专家组还提供了一些附加评述意见（Additional Observations）。专家组并未暗示在专利案件中 337 条款的适用是"完全满意的做法"；有几个不合适的因素："不公平竞争方法和不公平行为"的定义过于宽泛，可能导致滥用；"实质性损害"的标准有利于被告，加重了原告的负担，但在涉及专利案件的立法上，"损害"要件是一个无关的因素。专家组同时还评述：这种双重程序可能有利于简化和推动专利侵权案件的法律程序。❷

（四）案件评析

虽然笔者未曾考察过在其他同期的争端案件中，专家组从成立到作出裁决的平均时间，但是较其他 GATT 争端案的审理时间，本案专家组仅用不足 4 个月的时间就作出裁决，时间还是相当短的。这是一个有意思的现象。

虽然如同大部分争端解决案件一样，专家组在裁决报告中既提出了对原告有利的说明，又提出了能够"安慰"被告的语言，但从总体上看，该案裁决应该还是肯定了 337 条款与多边规则的一致性，即认为美国《1930 年关税法》337 条款能够在 GATT 多边规则下获得合法性。这使得美国 337 调查制度在某种意义上获得了更多的"认可"。在此争端案被提起的 1981 年，ITC 共计立案 18 起。而从专家组发布裁决报告的 1982～1984 年，ITC 立案的 337 调查案件数量大幅增长，分别为 23 起、43 起和 33 起。这说明，337 条款的合法性和有效性得到了更多美国企业的认同。

二、1987 年欧共体诉美国 337 条款案❸

（一）主要经过

1987 年 4 月 29 日，欧共体在 GATT 多边争端解决机制下向美国提出磋商

---

❶　United States – Imports of Certain Automotive Spring Assemblies, Report of the Panel, para. 66.

❷　United States – Imports of Certain Automotive Spring Assemblies, Report of the Panel, para. 67 – 73.

❸　United States – Section 337 of the Tariff Act of 1930, Report of the Panel [EB/OL]. [2011 – 07 – 19]. http://www.wto.org/english/tratop_e/dispu_e/87tar337. pdf.

请求，请求就 337 条款的适用进行磋商。美国和欧共体依据 GATT 第 23.1 条进行了双边磋商，但未达成双方满意的解决方案。1987 年 7 月 15 日，欧共体提出希望 GATT 成立专家组。1987 年 10 月 7 日，GATT 应约成立专家组。新西兰贸易谈判代表 Mr. Graham Fortune、纽约大学法学院客座教授 Andreas Lowenfeld 和曾任欧洲法院法官的 Mr. Pierre Pescatore 组成了本案专家组。❶ 加拿大、日本、韩国和瑞士申请加入本案成为第三方。专家组经过审查，最终于 1989 年 1 月 16 日向全体 GATT 成员散发了专家组报告。1989 年 11 月 7 日，专家组报告得到通过。需要说明的是，在专家组审查期间，美国修改了 337 条款（见《1988 年综合贸易和竞争法》），而专家组审查的仍是欧共体在提起磋商请求时的原 337 条款，即《1930 年关税法》第 337 节。❷

（二）双方主张

该争端案源于 1984 年 5 月 ITC 应美国杜邦（DuPont）公司的申请，对 4 家生产和销售芳香尼龙纤维的荷兰企业发起的 337 调查。ITC 于 1985 年 11 月 25 日发布裁决，裁定涉案专利有效并被侵权，侵权产品的进口损害了在美国有效运营的产业，并决定针对 4 家荷兰公司发布有限排除令。❸

欧共体主张：337 条款的适用，使得专利侵权案件中进口产品的待遇低于美国联邦地区法院对国内产品所给予的待遇，因此美国未履行其在 GATT 第 3.4 条项下的义务，且这种未履行不属于 GATT 第 20（d）条规定的例外范围。因此，欧共体根据 GATT 产生的利益正在丧失或减损。❹

美国则主张：337 条款的适用符合 GATT 第 20（d）条，属于一般例外；337 调查程序和法院诉讼程序的差异未对进口商和进口产品的生产商构成"低于"待遇；总体看，337 条款对进口产品的生产商和销售商给予了比受《美国专利法》挑战的国内产品的生产商更优惠的待遇；尤其是该 337 调查案已和解❺的情况下，无证据表明如果 ITC 适用法院程序或者委员会委员变成法官的话就不会作出排除令的裁决。❻ 因此，美国要求专家组裁定 337 条款符合

---

❶ United States – Section 337 of the Tariff Act of 1930, Report of the Panel, para. 1.2.

❷ United States – Section 337 of the Tariff Act of 1930, Report of the Panel, para. 1.7.

❸ United States – Section 337 of the Tariff Act of 1930, Report of the Panel, para. 2.9.

❹ United States – Section 337 of the Tariff Act of 1930, Report of the Panel, para. 3.1.

❺ 1988 年 5 月 10 日，美国杜邦（DuPont）公司和荷兰阿克苏（Akzo）公司达成和解协议，内容包括杜邦公司允许阿克苏公司在专利有效期内向美国进口数量有限的芳香纤维。

❻ United States – Section 337 of the Tariff Act of 1930, Report of the Panel, para. 3.4.

美国在 GATT 下的义务。❶

（三）专家组裁决

本案中，专家组确定的审查范围是：337 条款的适用，并集中于对专利案件的适用。专家组同时还表示，专家组考虑了"汽车弹簧组件 337 调查案"的专家组报告，这一考虑是基于这样的理解：理事会在通过该报告时指出，该报告的通过"不排除将来从与 GATT 第 3 条和 GATT 第 20 条的一致性的角度，对涉及专利侵权的 337 条款的适用的进一步审查"。❷ 与此有关的 GATT 条款包括：GATT 第 3.4 条及其注释和 GATT 第 20（d）条。❸

1. 关于 GATT 第 3 条与第 20（d）条的关系

专家组认为，GATT 第 20 条"一般例外"条款的前言中的核心是"本协定中的任何规定不得解释为阻止任何缔约方采取或实施以下措施"，因此，GATT 第 20（d）条只适用于与 GATT 的另一规定不符的措施。因此，337 条款的适用应先根据 GATT 第 3.4 条进行审查，如果该措施不满足 GATT 第 3.4 条的要求，专家组再审查其是否根据 GATT 第 20（d）条的规定获得正当性。❹

2. 关于 GATT 第 3.4 条

专家组从以下三个方面予以分析：

第一，关于 GATT 第 3.4 条中的"法律、法规和规定"的含义。专家组认为，实施程序不能与其旨在实施的实体规定相分离。否则缔约方就会通过给予进口产品比国内同类产品较差待遇的执行程序而逃避国民待遇标准，即使实体法本身满足国民待遇标准。337 条款作为在边境实施《美国专利法》的方法这一事实，不能豁免 GATT 第 3.4 条的适用，同样也受 GATT 第 3 条的约束。337 条款属于 GATT 第 3 条所规定的"影响产品国内销售的法律、法规和规定"的概念。❺

第二，关于 GATT 第 3.4 条的"不低于"待遇标准。专家组认为，GATT 第 3.4 条中提及的"不低于待遇"词语，要求在影响产品的国内销售等的法律、法规和规定的适用方面，进口产品和国内同类产品的机会有效平等。这明显规定了最低标准作为基础。但是，进口产品因为 337 条款而适用与国内产品不同的法律规定这一事实本身，不足以最终确立其与 GATT 第 3.4 条不

---

❶ United States – Section 337 of the Tariff Act of 1930, Report of the Panel, para. 3. 5.

❷ United States – Section 337 of the Tariff Act of 1930, Report of the Panel, para. 5. 6.

❸ United States – Section 337 of the Tariff Act of 1930, Report of the Panel, para. 5. 7.

❹ United States – Section 337 of the Tariff Act of 1930, Report of the Panel, para. 5. 9.

❺ United States – Section 337 of the Tariff Act of 1930, Report of the Panel, para. 5. 10.

符。专家组还必须审查适用不同法律规定是否授予进口产品较低的待遇。❶ 专家组引用了"美国石油案"的专家组裁决，该裁决中提及，涉及国内税费的 GATT 第 3.2 条的第一句指出该条款目的是保护"进口产品和国内产品间的竞争关系的预期"。GATT 第 3.4 条作为 GATT 第 3 条中处理国内立法的"非收费"因素的平行条款，也必须解释为具有相同目的，即保护"进口产品和国内产品间的竞争关系的预期"。专家组认为，评估 337 条款本身是否导致进口产品待遇低于国内产品待遇，必须依据法律、法规和规定本身及其潜在的影响来作出决定，而不是基于对具体进口产品的实际后果。❷

第三，根据 GATT 第 3.4 条对 337 条款的评估。对于美国给予了进口产品更优惠待遇的主张，专家组表示，其注意到，给予被告某些程序上的优势，在所有案件中都会发生作用。专家组也承认，实质损害的经济要求，不仅对被告也对原告增加了程序性负担，这些程序性负担可能在所有案件中都存在。专家组将在审查中考虑这些因素。❸ 对于欧共体主张给予了进口产品较差待遇，专家组裁定，ITC 和联邦法院的程序差异对进口产品的原告给予了程序选择，对国内产品未提供相应的选择，其本身就是对进口产品的较差待遇，因而与 GATT 第 3.4 条不符。

专家组从调查时限、反诉、对物排除令、平行诉讼、保密信息待遇以及裁决机制六个具体程序方面的差异来评估是否构成差别待遇。专家组的结论是，337 调查在调查时限、反诉、对物排除令和平行诉讼这四个方面相比法院诉讼程序给予了国内产品更加优惠的待遇，因此不符合 GATT 第 3.4 条；在保密信息和裁决机制这两个方面，专家组没有在 337 调查和法院诉讼程序之间发现实质性差异的存在，因此符合 GATT 第 3.4 条。❹

最后，专家组作出对 GATT 第 3.4 条合法性分析的结论。专家组裁定，基于上述分析，337 条款给予了进口产品比美国国内同类产品的较差待遇，因而该措施与 GATT 第 3.4 条不符。❺ 需要说明的是，专家组在前述报告中已经说明，措施不符合 GATT 第 3.4 条本身并不能意味着没有遵守该成员在 WTO 有关协定框架下的义务，专家组还必须考虑该"不符合"的措施是否能适用 GATT 所允许的例外情况，比如 GATT 第 20 条规定的"一般例外"。

---

❶ United States – Section 337 of the Tariff Act of 1930, Report of the Panel, para. 5.11.

❷ United States – Section 337 of the Tariff Act of 1930, Report of the Panel, para. 5.13.

❸ United States – Section 337 of the Tariff Act of 1930, Report of the Panel, para. 5.17.

❹ United States – Section 337 of the Tariff Act of 1930, Report of the Panel, para. 5.19.

❺ United States – Section 337 of the Tariff Act of 1930, Report of the Panel, para. 5.20.

3. 关于 GATT 第 20（d）条

专家组认为，要满足 GATT 第 20（d）条的要求，必须符合以下三个条件：（1）被保证遵守的"法律或法规"本身不违反 GATT；（2）措施是"遵守（这些法律和法规）所必需的"；（3）措施的适用"没有……构成任意或……歧视或……变相限制"。❶ 上述每一个条件必须逐一得到满足才能使得争议措施根据 GATT 第 20（d）条获得正当性。❷

对于第一个条件，专家组没有异议，即在本争端中，337 条款保证遵守的"法律或法规"是《美国专利法》，这些法律与 GATT 的一致性没有受到挑战。因此，专家组重点考虑的是第二个条件是否得到了满足。对于第二个条件，即"必要性"，专家组认为，如果存在可以合理预期获得的替代措施，且该替代措施不违背 GATT 的其他规定，缔约方就不能证明"必要的"。同样，当无法合理获得与 GATT 其他规定相一致的措施时，缔约方应适用与 GATT 其他规定不符性影响最小的措施。这意味着，如缔约方能够以不违背 GATT 其他规定的方式合理实现该执行水平，该缔约方应该这么做。同时专家组认为，第 20（d）条要求每一个与 GATT 不符的因素都必须具有必要性，而并非仅仅是要求 337 条款作为一个制度整体上为执行《美国专利法》所必要。❸ 因此，即使证明了有必要在联邦地区法院程序之外设立专门针对进口产品的程序，也不能证明 337 条款中与 GATT 不符合的所有因素都是必要的。337 条款中，法院选择与双重诉讼、救济措施上的不对等性、反诉不得影响 337 调查等与 GATT 第 3.4 条不符的因素，并不具有第 20（d）条所规定的必要性。❹

在分析 337 条款的某些程序设置与 GATT 第 3.4 条存在的具体不符能否获得"必要性"这一问题上，专家组考虑了美国提出的主张，表示对于 337 调查程序反映了针对侵权进口迅速提供预期救济的必要这一点予以理解。专家组认为，考虑到典型专利诉讼中的争议问题，这一主张只能与当进口产品被证明未侵权的时候保护进口商的合法利益的必要保障联系在一起，对进口产品适用迅速的临时性或保护性行为提供合法性。❺

综上所述，专家组裁定，根据 337 条款确定违反美国专利权的制度，在

❶ United States – Section 337 of the Tariff Act of 1930, Report of the Panel, para. 5.22.

❷ United States – Section 337 of the Tariff Act of 1930, Report of the Panel, para. 5.23.

❸ United States – Section 337 of the Tariff Act of 1930, Report of the Panel, para. 5.27.

❹ United States – Section 337 of the Tariff Act of 1930, Report of the Panel, para. 5.34.

❺ United States – Section 337 of the Tariff Act of 1930, Report of the Panel, para. 5.31.

GATT 第 20 （d）条必要性的意义上，不能获得正当性，而为 GATT 第 3.4 条规定的基本义务提供例外。但专家组重复强调，337 调查程序中与 GATT 第 3.4 条不符的某些方面，在某些情形下可以依据 GATT 第 20 （d）条获得正当性。

专家组得出的最终结论是：337 条款给予被指控侵犯美国专利权的进口产品的待遇，低于同样受到指控的美国产品的待遇，与 GATT 第 3.4 条不符，这些不符在 GATT 第 20 （d）条的所有方面不能获得正当性。[1] 专家组建议缔约方全体，要求美国将与进口产品相关的专利侵权案件中适用的程序，与其根据 GATT 应遵守的义务相一致。[2]

（四）案件评析

本案中，加拿大、日本、韩国和瑞士申请成为第三方，都表达了 337 条款不符合 GATT 第 3.4 条规定的国民待遇，且不能根据 GATT 第 20 （d）条规定的"一般例外"获得正当性的观点。这 4 个国家中，除了瑞士以外，另外 3 个国家的企业都可以说是那一时期美国 337 调查的重点对象，尤其是日本和韩国。这也凸显 337 调查制度的进攻性特点已经引起了其主要贸易伙伴的不满。

在本案审理期间，美国于 1988 年对 337 条款进行了修改（《1988 年综合贸易与竞争法》），降低了 337 调查的申请门槛。美国总统宣布，在修改《1930 年关税法》第 337 节的法律制定前，ITC 将继续实施 337 条款。但从 ITC 数年间递减的立案数量看，专家组报告的否定性评价对于企业动用 337 条款的意愿也产生了一定影响。[3]

三、2000 年欧盟就美国 337 条款提出磋商请求[4]

（一）主要经过及申请人主张

2000 年 1 月 12 日，欧盟在 WTO 争端解决机制下就 337 条款向美国提出磋商请求。加拿大和日本要求作为第三方加入磋商。2000 年 2 月 28 日，欧盟和美国举行了双边磋商。该案最终并未建立专家组，争端双方也没有达成满意的解决办法通知各缔约方。

在磋商请求中，欧盟提出：337 条款曾经两次被 GATT 专家组审查，其中

---

[1] United States – Section 337 of the Tariff Act of 1930, Report of the Panel, para. 6. 3.

[2] United States – Section 337 of the Tariff Act of 1930, Report of the Panel, para. 6. 4.

[3] 1990～1993 年，ITC 的 337 调查立案数量分别为 18 起、13 起、13 起和 8 起。

[4] United States – Section 337 of the Tariff Act of 1930 and Amendments thereto, Request for Consultations by the European Communities and their Member States.

第二次于 1989 年认定 337 条款的重要方面违反了 GATT 第 3 条意义下对进口品应给予的国民待遇的义务。为了使 337 条款的有关内容符合 GATT 专家组的裁决，337 条款于 1994 年被美国《乌拉圭回合协定法》所修改。但是，《乌拉圭回合协定法》并没有达到这个目标。目前的 337 条款并没有终止 1989 年 GATT 专家组裁决的其与 GATT 的不一致性，并且进一步违反了 TRIPS 协定的某些条款。❶ 具体而言，337 条款和《ITC 操作与程序规则》违反了 GATT 第 3 条和 TRIPS 协定第 2 条（包括《巴黎公约》第 2 条）、第 3 条、第 9 条（包括《伯尔尼公约》第 5 条）、第 27 条、第 41 条、第 42 条、第 49 条、第 50 条和第 51 条。❷ 欧共体所指控的事实包括调查时限、平行诉讼和反诉等。

（二）案件评析

这是美国《1930 年关税法》历史上第三次在多边层面遭遇缔约方的挑战，也是起诉方首次将 337 条款与 TRIPS 协定相比较。但需要注意的是，美国在乌拉圭回合谈判中促成 TRIPS 协定达成的一大目标就是"有效的边境措施"，事实上可以说美国已经在多边规则上为 337 条款埋下了伏笔。

另外，随着知识产权在一国核心竞争力中所占比重逐步加大，发达国家作为专利大国事实上在知识产权保护问题上的立场正在趋于一致，都将打击的目标转向了制造业集中、知识产权保护意识相对比较薄弱的发展中国家。❸ 一些发达国家从自身利益出发，开始探讨制定一部国际规则来约束、制裁全球泛滥的假冒和盗版行为，保护知识产权，实现合法贸易。最早制定这一反盗版法案的想法源自美国和日本在 2006 年的一次谈判。此后的 5 年中，加拿大、欧盟和瑞士等陆续加入谈判。《反假冒贸易协议》（Anti - Counterfeiting Trade Agreement，ACTA）谈判始于 2007 年，谈判伙伴包括欧盟、美国、加拿大、日本、韩国和瑞士。2007 年 10 月 23 日，欧盟、日本、韩国、墨西哥、新西兰、加拿大同时发表声明支持《反假冒贸易协议》的推进。2008 年 6 月，随着澳大利亚、墨西哥、摩洛哥、新西兰、韩国和新加坡等国的加入，谈判进入正轨。欧盟和美国在知识产权保护问题上的立场趋同，使得欧盟没有在该争端案下继续挑战美国 337 调查制度。

---

❶　United States – Section 337 of the Tariff Act of 1930 and Amendments thereto, Request for Consultations by the European Communities and their Member States, para. 3.

❷　United States – Section 337 of the Tariff Act of 1930 and Amendments thereto, Request for Consultations by the European Communities and their Member States, para. 4.

❸　例如，美国 337 调查在 20 世纪七八十年代的主要目标还是日、韩等国企业，而进入 21 世纪以来，中国就已经成为美国 337 调查的首要目标，且案件数量一直居高不下。

第二部分　形势篇

第一节　美国 337 调查情况总体分析

截至 2010 年，美国已发起 752 起 337 调查案，涉及 61 个国家（地区）。自 1972 年第一起 337 调查以来，美国发起 337 调查的数量总体处于增长趋势。这种趋势在 2000 ~ 2010 年间更加明显。在可以预见的将来，美国知识产权所有人仍将大量利用 337 调查，保护其知识产权利益。

一、337 调查案件年度分析

截至 2010 年，美国已经在全球范围内发起了 752 起 337 调查。自 1972 年第一起 337 调查至今的近 30 年间，美国发起 337 调查的数量每年各有差异，但总体而言处于增长趋势。这种增长趋势在 2000 ~ 2010 年间更加明显。ITC 在 2000 年发起了 17 起 337 调查案，2010 年则增至 56 起，是 2000 年的 3.3 倍，如图 2 - 1 所示。

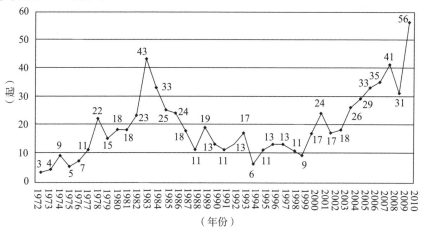

图 2 - 1　美国 337 调查年度统计图（1972 ~ 2010 年）

337 调查数量持续、稳定增长有其复杂的原因，但根本原因是 337 调查在保护美国知识产权方面具有较强的效果，从而促使美国知识产权所有人以更加积极、主动的方式利用 337 调查。此外，在过去 10 ~ 20 年间，在美国持有知识产权的外国企业（尤其是日本和韩国企业）逐步意识到 337 调查对于保护其在美知识产权利益具有良好效果，从而提起较多的 337 调查，用以排除其他外国企业在美国市场的竞争。基于以上两点，我们认为在可以预见的将来，美国知识产权所有人仍将大量提起 337 调查，保护其在美知识产权利益。

二、337 调查涉案国家（地区）分析

截至 2010 年，美国 337 调查共涉及 61 个国家（地区），中国台湾、日本、中国、中国香港、韩国、加拿大、德国、英国、墨西哥、新加坡位居前十位。此外，法国、荷兰、意大利、瑞士、马来西亚、以色列、瑞典、芬兰、西班牙、菲律宾、丹麦、印度、巴西、泰国、比利时、澳大利亚、奥地利、印度尼西亚、爱尔兰等国家涉及的 337 调查案件也较多，如图 2－2 所示。

图 2－2　世界主要国家（地区）遭受 337 调查数量图（1972～2010 年）

337 调查涉案企业的来源地有两个主要特点。其一，美国的主要贸易伙伴国（地区）均有较高的涉案数量。这表明 337 调查与双边贸易的规模具有直接相关性，但并不具备明显的国家（地区）针对性。其二，排名前五位的涉案国家（地区）均来自东亚，涉案 337 调查次数为 656 次，占总调查次数的56.2%。这表明 337 调查与美国进口产品结构具有直接相关性。具体而言，337 调查主要涉及机电产品和电子信息产品，而东亚国家（地区）是美国上述产品的主要供货国（地区）。

从发展趋势看，日本在 20 世纪 70 年代成为 337 调查的主要目标，中国台湾、中国香港、韩国等紧随其后。20 世纪 80 年代和 90 年代，中国台湾超越日本，成为 337 调查的最大目标地区，日本、德国、中国香港、韩国等也是337 调查的主要国家和地区。进入 21 世纪以来，中国开始成为 337 调查的最大目标国，高达 124 起。如上文所述，337 调查主要涉及机电产品和电子信息产品，而上述涉案国家（地区）的变化特点也正与美国机电产品和电子信息产品进口来源地的变化特点相符。

基于以上分析，鉴于中美贸易额的迅速增长和中国对美出口结构的特点，可以预见，在未来的一段时间内，我国仍然是 337 调查的主要目标国。

表 2-1　世界主要国家（地区）遭受 337 调查数量排名表

年　代	337 调查涉案主要国家和地区（案件数量）
20 世纪 70 年代	日本（26）、中国台湾（17）、中国香港（8）、韩国（7）、英国（6）、德国（5）、加拿大（4）、法国（4）、瑞士（4）、瑞典（4）
20 世纪 80 年代	中国台湾（64）、日本（55）、德国（27）、中国香港（26）、韩国（20）、加拿大（20）、英国（15）、荷兰（12）、意大利（12）、法国（7）、西班牙（7）
20 世纪 90 年代	中国台湾（31）、日本（20）、加拿大（15）、德国（13）、中国（10）、中国香港（10）、韩国（10）、英国（6）、意大利（6）
2000 年以来	中国（124）、中国台湾（83）、日本（62）、韩国（44）、中国香港（38）、加拿大（34）、德国（26）、墨西哥（20）、新加坡（18）、马来西亚（16）、法国（12）、英国（11）、印度（8）、荷兰（8）、瑞士（8）

三、337 调查涉案产业分析

　　截至 2010 年，在美国 337 调查的产品类别中❶，第 16 类（机电产品）高居榜首，为 459 起，占调查产品总量的 61.0%。调查较多的产品类别还包括：第 20 类（家具、玩具、杂项制品）为 68 起；第 6 类（化工产品）为 58 起；第 18 类（光学、钟表、医疗设备）为 49 起；第 7 类（塑料、橡胶）为 29 起；第 15 类（金属及制品）为 22 起；第 17 类（运输设备）为 14 起；第 12 类（鞋靴、伞等轻工产品）为 12 起。此外，还有 41 起为其他产品，如图 2-3 所示。

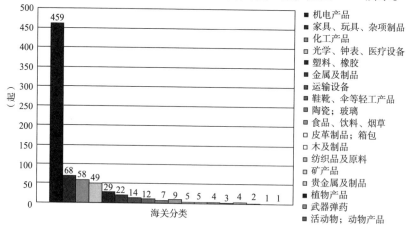

图 2-3　美国 337 调查的产品类别图（1972~2010 年）

---

　　❶　由于 337 调查属于美国知识产权边境保护制度，本文中 337 调查的产品分类使用美国海关分类标准。

以上产品类别明确表明，技术含量越高、知识产权密集度越高的产业，遭遇 337 调查的可能性越大。这点显然是与 337 调查的内容以知识产权侵权为主的基本特征相符的。

四、337 调查涉案类型分析

截至 2010 年，337 调查中涉及专利侵权的为 667 起，占总量的 88.7%；涉及注册商标侵权的为 61 起；涉及普通法商标侵权的为 57 起；涉及虚假指定原产地的为 57 起；涉及仿冒的为 56 起；涉及虚假宣传的为 40 起；涉及商业秘密的为 36 起；涉及商业外观的为 34 起；涉及版权侵权的为 19 起；涉及违反反垄断法为 12 起；涉及外观设计侵权 9 起；涉及商标淡化的为 8 起；涉及集成电路布图设计侵权 2 起。此外，还有 19 起案件涉及其他类型的不公平竞争行为，如图 2 - 4 所示。❶

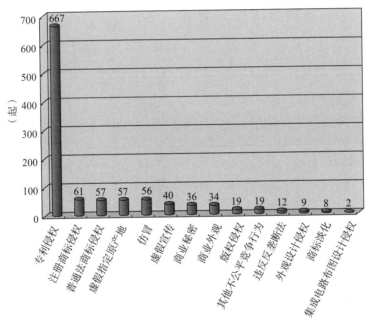

图 2 - 4　337 调查的主要类型图（1972 ~ 2010 年）

---

❶　一个 337 调查可能涉及多项侵权指控。因此，上述数种类别的案件数量总和大于 337 调查的总数量。

从以上数据看，337 调查涉及国际贸易中几乎所有形式的不公平竞争行为，但绝大多数仍涉及专利侵权。这是因为，生产技术是各国企业在国际市场上的核心竞争工具，而生产技术的竞争通常表现为专利冲突。

五、337 调查的申请人和被申请人分析

一项 337 调查常常涉及多个被申请人。截至 2010 年，每起 337 调查中的申请人数量平均为 1.2 家，被调查企业数量平均为 6.6 家，申请人和被申请人比例为 1∶5.5。很多 337 调查案件涉及二三十家被申请人，而最多一起则涉及多达 106 家被申请人。❶

337 调查的上述特点符合在美知识产权诉讼的一般特点。申请人通常会寻找多个潜在的侵权人，并集中在一起调查中提出调查申请，在规则允许的限度内扩大 337 调查的打击面。

六、337 调查裁决结果分析

截至 2010 年，ITC 完成 701 起 337 调查的裁决，其中涉及和解的为 315 起，作出侵权裁决（即被申请人败诉）的为 150 起，作出专利无效或不侵权裁决（即被申请人胜诉）的为 137 起，申请人撤案的为 76 起。❷ 在结案案件中，涉及普遍排除令的案件为 87 起，涉及有限排除令的案件为 88 起，涉及停止令的案件为 59 起，涉及同意令的案件为 127 起，如图 2-5 所示。

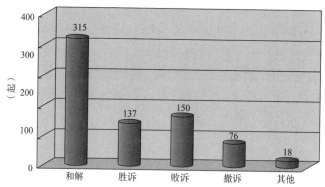

图 2-5 337 调查的总体结果分析图（1972~2010 年）

❶ 第 337-TA-112 号调查案。
❷ 一起 337 调查通常涉及多个被申请人，且各个被申请人可能获得不同的裁决结果。因此，上述 4 种结案情形的数量总和大于 337 调查的总数量。

上述数据有两个重要的特点。第一，在 45% 的调查中，申请人与部分或全部被申请人达成和解。这个比例远远高于中国国内知识产权诉讼中的和解结案比例。第二，在近 20% 的调查中，部分或全部被申请人获得了胜诉；在近 11% 的调查中，申请人针对部分或全部被申请人撤案。

337 调查中和解比例较高的情形由多种因素造成。一方面，337 调查对申请人和被申请人而言都费用高昂，且结果存在很多不可预测因素。而且，337 调查只是漫长诉讼程序的一部分，上诉程序依然耗时长、花费高。因此，申请人和被申请人都惮于承担相关费用和风险，而愿意在合适的节点上，通过和解结束调查。这种情形通常会发生在申请人和被申请人实力相当的调查中。另一方面，随着调查的进展，申请人和被申请人会逐渐获悉对方的相关技术和专利情况以及与调查有关的商业利益。在此基础上，双方可能就以非对抗方式处理双方相关商业利益（如交叉许可）达成一致意见，从而提前终止调查。

以上特点表明：首先，我国企业不应因 337 调查应对工作中的种种困难和障碍而产生畏难心理。只要我国企业对自身未侵权状况有充分信心，再加以充分准备，完全可以在 337 调查中取得较为有利的应诉结果。其次，337 调查已经成为申请人和被申请人之间商业竞争的诸多手段之一。337 调查不必然是你死我活的殊死斗争，也不必然是对相关法律问题终极正义的追求。申请人和被申请人系基于各种相关商业利益的考量，作出关于提起调查、应对调查的各项决策。这导致 337 调查的结案方式多种多样，包括双方达成专利许可协议或交叉许可协议（"对等交易"）或战略同盟协议（"化敌为友"），甚至被申请人收购申请人（"归为一家"）等。

七、小结

美国各政府部门（包括 ITC）高度重视对知识产权（尤其是进口贸易中的知识产权）的保护，多年来致力于通过各种行政和司法手段（包括 337 调查）保护美国知识产权所有人的利益，维持其在美国市场和国际市场上的竞争优势。美国知识产权所有人也受到 337 调查速度快、海关执法效果好的鼓励，对于进一步利用 337 调查保护其利益具有较强的动力。因此，可以预见，尽管在个别年份的 337 调查总量可能有所涨落，但美国知识产权所有人提起 337 调查的总体数量将在未来较长一段时期内保持较高增长的态势。对 337 调查的利用将成为美国知识产权所有人在美市场竞争"武器库"中的一个常规武器，而应对和反制 337 调查也应成为外国企业在美国的市场进入策略和市场竞争策略的一个重要组成部分。同时，由于越来越多的外国企业在美国拥有知识产权并提起 337 调查，加之同行业内的竞争企业在美国和其他国家的知识产权之间存在复杂的重合、交叉和互补情形，因此，可以预见，337 调查的结案方式将更加趋于复杂化和多元化，逐步成为相关企业的全球竞争策略的一部分。

第二节　我国企业 337 调查应诉情况分析

进入 21 世纪，我国多年成为 337 调查的最大目标国。针对我国企业的337 调查数量激增，是我国国际经济竞争参与度加深、企业实力壮大、出口产品技术附加值增高的必然结果。可以预期，在将来很长一段时期内，我国企业仍将是美国 337 调查的主要目标。

目前，我国企业在 337 调查中的应诉结果各异。除了存在确定侵权情形的调查外，应诉效果不佳的主要原因普遍是企业实力不足、应诉资金缺乏和无自主知识产权。随着这些情况的改善，加以政府部门和行业协会指导、协调力度的加大，我国企业有望逐步改变应诉的被动局面，以更强有力的姿态保护自身合法权益。

一、我国企业被提起 337 调查现状分析

（一）被提起调查数量持续增长，多年成为最大调查目标国

美国于 1986 年发起了第一起针对我国企业的 337 调查。从 1995 年开始，美国每年都对我国企业发起 337 调查。进入 21 世纪以来，针对我国企业的 337 调查数量呈持续增加之势，我国多年成为美国 337 调查的最大目标国，如图 2－6 所示。

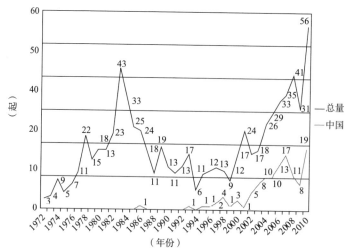

图 2－6　我国企业被提起 337 调查数量走势图（1986～2010 年）

　　截至 2010 年，美国针对我国企业发起的 337 调查共有 116 起。特别是 2010 年，ITC 针对各国企业共发起了 56 起 337 调查，其中我国企业涉案高达 19 起，占涉案总量的 33.9%。

　　(二) 被调查企业集中在沿海地区

　　我国被提起 337 调查的企业主要集中在广东、浙江、江苏、上海和北京。截至 2010 年，上述省 (市) 涉案企业为 178 家，占我国涉案企业总量的 84.3%。此外，山东、福建、吉林、四川、河北、河南、安徽、辽宁、江西、陕西等省也有部分企业涉案，如图 2－7 所示。

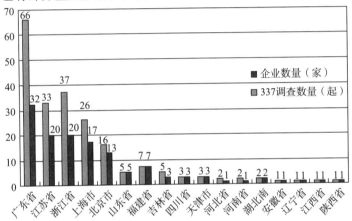

图 2－7　被提起 337 调查的我国企业省 (市) 分布图 (1986～2010 年)

　　(三) 调查涉案产品集中在机电行业

　　美国企业对我国企业提起的 337 调查涉及产品种类众多，分布在多个行业领域，但主要集中在机电行业，如图 2－8 所示。

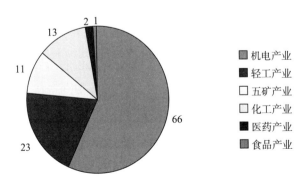

图 2－8　我国历年遭受 337 调查行业分布图 (1986～2010 年)

（四）调查内容绝大多数为专利侵权

在涉及我国企业的 337 调查案中，专利侵权占绝大部分。截至 2010 年，在涉及我国企业的 116 起 337 调查案中，涉及专利侵权的多达 102 起，占总数的 88.1%。此外，涉及注册商标侵权的占 15 起，版权侵权的 4 起，商业外观侵权的 8 起，侵犯商业秘密 2 起，假冒和虚假指定原产地各为 1 起，以及虚假宣传 3 起，如图 2 − 9 所示。

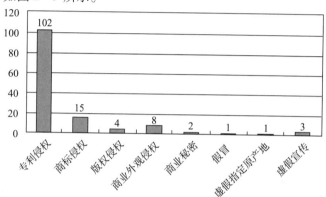

图 2 − 9　我国 337 调查案件类型统计图（1986 ~ 2010 年）

注：因申请人在同一案件中的诉由有多种，除涉及专利侵权外，同时还侵犯其他类型知识产权，所以图中数据总量大于 116 起。

（五）结案方式和解为主，有一定的胜诉率

337 调查的主要结案方式是和解，这点在涉及我国企业的 337 调查中也不例外。在以非和解方式结案的 337 调查中，我国企业败诉率略高于胜诉率。截至 2010 年，在已经结案的涉及中国企业的 116 起调查中，中国企业和解的为 49 起，胜诉的为 18 起，败诉的为 34 起，申请人撤案的为 15 起。

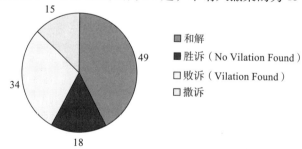

图 2 − 10　我国 337 调查案件的结果统计图（1986 ~ 2010 年）

（六）调查裁决形式多样

根据裁决结果看，截至 2010 年，在已经结案的涉及中国企业的 116 起调查中，涉及普遍排除令的为 20 起，涉及有限排除令的为 23 起，涉及停止令的为 34 起，涉及同意令的为 39 起。

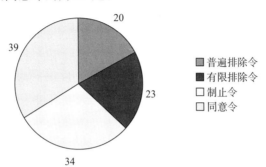

图 2－11 我国受调查 337 调查案的结果分析图（1986～2010 年）

二、我国企业成为 337 调查主要对象的原因分析

目前，我国企业已成为 337 调查的主要对象。究其根本，这是由我国产业特别是出口产业目前所处的发展阶段所造成的。这也决定了在未来相当长一段时间内，我国企业很可能仍将继续成为 337 调查的主要对象。

（一）知识产权成为国际商业中的核心竞争手段

在国际商业贸易中，企业之间的竞争手段多种多样，但最核心的竞争手段是知识产权。各国企业通过知识产权研发、注册、商品化、合作与联盟、许可与交叉许可和各种形式的争端解决（行政手段、司法手段和准司法手段），充分利用其知识产权资源，实现并维护其整体商业利益。因此，知识产权竞争已经成为一种常态化的商业竞争手段，而知识产权争端（包括 337 调查）也已经成为国际商业环境尤其是美国等发达国家市场竞争环境的重要且必不可少的组成部分。在美国市场上，我国企业与美国知识产权所有人之间的竞争非常激烈，因此频繁遭遇到 337 调查必不可免。

在这种背景下，美国知识产权所有人有时将 337 调查作为阻碍中国企业进入或占有美国市场的工具。换言之，在一些案件中，美国知识产权所有人并不确信中国企业存在侵权，甚至没有这方面的任何证据，便提起 337 调查，其目的在于为我国企业进入美国市场设置障碍。如能获得普遍排除令的裁决，将达到事半功倍的效果。

（二）我国对美出口尤其是高科技产品出口迅速增加

自改革开放以来，我国对美出口迅速增加；近十年来，我国对美出口中技术附加值较高产品的比例和绝对值都在迅速增长。这些原因导致美国国内产业感受到巨大的竞争压力，并以 337 调查这种手段阻止我国企业进入美国市场。

对美高科技产品出口与 337 调查数量之间的相关性集中体现在我国对美机电产品出口上。从 2000～2010 年，我国对美机电产品出口实现跨越式增长，❶ 出口总额从 252 亿美元增至 1 722 亿美元，增幅高达 5.8 倍。在此期间，美国对中国企业的 337 调查也大幅增长，由 2000 年的 3 起增至 2010 年的 19 起，增幅高达 5.3 倍。

从其他国家（地区）遭受 337 调查的历史发展来看，日本、韩国和我国台湾地区都是在对美高科技产品迅速增加的期间，被提起 337 调查案件的数量开始激增。显而易见，如果对美出口很少，遭受 337 调查的可能性就很低；如果对美出口是低附加值、低技术含量、没有知识产权（特别是专利）内容的产品，也不会成为 337 调查的对象。因此，从这个意义上讲，我国企业开始频繁成为 337 调查的对象，是我国出口规模增大、出口结构提升、出口技术含量提高的外在体现和必然结果。

（三）我国企业处于相对技术劣势地位，自主知识产权较少

在国际经济竞争中，我国企业具有强大的制造优势，但在产品技术方面仍然处于劣势。所谓"我国企业出口产品的技术含量逐步提高"，只是在考虑我国原有出口产品以初级农产品和初级工业品为主的历史前提下，一个相对的、不完整的判断。事实上，我国大部分出口产品并没有处于国际领先水平的自主知识产权。例如，在我国出口产品中，机电产品有相对较高的技术含量，但很多机电产品的技术水平仍停留在模仿、改进国外产品最新或次最新技术的层面上，而不具备获得专利保护的自主知识产权。这些产品出口到美国后，美国本土制造业会面临直接的竞争和冲击，从而选择利用 337 调查对我国出口进行遏制。

展望将来，我们认为我国对美出口的以上基本特点将会在较长一段时期内继续存在。因此，我国企业很有可能将继续成为美国 337 调查的主要对象。

三、我国企业 337 调查应诉结果不利的原因分析

我国企业在 337 调查中取得的应诉结果各有不同，但其中被裁定侵权的

---

❶ 仅有的例外是 2009 年因国际经济形势影响，中国对美机电产品出口遭遇下滑。

情形不在少数。除个案的特定原因外，我国企业在 337 调查中应诉结果不佳，存在以下较为普遍的问题。

（一）部分企业知识产权保护意识不足，存在侵权现象

毋庸讳言，我国部分企业的知识产权保护意识依然不足，在出口（包括对美出口）中存在知识产权侵权问题。其中，一些企业并非恶意侵犯美国的知识产权。这些企业在大规模对美出口前，未能对出口产品关键技术在美国的知识产权状况进行充分研究并进行系统的知识产权侵权风险评估，从而在不知情的情况下侵犯了美国的知识产权。在被提起 337 调查后，这些企业为了保护在美出口利益投入巨大的资源进行应诉，但很难取得有利的应诉结果，而遭受到较为严厉的制裁措施。

（二）知识产权战略意识不足，知识产权储备缺失

知识产权特别是在国外受保护的知识产权储备不足是我国企业的普遍状况。我国大部分企业未能提前规划在生产规模扩大化和产品市场国际化过程中的知识产权战略，导致在生产和出口规模迅速增大的情形下，依然仅拥有很少数量的自主知识产权。在一些案件中，国内企业被提起 337 调查后，发现自己事实上先于美国申请人发明或使用涉案技术，但并未在中国或美国申请专利。

在 337 调查中，如果被申请人拥有在美国或其他主要市场（如中国）的自主知识产权，可以通过对对方知识产权提起诉讼的方式制约对方，或通过专利交叉许可等方式与对方达成条件有利的和解。但是，我国企业很少能利用这种反制工具，从而在调查中处于"以软碰硬"的被动局面，很难以较低的代价实现有利的应诉结果。

（三）缺乏独立应对意识，过于依赖技术提供方的应对工作

在加工贸易中，我国企业的技术多由国外厂商提供，对技术的合法性缺乏充分的了解和控制。此外，我国企业大量通过技术许可协议或设备进口协议，从国外技术提供方直接获得核心生产技术，且技术提供方通常提供关于技术不侵权的声明和保证，并承担赔偿义务。❶

特别是在一些案件中，国外技术提供方甚至和中国企业一并成为 337 调查的被申请人，我国被调查企业常会要求国外厂商提供应诉资金、技术、法律支持和应诉策略的指导和协调。但是，一些企业决定不自主应诉，或虽然

---

❶　在个别情形中，特别是国内技术引进方经验不足、法律意识不强的情形中，技术许可协议或设备进口协议并不包含技术不侵权的声明和保证以及相关赔偿义务。此时，国内技术引进方有可能被迫独立应对，处境较为被动。

应诉但采取保守、消极的应诉策略，完全寄希望于国外厂商积极应诉并胜诉，以从胜诉结果中获利。

事实上，国外技术提供方的利益常与我国企业的利益存在差异，因此其应诉策略可能并不顾及国内企业的利益。而且，其最终达成的解决方案可能无法为国内企业提供足够的保护（例如，和解范围并不包括国内厂商）。在这种情况下，我国企业的利益可能会受到损害，应诉效果不利。

（四）产贸脱离，应诉主体缺失

在一些 337 调查中，被申请人是我国的专业进出口公司，而不是产品的实际生产商。进出口公司由于可以低成本更换出口产品或出口市场，通常没有足够的动力进行有效应诉。产品生产商由于不是被列名被申请人，除非要求补充被列为被申请人，否则很难有效参与应诉程序。这种情形导致应诉主体缺失，应诉效果不佳。

（五）应诉费用高，企业缺乏足够的应诉实力

在美国，各种类型的诉讼中律师费用和专家费用都很高，而知识产权诉讼特别是专利诉讼尤其如此。很多 337 调查案件的律师费用和专家费用达到数百万美元甚至更高。因此，我国企业普遍存在应诉资金不足的困难。在一些案例中，企业有一定的应诉胜算，但由于无法支付高额的律师费用和专家费用，被迫选择不应诉或以不利条件和解。

上述情形与我国对美出口产品结构有关。我国对美出口产品（包括机电产品）的整体技术水平和附加值依然较低，国内企业在美国市场的主要竞争手段是价格竞争，因此利润水平较低。在一些 337 调查中，应诉费用甚至高于企业过去数年对美相关产品出口的利润总和。按照一般商业做法，企业在制定产品价格时，应将交易中的各种风险（包括诉讼风险）计算在内，成为价格组成的一部分。但是，由于上述情形，我国企业通常为了尽量降低出口价格，不在价格中计入诉讼风险成分，从而导致在遭遇 337 调查时没有足够的资金能力进行应对。

（六）涉案企业分散，缺乏有力协调

在 337 调查中，涉案企业在两种情形中需要进行紧密协作和有力协调。其一，一些 337 调查会涉及我国十几家甚至几十家出口企业，但这些企业普遍规模很小，力量分散。此时，涉案企业可以联合应诉。其二，一些 337 调查中，申请人要求 ITC 实施普遍排除令。此时，应诉企业可以与未被列名为被申请人但对美出口涉案产品的企业进行协作，对普遍排除令进行抗辩，或对和解方案进行商讨。上述协作涵盖律师选聘、费用分担和策略选择等核心

应诉问题，对降低应诉负担、提高应诉效果具有重要作用。

但是，目前我国行业协会的力量仍较薄弱，未能建立有效的协调机制，不能在每起337调查中给企业提供有力的协调。此外，我国企业的协作、协调意识也不足，在很多案件中不能充分考虑自身利益与行业利益和其他公司利益的平衡，不愿与其他竞争者进行协作。上述问题导致在一些案件中，企业无法形成合力，在应诉中被各个击破。

（七）缺乏相关技能和知识，应诉被动

总体而言，我国企业的管理层（包括高管层）对美国以知识产权为主导的市场竞争环境和美国的商业诉讼环境较为陌生，有时不能正确把握337调查作为一种商业竞争手段的性质，在应对策略方面容易作出误判。企业相关部门的管理层对涉外诉讼尤其是337调查的程序和规则普遍缺乏了解，企业内部尤其缺乏懂外语、懂法律、懂技术、懂业务的人才。受以上因素的局限，企业常常被迫完全听从代理律师的建议，无法作出自主判断。这种情形导致律师费用非常高昂，且有时不能确保最终应诉结果与企业的实际商业利益相符。

（八）畏讼、息讼和"搭便车"心理导致缺席率较高

由于对337调查不够了解，很多企业被提起调查后存在畏惧和侥幸心理，决定不应诉。一方面，它们寄希望于申请人中途放弃调查，或者ITC经过独立调查认定不存在侵权情形；另一方面，它们寄希望于其他应诉企业积极应诉，取得完全的胜诉结果，从而"搭便车"。

但是，上述想法都是很不现实的。首先，如果企业不应诉，ITC将倾向于采信申请人提出的所有证据和主张，几乎很难作出对被申请人有利的裁决。其次，各个企业的诉求存在巨大差异，应诉企业的胜诉结果很难惠及不应诉企业。尤其是在337调查中，结案的主要形式是和解，而和解肯定不会将非应诉企业置于和解范围之内。事实上，一些应诉企业在本可以获得完全胜诉并迫使申请人撤案的情况下，依然主动选择和解，以将未应诉企业排除在对美出口市场之外。因此，不应诉企业的利益几乎不能得到任何保障，最终裁决结果普遍非常不利。

四、我国应对337调查的政策建议

（一）提高知识产权保护意识和风险意识

有一句法律谚语称，"侵权者无法赢得侵权诉讼"。换言之，如果被申请企业存在知识产权侵权情形，则无论投入多么巨大的应诉资源，也很难获得有利的裁决。因此，我国企业要降低被提起337调查的风险，首先需要在对

美出口之前以及出口期间，充分研究竞争对手的知识产权状况，确保自身不存在蓄意或意外的知识产权侵权行为。

此外，如上文分析，美国知识产权所有人将 337 调查作为市场竞争的工具，可能在侵权情形不明确甚至无证据的情形下提起 337 调查，以阻碍外国企业进入美国市场。因此，我国企业也应对出口产品在美面临的各方面竞争问题进行深入分析，充分评估可能遭遇知识产权诉讼和 337 调查的可能性，做好准备预案。

（二）制定专利战略，重视专利研发，加强专利储备

国际市场竞争中，最重要的知识产权形式是专利。我国企业，尤其是参与国际市场竞争的企业，应制定全面、系统、完备的专利战略，提高整体专利水平。我国企业应重视自有技术的研究和开发，并在主要的销售市场以专利形式予以保护；不仅应对核心出口产品加大自有技术的研发力度，还应统筹规划相应资源对相关产品、上下游产品和下一代产品的相关自有技术开展研发，以建立稳固的专利储备体系。只有建立起专利储备体系，才能减少被指控侵权的可能，或被认为是"弱势竞争者"而成为滥诉的目标；同时，专利储备体系也有助于企业在被提起 337 调查时，通过自有专利制约申请人，达成较为有利的应诉结果。

（三）以积极、灵活、务实的态度应对调查

在被提起 337 调查后，我国企业应克服畏讼、息讼心理，以积极、灵活、务实的态度应对调查，在最大限度上保护自身利益。

首先，企业应认识到，作为一个高度发达的市场，美国的市场竞争非常激烈，而且以专利为表现形式的产品技术是核心竞争手段。因此，337 调查是美国市场环境的必然组成部分，而遭遇 337 调查是进入美国市场所必然面临的风险。因此，应以平和的心态和积极的态度，开展应对工作。

其次，企业应根据在美商业利益的需要，制定灵活、务实的应对策略；充分利用 337 调查的各种程序，保护在调查过程中的各项权益；充分考虑各种结案方式及各种和解安排，达成最有利于在美商业利益的结果。在 337 调查应诉中，应根据其现实商业利益及调查进程，以创造性、开放性的思维，审时度势作出各种符合其商业利益最大化的选择，不拘泥胜诉/败诉的简单二元思维，不在正常商业利益考量之外与申请人做无意义的缠斗。只有这样，应诉企业才能使 337 调查成为保护和扩大（而非削弱）其在美商业利益的工具。

再次，企业应积极联络其他利益相关方，争取其对应诉工作的资金、技术和舆论支持，提高应诉效果。这些利益相关方包括：其他被调查企业；未

被调查但对美出口被调查产品，因此可能受普遍排除令影响的企业；技术提供方或设备出口方；上游供应商；下游经销商，包括在美经销商。

最后，企业应及时向相关行业协会和政府部门通报应诉情况，争取其协调、指导和合理支持。尤其是如果企业认为在调查中受到不公正的待遇，或者各利益相关方需要在应诉过程中协调立场、统一步调，更应及早寻求相关行业协会和政府部门的支持。

（四）政府做好宣传、教育和培训工作，推动"四体联动"机制有效运作

我国相关政府部门应通过多种形式，对广大企业特别是涉案企业做好关于337调查的宣传、教育和培训工作，使得企业了解337调查的程序和规则，破除对337调查的陌生和畏惧心理。政府尤其要支持企业提高内部相关人员的专业实力，提高应对337调查的能力，加强应对工作的主导性，减少对律师的盲目依赖性，从而改善应对效果。

政府部门还应对我国企业的应诉情况进行跟踪，听取企业的汇报和反馈；如果我国企业反映在调查中受到不公正的待遇，应在充分调查后采取有力措施与美方进行交涉，保护我国企业的合法权益。

中央政府部门应着力推动与地方政府部门、行业协会与进出口商会和应诉企业参与的"四体联动"应对机制的有效运作，充分发挥各利益相关方的能动力和资源，集中支持企业的应诉工作，提高应诉效果，尤其是如果一起337调查中涉案企业数量多但规模小，或涉案产业利益巨大，或涉案情形复杂，政府部门更应发挥政策合力，加大协调力度，全面维护我国出口产业利益。

（五）行业组织加强应诉协调，提高应诉集群实力，建立扶助机制

在337调查应对中，行业协会应在政府部门的指导下，协调应诉企业和应诉行业，集中所有有利力量，提高应诉的集群实力。一方面，如果条件允许，行业协会应支持、协调涉案企业集体应诉，通过分享技术信息、分担应诉费用来有效提高应诉效果，降低应诉成本。另一方面，如果一起337调查涉及整个行业的共性问题，行业协会要动员非应诉企业以各种形式给予应诉企业支持，避免337调查的扩散性，在提高当前案件应诉效果的同时，保护行业的整体、长期发展利益。

行业协会应积极探索，通过成立行业应诉风险基金等方式，建立应对337调查的扶助机制，在关键案件中为符合条件的应诉企业提供资金支持，缓解企业因高额诉讼费而产生的资金压力，保护企业个体合法利益和行业整体出口利益。

五、小结

从其历史来看，美国 337 调查涉及美国几乎所有的主要贸易伙伴，而且与美国经济发展的周期既有重叠，也有背离。因此，我们很难将 337 调查简单定性为一种受经济周期支配的、纯粹的贸易保护主义措施。相反，337 调查是美国企业与其国际竞争对手之间利益冲突（特别是以知识产权为载体的、高科技产业领域的利益冲突）的一种体现。我国企业应对 337 调查的历史有力地证明了以上判断。

我们应当看到，337 调查并不是一个孤立的问题。337 调查本质上是知识产权诉讼的一种形式，只不过其争端解决地点由法院转移到了 ITC。在知识产权诉讼中的应诉效果不佳，根本原因必然是在核心技术领域缺乏自主知识产权。此外，我国企业规模不大、资金不足、涉外诉讼经验缺乏也是重要原因。这些问题必须也只能通过我国国际经济竞争参与度的继续深入、企业实力的进一步壮大、出口产品技术自主性的进一步提高而获得解决。

当然，我们也应看到，在很多 337 调查中，我国企业并未侵犯美国企业的知识产权，但是一些美国企业（特别是被我国新兴产业挤压市场份额和利润空间从而面临经营困境的美国企业）通过恶意诉讼，企图以高额的诉讼费用、复杂的诉讼体系、陌生的诉讼文化等障碍，阻碍我国企业进入美国市场。同时，我国部分企业的畏讼、息讼心理给了对方可乘之机，使得很多美国企业形成中国企业“一诉便倒”的印象。对于这种情形，我国企业应加大应诉力度，扭转整体形象，让美国企业在提起 337 调查的时候趋于谨慎、合理，减少恶意诉讼的纠缠。这也是中国所有对美出口企业的共同责任。

在过去的二三十年，日本、韩国和我国台湾地区的企业在 337 调查中经历了从无到有、从少到多的过程。目前，它们中的一些优秀企业已经从被申请人成为申请人，主动运用 337 调查保护其自主知识产权。从被动受害者成为主动利用者，其角色转变的根本原因在于企业实力的壮大和自主知识产权战略的实施与成功。

我们同样看到，在过去的 5～10 年间，我国企业的整体应诉意识和能力也获得了长足的发展，应诉效果不断提高。与其他国家相比，我国的 337 应诉工作具有一个独特的优势，就是政府部门的高度重视、行业协会的大力协调。我们有理由相信，在我国政府、行业协会和企业的共同努力下，我国企业会逐步解决目前困扰 337 调查的种种问题，扭转在 337 调查中的被动局面，提高对自身合法利益的保护效果。

第三节 我国电子信息产品行业
频繁遭遇 337 调查浅析

自 1986 年我国出口企业首次遭遇美国"337 调查"以来，涉及中国企业的 337 调查案件呈现逐步上升趋势。机电产品是我国对美国出口的主要产品，因其本身蕴涵的科技和知识产权含量相对较高，成为我国对美出口中遭遇 337 调查的主要产品，电子信息产品又是被调查产品中的"重灾区"。在科技迅猛发展、国际竞争日益激烈、我国机电行业发展面临转型的阶段，总结我国电子信息产品遭遇 337 调查的情况，反思案件的深层次原因，总结应对得失，可以起到亡羊补牢的作用，有利于提升我行业的国际竞争能力，促进行业发展。

一、我国电子信息产品行业遭遇 337 调查的情况

根据 ITC 公布的案件统计信息，2000 ~ 2010 年，涉及中国企业的 337 调查案件为 95 起，其中，涉及机电产品的案件为 68 起，占涉及中国企业案件总数的 72%。

2010 年，ITC 发起的 337 调查案件大幅增加，全年立案 56 起，比上年的 31 起案件增长近 1 倍。其中，涉及我国企业的 337 调查数量为 18 起，占立案总量的 32.1%，位居涉案的出口国家（地区）之首。从案件涉及的被调查产品范围看，机电产品占比过半，且以电子信息产品为主，在 2010 年涉华的全部案件中，12 起案件涉及机电产品，其中 10 起案件涉及电子信息产品，占当年涉华案件的 66.7%，占被调查机电产品总数的 83.3%。

回顾过去五年我国电子信息产品遭遇的 337 调查情况，我们发现：2006 ~ 2010 年，涉及我国出口电子信息产品的 337 调查案件为 20 起，2010 年当年达到 10 起，案件数量呈井喷式增长；个别出口产品多次被调查，如墨盒受到 4 次调查，闪存受到 3 次调查，接地故障断路器和液晶显示设备分别受到 2 次调查，反映了业内竞争的白热化；申请人多为美国、日本的跨国公司，如惠普、索尼、佳能、汤姆逊等业内的资深企业，我国涉案企业有的为行业后起之秀，有的为一些跨国公司做贴牌生产的企业，有的为美国公司在华生产基地或研发中心；在已经结案的❶ 10 起案件中，除 1 起终止调查外，仅有 2 起为不侵权，其余 3 起和解结案，4 起发布全面或有限排除令，应对结果喜忧参半。具体情况见表 2 - 2。

---

❶ 资料统计时间截至 2010 年 12 月 31 日。

表 2-2　337 调查我国涉案电子信息产品情况详表

序号	立案时间	案件编号	涉案产品	涉嫌侵权	申请人	涉案企业	终裁时间	案件结果
1	2006-09-05	337-TA-581	墨盒	专利5,825,387;6,793,329;6,074,042;6,588,880;6,364,472;6,089,687;6,264,301	Hewlett-Packard Company, Palo Alto, CA	珠海纳思达电子科技有限公司	2007-06-27	和解
2	2006-11-13	337-TA-588	数字万用表	商标2,796,480	Fluke Corporation of Everett, Washington	深圳华盛昌工业公司;深圳弘大电子公司;深圳市海利来电子有限公司;深圳市华实业有限公司	2008-05-15	制止令、普通排除令
3	2007-01-19	337-TA-590	耦合设备	专利6,935,902	Topower Computer Industrial Co., Ltd., Taiwan	秦普洛电子有限公司;Unitek电子有限公司;深圳市元圆源实业有限公司	2007-12-20	制止令、有限排除令
4	2007-04-27	337-TA-600	充电锂电池	专利6,964,828;7,078,128	3M Company, St. Paul, Minnesota;3M Innovative Properties Company, St. Paul Minnesota	联想(香港)公司	2007-12-03	和解、同意令

续表

序号	立案时间	案件编号	涉案产品	涉嫌侵权	申请人	涉案企业	终裁时间	案件结果
5	2007-09-24	337-TA-615	接地故障断路器	专利5,594,398;7,154,718;7,164,564;7,256,973;7,212,386;7,283,340	Pass & Seymour, Inc., Syracuse, NY	通领科技集团有限公司;浙江三蒙科技电气有限公司;上海益而益电器制造有限公司;上海美好电器有限公司	2009-03-06	制止令、有限排除令
6	2008-03-25	337-TA-640	发光二极管、激光二极管	专利5,252,499	Gertrude Neumark Rothschild, Hartsdale, NY	广州鸿利光电股份有限公司;深圳洲磊电子有限公司;深圳市超毅光电子有限公司	2009-09-09	和解、撤案、同意令
7	2008-05-21	337-TA-648	钨半导体芯片	专利5,227,335	LSI Corporation, Milpitas, CA; Agere Systems, Inc. of Allentown, PA	上海宏力半导体制造有限公司	2010-03-22	不侵权
8	2008-05-30	337-TA-650	同轴电缆接头	专利6,558,194;5,470,257;D440,539;D519,076	John Mezzalingua Associates, Inc. d/b/a PPC, Inc., East Syracuse, NY	邗江飞宇电子设备厂;中广电子有限公司	2010-12-07	同意令、有限排除令、普遍排除令
9	2008-12-08	337-TA-664	闪存	专利6,380,029;6,396,877;5,715,194	Spansion, Inc., Sunnyvale, CA; Spansion LLC, Sunnyvale, CA	金士顿(上海)有限公司;联想(北京)集团;长城国际信息产品(深圳)有限公司;联想信息产品(深圳)科技有限公司	2010-12-23	不侵权

续表

序号	立案时间	案件编号	涉案产品	涉嫌侵权	申请人	涉案企业	终裁时间	案件结果
10	2009 - 09 - 02	337 - TA - 685	闪存	专利 6,930,050; 5,740,065	Samsung Electronics Co., Ltd., Korea	—	进行中	—
11	2010 - 03 - 06	337 - TA - 711	墨盒	专利 6,234,598; 6,309,053; 6,398,347; 6,412,917; 6,481,817; 6,402,279	Hewlett - Packard Company, Palo Alto, CA	广东麦普科技有限公司	2010 - 06 - 21	终止调查
12	2010 - 03 - 21	337 - TA - 713	显示设备	专利 5,434,626; 5,751,373; 6,111,614; 5,583,577; 5,684,542; 5,731,847; 6,661,472; 6,816,131	Sony Corporation, Japan	冠捷贸易（福建）有限责任公司；冠捷科技（北京）有限公司	进行中	—
13	2010 - 06 - 25	337 - TA - 723	墨盒	专利 6,234,598; 6,309,053; 6,398,347; 6,412,917; 6,481,817; 6,402,279	Hewlett - Packard Company, Palo Alto, CA; Hewlett - Packard Development Company, L. P., Houston, TX	广东麦普科技有限公司	进行中	—
14	2010 - 07 - 19	337 - TA - 728	协同系统产品	专利 6,930,673	eInstruction Corporation, Denton, TX	普罗米修斯（深圳）公司	进行中	—
15	2010 - 07 - 30	337 - TA - 731	墨盒及配件	专利 5,903,803; 6,128,454	Canon Inc., Japan; Canon U. S. A., Inc.	浙江九星科技有限公司；珠海赛纳科技有限公司	进行中	—

续表

序号	立案时间	案件编号	涉案产品	涉嫌侵权	申请人	涉案企业	终裁时间	案件结果
16	2010 - 09 - 13	337 - TA - 735	内存芯片	专利7,018,922; 6,900,124; 6,459,625; 6,369,416	Spansion LLC, Sunnyvale, CA	金士顿（上海）有限公司	进行中	—
17	2010 - 10 - 18	337 - TA - 741	液晶显示设备及配件	专利6,121,941; 5,978,063,5,648,674; 5,621,556;5,375,006	Thomson Licensing SAS, France；Thomsaon Licensing LLC, Princeton, NJ	苏州佳世达电通有限公司	进行中	—
18	2010 - 10 - 18	337 - TA - 739	接地故障断路器	专利7,463,124; 7,737,809; 7,764,151	Leviton Manufacturing Co., Inc., Melville, NY	福建宏安电气有限公司；通领科技集团有限公司；上海益而益电器制造有限公司；浙江三蒙电气科技有限公司；浙江东屋电气有限公司	进行中	—
19	2010 - 11 - 24	337 - TA - 746	自动媒体图书设备	专利6,328,766; 6,353,581	Overland Storage, Inc., San Diego, CA	比迪特自动化科技（珠海保税区）有限公司	进行中	—
20	2010 - 11 - 30	337 - TA - 749	液晶显示设备及配件	专利5978063, 5621556,5375006	Thomson Licensing SAS, France；Thomsaon Licensing LLC, Princeton, NJ	苏州佳世达电通有限公司	进行中	—

二、电子信息产品企业应对 337 调查的情况

目前，企业应诉采取涉案企业自行应诉或由商会、协会组织涉案企业联合应诉的方式。中国机电产品进出口商会（以下简称"机电商会"）很早就成立了以产品分类的行业部和以组织各类贸易纠纷案件应对为宗旨的法律服务部，为维护会员单位和机电产品生产及出口企业的利益服务。近几年，针对我国电子信息产品的 337 调查呈高发态势，机电商会积极开展培训，同时通过电话、传真和电子邮件等各种途径联系涉案企业，了解企业的相关情况。自 2002 年以来，机电商会多次组织企业应诉 337 调查，在 2002 年的"接地故障断路器案"、2003 年的"无汞碱性电池调查案"中均取得了全面胜诉。

机电商会依托于与中美两国政府的密切联系，凭多年积累的中外律师及各种信息渠道，从 ITC 公布 337 调查信息时起，即开始密切关注案件的进展，查询相关出口企业，并向企业发出预警信息。对于出口金额较多、企业规模较大或在其他方面影响较大的案件，机电商会还会迅速召开预警或应诉工作会。通过分析申请人情况，我国企业出口产品的专利情况，为企业应诉提供合理的建议。在应诉进程中，机电商会还会根据案件的不同特点，发挥重要的作用。如在 2002 年"接地故障断路器调查案"中，机电商会抓住申请人专利即将到期的特点，积极组织企业进行专利无效的抗辩，最后获得专利无效的完胜。2003 年，美国迪尔公司诉中国农机企业商标侵权案，在机电商会的迅速组织下，3 家国内企业积极应诉，采取合理的应诉策略，抓住颜色商标的核心内容，采取从颜色本身进行定义，制作色板随机抽取消费者进行识别等工作，从多方面论证我国产品与美国产品不会造成混同。律师大量细致的工作迫使迪尔公司和我国企业达成和解，使案件在初期得以解决，同时也大大降低了律师费。2003 年的"无汞碱性电池调查案"中，机电商会联合中国电池协会，组织企业从原审调查进行到 ITC 的复审再到多轮国内法院的上诉，最终于 2009 年获得完胜，这是 337 调查历史上较为艰难的一战。在近年的337 调查应诉组织工作中，机电商会逐渐根据企业产品、技术和市场特点，开发适合企业需求的应诉策略，采取以打促和、规避设计等方式应诉，使企业在保护自身商业利益的同时，最大限度地控制成本。

机电商会在组织应诉过程中，发现了涉案企业存在的一些问题和困难。根据近年联系企业情况，企业面对 337 调查应诉不积极主要有以下几种表现情形：（1）初期反应积极，但涉及花费巨额资金参加应诉的决策，就选择犹豫和退出。（2）企业决策完全由一人进行，没有相应的紧急诉讼决策机制，

导致主要负责人不在，就会影响整个应诉进程。（3）企业机构不完善，没有专门的法律部门，对处理法律纠纷无任何经验。可以看出，企业在应对时表现出的犹豫和彷徨，不仅出于对 337 调查本身的缺乏了解，资金、企业管理模式、整体经营战略等综合因素都决定了企业应对策略的选择。（4）跨国公司在华的分公司无决策权，需要等待总部的批准和统一决策。此外，由于大部分涉案企业不是机电商会的会员企业，给召集企业应诉工作带来了一定困难。

三、我国电子信息产品行业涉及 337 调查的原因思考

（一）美国是我国机电产品出口的主要市场

2001～2010 年的十年间，美国一直位于我机电产品出口市场的首位或第二位（仅次于我国香港地区）。2002～2004 年，每年出口增长维持在 40% 以上，即使在 2008 年席卷全球的金融危机后，经过 2009 年的调整，2010 年的出口增长 27.87%。2010 年，我对美出口机电产品约 1 722 亿元，占我机电产品总出口额的 18.57%。❶ 而我国出口机电产品的类型也逐渐由简单的劳动密集型产品逐渐向有一定附加值的高科技产品发展。在传统的反倾销、反补贴等贸易救济措施之外，更多的美国企业开始学习使用 337 调查，希望通过其掌握的知识产权打击竞争对手在美市场迅速拓展的高科技产品。

（二）我国是电子信息产品的主要制造国

2000 年以来，我国电子信息产业积极承接国际产业转移，一直保持快速增长态势，产业规模在国民经济中始终位居领先。2001～2010 年，我国电子信息产业增加值年均增长速度达到 24.2%，保持较高的发展态势。2008 年，即使在国际金融危机影响下，我国电子信息产业总产值达 6.3 万亿元，占世界电子信息产业总产值的 18.5%，首次超过美国，位居世界第一，而在 2000 年比重还不足 6%，2010 年更是提升到 18.83%。2009 年，全球电子信息产业产值为 24 239 亿美元，其中电子信息产品制造业产值为 14 382 亿美元。2010 年，世界电子信息产品产值前十位的国家和地区分别是中国大陆、美国、日本、韩国、德国、新加坡、墨西哥、马来西亚、巴西和中国台湾地区。

从主要电子信息产品的生产能力看，微型计算机产量从 2001 年的 752 万台增长到 2010 年的 2.46 亿台，移动通信手持机从 2001 年的 8 351 万部增长到 2010 年的 9.98 亿部。2009 年我国境内生产的手机、微型计算机、数码相

---

❶ 资料来源：中国海关出口统计。

机、激光视盘机产量分别占全球产量的 49.9%、60.9%、80%、85%，我国已经成为世界电子信息产品第一制造大国。

（三）我国仍处于世界电子信息产业价值链的加工和装配端

当今世界，全球电子信息产业多层次的竞争格局日益明显，发达国家企业掌握核心技术、标准与品牌，牢牢控制着产业发展的主导权。我国是世界电子信息产品的生产基地，但电子信息产业仍以加工、组装为主，普遍处于产业链低端，部分处于由低端向中端发展阶段。

举例说明，计算机产业是电子信息产业的典型代表，各国在计算机产业上的分工格局反映了其在整个电子信息产业的实力和地位。我国计算机产业在国际分工体系中很大程度上处于加工装配端。当前，全球计算机生产网络的核心，是拥有系统集成能力和控制能力的领导厂商，围绕其左右的是大量中小型专业化供应商等。计算机行业领导厂商可分为两大类：即品牌领导厂商和合同制造商。这些品牌领导厂商控制着计算机的全球品牌、架构和设计标准，或者是控制磁盘驱动器、显示器、半导体等关键零部件的生产，他们不断放弃内部制造能力，将资金投入到营销和产品研发等高增值环节，而将产品生产委托给合同制造商或当地各级供应商去完成。而后者没有自己的品牌产品，而是通过建立全球生产网络为品牌领导厂商提供一体化制造和全球供应链服务。

在这种格局下，全球计算机产业的核心技术产品，如芯片、操作系统、高档硬盘等掌握在美国少数品牌领导厂商手中，利润率也最高，达到 25% 以上；日本、韩国以及我国台湾地区企业作为生产网络中的协调者和主要零部件比如集成电路、半导体的制造商，利润率可达 15% 以上；中国以及亚洲和东欧、拉美地区等发展中国家的企业，主要通过加工贸易形式从事机器组装、外部设备制造等业务，利润率不到 5%。

在大量电子信息产品制造中，除少数国外知名品牌由自身在华企业生产制造外，大多数国外品牌产品均采用 OEM 方式，通过三资企业定制，其中也包含部分本土企业。生产方按照外方的设计要求，负责产品的加工、装配，其中包括很多像富士康这样的生产电子信息产品的代工企业。以"iPod"为例，产品基本产自中国，但它的成本是由 5% 的中国薪水、15% 的美国专利费和 40% 的日本附加值构成的。[❶] 再如，近期美国飞索公司（Spansion LLC）针

---

❶ 2010 年 6 月下旬，世界贸易组织总干事帕斯卡尔·拉米在接受法国《世界报》专访时的观点。

对三星内存芯片（Samsung chips）发起 337 调查，其中涉及金士顿上海有限公司。业内人士周知，金士顿是世界领先的闪存生产企业，总部设在美国，上海公司为其海外分公司，因此虽然被诉方涉及我国境内企业，但是专利纠纷的最终解决还是要依靠美国本土的两家公司。从实例中反映出，我国作为世界的一个制造基地，由于产品核心技术掌握在少数欧美发达国家手中，大量源于中国制造的电子信息产品实际上只是加工、装配过程，其中绝大多数均属外资和合资企业完成。

本土生产企业由于缺乏核心技术，具有自主知识产权和自主品牌的电子信息产品出口额占出口总额的比重较低；大部分电子信息产品出口企业从事加工贸易，以贴牌方式出口，主要在加工制造环节参与国际分工，产品附加值普遍偏低。

2010 年，我国电子信息产业实现进出口总额 10 128 亿美元，占全国外贸总额的 34.1%。其中，出口 5 912 亿美元，占全国出口额的 37.5%。通信、计算机、家用视听产品仍是出口主要力量，比重接近 3/4；加工贸易比重为 77.7%。其中，计算机类产品出口 2 172 亿美元；通信设备产品出口 1 027 亿美元；电子电器产品出口 877 亿美元。

2010 年，我国电子信息产品出口中，进料加工贸易出口 4 022 亿美元，占出口额的 68%；外商独资企业出口 3 823 亿美元，占电子信息产品出口总额的 64.7%。我国作为世界最大的制造基地，大量的电子信息产品源于国内企业加工、装配，并出口到世界各地，我国电子信息产品贸易额占全球的 15% 以上，客观上导致 337 调查会更多的涉及在我国境内以代工方式从事加工贸易的制造企业。

（四）大多数国内企业尚处于引进消化吸收再创新阶段

融合了半导体、软件、光电显示、信息处理等方面技术的电子信息产品，其中的基础专利和技术标准纷繁复杂，这对企业的产品设计、生产制造和市场销售都有较高的要求，包括苹果、三星、LG、松下等行业领军企业每年都会将企业销售收入超过一成的资金投入研发，而中国企业由于较低的利润率而在研发投入上有心无力，这也造成了企业在核心技术和专利积累上的真空，最终形成研发投入低——利润率低的恶性循环。

我国电子信息产业的发展决定了目前我国大多数企业尚处于引进国外技术，在此基础上进行消化吸收再创新阶段。有些产品，如液晶显示器，本身已形成专利技术标准化问题，特别是核心的解码技术根本无法绕开。这使得中国企业在技术创新上举步维艰。

根据 2006～2010 年我国电子信息产品涉及美国 337 调查情况，涉案的电子信息类产品主要可概括为两大类：一是集中在电子元器件产品，如芯片、闪存、发光二极管等；二是打印机耗材，如硒鼓和墨盒，还包括显示设备、地下电缆器和管道定位器等产品。这些领域是我国自主创新能力相对薄弱的领域，产品的技术水平还有待于进一步提升。

我国现已成为电子元器件的生产大国，但关键元器件进口依存度较高。2010 年电子元器件进口额为 2 031.53 亿美元，出口额累计为 782.66 亿美元，贸易逆差为 1 248.87 亿美元，集成电路及微电子组建等严重依赖进口。❶ 相比之下，美国掌握着大量的芯片核心技术，是芯片制造产业的强国。我国的电子元器件企业在快速发展过程中难免会与国外的企业发生纠纷甚至是侵权。这是由于高科技产业发展的历史进程所决定的，因为赶超的过程会存在一些模仿的情形出现。但欧美等发达国家企业为了保护已有的市场份额，巩固其技术领先优势，会对具有后发优势的我国企业所生产的产品进行严格的审查，其主要手段就是发起 337 调查。

（五）337 调查中的知识产权审查已成为企业间竞争的手段

337 调查主要涉及知识产权，特别是专利侵权的调查。其中既涉及产品本身专利问题，又涉及专利权人的诉讼策略，还涉及涉案企业对相关法规的掌握、运用，以及支撑应诉的强大的资金支持。

根据 ITC 总法律顾问詹姆士·M. 莱恩（James M. Lyons）先生在中美 337 调查交流研讨会上的演讲稿❷内容，我们可以看到，超过 90% 的 337 调查涉及发明专利，在这些调查中有 25% 是有关电信和电脑产品，25% 是有关半导体芯片产品，近一半的产品都属于电子信息类产品。如前所述，电子信息产品是一系列高新技术和专利的集合体。在如此庞大的专利技术群中，难免会有个别专利与美国市场上销售的同类产品的专利相类似，因而会使一些市场上处于领先地位的企业有机可乘。这些企业就会通过提起 337 调查，促使 ITC 对涉案产品发起 337 调查，以达到巩固其技术领先优势，保护已有市场份额的目的。

这其中，确有一些中小企业采用"拿来主义"，直接构成侵权。也有一些企业使用了权属不明或存在争议的半成品，这样的企业如果应诉策略得当或

---

❶ 数据来源：中国机电产品进出口商会海关统计平台。

❷ James M. Lyons 撰写的 "*Introduction to the USITC and Overview of the Section 337 Process*" 一文，转自作者在中美 337 调查交流研讨会上的演示文稿。

许可以求得一线生机。而申请人往往实力雄厚，避开上游生产商而起诉中国的加工装配商，这样给中国企业造成极大的应诉压力。另外，由于以往的337调查中，我国企业应诉率较低，胜诉率更低，使得申请人频频使用337调查，达到遏制我国企业的目的。

在涉案企业受到337调查之后，美国境内的一些小企业处于害怕诉讼的恐惧心理，可能会中止与我国企业的贸易关系，订单也会随之丧失，对涉案企业造成沉重的打击。即便最后企业赢得诉讼，由于官司旷日持久，工厂已经倒闭，企业早已丧失市场竞争的资本。因此，利用337条款可以达到有效遏制竞争对手的目的。

四、对337调查应诉情况的反思

涉案企业是应诉的主体，应诉或不应诉以及如何应诉最终要企业的管理层自主决定。受发展定位、经营策略、对国外法律规则程序认知程度及经济实力等因素影响，涉案企业对应对337调查的态度也存在很大差别。

（1）涉案产品种类及企业性质决定了企业应对缺乏积极性，应诉组织工作存在相当困难。

从涉案企业性质来看，民营企业和三资企业占据主流，因为我国的电子制造类企业有"两端在外"的特点，研发和设计活动是在技术先进的发达国家进行的，且最终产品将被卖到中国以外的世界各地，导致我国企业在电子信息产品的生产中扮演加工者的角色。民营企业和三资企业机制灵活的特点更适合这种"两端在外"的经营模式。三资企业在应诉中往往服从于企业全球战略发展的总体部署，而有些民营企业在产品受阻后，直接采取停产清算的方法，然后建立新的公司或开发新的产品。这些原因使得我国电子信息企业应诉337调查并不积极。

（2）企业对337调查规则和影响认知不足。

与出口企业熟悉的反倾销等贸易救济措施相比，337调查具有更强大的杀伤力。337调查虽然要求申请人满足拥有国内产业的要求，但并不需要其在产业内满足一定比例的代表性，而且即使申请人在美国没有生产，只要从事了相关的研发工作，就符合关于申请人的产业标准。相对反倾销等调查需要整个行业的支持，337调查在这方面的立案门槛较低，调查机关也不会因为申请人的行业代表性受到质疑，遭到强大的政治交涉的压力。特别是在高度重视知识产权保护的美国，拥有美国知识产权的企业完全可以单独提起337调查程序，将这类中国产品都排除在美国境外。启动337调查并不要求以美国国内产业遭受实质损害或实质损害威胁为前提，美国国内申请方只要能证明进口产品有侵权事实，而美国国内确实有相关产业或相关产业正在形成即可认定被申请人存在不公平贸易的行为，就可限制该产品进入美国市场，且限制时间与专利剩余有效期相同。

在 337 调查中，申请人可以申请普遍排除令，把所有可能侵权的企业及包含涉嫌侵权的产品全部拒之于美国海关大门之外，由此导致因一项技术被调查使得大批下游产品受到牵连，从而达到彻底打击相关出口企业的目的。和美国联邦法院知识产权侵权诉讼相比，337 调查也存在诸多优势，如时间较短、可随时追加被申请人、海关在执行中的介入等。

（3）对 337 调查应对策略认知不足。

337 调查的涉案企业大多刚开始开发美国市场，许多企业尚处于起步阶段，在短期内难以全面了解调查的特点，并找到适合的应诉策略。通常，律师会从专利无效、不侵权、规避设计等方面给企业提出应诉策略，所涉及的律师费也往往在两三百万美元。相对企业前期的市场利润，高额的律师费、对应诉策略的认识不足都制约了企业积极参与调查。即使企业决定应诉，往往也难以选择合适的律师和合适的应诉策略，因为根据企业的产品、性质、市场发展策略不同，存在诸多应诉上的选择，不一定简单为了民族气节和申请人的专利无效等根本问题坚持到底。企业在应诉中存在的普遍问题有：一是花冤枉钱，没有根据企业自身情况量身定做应诉策略、只认律所牌子不认人、只认外国律师不认中国律师；二是客观上应对工作复杂，包含法律、技术层面，需要短时间内做好证据准备工作，对企业日常的经营管理也提出较高要求；三是有时即使赢了官司，高昂的应诉费用也会拖垮企业。这些问题的出现，更需要机电商会这样的行业组织为企业应诉提供有针对性的建议，并在合适的案件中组织企业联合应诉。

五、应对 337 调查的意见和建议

针对目前电子信息产品企业应对 337 调查的现状，应该充分发挥在应对国外反倾销案件中形成的"四体联动"机制，即充分发挥这一链条中企业、商会、商务部和地方商务主管部门的作用。

（一）企业发挥应对主体作用

企业无疑是案件应对的主体，面对相对陌生的 337 调查，企业首先应该提高风险防范意识，加强专利管理，形成企业独特的专利战略。

企业要充分意识到现代市场的竞争手段越来越多样化，已经不局限于降价、促销等传统的市场竞争行为，高科技企业之间的知识产权法律诉讼逐渐成为其保护市场份额、打垮竞争对手的有效手段。企业要善于投资法律，未雨绸缪，采取市场战养法律战，法律战推动市场战的战略。如江苏盐城捷康公司在进入美国市场之前，就主动对自己的产品"验明正身"，如在美国申请专利、对生产工艺出具不侵权的律师函、邀请当地专家对专利进行比较分析等，并主动申请加入337调查。由于这种有效的策略，捷康公司不仅取得法律诉讼的全面胜利而且在全球的市场份额由不足1%提升到12%，并迅速发展成为在国内外市场具有强大实力的现代化企业。企业应彼此借鉴和交流应诉337调查的有益经验，相互取长补短。

对于开拓国际市场的中国企业而言，必须树立一个正确的观念，337调查不是针对我国电子产品进入美国市场的歧视性措施和不公平待遇，要它把理解成为一种市场竞争的手段，努力掌握并善于利用规则，为参与国际市场竞争保驾护航。

首先，针对我国产品大量出口到世界各地的情况，作为我国企业必须树立保护知识产权的意识，企业要对自我国出口到国外的产品负责，进口产品之前就要仔细查明国外定制企业是否对相关产品拥有专利权。对于侵权的产品应不予生产，或与国外专利权人达成专利许可使用协议，在付费的条件下使用合法取得的专利权进行生产，这样不仅能够减少针对我国产品的337调查的数量，更重要的是维护中国制造的产品在世界市场上的形象。

其次，在被337调查时要积极应对。通过分析申请人、国内同行、本企业的产品、技术和市场情况，作出正确的应诉策略。必要时可以和国内同行联合应对。在应诉策略上可以选择主张专利无效、不侵权、规避设计、适时和解等多种手段，达到继续对美市场出口的目的。

最后，要善于利于各方力量。企业要始终牢记，在337调查案件的应对中，行业商会和政府是企业能够依靠的强大的后盾。同时，要善于联络其他涉案企业，包括在美的经销商，通过应诉中的信息共享，及时把握应诉进程，降低应诉费用。

（二）商会拓展服务空间

作为应诉337调查的组织协调单位，商会应了解企业需求，大胆拓展工作的广度和深度。

第一，在案件应对本身的层面，商会要充分发挥服务企业的职能，积极做好案前预警、案中应对指导、案后总结的工作。不仅在个案中根据企业需求提供个性化服务，而且在系列案件的应对中，不断总结经验，为企业的应对提供建议，为政府的协调指导提供咨询意见。

第二，加强对企业的培训和指导。机电商会每年组织多次企业知识产权培训，包括 337 调查及欧美主要展会侵权诉讼的培训。在知识产权纠纷解决机制上，要使企业形成三个层次：一是了解海关相关知识产权法规，发生纠纷后知道如何处理；二是了解自身产品情况和行业内主要专利情况，积极研发，加大自主设计，这是所谓的知己知彼；三是积极推进企业知识产权战略。使企业做到：在研发和经营中，加大自主技术开发的投入，有计划地在国内和主要出口市场进行知识产权申请/注册；在贸易谈判中，加强知识产权保护意识，严格审查代工产品的知识产权状态；在知识产权诉讼中，熟练使用国外的法律法规，合理把握诉讼进程。作为提起 337 调查的申请人，需学会利用美国的法律加强自身的竞争实力。

第三，深入企业进行调研，积极组织应诉，而且配合应诉的组织工作，切实解决企业在生产经营中的面临的环境困难。例如，在"接地故障断路器 337 调查案"中，机电商会积极尝试通过各种渠道帮助企业应对由国外申请人恶意诉讼带来的企业经营中的资金困难等一系列问题。每一个案件都会使商会接触到不同的产品、不同的行业，商会应该发挥联系广大会员企业的优势，使得某个行业内的问题其他行业提早预警。同时，在商会的积极协助下，涉案 337 调查的行业应该通过积极的应诉，保持住核心产品和技术的竞争力，焕发新的活力。

（三）政府帮助支持企业维护法律权利

电子信息类产品是一国高新技术发展水平的集中体现，国外企业利用美国 337 条款指控我出口产品侵犯其专利权，势必对高新技术产品的出口带来沉重的打击，进而影响中国高科技产业的发展。应对 337 调查已给我国企业带来了沉重的负担，需充分发挥商务部和各地商务主管机构的作用，依靠中央和地方政府加大对商会职能和作用的宣传，普及和加强企业的知识产权保护意识，在政府层面给予企业应诉以适当的支持，加强政府对 337 调查的跟踪监督，维护我国企业的合法权益。

第一，针对我国电子信息产品频繁遭受 337 调查的紧迫形势，政府有关部门应该大力开展知识产权贸易摩擦风险防范的培训，向企业普及知识产权纠纷的知识，鼓励行业和企业研究制定对外贸易中的知识产权竞争战略；建议政府设立法律援助资金，向涉案企业提供法律咨询和辅导。

第二，337 调查呈不正常的上升趋势时，政府加强对 337 调查案件的跟踪和监督，及时将两国近期发生的有重大影响的 337 调查案件提交两国贸易对话磋商机制关注。

第三，337 调查在实践中存在诸多对进口产品的非国民待遇，有违 WTO 规则。虽然可以将 337 调查归于适用 GATT 第 20（d）条，为保护知识产权而执行的海关措施以及美国国内法，适用国民待遇的豁免，但历史上欧共体曾就 337 调查提请 WTO 磋商并获胜。虽然美国此后对此法规做了相应修改，但和其国内的知识产权诉讼相比，337 调查仍存在对进口产品的歧视性做法。我国政府应积极研究 337 调查的合法性和合理性，适时向 WTO 提出申诉，或将此议题提交中美两国定期举办的中美战略经济对话磋商机制关注。

第四，政府部门应深入研究借鉴美国 337 调查的立法基础，根据国际规则和我国国情，建立我国对外贸易中的知识产权保护机制，使国内企业可在进口贸易中维护自己的知识产权。

最后，我们应该认识到，受到 337 调查的数量是和一国的经济发展阶段息息相关的。美国境内的知识产权权利人往往会在一国科技起步阶段就提起 337 调查，以期将竞争对手扼杀于萌芽阶段。从历史上看，337 调查的目标已经从 20 世纪 70 年代的日本、80 年代的中国台湾地区，转移到中国。这说明我国经济的发展，科技的进步已经引起美国竞争对手的高度关注。鉴于 337 调查程序的复杂、费用的高昂，相对尚处于国际竞争起步阶段的我国企业来说，单独应诉存在巨大的困难和风险。为此，商会及政府更应该积极发挥作用。对外代表国内企业积极交涉，争取企业和行业的利益；加强对企业的培训宣传，并根据案情帮助企业制订适宜的应诉策略。同时，我国企业也应该认识到，加大自主创新才是必由之路。根据 337 条款的规定，我国企业如果在美国有研发活动，并在美国拥有知识产权，同样可以作为调查申请人，在美国申请发起 337 调查，从而实现为我所用。

第四节　浙江省企业遭遇 337 调查情况及其应对

"十一五"期间，浙江省积极推动企业走自主创新之路，从"两端在外"（研发、销售）的"浙江制造"到提倡自主创新、拥有自我知识产权的"浙江创造"。随着浙江省企业的发展壮大，发展过程中不可避免需要与国际同行开展竞争，企业在国际经营进程中遭遇到各种类型的贸易摩擦，其中 337 调查是企业十分困惑和较难应对的一种。337 调查 ITC 针对进口产品发起的知识产权侵权调查，它的调查程序与政府机关的行政调查及法院的司法诉讼各不相同，具有准司法性质，调查程序进展较快，对侵权产品的制裁措施十分严厉。如何帮助企业避免337调查的风险，在遭遇337调查时如何积极地应对一直是我们不断思考和愿意积极探讨的问题。

一、浙江省企业涉及337调查的基本情况

近年来，浙江省企业涉及337调查案件数量日益增多。据统计，2006~2010年涉及浙江省企业的337调查案件共21起，涉案企业20家。2011年至今已遭遇起动电机、便携式电子产品保护套及配件等4起调查案件，涉案数量屡创新高，涉案产品主要集中在机电产品，如接地故障断路器、电动机等，同时也包括一部分轻工产品和化工产品，如无汞碱性电池、记号笔等。经调查发现，从2006年至今，浙江省企业在国外被诉侵权案件呈现以下几方面的特点：

一是数量呈稳中有升态势。一直以来，浙江省涉案企业数量基本保持不变，每年大约2~3起案件，约5~6家企业涉案，但2011年以来，ITC正式立案的涉及我国产品的337调查共12起，已有4起案件涉及浙江省7家企业，且部分案件以浙江省企业为主。

二是涉案企业所在地区相对集中。统计的25起案件中，涉案企业28家，主要集中在宁波、温州、金华、杭州、绍兴、台州等地区，衢州、舟山、丽水等地无涉案企业。其中，温州9家、宁波8家，杭州、金华（主要是永康）各3家，嘉兴、台州各2家，绍兴1家；温州、金华、台州等地涉案的主要为机电产品，宁波主要为化工和轻工产品。可见，涉案企业基本集中在浙江省经济相对发达地区。

三是应诉与不应诉区别明显。由于337调查案件应诉费用高，企业应诉意愿不强，特别是2005年以前的案件，应诉企业寥寥无几。但在政府和相关组织积极鼓励下，2006年以后应诉企业逐年增加，2010年涉及浙江省企业的337调查案件，企业应诉率达到100%。同时，应诉效果也逐步体现，多起案件已和解结案，部分企业则是"蚂蚁撼动大象"，取得令人欣慰的结果。

二、被控侵犯知识产权案件主要特点

通过分析上述案件，可以发现以下特点：

（1）调查的产业集中度较高。从调查的情况看，被控侵权产品主要是浙江省具有一定竞争力的优势产品，主要集中在机电、化工和轻工行业，且与浙江省"块状经济"的分布息息相关，如温州乐清的低压电器类、金华永康的休闲车类以及宁波的电池类。

（2）申请人和被申请人实力悬殊。提起调查的申请人部分是同行业的国外大公司。如美国克莱斯勒公司、莱伏顿公司、美国芝宝制造有限公司、美国劲量电池公司等，这些企业的产品在国际市场上占有很大的份额，拥有国际著名的商标，有雄厚的技术和资金实力。而被申请调查的浙江省企业主要是中小型生产企业，自营出口，且大多数为民营企业，被申请调查之前通常没有在外国进行商标注册或专利申请。浙江省内拥有自主知识产权、大型或知名度较高的企业一般少有涉案。

（3）申请人将337调查作为排他性竞争手段。被调查产品多为国内企业自有产品出口，具有较大的市场潜力，国外竞争对手往往选择在国内企业出口尚未形成规模时提起调查，企图迫使国内企业放弃或退出美国市场。部分企业涉案是因为其产品对国外申请人产品构成威胁或潜在威胁，部分企业涉案则是因为其外方合作伙伴为申请人的主要竞争对手。有些案件在发生之前，被申请人曾与申请人协商谋求合资、合作、控股或收购，但因条件苛刻等原因未能达成。

（4）337调查与知识产权司法诉讼并用。"接地故障断路器案"中，2002年7月美国立维顿制造有限公司（Leviton）对浙江省温州地区生产的接地故障断路器企业提起337调查的同时，又向美国纽约东区联邦地区法庭提起专利和商标侵权诉讼，在被判败诉以后又更换专利再次在ITC申请337调查。有的案子，申请方不仅在美国还在其他国家提起诉讼，全面阻止我国企业产品与其竞争。

三、浙江省企业遭遇337调查的主要原因分析

浙江省企业遭遇较多337调查，其外因是跨国公司利用其掌握的知识产权先发优势，进行专利布局，将发动337调查和知识产权司法诉讼作为商业竞争策略使用，采取较难预测和监督的行动阻止进口产品进入本国市场。但浙江省企业频频受阻于337调查，更重要的还在于内因，与浙江省"块状经济"特点、外贸出口连年增长，出口主体等因素相关。

（一）与浙江的经济特点有关

具有产业集群特征的"块状经济"是浙江制造业的重要基础，浙江省是资源小省，"七山二水一分田"是浙江省的典型写照，除杭、嘉、湖、宁、绍的大部分地区，基础设施差，国家投资少，大企业少，人均耕地少，资源更少。以温州为例，只有17%的平原，其余均为山地和河流和海岛。在改革开放的大潮中，浙江省由于国有经济块头小、比重低，原材料和市场"两端在

外"，加工工业、民营经济、中小企业成为浙江省发展的主流，这样的产业结构在发展初期具有相当的竞争优势，浙江省也由"资源小省"成为"经济大省"，形成了乐清低压电器、嘉善胶合板、濮院毛衫、桐庐制笔、柯桥轻纺、永康五金、海宁皮革、嵊州领带等知名的"块状经济"。

但是有些"块状经济"并不是真正意义上的产业集群，仅是由于进入门槛低，容易跟风，大量企业集聚在同一区域生产相同或类似的产品，具有同质竞争充分但相互合作缺乏的特点。许多"块状经济"中作为出口主体的企业，基本上处于国际垂直分工的底端，不少企业是"一流的设备、二流的产品、三流的价格"，为他人作嫁衣，虽然具有较强的国际竞争力，但过多依靠低价竞争，技术上较多模仿，缺乏自主创新和技术创新能力。

（二）与出口贸易的高速增长有关

"十一五"时期，浙江省年均 18.7% 的外贸增速高于全国年均增速 2.8 个百分点，分别比全国外贸前三强省（市）广东、江苏、上海高出 5.9%、3.4% 和 4.1%。其中，出口增速为出口额前十位省（市）中最快。在这 5 年期间，浙江省外贸走势均好于全国平均水平，特别是金融危机以后，尽管受其影响，浙江省外贸进出口同比下降 11.1%，但相比全国外贸进出口，降幅更小，抗冲击能力更强。2009 年，浙江省对外贸易进出口总额同比下降 11.1%，比同期全国外贸进出口降幅小 2.8 个百分点；而在国家各项政策的支持下和全球经济缓慢复苏的背景下，2010 年浙江省也表现出了比全国更好的恢复性增长能力，2010 年浙江省进出口总额比上年增长 35%，比同期全国进出口增速快 0.4 个百分点，比 2008 年增长 20.1%，比同期全国进出口增速快 4.1 个百分点。其中，机电产品出口 794.1 亿美元，同比增长 42.5%，占同期全省出口总值的 44%，机电产品出口进一步确立了第一大商品的地位。

浙江省在出口增长的同时也成为国际贸易摩擦的"重灾区"，全国约 3/4 的贸易摩擦案件涉及浙江省企业，浙江省贸易摩擦案件涉案金额约占全国 1/4。一般而言，贸易摩擦的数量和频率与出口规模之间存在一定正向联系，尤其是当贸易从"互补型"的垂直贸易向"竞争型"的水平贸易转移时，这种正向联系更加明显。从这种角度看，浙江省企业面临的贸易摩擦形势其实是浙江省出口规模不断扩大和出口结构升级必然面临的问题。

（三）与外贸出口的主体有关

近年来，民营企业成为拉动浙江外贸的主力军。以 2010 年为例，浙江省实现进出口贸易总额 2 534.7 亿美元，比上年增长 35%，占全国外贸进出口总值的 8.5%；其中，民营企业进出口 1 344.4 亿美元，同比增长 42.2%，占同期全省进出口总值的 53%；浙江省民营企业出口 1 041.2 亿美元，同比增长 42.1%，占同期全省出口总值的 57.7%；同期，浙江省国有企业进出口 267.3 亿美元，同比增长 11.7%，占同期全省进出口总值的 10.6%；外商投资企业进出口 923 亿美元，同比增长 33.2%，占同期全省进出口总值的 36.4%。

浙江省的民营企业规模普遍偏小、数量偏多，创新研发和市场开拓能力不强，造成出口秩序混乱，从而招致国外限制并引发贸易摩擦。因此，浙江省企业依靠高新技术提高经济竞争力的愿望也比其他地方更为强烈，但是创新能力并非旦夕之间能一蹴而就的，企业急于求成，在提高竞争力的过程中急功近利，授人以柄，容易发生知识产权纠纷。

（四）与企业的知识产权意识有关

随着浙江省企业"走出去"步伐加快，在全球化经营中知识产权战略意识缺乏的弊端越来越放大。浙江省企业在开展产品营销时，往往没有进行专利检索，收集掌握国际市场同类产品相关知识产权信息的习惯，不清楚是否有类似的发明、实用新型、外观设计专利权或商标权。还有一些企业开始有知识产权保护的意识，但注意力主要集中在国内，注重于防范自身产品被侵权时的保护手段，而忽视了在境外销售时的类似问题，常常在国内拥有专利权，但却没有在销售国申请专利，专利保护的地域性导致侵权案件的发生。还有的企业自行研发的技术却被销售国的企业掌握申请了权利，转而起诉这些企业侵权。

四、浙江省商务主管机构的一些主要做法

为帮助企业了解国际贸易经营中的风险，妥善应对国际贸易摩擦，浙江省商务厅专门成立了进出口公平贸易局，负责向企业提供应对国际贸易摩擦的宣传、培训和服务。省级商务主管机构在国家商务部指导下，密切联系地、市的商务主管机构，共同把信息和服务传递给企业，不断改进和加强对企业的应诉辅导与帮助。

（一）组织协调，鼓励企业积极应诉

337 调查的主体是企业。2002 年以前，浙江省企业对国外申请人提起 337 调查几乎不应诉，不仅造成自己在调查中的被动局面，而且导致针对我国产品的 337 调查案件数量与日俱增。2003 年的"无汞碱性电池案"拉开了浙江省企业直面 337 调查的序幕。在商务部的统一指导下，通过大力宣传和鼓励，浙江省三特电池等两家企业积极应诉，并一战告捷，ITC 最终裁定被申请人没

有违反 337 条款，决定终止调查；申请人两次向联邦巡回上诉法院提起上诉，上诉法院判决申请人专利无效，并拒绝了申请人的重审请求。申请人继续向美国联邦最高法院提起上诉，最高法院拒绝受理该案，案件结束。

（二）提前预警，帮助企业赢得时间

星月集团是浙江省永康市一家集科、工、贸为一体的民营企业，创建于 1989 年。他们设计研发 XYJK 800 全地形车休闲车（捷卡车）获得国家外观设计专利。2007 年 10 月，该车在广交会上亮相受到欧美、亚非多国的客商欢迎。2010 年 5 月 14 日，克莱斯勒集团向 ITC 提交申请书，以星月公司捷卡车的外观造型侵犯其吉普飓风概念车外观设计专利为由向 ITC 申请，请求 ITC 在 12 个月内完成对星月捷卡车违反 337 条款的调查，并发布永久性制止令，禁止任何侵犯该专利的产品在美国销售、推销或转运。该 337 调查的主要被申请人是星月集团及其旗下的三家子公司，包括涉案车辆的生产厂家上海星月动力机械有限公司。

得知此消息后，考虑到企业首次遇到此类调查，对调查流程、后续影响等一无所知，浙江省商务厅马上通知企业并邀请商务部公平贸易局派员进行现场应诉辅导，部、省、市、县四级政府联动，在后续较长一段时期内持续关注案件进展，适时给予企业关心和指导。浙江省商务厅的这一举措使企业坚定了应诉的决心，在立案前赢得较长的准备时间，进行全面的法律法规咨询、设计比对、资料收集等一系列相关工作，为后续的从容应对打下扎实基础。随着案件的逐步深入，由于 337 调查程序的复杂性，资料准备冗杂、应诉费用高企，星月公司也曾犹豫，得知情况后，浙江省商务厅立即与企业联系，运用其他企业成功应诉的事例积极为企业打气，在浙江省商务厅鼓励下，星月公司经过 4 个月的配合调查和谈判磋商，后以克莱斯勒公司撤诉达成和解。

（三）反映诉求、营造良好应诉氛围

自 2004 年 8 月起，浙江通领科技集团（以下简称"通领集团"）在美国先后与行业巨头、世界 500 强企业莱伏顿公司和帕西西姆公司展开了 6 场知识产权诉讼。6 年时间里，通领集团与美国两大巨头进行海外知识产权维权行动，从联邦地区法院的专利侵权诉讼到 ITC 的 337 调查；从拿到马克曼听证会命令到在联邦地区法院的专利侵权诉讼中完胜对手，再到作为中国企业在美国联邦巡回上诉法院把 ITC 的行政裁决彻底推翻，通领集团争当"中国制造"向"中国创造"转型的代表，在艰难的海外维权行动中始终不放弃，通领集团也因应对 337 调查提高社会知名度。

地方商务主管机构不仅在案件启动阶段积极鼓励企业应诉，在 6 年中，不断跟踪案件进展，持续给力，并对企业在案件应对工程中遇到的融资等问题积极向上级主管部门反映，为企业努力营造良好的应诉氛围。

（四）加强培训、提升综合应对能力

337 调查时间长、程序复杂，很多企业在接到案件通知时对 337 调查一无所知，更遑论从容应对，甚至有些企业因为不知道 337 调查可能带来的严重影响，思想上不重视，错过了最佳应对准备时间，或者放弃应诉，或者匆忙上阵导致应对结果并不理想。针对这些问题，浙江省商务厅公平贸易局有针对性地扎实推进培训等基础工作，通过美国"337 调查基本知识与实务"等专题培训班，结合地区轮训等方式，增强从政府到企业应对 337 调查的自觉性、主动性和实效性。同时，还通过"浙江省百名法律人才培训班"，境内外培训相结合，建立一支精通贸易摩擦应对的专业队伍。

五、关于今后一段时期 337 调查应对工作的建议

"十二五"时期，浙江省将坚持以科学发展为主题，以转变经济发展方式为主线，加强自主创新，深化改革开放，着力改善民生，努力实现经济社会又好又快发展，实现转型升级重大突破，全面建成小康社会，为率先基本实现现代化打下更加坚实的基础。作为转变经济发展方式综合试点省份，浙江省将大力推动产业转型升级、加快经济发展方式转变，预计今后一段时期，涉及浙江省企业的 337 调查案件数量将进一步增加，涉案企业范围更广。为此，提出以下建议。

（一）加大知识产权业务指导，鼓励企业捍卫自身利益

西方国家普遍把知识产权作为经济发展战略的核心和市场竞争的重要手段，大公司都设有专门的部门负责知识产权事务。知识产权管理部门在企业经营管理中具有重要地位，决策层重视知识产权保护工作以及知识的普及，而且一些大公司在推进知识产权法律的完善和改进方面也发挥了重要的作用。当前，随着浙江省经济水平的不断发展，任何一家企业在国内外市场的竞争中，都随时有可能面临侵权诉讼、知识产权的非关税贸易壁垒、被抢先注册有价值的知识产权等各种问题和风险，动辄遭受美国 337 调查等，加剧企业的生存压力。企业遭遇的与知识产权相关的贸易摩擦日渐增多，并且境外知名展会以知识产权保护为由对浙江省参展企业实施查抄及强制撤展。为此，建议加大对地方和行业、企业的海外知识产权业务指导。

（二）鼓励企业自主创新，避免被动挨打局面

把知识产权战略作为企业发展战略和竞争战略的核心，在高度重视研究开发的同时，高度重视知识产权的获取，充分发挥知识产权在国际贸易中的有利作用，捍卫自身利益。加大关于各国知识产权保护要素体系的知识培训，使企业有备无患，在面对贸易摩擦时，积极应对挑战，加强与国外知识产权所有人的沟通，积极进行许可谈判，学会运用法律手段保护自己的权益。提高国际应诉能力、抗辩能力，避免在国际上被动挨打、坐失良机。

（三）强化知识产权培训，建立过硬人才队伍

知识产权工作须注重团队合作精神，无论是政府制定政策，还是企业具体的知识产权保护、管理工作，都需要多部门的通力协作，才能使337调查应诉作用在企业和国民经济发展中得到有效发挥。而这离不开一大批精通知识产权的人才。建议建立长效的国内外培训机制，政府主导、企业和中介机构为主体、个人参与，培养一批精通国内外知识产权的管理人才、技术人才和诉讼人才，打造一支专业过硬的知识产权人才队伍，充实政府、企业和中介机构的知识产权力量，形成一张立体的人才网络。

第五节 日、韩及我国台湾地区企业遭遇 337调查特点及应对分析

一、概况

我国大陆的公司正在以几何速度成长壮大，在国内市场看到成功后，这些公司正在积极挺进全球市场。当他们冒险进入美国市场时，通常会成为美国专利侵权诉讼的目标。这些专利侵权案件或者在美国各联邦地区法院由专利权人提起诉讼，或者在ITC由专利权人提起337调查。申请人目前要求ITC禁止向美国进口的诸多产品都是由我国大陆公司生产的，这些公司逐渐发现他们已成为美国专利诉讼的目标。

首先，有人可能认为美国公司总在挑我国大陆公司的毛病。其实这是带有一定误解性的，原因是任何一个拥有美国专利的专利权人在满足一定条件后都可以在美国的联邦法院或ITC提起专利维权，而非仅仅是美国公司。事实上，从过去提起诉讼／调查的原告／申请人主要是美国公司转变到今天由于日本、韩国和我国台湾地区公司拥有美国专利的不断增加而成为提起专利维权的主力军。这一现象表明，这是新兴公司所经历的自然演变过程。日本、韩

国和我国台湾地区公司在他们早年冒险进入美国市场的过程中也曾被拖入美国的专利诉讼/调查之中。当这些公司规模较小并且未引起美国公司关注的时候，美国公司对他们视而不见。但当这些新兴公司成长起来并且开始从美国公司手中抢走市场份额或压低产品价格的时候，美国公司开始注意到他们，并且作为回应，他们以侵犯美国公司的专利为由起诉/调查这些公司。因此，同我国大陆公司现在面临的情况一样，日本、韩国和我国台湾地区公司在多年前就发现他们成了美国专利侵权诉讼/调查的目标，而今天日本、韩国和我国台湾公司也加入了美国公司的行列，把我国大陆公司作为专利侵权维权的目标。因专利侵权被诉是公司在其成长和成功达到一定程度并威胁到其他公司生存能力时所承受的典型的"成长的烦恼"。在美国有一种说法：你第一次因为专利侵权而被起诉是一种荣誉，表明你的企业已颇有成就、引人注目。

　　本节追溯过去，分析日本、韩国和我国台湾地区公司在经历"成长的烦恼"过程中发生了什么，讨论他们学到了什么，并解释他们如何运用其新的知识产权来保护自己。有些公司甚至变成申请人，开始对其他公司发起挑战。

　　如今，日、韩公司在运用知识产权方面已被认为经验丰富和老练成熟。很多日、韩公司现在拥有强劲的专利组合，某些组合甚至使他们能够向国内外实体主张其专利权。但是，日、韩公司在美国并非总是能够占据强势地位。

　　在20世纪六七十年代，日本经济经历快速增长，日本公司也经历着前所未有的发展和扩张，其扩张延伸到包括美国在内的很多国家。主导美国市场多年的美国企业注意到这些日本企业蚕食美国市场份额对他们的冲击。因此，美国企业感觉受到威胁，他们自然而然地会想到通过遏制这些新兴的日本公司来保护自身的市场份额。通常情况下，ITC曾经并且现在依然是公司以专利侵权为由遏制非美国实体的地点。

　　《1930年关税法》第337条是最早的知识产权保护措施之一，反映了美国针对那些向美国输入物资和产品的外国公司争取更加强有力知识产权保护的需要。特别是，如果进口产品对美国的产业产生破坏或实质性损害影响或威胁，337节款则以专利侵权的形式禁止进口产品导致的不公平竞争。❶《1930年关税法》第337节授权ITC确定被告的进口产品是否侵犯有效和可执行的美国专利。❷ 由于外国公司向美国进口的产品和物资属于ITC的管辖范围，众多美国企业选择ITC作为阻止侵犯专利权的国外产品进入美国的便捷

---

❶　美国《1930年关税法》第337节（a）（1）（A）－（B）。
❷　美国《1930年关税法》第337节（a）（1）（B）。

和有力的管辖实体。日本公司在其快速扩张和发展期间通常在 ITC 扮演着被申请人的角色。但是，由于抱着从错误中学习的心理和尽其所能的态度，如今的日本公司已经在这些调查中采取措施保护自己，甚至作为使用其自身专利的申请人向其他公司发难。

据从事美国 337 调查业务的美国某专业律师介绍，自其 1993 年为亚洲公司代理美国专利侵权诉讼以来，他们发现一旦日、韩和我国台湾地区公司的市场份额威胁到美国企业时，这些公司在美国就会遭到专利侵权起诉。亚洲公司因此领悟到知识产权的重要性，并积极采取行动发展其自身的知识产权组合。2005 年，美国专利申请人前十位中有一半是日本公司，这一点可以证明日本的积极行动。2010 年，专利申请人前四位均为日本公司，前十位中还有两家韩国公司。这些亚洲公司逐渐将 337 调查作为商业工具，开始作为申请人调查其他公司。❶ 换言之，日、韩公司原先是"猎物"，但现在他们逐渐成为"猎人"。

下面，我们进一步说明日、韩和我国台湾地区公司如何从发展中和新兴企业转型过渡为成熟老练和经验丰富的公司，以往他们是那些声誉卓著的美国公司通常瞄准的目标，如今他们装备精良，已经能够正确应对专利侵权诉讼甚至在 ITC 成功地证明专利侵权主张。

二、日本公司参与 337 调查的情况和经验

寻求将专利侵权产品拒于美国市场之外的专利拥有人已经明确发现 ITC 是受欢迎的管辖地。图 2 – 12 显示了 1972 年以来每年由 ITC 发起的 337 调查情况。❷

图 2 – 12 表明，337 调查出现过两次明显的高峰。第一次高峰开始于 20 世纪 70 年代末 80 年代初。有观点认为，在此期间的 337 调查增加是因为美国推出了强有力的专利政策。第二次 337 调查高峰则出现在当前时期。最新的趋势似乎表明 ITC 正逐渐成为专利权人在提起专利侵权维权时优先选择的机构。因此，发展我国家及其发展中的公司应谨慎了解和分析日本公司多年来参与 ITC 调查的情况。

---

❶ Susan Decker. IBM, Samsung Lead 31% Record Jump in New U. S. Patents in 2010 [EB/OL]. [2010 – 01 – 01]. http：//www. bloomberg. com/news/2011 – 01 – 10/ibm – samsung – lead – 31 – record – jump – in – new – u – s – patents – in – 2010. html；美国专利商标局. 美国在创新领域继续领先 [EB/OL]. (2006 – 01 – 10) [2010 – 01 – 01]. http：//www. uspto. gov/news/pr. 2006/06 – 03. jsp.

❷ ITC 网站提供了以前和现在根据《1930 年关税法》第 337 节发起的调查统计数据，可查询 1972 年以来每年 337 调查的数量图表，点击"每年调查数量"链接即可查询。[EB/OL]. [2010 – 01 – 01]. http：//www. usitc. gov/press_room/337_stats. htm.

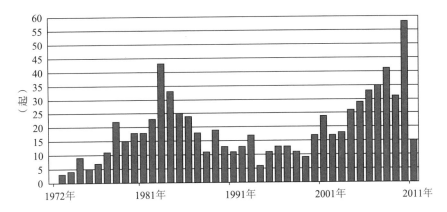

图 2 - 12　ITC 自 1972 年以来的 337 调查数量图

注：数据统计截至 2011 年 3 月。

在 20 世纪 70 年代末 80 年代初 337 调查的首个高峰期间，专利权人集中到 ITC 针对美国和外国公司发起大量调查。此时，日本公司显然成为 337 调查的特定目标。图 2 - 13 显示了日本公司所参与的在 ITC 发起的 337 调查数量。❶

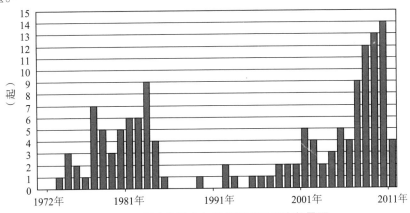

图 2 - 13　日本公司参与的 ITC 337 调查数量图

注：数据统计截至 2011 年 3 月。

---

❶　图 2 - 13 所示数据和统计可在美国 ITC 网站及其"337 调查历史"数据库中搜索查询，点击"所有 337 调查"链接进入数据库搜索；为确定每年日本公司参与的 337 调查的数量，使用该"337 调查历史"数据库，并输入关键词"日本"进行查询。[EB/OL]. [2011 - 02 - 15]. http://usitc. gov/intellectual_property/inv_his. htm.

如图 2–13 所示，日本公司参与的调查符合 337 调查的整体趋势，例如，在 337 调查总数量增加的同时，日本公司参与的 337 调查数量也在增加。虽然第二次高峰比第一次高峰更高，但第二次高峰包括了日本公司作为申请人提起的调查，本节随后会予以讨论。

虽然日本公司并非首次高峰期间 ITC 的惟一外国目标，但他们遭受 337 调查的比例依然很高。例如，1977 年所发起的 11 起 337 调查中有 7 起（即 64%）至少涉及一家日本公司；1981 年所发起的 18 起 337 调查中有 6 起（即 33%）至少涉及一家日本公司。从 1977 年至 1983 年总共发起 150 起 337 调查，这些调查中有 1/4 涉及至少一家日本公司，比例略高于 27%。

申请人通常会同时发起针对多家日本公司的 337 调查。在 1977 年至 1983 年期间，针对日本公司发起的 41 起 337 调查中，有 19 起 337 调查是针对多家日本公司发起的。例如，在一起涉及铁制玩具车的 337 调查中，申请人共针对 7 家日本公司发起调查。❶

20 世纪 70 年代末 80 年代初针对日本公司的 337 调查高峰和多家日本公司在一项调查中被诉的事实，说明日本公司是 337 调查的主要目标和被申请人。为何如此多的日本公司在这期间被拖入 337 调查程序？

从实用主义角度看，大家能够轻易发现为何日本公司在此期间被诉至 ITC。当日本经济在 20 世纪 60 年代和 70 年代繁荣发展的时候，日本公司和企业经历了类似的成功和发展。日本公司扩张进入美国并开始向美国出口或增加出口物资。长期占据美国市场的美国公司认为日本公司在美国扩张是一种威胁，这些美国公司就选择 ITC 作为媒介遏制新兴日本公司的增长和扩张。

美国公司希望阻止新兴日本公司在美国的成长有很多理由。例如，美国公司希望维持其正在遭受新兴日本公司威胁的市场份额。美国公司在知道新兴公司一般几乎没有专利或专利组合不完整时，他们就有勇气在 ITC 调查日本公司。某些美国公司为建立其在市场中的主导地位而选择在 ITC 以调查的方式传达其主导市场的信息。其他美国公司认为，如果他们针对日本公司发起 337 调查，日本公司无法承受在美国的诉讼费用，这些日本公司更可能和解、作出损害赔偿和/或甚至退出市场。由于新兴日本公司不熟悉美国的诉讼实务，他们可能不去应诉，认为只要不理不睬的话这些诉讼就会自然解决。但是，不理不睬的态度可能导致快速缺席裁决，此时外国公司的产品将会被禁止进口

---

❶ 参见"铁制玩具车调查案"（337–TA–031，1977 年 4 月 15 日，Tonka 公司以 7 家日本公司为被申请人发起），"转轮打印机调查案"（337–TA–145，1983 年 4 月 20 日，Qume 公司以 5 家日本公司为被申请人发起），以及"照片显示器和类似产品调查案"（337–TA–030，1977 年 2 月 18 日，Charles D. Burns 以 5 家日本公司为被申请人发起）。

到美国。这种"轻易"胜诉的情况鼓舞了部分美国公司，使其在 ITC 发起调查或在美国其他联邦地区法院起诉外国公司。

如果能够以常理和商业观点解释日本公司在 ITC 被诉案件数量增加的原因，那么也可从法律和知识产权的视角进行分析。

第一，针对更具侵略性和准备更加充分的美国竞争对手，日本公司在并不熟悉的美国诉讼程序中未能就有效的自我捍卫做好充分准备。从历史上看，日本公司很不情愿通过诉讼解决其商业和法律争议。这种厌讼的情结部分源于文化原因，部分源于制度原因。在文化方面，日本人更倾向于妥协而不是冲突，和谐而不是灾难。因此，与美国公司相比，日本公司自然而然地不太熟悉对抗性的诉讼系统。而且，在 20 世纪 70 年代和 80 年代扩张进入美国的日本公司可能并不熟悉美国的司法系统，包括 ITC 的法律制度。另外，从制度方面而言，日本的法律职业与其他国家（例如美国和欧洲国家）相比规模更小，而美国企业则很清楚日本在文化和制度方面的这些问题。由于这些新兴的日本公司属于天然的目标，因此这些美国企业在 ITC 对这些扩张的日本公司不断采取攻势。

第二，日本公司对于其知识产权并不熟悉。有人认为，在 20 世纪 70 年代和 80 年代，日本公司并不明白其知识产权的全部潜力，没有运用其知识产权维护自身权益。相比之下，美国竞争对手受到美国政府推行的专利支持政策影响，投入大量时间、资源和金钱，在诉讼中将其知识产权资产作为商业工具加以策略性地运用。而且，美国公司知道日本公司在知识产权方面缺乏头脑，这使得美国公司拥有更多的专利权"战争基金"。相应地，美国公司在专利权诉讼方面将目标对准了日本公司。

第三，日本公司并没有充足的知识产权资产为诉讼提供支持。当申请人企图针对潜在侵权人提起专利侵权调查时，申请人会严密审查潜在侵权人的专利组合。如果专利侵权人的专利组合简单或虚弱，申请人就会面临更低的反诉风险。相反，如果潜在侵权人的专利组合强大或有力，一旦申请人发难则会面临更高的风险。早期时候，和所有新兴公司一样，新兴和发展中的日本公司拥有的知识产权组合弱于更具实力的美国公司，已经站稳脚跟的美国公司不太担心新兴日本公司的潜在反诉可能，并且能迅速对其提起诉讼。这些新兴和扩张的日本公司无疑不喜欢成为美国专利侵权诉讼的目标，诉讼耗费时间、金钱和资源；同时，诉讼会引来企业管理层不太喜欢的风险，而且诉讼会导致迅速失去客户。

在经历过美国和其他地方专利侵权诉讼的"成长的烦恼"后，日本公司学到了经验，积极寻求将自身转变成为美国市场中强大的知识产权玩家。有证据证明，日本公司曾积极采取行动发展其知识产权和专利组合。

（一）日本公司认识到知识产权的重要性并积极采取行动在美国建立其自身的专利组合

日本公司在美国成为专利诉讼/调查目标后，日本政府注意到专利支持政策对美国经济的积极作用，更加明白了知识产权的重要性。日本公司也开始与政府一起追求知识产权以及在诉讼中运用其知识产权资产。因此，很多日本公司开始采取更具策略性和长期的途径作为总体商业计划的一部分实施其知识产权权利。❶ 这种策略性和长期的途径中就包括在美国申请和取得更多专利。如今，日本公司已经申请和取得了大量的美国专利。❷ 目前，在美国的多数专利申请人中很多公司都是来自日本。

例如，在 2009 年日本实体向美国专利商标局提交了 81 982 件申请。❸ 同年，美国实体向 USPTO 提交了 224 912 件申请，而 2009 年实用专利的申请总数为 456 106。❹请注意，美国的实用专利（Utility Patent）的性质与我国的发明专利相似，必须经过实际审查。因此，在 2009 年日本实体所申请的专利在申请总量上实质上接近美国专利申请的 18%。2005～2008 年日本公司申请美国专利的比例也与上述情况相似，仅仅低于美国专利总申请量的 18%。

同样，在最近若干年中日本公司正在获得大量美国专利。例如，USPTO 在 2009 年总共授予 167 349 项实用专利，❺美国实体获得 82 382 项实用专利❻；日本实体在 2009 年获得 35 501 项实用专利，❼ 占 USPTO 当年所授予的实用专利总量的 21.2%。日本实体在 2009 年获得的实用专利数量位居第二。相比之下，德国公司获得 9 000 项美国专利（仅占总数量的 4%），按照国籍排序，德国公司在 2009 年已颁发的实用专利数量方面位居第三。❽

统计表明，日本公司在美国一直忙于申请和获得专利。更令人震惊的是，日本公司每年在获得美国专利的数量方面始终名列全球组织中的前十位。例如，2009 年前十位组织/企业中的五个都是日本公司：佳能公司（第四位）、松下公司（第五位）、东芝公司（第六位）、索尼公司（第七位）和精工爱普

---

❶ Lloyd Parker, 等. 日本公司为其知识产权而战 [M] //知识产权经营. 2005：1.

❷ 专利技术监控团队（A Patent Technology Monitoring Team, PTMT）是美国专利商标局（USP-TO）的一个部门，定期发布有关 USPTO 专利申请情况的总体统计数据和其他报告。这些总体统计数据和其他报告可在 USPTO 网站上点击"年度专利统计"链接进行查询.［EB/OL］.［2011 - 03 - 21］.http：//www. uspto. gov/about/stats/index. jsp.

❸❹❺❻ PTMT. Nomuber of Utility Patent Applications Filed in the United States, By Conutry of Origin：Calendar Year 1965 to Present［R］. 2009, 01 - 09：2［EB/OL］.［2011 - 04 - 12］. http：//www. uspto. gov/web/offices/ac/ido/oeip/taf/appl_yr. pdf.

❼❽ PTMT. Patent Counts by Country/State and Year Utility Patents：January 1, 1963 - December 31, 2010［EB/OL］.［2011 - 01 - 04］. http：//www. uspto. gov/web/offices/ac/ido/oeip/taf/cst_utl. pdf.

生公司（第九位）。❶2008 年佳能公司（第三位）、东芝公司（第六位）、松下公司（第八位）（2008 年时名"松下电器产业株式会社"）和索尼公司（第九位）仍然在当年已获得美国专利的组织中名列前十位；另一家日本公司富士通有限公司在 2008 年名列第七位。❷2005～2009 年，7 家日本公司（佳能、松下、东芝、索尼、精工爱普生、富士通和日立）仍然在当年已获得美国专利的组织中名列前十五位❸

　　另外，统计表明，在美国专利律师的帮助下，日本公司正在开发能够运用其知识产权的完善和前瞻性策略。通过迅速申请和取得更多的美国专利，日本公司在很多情况下都在建立专利组合方面赶上和超过了美国公司。由于更深更广的专利武器"战争基金"，在诉讼方面以及在对抗许可谈判（其他公司要求日本公司在诉讼以外向前者支付专利权使用费）中，日本公司不再那么容易成为诉讼目标。而且，美国公司现在必须考虑到众多日本公司拥有更强大专利组合的事实；然后，一旦起诉日本公司，美国公司现在还面临着被反诉的更高风险。最终，日本公司正在从其积极建立和发展其知识产权组合的行动中获益。举例来说，佳能公司认为，作为全球最高专利申请量的公司之一能够向其他公司传递某种积极信息：企业在商业上很强大、企业大量投入研发新产品和改进产品、企业是一个创新者、企业认识到其知识产权策略对其业务的重要性。❹让客户相信佳能公司是一个创新者有助于佳能公司维持其产品的更高价格并加速其销售。佳能公司在 2003 年取得的专利使用费收入大约为两亿零三百万美元——这进一步说明了日本公司决定建立其专利组合的回报。❺换言之，佳能的专利组合很强大，足以为其产生大量收入。专利使用费利润如此之高是由于与其他公司谈判许可协议的成本与收益相比较低。进一步而言，专利是旺盛的创新研发的必然结果。

　　（二）日本公司目前作为申请人在 ITC 提起 337 调查

　　如上文解释，比较图 2 - 12 和图 2 - 13 可以看出，日本公司参与的 337 调查的情况符合 337 调查的总体趋势。日本公司所参与的 337 调查的首个高峰

---

　　❶❷　PTMT. Patenting by Orgnazations：2009，B1 - 1［EB/OL］.［2011 - 01 - 14］. http://www. uspto. gov/web/offices/ac/ido/oeip/taf/topo_09. pdf.

　　❸　PTMT. Patenting by Orgnazations：2005［EB/OL］.［2011 - 01 - 15］. http://www. uspto. gov/web/offices/ac/ido/oeip/taf/topo_05. pdf；PTMT. Patenting by Orgnazations：2006［EB/OL］.［2011 - 01 - 15］. http://www. uspto. gov/web/offices/ac/ido/oeip/taf/topo_06. pdf；PTMT. Patenting by Orgnazations：2007［EB/OL］.［2011 - 01 - 15］. http://www. uspto. gov/web/offices/ac/ido/oeip/taf/topo_07. pdf.

　　❹❺　Lloyd Parker，等. 日本公司为其知识产权而战［M］//知识产权经营. 2005：2.

发生在 20 世纪 70 年代后期和 80 年代早期。在此期间针对日本公司的大量 337 调查主要是由于日本公司缺乏美国法律经验和脆弱的专利组合。但是，日本公司明白了强大知识产权的重要性并着手开展了野心勃勃的建立专利组合运动。由于这场运动和其他原因，如今的日本公司与其在 20 世纪 70 年代和 80 年代相比，毋庸置疑已经变得更加强大、受到更多保护。日本公司变得不那么容易被攻击，而且某些日本公司在美国的角色已经从明显的"猎物"转变为令人敬畏的"猎人"。

图 2-14 是图 2-13 的延续。图 2-13 则显示了 ITC 发起的涉及日本公司的 337 调查总数量；图 2-14 则显示日本公司作为申请人在 ITC 发起 337 调查的总数量。❶

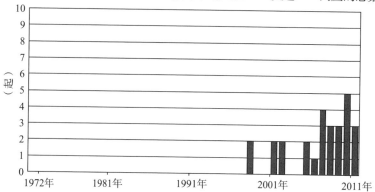

图 2-14　日本公司自 1972 年来作为申请人的 ITC 337 调查数量图
注：数据统计截至 2011 年 3 月。

虽然图 2-13 表明日本公司参与 ITC 调查的频率有所增加，图 2-14 则表明这种增加部分缘于日本公司在 ITC 作为申请人发起调查。最近几年里，日本公司一直积极加强其在 ITC 的知识产权维权。为说明日本公司在 ITC 的转变，只需关注 2001 年 1 月至 3 月 23 日发起的 337 调查情况即可。实际上，截至 2011 年 3 月 23 日，日本公司发起的调查占据了案件总数的 20%。❷ 这是日

---

❶ 图 2-14 所示数据和统计可在美国 ITC 网站及其"337 调查历史"数据库中搜索查询，点击"所有 337 调查"链接进入数据库搜索；为确定每年日本公司参与的 337 调查的数量，使用该"337 调查历史"数据库，并输入关键词"日本"进行查询。[EB/OL].［2011-01-16］. http://usitc.gov/intellectual_property/inv_his.htm.

❷ "显示器（包括数码电视和监视器 II）调查案"（337-TA-765，2011 年 3 月 11 日，日本 Sony 公司作为申请人发起），"液晶显示器，同类产品及其使用方法调查案"（337-TA-760，2011 年 3 月 2 日，日本 Sharp 公司作为申请人发起），"移动电话和调制解调器调查案"（337-TA-758，2011 年 2 月 2 日，日本 Sony 公司作为申请人发起）。

本公司自 1977～1983 年所扮演的防守角色的巨大变化，而如前所述，在那段时间，日本公司在 337 调查中有大约 27% 是作为被申请人参与调查的。

已站稳脚跟的美国公司在 ITC 曾将新兴和发展中的日本公司作为调查目标，其后果是日本公司认识到了知识产权的重要性，作为回应，他们确立了发展其自身专利组合的目标。在过去的 10 年中，日本公司已经申请和获得了大量美国专利。如今日本公司已经建立了强大的专利组合，正在采取攻势，并积极提起有关的专利侵权诉讼/调查。

三、韩国公司的应对经验

韩国经济在 20 世纪后期迅速发展，与日本经济很类似，其本国公司也取得了巨大成功。他们在美国市场的自然扩张也使新兴韩国公司遭到专利侵权诉讼。❶ 与日本公司相似，韩国公司在其开始威胁美国企业的时候经常成为 ITC 专利侵权调查的被申请人。

图 2 – 15 显示了韩国公司参与的 ITC337 调查总数量。韩国公司在 20 世纪 70 年代后期和 80 年代早期参与了 337 调查，最近再次参与了一些 337 调查。图 2 – 16 表明韩国公司作为申请人在 ITC 发起的 337 调查总数量。特别是最近 10 年来，韩国公司最终也开始作为申请人发起 337 调查。❷

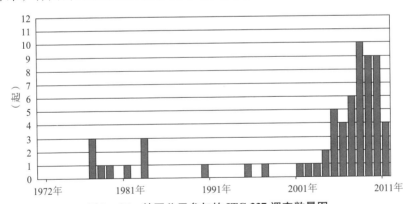

图 2 – 15　韩国公司参与的 ITC 337 调查数量图

注：数据统计截至 2011 年 3 月。

---

❶　参见：Alexander Koff. 为什么我国将跟随韩国去 ITC//［M］经营知识产权. 2010：1.

❷　图 2 – 15 和图 2 – 16 所示数据和统计来自美国 ITC 网站及其 "337 调查历史" 数据库。为确定每年韩国公司参与的 337 调查的数量，使用该 "337 调查历史" 数据库，并输入关键词 "韩国" 进行查询。［EB/OL］.［2011 – 01 – 16］. http://usitc.gov/intellectual_property/inv_his.htm.

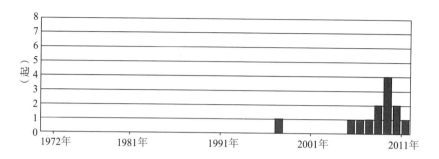

图 2-16　韩国公司自 1972 年来作为申请人的 ITC 337 调查数量图
注：数据统计截至 2011 年 3 月。

很明显，韩国公司在 20 世纪 70 年代后期和 80 年代早期的诉讼经验让他们领悟到知识产权在进攻和防守两方面的重要性。后来，韩国公司大力发展其自身的知识产权组合。例如，韩国三星电子公司在 2005~2009 年取得专利的全球所有组织中始终名列前十位。❶ 更令人印象深刻的是，三星电子公司在 2005~2010 年每年都名列第二，紧随美国 IBM 公司。❷ 2010 年，另一家韩国公司 LG 电子公司在美国专利年度排名前十中位列第九。❸由于韩国公司开始了解和认识到强大知识产权的重要性，他们也开展了一场运动，发展和促进其专利组合。因此，图 2-16 表明韩国公司在 ITC 提起 337 调查的最近趋势。

总之，韩国公司似乎也经历了日本公司先前所经历的那种类似的"成长的烦恼"。他们也通过发展其知识产权组合学到了经验，甚至开始成为"猎人"，但是他们经历的这个过程比日本公司要短，因为韩国公司有日本公司作为榜样。

❶　PTMT. Noumber of Utility Patent Applications Filed in the United States, By Conutry of Origin: Calendar Year 1965 to Present [R]. 2009,01-09:2[EB/OL]. [2011-04-12]. http://www. uspto. gov/web/offices/ac/ido/oeip/taf/appl_yr. pdf.

❷❸　PTMT. Noumber of Utility Patent Applications Filed in the United States, By Conutry of Origin: Calendar Year 1965 to Present [R]. 2009,01-09:2[EB/OL]. [2011-04-12]. http://www. uspto. gov/web/offices/ac/ido/oeip/taf/appl_yr. pdf; Susan Decker. IBM, Samsung Lead 31% Record Jump in New U. S. Patents in 2010 [EB/OL]. [2010-01-01]. http: //www. bloomberg. com/news/2011-01-10/ibm-samsung-lead-31-record-jump-in-new-u-s-patents-in-2010. html.

四、我国台湾地区公司的应对经验

我国台湾地区公司也经历了相同的"成长之痛"并学到了相同的经验。和日、韩公司一样，我台湾地区公司在其向美国市场拓展和扩张的时候成为专利侵权诉讼/调查的目标。图 2 - 17 显示了我国台湾地区公司参与 ITC 发起的 337 调查的总数量。

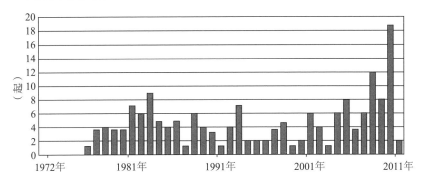

图 2 - 17 涉及我国台湾地区公司的 ITC 337 调查数量图

注：数据统计截至 2011 年 3 月。

我国台湾地区公司参与 337 调查的情况与日、韩公司的参与情况有些区别。例如，日本公司主要在 20 世纪 70 年代后期和 80 年代早期被诉至 ITC，而我国台湾地区公司在 20 世纪 70 年代中期至 2000 年中期似乎一直在参与调查。

我国台湾地区公司在 2001 年以前并未作为申请人在 ITC 提起 337 调查。发展中的他们花费了一些时间领悟、理解和加强其知识产权，但最终他们和日、韩公司一样学到了经验。通过加强其知识产权，我国台湾地区公司在诉讼中将其知识产权作为商业工具使用，拥有了更强的力量。吸取日、韩公司经验的我国台湾地区公司现在更善于在专利侵权诉讼中保护自己，他们为自我防卫而加强了其知识产权组合，图 2 - 17 表明了我国台湾地区公司已经渐渐在 ITC 将知识产权作为商业工具在诉讼中用来应对其他公司。值得一提的是，在 2010 年我国台湾地区公司发起 4 起 337 调查。根据这些事实，有人认为，我国台湾地区公司和日、韩公司一样获得了知识产权的丰富经验，从而能够利用 337 调查采取攻势主张其专利权。

图 2-18 表明我国台湾地区公司作为申请人在 ITC 发起的 337 调查数量。❶

图 2-18 我国台湾地区公司自 1972 年来作为申请人的 ITC 337 调查数量图
注：数据统计截至 2011 年 3 月。

五、小结

统计显示，日、韩和我国台湾地区公司在其进入美国市场的时候经历了相同的"成长的烦恼"。起初，这些亚洲公司在美国是专利侵权诉讼/调查的目标。后来他们认识到强大知识产权组合的重要性并积极发展建立其自身的专利组合。他们在知识产权方面的投入使其现在能够将知识产权作为商业工具以进攻姿态运用到诉讼/调查当中。这种商业工具能够保护处于劣势的公司，保证其市场份额并创造收入。

从上述统计和其他亚洲公司的经验中，我国大陆公司应当得到一定的启示。美国针对我国大陆公司的专利侵权诉讼的数量增长并不意味着其对这些公司歧视和偏见。这一方面，表明我国公司的发展已经达到引人注目的水平，我们应当将这些挑战作为一种荣誉；另一方面，我国公司更应当利用这一机会，更快地学会其他亚洲公司花费大量时间和金钱才获得的经验，由此认识到知识产权的重要性，大力展开建立自身知识产权组合的工作。

日、韩公司在 20 世纪 70 年代后期和 80 年代早期遭遇到其第一次 337 调查案件高峰。但是，日、韩公司在 1990 年后期之前的 10～20 年期间里并未发起过 337 调查。我国大陆公司是否要按常规等到 2018 年或 2028 年自己足够强大时才在 ITC 发起 337 调查？当我国公司开始面临与日、韩和我国台湾地

---

❶ 图 2-17 和图 2-18 所示数据和统计来自美国 ITC 网站及其"337 调查历史"数据库。点击"所有 337 调查"链接进入数据库搜索。为确定每年台湾公司参与的 337 调查的数量，使用该"337 调查历史"数据库并输入关键词"台湾"进行查询。[EB/OL].[2010-01-16]. http://usitc.gov/intellectual_property/inv_his.htm.

区公司曾经面临的相似的"成长的烦恼"时，我国大陆公司有机会加快其学习进度，将"成长的烦恼"作为商业成熟演变的一部分，并尽早采取行动投资发展其自身的知识产权组合。如果我国大陆公司很好地学到了这些经验并且努力加强其知识产权组合，就无须等到2018年或2028年自己足够强大时才去保护自己，更无须等到这些公司可以将诉讼作为商业工具利用时才去保护自己。不容置疑的是，有了前车之鉴，我国大陆公司成长的速度应该比日、韩和我国台湾地区公司更快。

第三部分　实务篇

第一节　如何建立企业对外贸易知识产权战略

为避免遭遇 337 调查，从事国际贸易的企业应当建立符合自身特点的知识产权战略，特别是对外贸易的知识产权战略。日本、韩国和我国台湾地区的一些企业的经验可资借鉴。他们从开始在 337 调查中总是作为被申请人逐渐演变成以申请人的身份利用 337 调查机制以保护其知识产权，在微观层面上，这主要得益于这些企业吸取了 337 调查中的经验教训、制定相应的企业知识产权战略并严格执行；从宏观层面上看，上述国家和地区对企业发展和完善知识产权的鼓励与支持也是不可或缺的重要因素。

一、我国企业对外贸易知识产权战略的现状

作为一种移植到中国的制度，公众从接受"知识产权"这个概念到避免侵犯他人合法权益乃至自觉利用知识产权维护自身合法权益经历了一个漫长的过程。许多科技企业只是将重点放在科研开发、技术应用和推广科技成果上，却忽略了知识产权的获取以及知识产权战略问题，导致现实中许多企业没有商标或专利。而对于少数重视知识产权的国内企业来说，即便取得商标、专利等知识产权，也并未形成企业自身的知识产权战略。企业通过专利或商标注册等途径获得知识产权权利仅仅是保护知识产权、利用知识产权参与市场竞争万里长征的第一步，建立和完善适宜企业自身发展的知识产权战略是取得长久胜利的关键。总体而言，企业知识产权战略涉及企业管理的方方面面，其中包括知识产权许可转让、公司标准合同、诉讼风险控制以及合资合作的知识产权管理等多个方面。

在美国市场上与我国企业相竞争的，或者是成熟的美国企业，或者是在美国市场上久经考验的外国企业（如日本、欧洲企业等），这些企业大都早就跨越了我国企业目前所处的发展阶段。

以我国的生物质产业为例，尽管我国的生物质产业起步较晚，但发展很快。以生物能源领域为例，目前，四川、安徽等地已经出现设计产能超 10 万吨的大型生物能源工厂。然而，遗憾的是，我国生物质企业在知识产权保护和战略方面所取得的成绩远没有与其发展同步，这种不同步主要体现在：国内专利申请和国际专利申请（PCT 申请）数量少且质量不高，为数不多的专利还是侧重工艺方法，少有设备专利，更缺乏有较大产业覆盖面及较强市场独占性的生物能源产品专利。事实上，国内某些投资巨大的生物技术研究在

产业化过程中，就已经遭遇知识产权损失。比如说，国内企业没有就相关技术突破及时申请专利，而国外已经就此授予了专利，从而造成我国产品丧失了相关国家的市场。

资料显示，在我国确定优先发展的许多产业领域，如 IT、基因技术等，80% ~ 90% 的发明专利都来自国外。就 PCT 申请而言，我国生物质企业的 PCT 国际申请和/或在重要国际市场如美国和欧洲国家的专利申请更是寥若晨星，无论是从数量方面来看，还是从质量方面而言均不足以保护国内生物质产业的国际竞争力。相比较而言，以日本为例，日本公司在生物质利用技术研究方面取得的专利已占世界的 52%，其中仅就生物能源领域的专利而言，日本公司就占到了 81%。由此观之，知识产权显然已经成为我国生物质产业发展的"短板"。

以上种种描述在很多企业看来，仅仅是些枯燥的数字，最多不过是微不足道的隐患而已。然而，一旦知识产权问题在我国生物质公司成长过程中凸显，那么知识产权短板问题就很容易让该公司的发展"短路"。知识产权短板问题不仅会造成国内市场的流失，也会对中国出口企业进军国际市场造成重大障碍。就目前的实际情况来看，很多中国出口企业的国际竞争对手纷纷利用美国 337 调查机制阻碍我国产品进入美国市场。

目前，我国之所以成为 337 调查的重点地区是有其深刻的经济背景的。日益发展壮大的我国出口企业频频遭遇 337 调查案件的现状与我国外贸出口结构的转型不无关系。试想，当标有"中国制造"的产品，不仅是玩具和服装，还包括电子电讯设施和生物质产品纷纷涌入包括美国在内的国际市场，外国厂商必然不得不采取种种措施应对来自我国企业的压力，尤其是在像生物质产业这种高科技主导的行业中，外国厂商更有可能用知识产权作为武器干扰我国企业前进的步伐。这就是为什么我国大陆正在成为继日本、韩国和我国台湾地区之后的又一 337 调查案件的"重灾区"。我国出口企业产品要实现升级换代，在美的知识产权纠纷就不可避免；我国出口企业要成全球市场的"领头羊"，商战的过五关斩六将无疑也包括知识产权这一关，而这一关却异常艰险。因此，我国企业应当以走出去为契机建立自身的对外贸易知识产权战略以顺利渡过险关。

二、企业对外贸易知识产权战略的工作重点

企业知识产权战略是企业在知识产权创造、保护、利用、实施和管理中，为提高企业的核心竞争力和谋求最佳经济效益，运用现行的知识产权制度而

进行的整体性筹划和采取的一系列的策略与手段。❶ 以企业的销售市场为标准，企业的知识产权战略可划分为国内贸易知识产权战略和对外贸易知识产权战略。就企业的对外贸易知识产权战略而言，其首先要考虑的不是打击竞争对手，而是控制知识产权风险，以避免陷入国外市场的侵权诉讼的旋涡中。众所周知，知识产权的长期性和后效性特点，以及国际竞争对手数十年的知识产权部署又决定了我国企业不可能企望在短短数年内实现风险的全面控制，只有长期坚持相应的对外贸易知识产权战略部署，才能逐渐形成同发达国家企业对抗的能力。❷ 因此，为了保证能有效防范被动卷入 337 调查等知识产权纠纷之中，我国出口企业在制定知识产权战略和部署工作重点时应首要考虑苦练内功，即重视和加强自身知识产权的培育，待羽翼丰满之后，可以考虑利用自身的知识产权优势在全球范围之内遏制竞争对手。

具体而言，为防范知识产权纠纷所带来的系列风险，企业应从以下方面开展工作：一是完善自身的基本知识产权架构，稳扎稳打做好基础工作；二是密切跟踪国际竞争对手的知识产权动态，进行相应的知识产权调查；三是根据竞争对手和自身的情况制定和实施包括专利、商标、版权以及商业秘密在内的具体知识产权保护策略。

以上工作相辅相成，某一方面工作的不利有可能给其他工作造成负面影响。

（一）做好企业知识产权基础工作

在打好基本功并提升企业自身知识产权竞争力方面，以下经验值得相关我国企业的借鉴：

（1）针对企业自身的特点制定近期、中期以及长期的知识产权战略和目标。策略的重点应当是促进技术和产品转型升级，打造国际知名品牌，掌握具有自主知识产权的核心技术，增强企业核心竞争力。

（2）加大知识产权投入，获得相应知识产权。其关键在于发挥和增强企业的科研实力，加大重点领域重大关键技术的科研投入，加强科研成果的转化，合理申请专利、商标等。另外，在研发投入方面，企业应当根据自身的特点确定研发投入占企业营业收入的比例。以高新技术技术企业为例，其研发投入通常占营业收入的比重较大。例如，我国通信设备制造商中兴通讯公

---

❶ 马克伟. 企业知识产权战略刍议［EB/OL］.［2011 - 03 - 25］. www. join - highlaw. com/system/2006/05/16/000121017. shtml.

❷ 王海波. 中兴通讯：国际化进程里的知识产权战略［J］. 法人，2008（7）.

司每年研发投入占企业销售收入的 10% 左右。❶

（3）建立完善的内部知识产权管理制度，包括建立符合企业实际情况的专利权、商标权、版权和商业秘密等管理制度。例如，在与员工的劳动合同中，根据需要加入保密条款和竞业限制的义务，明确员工在履行职责过程中取得的知识产权的归属。

（4）建立科研激励机制，建立相应科研人员的激励机制，保证科研人员的待遇与科研成果以及转化成果相挂钩，鼓励员工积极创新，在企业中树立技术创新的风气。

（5）在确保不违反《反垄断法》的前提下与同行或者合作伙伴形成技术联盟，在联合创造、联合运用、联合保护和联合防御中一致行动。联合创造一方面可以降低取得科研成果的成本，另一方面通过相互的技术合作增加取得科研成果的可能性。实践表明，联盟对于加快技术开发速度和提高技术开发能力有着积极的推动作用。例如，从液化石油气制芳烃的 Cyclear 技术，是由英国石油公司与环球油品公司联合开发的；烯烃异构化工工艺是由英国石油与美国莫比尔公司联合开发的。❷ 联合运用包括通过交叉许可、技术互换、共享资源等方式进行合作。联合保护可以集中力量对外部竞争对手提出挑战；联合防御可以共同应对竞争对手提出的诉讼、许可费谈判以及技术标准的争议等。我国部分地方政府也在积极推进知识产权联盟计划。例如，北京市知识产权局和中关村科技园区管委会推进实施"中关村重点产业联盟知识产权推进计划"，将依托中关村现有产业联盟，加强成员单位在知识产权上的交流与合作，适时引导和促进在相同或相近领域具有自主知识产权优势的示范区企业建立知识产权联盟。❸

（6）积极参与国内和国际标准的制定，提升国内国际影响力。在国内，企业积极争取将企业标准上升为行业标准和国家标准。同时，企业应进一步加强国际交流与合作，主动参与国际行业标准的制订，努力将我国优势领域拥有自主知识产权的核心技术上升为国际标准。

（二）跟踪竞争对手知识产权动态和知识产权尽职调查

竞争对手以专利、商标等知识产权权利为武器，狙击中国企业进入海外

---

❶ 王海波. 中兴通讯：国际化进程里的知识产权战略［J］. 法人，2008（7）.

❷ 张志成. 跨国公司知识产权战略研究与评析［G］//北大知识产权评论（第 2 卷）. 北京：法律出版社，2004.

❸ 中关村制定重点产业联盟知识产权推进计划［EB/OL］.［2011 - 03 - 23］. http://www.sipo.gov.cn/sipo2008/mtjj/2010/201006/t20100602_520807.html.

市场及扩大海外市场占有率，使得越来越多的我国企业涉案美国 337 调查。由于事先缺乏对海外市场主要竞争者所拥有知识产权状况的调研，国内很多涉案企业，特别是中小企业，常在 337 调查兵临城下一刻才惊觉。《孙子兵法》曰："知己知彼，百战不殆"，对于每一个已面临或即将面临美国 337 调查这一冗仗的我国企业而言，及时而深入地了解本企业所在领域或行业的主要知识产权的分布情况，特别是对本企业竞争对手在美国所取得的专利、商标以及版权等状况，及时进行知识产权尽职调查，不仅是我国企业打赢这场战争所迈出的第一步，也是至关重要的一步。

1. 调查监控竞争对手知识产权状况的目的和方法

对于技术主导型企业或大公司而言，在技术研发及构建企业知识产权体系过程中对本行业主要企业的知识产权分布进行调查和监控非常关键；对于其他出口企业而言，调查出口产品核心技术和企业所在行业海外市场主要企业知识产权状况也十分重要。由于企业规模、技术研发能力、自身知识产权状况、策略以及此类调查欲达成的目的不同，在知识产权调研及监控方面，大企业与小企业可采取不同策略。

从目前发展情况来看，国内大型企业与技术主导型的高新技术企业不仅致力于本企业核心技术的研发、自有知识产权体系的构建和完善，而且越来越注意海外知识产权的取得。在海外市场开发过程中不断遭遇的知识产权问题，已使诸多大型企业意识到海外市场上的竞争对手多为该行业中技术领先地位的国外巨头企业。这些国外巨头企业一般都有独特的专利策略，即通过巨额的研发投资，取得基础专利和核心专利以后，通常围绕该基础专利和核心专利不断进行研究开发，并且申请众多的外围专利，利用这些外围专利进一步覆盖该技术领域。如美国菲利浦石油公司在取得奇异特性的聚苯硫醚树脂（PPS）基础专利和核心专利后，对该专利加以不断改进，陆续取得从制造、应用到加工领域的外围专利 300 余件，并形成有关 PPS 树脂的"专利网"。规避甚至洞穿这些巨头企业经多年构建起来的针对该行业核心技术的"专利网"，是解决中国企业在知识产权问题上被动挨打状况最积极的应对措施。因此，大企业对其产品在主要出口国相关行业核心技术领域的知识产权调研，并不单纯的是要了解对方而避其锋芒，更重要的是要在调查基础上，对对方的核心专利做进一步的分析研究及改进，以期通过改进及创新取得新的知识产权权利；如果新的专利技术使得原有的专利权人也愿意采用改进的技术满足市场要求，双方就会形成相互依赖的态势，进而能够使我国企业通过协商达成双方的知识产权交叉许可，由此，该领域内的知识产权壁垒就有

可能被冲破。❶

　　国内一些大企业多倾向于由专门的技术及法律人员来负责本企业的知识产权的监控、取得、管理及实施工作。同时，考虑到不同国家或地方的法律体系的差异，以及此种知识产权调查分析工作本身的专业性和深入性，大企业也相当注重聘请专业的知识产权律师等，通过国内外律师的联手合作，对其主要竞争对手在其主要出口国甚至全球的知识产权状况做定期的检索、监控，并针对在监测过程中发现的可能对本企业的知识产权产生影响的问题作深入分析，提供报告给企业，让企业在开拓某一海外市场之前或在市场开拓过程中即对可能出现的知识产权问题有一个明确而全面的认识，同时也避免企业在知识产权的取得上贻误战机，或导致技术研发方向上的偏离。这种"内外结合"的方式使企业内部的技术资源和外部专业人士的法律资源得以有效地融合，一般会达到事半功倍的效果。

　　中小企业对该行业海外市场主要知识产权状况进行调查的目的是单一而明确的，就是为了在将来的出口中尽可能地避免本企业的产品遭遇侵犯他人知识产权的风险，因此其调查的范围会更广泛一些。而在我国中小企业普遍自主知识产权较少的情况下，这种广泛的调查更主要体现了一个行业在该出口地区的整体知识产权状况。也就是说，具有行业普遍性的一份调查极有可能对该行业的大多数企业而言，都将产生预警作用。该类调查的专业性很强，需要知识产权律师等专业人士的介入。考虑到中小企业本身资源有限，定期提供大量的检索和分析报告的费用对单个中小企业也将会是一个较大负担。

　　考虑到以上差异，中小企业在这方面所采用的策略和举措应与大企业不同。一个基本的思路就是"商协会牵头，企业联动"。各中小企业在做"防患于未然"这一工作时，利用商协会统揽全局并能迅速整合各方面信息和资源的优势，将各中小企业联合起来，建立本行业知识产权预警及联络机制；商协会接受所属企业的共同委托，聘请知识产权律师对本行业重大知识产权变动及事件进行跟踪调查，并及时反馈给各个企业，同时由商协会定期为该行业所属的中小企业提供专业性的意见和指导，产生的费用采用"分摊机制"由受益的各个企业共同承担。❷这种模式不仅保证了各中小企业能迅速及时了解本行业的知识产权状况，避免成为知识产权侵权的被告/被申请人，同时也大大降低了中小企业在此方面的费用负担，不失为一个一举两得的方

---

　　❶❷　曹世华. 国际贸易中的知识产权壁垒及其战略应对［EB/OL］.［2011 - 03 - 23］. http://www. standardcn. com/article/show. asp？ id = 6743.

法。有关调查显示，目前已经有越来越多的中小企业认识到商协会在此方面所起的积极作用，特别是商协会在企业面临美国 337 调查时所表现出来的重视态度和其迅捷的反馈机制，将促使商协会在这一领域发挥越来越大的作用。❶

2. 知识产权尽职调查

前文主要介绍我国企业调查跟踪国外竞争对手知识产权的目的、方法和策略，下文主要介绍调查国外竞争对手哪些知识产权以及获取对手知识产权内容的途径。严格来讲，某一行业或企业的知识产权体系应涵盖专利、商标、版权、非专利技术、商业秘密等方面。但是，鉴于非专利技术、商业秘密本身的特性，一般而言，非其经其所有人的许可，是难以获得的，同样，非经所有人许可，也不能通过公共渠道获取。就版权而言，目前大多数国家对版权采取的是"自动保护"原则，即版权随着作品的创作完成而依法自动产生，或随着作品的出版或其他形式的发表而自动产生，不需要履行任何形式的手续。❷ 版权登记并不是权利产生的前提。因此，也很难通过公共渠道统计一个企业或公司实际享有版权的情况。鉴于以上理由，在此所指的对企业竞争对手或某行业知识产权调查（以下简称"知识产权尽职调查"）中通常侧重于专利、商标的申请及取得情况的跟踪、监测和分析。

由于专利权、商标权的地域性特点，这种知识产权尽职调查所选取的区域范围及检索的侧重点均要视企业的具体需求而定。企业是仅关注竞争对手在某一国家（例如美国、日本）的专利、商标申请及取得情况，还是关注其竞争对手在全球整体专利权及商标权的分布状况？不同的需求会导致检索范围、检索方法的不同。如前所述，知识产权尽职调查是一项专业性很强的工作，检索者不仅要熟悉相关国家或地区的有关知识产权的立法，而且要对企业所在行业的核心及非核心技术有一定涉猎。因此，为确保知识产权尽职调查的准确性，建议企业最好聘请专业的知识产权律师来进行上述工作。

337 调查涉及的主要是出口到美国的产品/产品制造方法是否侵犯有效的、可执行的美国专利、商标或版权。结合目前的实际状况来看，国外竞争对手针对我国企业提起的 337 调查涉及专利侵权的居多。对于美国专利，可以通

---

❶ 国家知识产权局. 民营企业知识产权状况调查报告：2006[EB/OL].［2011－03－23］. www. si-po. gov. cn/sipo2008/zfxxgk/zlgzdt/2006/200804/t20080419_385569. html.

❷ 郑成思. 知识产权法［M］. 北京：法律出版社，2001：322.

过美国专利商标局（USPTO）网上专利检索数据库（http://www.uspto.gov）进行检索，该数据库分为两部分：（1）1790 年以来出版的所有授权的美国专利说明书扫描图形，其中，1976 年以后的说明书实现了全文代码化；（2）2001年3月15日以来所有公开（未授权）的美国专利申请说明书扫描图形。数据库数据每周公开日（周二）更新。具体专利检索方法可参考我国的国家知识产权局《美国专利商标局网站专利法律状态检索》一文❶。美国注册商标的相关信息也可以在 USPTO 的商标数据库中查询。应当注意的是，专利或商标的检索只是知识产权尽职调查中最基础的部分。而针对企业的需求，针对检索结果所作出的判断以及进一步出具的深度分析才是一份知识产权尽职调查的核心部分。

除 USPTO 网站之外，我国企业可以利用国家知识产权局公开的相关信息，由于外国企业通常在我国申请同族专利，我国企业可以通过国家知识产权数据库了解相关专利信息。此外，我国企业还可以利用国家知识产权局提供的指引或者链接获取其他有用的信息。

三、企业对外贸易知识产权战略的具体内容

从微观层面上看，中国出口企业对外贸易知识产权战略包括专利、商标、版权及商业秘密保护等具体战略。下文仅对企业知识产权战略所涉及的基本和共性的问题作一个抛砖引玉的介绍。

（一）企业专利战略

美国 337 调查中以专利为案由的占绝大多数，因此，专利应当是我国企业关注的重点。专利是一个企业，特别是技术主导型企业最重要的知识产权资源。对于专利这种垄断性资源而言，谁掌握了专利，就意味着谁拥有了某种竞争优势。因此，企业尤其是技术主导型企业在研发方面需要，也愿意投入巨大的人力物力资源。例如，IBM 公司在 2009 年前三个季度共投入58 亿美元用以科研，占其同期营业收入的 6%。❷ 尽管技术主导型企业研发投入巨大，但其产出却具有不确定性，因此一项技术创新的成功就得弥补这些行业中相关企业在其他研发项目上的失败。所以，创新成果利润最大化就成为这

❶　[EB/OL].[2011 – 03 – 23].http://www.sipo.gov.cn/wxfw/ytwzljsxt/ytwzljsxtjs/200804/t20080403_369448.html.

❷　Steve LeVine. IBM May Not Be the Patent King After All[EB/OL].[2011 – 03 – 25].www.business-week.com/magazine/content/10_04/b4164051608050.htm.

些企业的要求，而前述的专利垄断性这一优势正好能满足前述要求，同时也是排除竞争对手进入特定领域的有效手段。虽然不能一般性地谈论专利对于所有企业都具有特殊重要的意义，但是专利战略是技术主导型企业知识产权战略的核心是毋庸置疑的。具体而言，一个企业的专利战略主要包括以下几方面。

1. 研发和申请策略

企业在研发的过程中可以针对自己的科研实力以及竞争对手的专利状况制定相应的研发和申请策略。第一，如果企业的研发能力允许，企业应当争取开发原创性技术并获得相应专利，这一类专利是最有价值的专利。其次，针对国外公司的原创技术专利，迅速申请外围技术专利。例如，欧美国家在日本特许厅申请了一种新型自行车的技术方案，日本企业就赶紧申请自行车脚踏板、车把手等众多外围小专利（包括外观设计专利）。国外厂商如想满足市场要求，实施有市场竞争力的新型自行车设计方案，就躲不开这些外围专利，只好与日本公司签订专利使用的交叉许可协议。也就是说，外国公司无偿使用日本公司拥有的外围小专利，日本公司也得以无偿或者低代价利用外国公司拥有的涉及新型自行车关键技术的专利。这就做到了"以小制大"。❶目前，我国企业在技术上与欧美国家还有一定差距，基础专利和核心专利不多，但可借鉴日本公司的专利战略，采取"农村包围城市"的方式，通过技术引进掌握国外的先进技术，再全力围绕这些技术主动进行应用性的开发研究，构筑外围专利网，突破欧美企业的技术垄断，变被动为主动。从解决专利纠纷的角度来看，外围专利意义重大，至少可以作为我国企业在 337 调查或者专利诉讼和解谈判的筹码。

由于专利申请和维护需要一定的费用，从成本收益角度出发，企业应当对技术成果进行严格筛选，对于决定不申请专利的技术成果可以定期公开，从而限制对手申请专利的可能性。例如，IBM 公司自 1950 年开始就自行出版技术公报，每月公开那些未申请专利的发明。IBM 公司每年申请的专利约有六七百件，但刊载在技术公报上的发明却高达 8 000 件以上，可见其选择申请专利之严谨。❷ 此外，从便于集中管理的角度，建议由集团公司总部统一管理专利的筛选、申请和维护。首先，由该部门与研究开发人员、技术人员合作从中发掘有价值的发明。其次，将专利统一注册到集团公司总部名下，如果

---

❶ 许先福. 值得借鉴的日本企业专利战略 [J]. 江苏科技信息，2004（7）.

❷ [EB/OL]. [2011 - 03 - 26]. http://blog. sina. com. cn/s/blog_511bf90101009260. html.

关联公司需要使用相关的技术，则单独授权给关联公司使用。最后，由集团公司统一管理专利的维护和授权许可，在节约成本的同时，也提高了管理的效率。

2. 实施策略

企业在获得专利之后，通常可以通过两种途径获得收益：一种方法是生产商品并销售，另一种方法是在获得专利之后以许可或转让专利的方式获得收益。部分高科技跨国公司的很大一部分收入来自于专利许可。例如，IBM公司在2009年前三个季度的专利许可收入为11亿美元。高通公司2009年的104亿美元收入中的绝大部分来源于3G专利技术许可。● 对于已经授予的专利，企业还应定期评估，对于没有必要维持的专利则及时放弃。在专利纠纷中，如果企业确实存在侵权，即以自己所拥有的专利为筹码，和对方谈判交叉许可，从而可以减少侵权诉讼所需要的时间和经费上的投入。

（二）企业商标战略

商标的主要目的是便于消费者对不同企业的商品和服务进行区别。除了前述的识别意义之外，由于消费者倾向于将商标与该企业的产品质量和品牌形象等联系起来，因此，商标还具有重要的市场价值和经济价值。对致力于长远发展的企业来说，在不断创新提升产品和服务质量的同时，制定一份完整有效的商标战略同样至关重要。具体而言，企业的商标战略主要包括商标注册和维护。

1. 商标注册

企业在最初商标注册布局时应关注三个基本问题是：由谁来注册、何时注册、注册哪些商标，在哪些国家或地区注册。

首先，在选择由谁来注册商标时，通常需要考虑企业的组织架构和长远规划。目前，绝大部分的跨国公司都是由集团总公司对集团进行统一管理，即将商标权利集中注册在集团总公司名下。在商标注册之后，授权许可给境内外的关联公司使用。

其次，随着我国产品在国际市场上的竞争力不断增强，近年来很多国内企业的商标在海外遭到抢注。例如，"王致和公司从20世纪90年代起开始策划走出国门，逐步在市场潜力较大的国家进行注册商标。2006年7月，其在

---

❶ steve LeVine,IBM May Not Be the Patent King After All[EB/OL].[2011-03-25]. www.business-week. com/magazine/content/10_04/b4164051608050. htm.

德国进行商标注册时，'王致和商标'已被德国欧凯公司于 2005 年抢注"。❶
海外抢注的目的主要包括阻碍我国企业的产品进入该国市场以及通过高价转
让商标或许可商标盈利。尽管我国企业可以依据已被抢注国的商标法或不正
当竞争法主张权利，但往往高额的诉讼成本将给企业造成较大的损失。因此，
我国企业在走出去之前最好就根据其市场发展情况提前进行商标注册。

再次，在选择哪些商标注册时，建议企业注意商标与企业名称（商号）
一体化策略运用。如果企业能够将商标与企业名称统一起来，将自己的商号
作为商标进行注册，就能够达到同时宣传、交叉保护的效果，企业的权益可
以得到更好的保护。此外，在选择注册类别时，企业是想仅在主营业务上申
请注册商标，还是在更多相关类别甚至进行全类注册，主要取决于企业对自
身业务发展，以及对成本收益的评估。如果企业的业务或产品有较大的发展
空间，则要考虑防御商标的注册，一是为了防御他人在非类似商品上使用其
商标，影响其商标的声誉，冲淡其显著性；二是为企业以后发展新的生产经
营项目保留形成系列商标的充分余地。

最后，商标注册的地理范围取决于一个企业的商业运营的范围和发展方
向。至少，企业应考虑在产品的主要出口国或将来有可能开拓市场的国家提
起有关商标注册申请。

2. 商标维护

在企业的商业运作中，品牌策略的构建与完善是非常重要的一个环节。
商标注册仅仅是赢得市场的第一步，有些人误以为商标注册就是企业商标策
略的全部，其实不然，商标的维护才是防范他人侵权的重要保证。

首先，建立商标跟踪监测制度。通过商标跟踪监测，可监测他人尤其是
主要竞争对手的商标申请和使用情形，以便及时提出商标异议和撤销申请，
及时保护本企业的利益。我国《商标法》以及前面提及的《美国商标法》均
规定了长短不一的异议期，如果在异议期内无人提出异议，那么商标将被核
准注册。常就有企业错失良机，没有在异议期内提出异议，以至于与自有商
标相同或近似的商标顺利注册在类似的商品上。显然，一个企业的商标在取
得一定知名度后，定期查阅商标公告，跟踪商标初审信息和监测市场上的商
标使用情况对于维护企业的已有商标至关重要。而且，在监测市场上的商标
侵权行为时，一旦发现侵权行为，也可立即采取诉讼或其他方式解决。

---

❶ 裴红，吴艳. 王致和以小代价打赢海外商标抢注大官司 [EB/OL]. [2011 - 03 - 26]. http://
www. cipnews. com. cn/showArticle. asp？ Articleid = 11059.

其次，重视标准合同的商标条款的运用。起草企业标准合同中的商标条款，使合同也成为保护企业商标的工具。此外，还需制订企业商标使用规则，规范业务中商标的使用，减少争议并防止企业商标被淡化或成为通用名称等。

最后，规范商标的许可使用、转让。起草标准的商标许可使用和转让合同，制定商标许可使用和转让的内部管理细则。

（三）企业版权战略

随着计算机软件行业的兴起，受版权保护的客体越来越丰富，这使版权战略逐渐也成为目前企业不可或缺的重要经营战略。正如前文所提及的，关于版权，目前大多数国家对版权采取"自动保护"原则，但同时，一些国家相应地建立了版权登记制度，以更好地保护作品版权。例如，我国《作品自愿登记试行办法》就规定，版权登记可作为解决版权纠纷的初步证据。因此，如企业认为有必要，可申请版权登记。

（四）商业秘密保护战略

商业秘密是指不为公众所知悉、能为权利人带来经济利益、具有实用性并经权利人采取保密措施的技术信息和经营信息。商业秘密构成企业知识产权的重要组成部分。事实上，对某些技术而言，商业秘密的保护手段比专利更为有效，主要原因是专利存在如下局限：首先，专利保护存在期限性。例如，根据我国《专利法》规定，发明专利权的保护期限为 20 年，实用新型专利权和外观设计专利权的期限为 10 年。一旦专利期限到期，任何企业和个人均可免费使用该发明或技术创新。其次，专利不具有保密的特点，因为申请专利必须将企业技术公之于众，其他企业可以在公开技术的基础之上开发新的技术申请新的专利或者申请外围专利，有可能限制专利权人的竞争力。此外，技术资料的公开也给不法企业侵犯专利权提供现实条件。与专利相比，只要符合商业秘密的构成要件，商业秘密的保护不受期限的限制。

因此，企业在判断是否对取得的科研成果申请专利保护时，应当考虑如下几个因素。

第一，反向工程的难易程度。反向工程是指通过对产品进行解剖和分析，从而得出其构造、成分以及制造方法或工艺。各国一般允许对相关技术进行反向工程。如果竞争对手很难通过反向工程而获得该技术，适合选择采用商业秘密保护方式。对于容易被竞争对手反向工程获得技术的科研成果，适合选择采用专利保护方式。

第二，科研成果寿命的长短。有些领域如电子设备的技术更新非常快，企业应当评估相关技术的寿命并确定相应的保护方式。通常情况下，如果该科研成果的寿命短于专利法保护的期限，可以选择专利保护。但是，对于企业的科研成果如配方等，企业可以选择商业秘密保护，采取这种策略最成功的案例就是可口可乐的配方。

第三，获得专利的可能性。由于获得专利尤其是发明专利的要求比较高，部分技术可能在公开之后未必获得专利授权，因此，对于那些被授予专利可能性低的科研成果，可以考虑采用商业秘密保护方式。

第四，成本收益考虑。由于专利的申请和维护需要一定的成本，企业应当从成本收益的角度分析专利申请的利弊。对于这些价值不高的科研成果，除采用商业秘密的保护方式，也可以通过公开技术信息方式以防止他人申请专利。

在实践中，保护商业秘密的方法主要分为对内和对外两种方法：对内主要是与员工签订保密协议以及与高级管理人员、高级技术人员签署竞业禁止协议；对外则主要是与相对方签署保密协议。

四、企业利用 337 调查机制维护其市场权益

进攻是最好的防守。日本、韩国和我国台湾地区的一些企业在饱受 337 调查之苦后，逐步开始学会利用 337 调查机制遏制包括美国企业在内的国际竞争对手，且大有不可阻挡之势。自 2004 年 6 月起受理的 163 件 337 调查中，有 47 起是非美国企业依据其在美国注册的商标和专利提起的，占了 1/4 强。❶ 此外，在 2009 年度提起的 337 调查中，有近 1/3 的申请人是非美国的企业。这些非美国企业申请人主要来自欧洲以及亚洲的日本、韩国和我国台湾地区。来自欧洲的企业包括飞利浦和诺基亚等。来自日本的申请人主要包括东芝、佳能、索尼、松下、尼康和爱普生等世界知名企业。来自韩国的申请人包括三星和 LG 等世界知名企业。来自我国台湾地区的申请人主要包括义隆电子、宏达电子和联华电子等新兴高科技电子企业。值得注意的是，台湾地区的义隆电子和宏达电子分别在 2010 年 3 月和 5 月向 ITC 提出申请，要求将苹果公司的相关产品排除在美国市场之外。义隆电子申请 337 调查的时间正是苹果公司 iPad 正式上市的前几天，在其所提交的申请书中，义隆电了认为，苹果

---

❶ Evolving Domestic Industry Requirement Enhances Foreign Companies' Ability to Use Section 337 to Exclude Imported Products of U. S. and Foreign Competitors[EB/OL]. [2011 - 03 - 27]. http://www.millerchevalier.com/Publications/MillerChevalierPublications? find = 4911.

公司的所有触摸屏产品侵犯其专利权。而宏达电子在 2010 年 5 月对苹果公司发起的进攻主要是对苹果公司于 2010 年 3 月向其提起 337 调查的反击。这些企业能利用 ITC 这个平台来保护其自身利益主要归结于以下几个因素。

首先，要利用 337 调查的平台，企业必须具有一定的实力。一方面是指技术上的实力，具有一定的技术优势且存在胜诉的把握；另一方面是经济实力，能承担包括律师费在内的高额调查成本。作为 337 调查申请人的企业并不是天生具有这些能力的，而是在经历痛苦的转型之后才取得今天的成果。他们一般是在体会到 337 调查的威力，痛定思痛后奋起直追，重视知识产权在产品出口中的重要性，在以提升自身技术水平的基础之上不断提升其知识产权管理水平。在经历长期的技术积累之后，这些企业在某些技术上逐步可以与美国的企业相抗衡，有底气利用 337 调查制度或者美国诉讼制度对抗甚至主动攻击美国和其他国家和地区的企业。

其次，这些企业之所以频频选择 337 调查制度作为保护其利益的机制，也与 ITC 在处理 337 调查案件上所具有的极强的专业性密切相关。尽管 337 调查制度的最初目标是保护美国境内的生产型企业，但随着近年来美国的制造业纷纷转移到劳动力成本较低的国家，很多产品在美国境外制造完成之后进口到美国市场，这使得很多总部位于美国的跨国公司也沦为 337 调查的被申请人。例如前文提到在 2 个月之内连遭到两家台湾地区公司起诉的苹果公司，其产品由美国之外的生产商代工生产后进口美国，这些进口的产品就落入 337 条款的调整范围内。此外，美国生产模式的转变同时也使得 ITC 逐渐成为美国企业之间尤其是高科技企业之间的重要战场。客观地说，ITC 行政法官对知识产权尤其是专利比较精通，所以这些企业能够放心地把纠纷交由 ITC 解决。

第三，非美国企业之所以能利用 337 调查的平台保护其利益，主要得益于 337 调查中"国内产业"的认定标准不断降低且更加灵活。在 1988 年之前，非美国企业要在美国提起 337 调查，在"国内产业"方面需要证明全部产品或者产品的重要部件是在美国境内生产。根据 1988 年修改之后《ITC 操作与程序规则》，关于在联邦注册的知识产权，要证明"国内产业"存在，申请人须证明其在美国境内至少满足以下三个要求之一：（a）对工厂和设备有相当数量的投资；（b）有相当数量的劳工和资金的使用；（c）对知识产权利用（包括研究、工程、开发或许可）有相当数量的投资。因此，从满足"国内产业"的角度来看，我国企业既可以采取传统在美国设立工厂和雇佣当地人员的方式，从而切实享受"美国国内产业"的待遇，还可以通过更为简单明了的投资研发或许可的方式满足有关要求。

与日本、韩国和我国台湾地区的企业发展轨迹一样，随着我国企业自身技术实力的提高以及驾驭知识产权能力的不断提升，我国大陆企业也可以在建立和完善自身知识产权发展战略的基础之上，有效利用 337 调查制度的平台保护自身的权益。

第二节　企业如何决策是否应诉

涉案 337 调查的我国企业首先要作出的选择是应诉与否。在决定是否应诉时，我国企业需要综合考量美国市场的重要性、侵权可能性以及诉讼费用的承受能力和应诉准备能力等因素。同时，企业还应当注意时间的把握，尽早作出应诉与否，作为被申请人应诉还是作为介入者应诉的决定。

一、企业决定是否应诉应考虑的主要因素

企业是否应诉是每个涉案企业根据案件具体情况作出的选择。通常，企业规模、发展方向以及出口量等多种因素在企业作出决定的过程中起到重要作用。从企业个体利益来讲，应诉与否主要关乎成本利益分析和企业的发展战略。通常，企业会从以下几个方面综合考虑。

（一）考量美国市场对该企业的重要程度

很多企业放弃应诉的首要原因是认为应诉的成本大于能从该市场获得的收益。许多企业经过对美国市场结构进行分析，认为对美国的出口量不大，与其花大力气应诉保住美国不起眼的市场份额，还不如集中精力开拓主要市场或另辟蹊径，将产品转售别国。值得注意的是，目前很多公司在主要的国家和地区都注册有专利和商标，这意味着其专利和商标在这些国家和地区也能获得保护，在发现我国企业转战到其他市场之后，这些 337 调查申请人很有可能会利用其他国家和地区的诉讼和海关等知识产权保护措施阻止中国产品进入这些市场，在这些市场上对我国企业继续穷追猛打。总之，若该企业美国市场份额很小，并且以后也没有发展成为重要市场的潜能，则企业可以考虑不应诉，但应做好在其他主要市场上与对手进行较量的准备；若该企业的美国市场份额较大，或者目前不大，但有较大的潜力，则在综合考量各种因素之后可以考虑应诉。

（二）分析是否存在侵权的可能性

企业获悉被列为 337 调查被申请人之后，可以在律师的帮助下初步分析侵权的可能性。例如，如果侵权的可能性较大，且该出口产品美国市场份额

小又没有发展前景，则国内企业可以考虑不应诉；如果侵权的可能性较小且美国市场对该企业比较重要，则企业可以考虑应诉；如果侵权的可能性较大，但美国市场对该企业比较重要，国内企业可考虑应诉，但在应诉的过程中尽早开始进行规避设计，同时着手进行专利无效的抗辩。

（三）考虑诉讼费用的承受能力和应诉的准备能力

337 调查案件的应诉费用由于案情和应诉情况不同可能达几十万美元到几百万美元不等，涉及发明专利的案件的应诉费用突破百万美元的比比皆是，这对于很多中国的中小企业来说无疑是一笔沉重的负担，企业当然需要从成本收益的角度考虑应诉是否值得。应诉费用中的大部分属于律师费。尽管律师费用高昂，但由于应诉专业性很强，应诉企业往往难以自行应诉，如果没有中美律师的专业指导，企业很难在 337 调查中取得胜诉。此外，337 调查的应诉是一个系统性工程，涉及的部门之多、人员之广、证据材料之多不亚于任何一个工程项目。因此，337 调查将耗费企业大量的精力，这也是企业决定是否应诉需要考虑的主要因素之一。

（四）衡量不应诉的后果

337 调查中涉案我国企业首先面临的是应诉与否的问题。对于缺席的被申请人，行政法官通常推定申请书中的事实成立并认定被申请人违反 337 条款，进而签发有限排除令阻止缺席被申请人的产品进入美国市场。如中国企业选择不应诉，其后果实质上等于放弃美国市场。❶

被缺席裁决的国内企业并不在少数。很多企业综合考量胜诉的可能性以及不应诉的后果之后作出不应诉的决定，这种选择无可厚非。但是，如果仅仅考虑到应诉成本较大，而忽视不应诉所带来的消极后果，从而决定不应诉的话，则需要仔细权衡，慎重作出决定。

二、把握时间，尽早决定是否应诉

337 调查进程快速推进的特点决定了被申请人应在很短的时间内作出决定是否应诉。通常情况下，ITC 会在收到申请书以后 1 个月左右时间正式立案。此后就是密集的证据开示程序。企业需要在短期内准备大量文件并提供大量信息。这种快速推进的程序增加了被申请人尤其是国外被申请人应诉的难度。因此，早日决定应诉就赢得相当宝贵的准备应诉时间，有助于扭转在案件早期被申请人一方较为被动的局面。实践中，被申请人通常在申请人向 ITC 提

---

❶　具体见《ITC 操作与程序规则》第 210.16（b）（1）条中相关规定。

交申请书后不久就能获悉被诉情形，因此，ITC 斟酌是否立案的 30 日期限为被申请人的答辩提供缓冲时间。实践中，被诉的国内企业最好要在获知被诉后、立案前二十多天的时间内决定是否应诉。

三、企业如何决定是否作为第三人应诉

如果我国企业在 337 调查中被明确列为被申请人，企业自然有资格应诉。但是，那些没有被列为被申请人的企业，也可以根据自身利益的考量申请主动参与 337 调查。

根据 337 调查的规则，如果第三方（如消费者、进口商、相关产品的制造商）认为 337 调查的结果将对其造成重大的影响，则其可以向 ITC 提交动议要求主动加入该调查。❶ 第三方介入 337 调查必须提交书面动议，选择以享有全部权利或有限权利的方式介入。第三方选择介入的同时还必须说明希望的角色是站在申请人一方还是被申请人一方。如果第三方选择站在被申请人一方，它可以要求获得介入者或被申请人的地位。❷

行政法官有权决定是否准许第三人要求介入的动议。行政法官通常会考虑以下因素，决定是否同意这类动议：（1）该第三方是否及时提交动议；（2）该第三方所主张的利益是否和涉案的知识产权或交易有关；（3）若不授予该动议，是否可能实际损害或者阻碍该第三方保护自己利益的能力；（4）现有的当事方能否充分代表要求介入的第三方。❸

根据以上规则，并考虑到被申请人败诉对自己的影响程度，国内企业应慎重决定是否作为第三人（介入者）参与到调查程序中去。作为第三人应诉，企业可以享有相关的权利，也必须履行有关的义务，这意味着企业必须投入大量的物力财力人力，包括准备各种案卷材料，履行证据开示程序等。

另外，企业还应当考虑，如果败诉，企业仍然需要承担"禁止相关产品销售到美国"的后果，而如果不参与到调查程序中，最终的裁决结果可能并没有什么不同。当然，如果企业有把握或者有充分的证据材料可以说明自己不侵权的话，还是要主动作为第三人参与到调查中的，毕竟这可能是维护自

---

❶　具体见《ITC 操作与程序规则》第 210.19 条中相关规定。

❷　Tom M. Schaumberg. A Lawyer's Guide to Section 337 Investigations before the U. S. International Trade Commission[M]. ABA Publishing，2010：37 – 38.

❸　Hines，Doris Johnson，Lehman，Christine E. Intervention in ITC Investigations[EB/OL]. [2011 – 05 – 10]. http：//www. finnegan. com/resources/articles/articlesdetail. aspx？ news = d3197a32 – 32f8 – 498f – a261 –3092970abb4d.

己的海外利益的最有效的方式。

　　第三人介入调查的典型案例有"三氯蔗糖案"（337 - TA - 604）。2007 年 4 月 6 日，英国泰莱公司向 ITC 提出申请，指控全球 25 家企业分别侵犯其在美国的 5 项三氯蔗糖生产方法专利，并申请颁布普遍排除令和制止令对其进行救济。捷康公司在该案中没有被列为被申请人，但是如果 ITC 在该案中签发普遍排除令，就意味着整个行业包括捷康公司的相关产品都会被排除在美国市场之外。❶ 在这种情势下，捷康公司于 2007 年 7 月 5 日主动申请参与该 337 调查。该案历时近两年，花费大约 300 万美元。但捷康公司管理层认为这笔费用是性价比很好的投资，因为盐城捷康在知识产权竞争中投资于法律的胜利，直接换来全球第二大三氯蔗糖供应商的市场地位以及 20 年的市场通行证，其市场机会估值 200 多亿元。此次介入 337 调查成为捷康公司投资理念的一次突破性创新。❷ 可以说，捷康公司主动应诉"三氯蔗糖案"一事充分展现了我国企业积极应战境外知识产权诉讼的态度和能力，已成典范。

第三节　337 调查中如何组建应诉团队

　　企业在作出应诉 337 调查的决定后，应立即着手组建应诉团队。应诉 337 调查，组建高质量的应诉团队非常重要。企业首先要组织好内部应诉团队，因为 337 调查的节奏快，工作量大，经常需要应诉企业在很短的时间内准备大量的证据材料和信息，也需要企业在诸多关键点上迅速作出决策。另外，337 调查的专业性很强，经验丰富的律师（特别是具有相关技术背景的专利律师）对调查所起的作用非常关键，因而选择得力的律师也是准备应诉工作的重点。

一、企业如何组织内部团队

　　在组织企业内部应诉团队时，应考虑给这个团队配备以下几个方面的人员：

　　（1）领导层的支持人员，即需要一个能对案件的大部分事情作出决策的

---

　　❶　盐城捷康成功布局全球三氯蔗糖市场［EB/OL］.［2011 - 05 - 10］. http://js. takungpao. com/readnews. asp? newsid = 5781.

　　❷　食品添加剂企业成为中国首例企业胜诉美 337 调查［EB/OL］.［2011 - 05 - 10］. http://www. clii. com. cn/news/content - 4038. aspx.

人负责整个案件的统筹安排。实践中，往往是公司副总裁或者总裁助理担当公司内部应诉团队领队的角色。

（2）技术层的支持人员，即需要精通涉案技术的工程技术人员。在涉及专利的 337 调查案件中，产品技术相关问题往往是核心问题。实践中，通常由技术人员或者技术总监担当此任。

（3）市场层的支持人员。337 调查案件往往是市场之争，申请人一般会要求企业提供大量的市场销售方面的数据和资料，而说明涉案产品进入美国市场的来龙去脉也很重要，因此，内部应诉小组往往需要吸收负责市场销售的管理人员加入。

（4）行政层的支持人员，即需要负责整理文件资料的工作人员加入内部应诉小组。在 337 调查案件中，应诉企业往往需要在很短的时间内提供大量的证据。若有专门的工作人员负责所需的文件资料整理，及时有序地将文件资料交给外部律师，那么将节省律师非常多的工作时间，为企业降低应诉费用，并且能为应诉准备工作的顺利进行提供保证。

当然，上述职能需求并非与人数一一对应，根据企业和案件的实际情况，有的人员可能身兼数职，有的职责可能需要多个人员来承担。此外，考虑到 337 调查的语言是英文，企业内部团队中应配备熟悉英文的人员。

如果公司本身有法律部，则法律部的内部律师是前述内部应诉小组的当然成员。公司的法律部门在 337 调查中也应发挥重要的作用。尽管 337 调查与公司法律部平时处理的事项有差别，但是公司法律部的律师与外部律师是同行，沟通起来比较顺畅，也便于协同工作。337 调查案中的很多烦琐重复的工作可以考虑由法律部门工作人员来接手，因为内部人员便于与公司各部门沟通，更容易获取资料，不仅能为企业节省费用，也可以让资深的外部律师关注更重要的策略上的工作。

但是，由于 337 调查是一个专门的业务领域，不可能苛求涉案公司的法律部门对 337 调查有全面的了解，也不可能苛求公司内部律师对美国法律服务市场非常熟悉。因此，在大多数案件的办理过程中，还应选择具有 337 调查出庭经验的专业律师来代理应诉。

二、企业如何选择外部律师

在任何复杂的诉讼中选择律师都是一件困难的事情，在 337 调查中尤其如此。337 调查案的律师应该对 ITC 独特的规则、调查程序以及快速度的程序进展情况非常熟悉。根据市场行情，选择报价最低的律师是一种极强的诱惑。

但是价格虽然是一个关键要素，却不应该是我国企业选择律师的惟一或者最重要的考虑因素。❶ 企业选择抗辩律师应仔细考虑如下五个方面。

（一）律师参与 337 调查程序的实战经验

337 调查与美国其他复杂诉讼相比通常快很多。联邦法院专利诉讼案通常在开始后 3 年才开庭，而 337 调查可在开始后 12 ~ 16 个月内开庭。337 调查面临的法律问题、需要的材料并不比联邦法院专利诉讼案少或简单，要在该短时间内完成，常常让对 337 调查不熟悉的企业及代理律师措手不及。此外，337 调查的规则程序与其他法庭程序明显不同。ITC 现有 6 位行政法官，每一个行政法官都遵循自己的一套基本规则（Ground Rules）进行调查。每一位优秀的 337 调查出庭律师都应当知道对这些基本准则仔细研究并严格遵守。

企业选择外部律师时首先应询问律师是否有过 337 调查案的实战经验，以及是否代表过本企业调查案所指定的那位行政法官审理过的其他案件，并请该律师提供一份所代理过的案件清单。企业可以审查相关案件的文件，以便更好地了解该律师在这些案件中扮演的具体角色，判断该律师的参与程度。一些律师可能在简历上声称他做过 337 调查案，但实际上他只参与过一些不重要的边缘性工作，没有负过责任，没有参与过庭审，也没有在庭审中进行过有效的辩论。企业可以在 ITC 的网站查询相关的公开文件以了解这些情况。企业还可以请该律师解释案件的大致时间表、在调查案中的重要事件会在何时发生以及如何发生的，以判断该律师对 337 调查的了解程度。

律师选择不当对 337 调查的应诉方可能产生致命的影响。曾有一家国内涉案 337 调查企业，因聘用了所有候选的美国律师中报价最低的一位专利律师代理抗辩，但几个月后，ITC 行政法官认为该企业在证据披露过程中多次违反规定，发出了几项对该企业极其不利的命令并判定该企业的多项辩护无效。该企业才意识到聘请的律师显然不熟悉 337 调查的工作。庭审前 3 周，该公司才向成功代理过 337 调查案的律师咨询，在如此快速的调查案中，遇到这种问题，不用说庭审前 3 周，就是 3 个月也不一定来得及补救。该公司后来在 337 调查中败诉，之后又因违反 ITC 的排除令而承担了高达 2 000 万美元的巨额罚款。该企业如果在选择律师时做更深入的调查，选择合适的律师，应该是可以不受或者少受损失的。可见，选择外部律师应该更看重律师的经验，而不是律师费用的高低。

---

❶　There Is Nothing So Expensive As A Cheap Lawyer[EB/OL].[2011 – 05 – 20].www. chinastakes. com.

（二）律师与美国海关进行沟通工作的经验

ITC 认定被申请人产品侵权后，将对相关产品发布普遍排除令或者对相关企业发布有限排除令，并指示美国海关在美国各口岸没收侵权产品。海关官员即使懂专利法，也不可能懂各个产业不同的产品。此时，被申请人律师可以向海关官员解释 ITC 排除令应该覆盖哪些产品，从而避免未侵权的产品被禁止进入美国。因此，律师与美国海关的交涉十分关键。当企业选择律师时，最好请他们描述执行 ITC 排除令时与美国海关交涉的经验。只有非常熟悉美国海关在华盛顿特区国际贸易办公室的工作程序，才能有效代表公司，维护公司利益。这是企业聘用律师至关重要的一点。例如，代表律师必须能解释涉案的相关技术、专利的权利要求、企业产品以及 ITC 排除令是否应该覆盖其产品。具备处理此种海关事务经验的律师并不多，企业可据此缩小选择律师的范围。

曾有一家在 337 调查中败诉的企业，该企业产品被 ITC 禁止进入美国。当该公司向其代理律师询问有关下一步与美国海关交涉的计划时，该律师声称在海关那里没有任何事情可做：案子结束了，公司也败诉了。这种观点是错误的。正确的做法应该是与海关联系，尝试与海关官员沟通，并向他们解释 ITC 排除令的范围。如果排除令并不覆盖企业所有产品，企业的代理律师有责任确保海关了解哪些产品不包括在 ITC 排除令的范围之内。因此，所聘用的代理律师必须熟悉美国海关的工作程序以确保海关在执行排除令时只扣押排除令范围内的产品。

（三）律师的收费情况

337 调查应诉费用往往是应诉企业非常看重或者最先看重的一个问题。候选律师应估算大致费用并准备详尽的书面方案，这样企业可以对抗辩成本心中有数。当实际开支与预算出现偏离时，律师应该马上向企业说明。虽然调查进程有很大的不确定性，律师仍然应该提供一个大致的时间表，用以解释调查各个阶段可能支出的费用情况。企业还需要拟一份聘用函或合同，明确企业与律师之间委托关系的范围和具体事项，聘用的具体条件，包括价格和付款方式等。

另有一家国内公司聘用了一家美国律师事务所代理应诉 337 调查。律师口头估算费用大致是每月 3 万美元左右，另外需要支出一小笔专家费用和行政费用。案件进行前的 3 个月内，费用在每月 3~4 万美元。可在第四个月，律师费却涨到 35 万美元，另外还要需支出 5 万美元的专家费用。这个企业没有任何在美国应诉经验，本以为抗辩的花费要少得多，因而对代理的律师事务所产生了怀疑。可见，如果最开始就有书面的预算，该企业就能在花钱之前，决定最佳的策略。

企业综合考虑以上几个因素选择专业的外部律师对能否取得 337 调查的胜诉至关重要。企业选择律师后，应当经常与律师见面，建立一个良好的沟通机制。

直接与律师本人交谈，企业不但可以提出具体问题，还可以借此评估律师的能力、判断力和学识。企业可以借此机会，确保该律师了解公司业务，了解企业抗辩希望达到的目标。企业还应了解不同的抗辩战略有不同的花费，这样，在选择律师推荐的战略时可作出明智的决定。企业还应利用这个机会，与律师建立一个长期的沟通机制。公司应指定一名公司高级员工与律师直接联系。如有需要，应指派一个员工团队担任此项工作。该员工或团队最好能经常性地与律师进行电话会议，讨论案件的进展状态，请律师解答问题，并了解律师对企业方面有什么需要等。该员工或团队的负责人应该对公司业务和抗辩目标有深入的了解，并有相当的职位和决定权，以便在 337 调查这样迅速推进的程序中，及时与企业内部各方进行联系，让同事们快速有效地合作，及时向律师提供所需信息或材料，并能在关键时刻快速作出策略性的决定。

遵循以上步骤可以帮助企业选择得力的律师，使公司处于准备应诉的最佳状态，争取取得胜诉并得以继续在美国市场销售其产品。

第四节　证据收集与保全过程中的应对策略

外国公司在对美开展业务时经常面临这样的现实：如果被卷入 ITC 的调查，则可能需要履行程序烦琐、令人生畏的法定查证义务。本节将介绍美国诉讼体系中的查证要求，并比较其与我国诉讼程序中的查证义务的区别。此外，还将介绍 337 调查的查证范围与成本，不履行义务的后果以及如何履行查证义务等。同时，推荐一些最佳实践，用于帮助公司在 ITC 的调查前与调查中控制查证成本。

一、337 调查的查证制度简介

中美两国在民事诉讼程序方面存在许多差异。其中，可能经常影响应诉方的是美国诉讼体系中深入人心的"证据查证"义务。要想在 337 调查中成功应诉，应诉方首先必须理解这一概念。

在 337 调查过程中，应诉方会耗费大量的精力向对方提供证据。应诉方可能会问："为什么我要帮对方？难道不应该由他们自己收集有利证据吗？"遗憾的是，这个问题的答案是：337 调查牵涉的各方都必须提交所有与案情相关的信息。这包括有利证据和不利证据。应诉方问的"为什么？"反映的正是美国诉讼体系的一个重要传统，即宽泛的查证义务。

在美国诉讼案中，各方都需要"亮出底牌"。这一要求背后所体现的思想是通过这种方式，各方均可集中时间和精力用于对案件的实体内容展开辩论。如果应诉方从这种角度换位思考，那么查证要求还是比较合理和有效的，有助于挖掘"正确"的答案。相比而言，我国的诉讼体系中则不存在这样的查证要求。

（一）我国民事诉讼中的证据收集程序

首先，需要明确的是，诉讼的任何一方都没有向对方提供证据的义务。假设书店甲和网站乙存在版权纠纷。书店甲诉网站乙在 2009 年非法登载某书籍。如果该诉讼案是在中国提起，则网站乙没有配合书店甲提供证据材料的义务。根据《民事诉讼法》第 65 条的规定，除非法院强行要求网站乙移交证据，否则网站乙没有义务要配合书店甲收集证据。

其次，由于不存在查证要求，因此大多数情况下，申请人一般都会在提起调查前自行收集证据。但是，这样的秘密行动必须合法才能确保所获取证据最后被采纳。申请人必须在调查前开展此类行动的原因很简单：一旦提起调查，被申请人可能会"很不巧地遗失"某些对自己不利的文件。

（二）美国民事诉讼中的证据收集程序

首先，申请人与被申请人双方都必须向对方提供相关信息，即使该信息对提供方可能产生不利影响。例如，假设美国书店与网站乙存在版权纠纷。如果在美国提起 337 调查，美国书店诉网站乙在 2009 年非法登载某书籍，则网站乙必须配合美国书店，移交相关材料，即使这些材料可能会表明被申请人存在非法活动。反过来，美国书店也有同样的义务：如果它拥有可能表明网站乙不侵权的材料（例如美国书店并非该书籍的合法版权所有者），则必须向被申请人进行披露。

其次，由于查证属于非单方自主行为，并且范围宽泛，因此申请人在提起 337 调查前一般不需要开展调查，而是选择依赖开庭之后的查证。在我国诉讼体制下，从提起诉讼到开庭审理的时间大多比较短，只有 2~3 个月。相比之下，美国最短为几个月，最长可能 2~3 年。相应地，提起 337 调查之后，申请人和被申请人收集证据的时间也比较充裕。在上述案例中，美国书店在提起对网站乙的 337 调查之前无须花太多精力用于收集证据，因为被申请人在调查过程中有义务向美国书店提供证据。

最后，在美国，无论是可能还是实际发生的调查案，相关证据持有人都有证据保全的义务。这是中美两国在诉讼体制方面很重要的一个区别。简言之，一旦某公司有合理理由认为其将被诉，它就被严禁销毁证据，否则可能需要承担严厉的惩罚。此外，该公司必须采取合理的措施，确保相关证据材料不会"无故"丢失。

二、337 调查的查证范围

和美国联邦法院一样，337 调查案中，ITC 规定的查证范围比较宽泛。这意味着在听证前，即从"调查通知"发出起约 5 个月内，申请人与被申请人均有权要求并及时收到对方持有的所有合理的相关证据材料。一直以来，"相关证据材料"都被定义为被合理认为可以产生可采证据的信息与材料，但是这一定义并未考虑其他一些因素，例如材料看上去有多可靠或是否确实会被法院采纳等。举例来说，申请人可能会要求对可能侵权但并非调查标的的产品进行查证，理由是该产品与案件有关，可以帮助找到可采证据，因此符合调查通知中提及的调查范围。

但是，这样宽泛的查证义务并非完全不受约束。所提出的查证要求必须为"合理"要求。查证范围的外延经常不断变化。它取决于一系列因素，例如调查律师的个性与风格、行政法官的判案习惯。除此之外，经常还有许多策略方面的考虑。

即使是存在合理的查证要求，如果被查证的材料属于特别保护的信息，被查证方也可申请豁免。不管是具体到 337 调查，还是就美国诉讼体系整体而言，由于律师的介入，被查证方可以有两种理由获得豁免，无须提供某些原本可以产生证据的材料。

首先，作为第一种豁免，律师与客户之间关于诉讼案件进展情况的沟通是受特别保护的（拒证特权）。这意味着，被申请人的工程人员与外部律师之间的电子邮件往来是豁免的。同样，被申请人内聘律师与销售团队之间的电子邮件往来也是受特别保护的。这一豁免权还可以延伸到根据律师指示进行的通信。例如，如果被申请人外聘的律师让公司的某位副总裁以电子邮件的方式将调查相关的一些事项交代给他的团队，那么这封电子邮件也是豁免的。

其次，第二种类型的豁免适用于律师的工作成果。一般来说，律师的感官印象是不纳入查证范畴的，即使这些印象以书面形式存在。举例来说，如果被申请人外聘的律师与公司的工程人员会面，在会面中他做了笔记。那么他的笔记是不能算入查证范畴的。同样，公司内聘的律师就查证事宜所作的笔记也是豁免的。

但是，申请豁免时还是需要格外谨慎。如果被申请人将受到特别保护、不属于查证范畴的材料披露给第三方，就意味着被申请人放弃拒证特权，这一材料成为可以被查证的材料，因而可能会严重损害公司的利益。当然，针对此类特别保护权的放弃也有法律例外，例如被申请人和第三方之间签有联合抗辩协议的情况。

三、337 调查的查证机制

337 调查案的查证机制与其他美国联邦法院诉讼的查证机制类似。一般来说，在开庭前进行查证可以通过四种方式：（1）索要文档与物证；（2）书面问题；（3）证人现场录证；（4）核查对方单位的物项。

（一）与查证方进行交涉

在查证方与被查证方之间经常需要来回交涉。以下描述的是这一过程的主要步骤：

（1）查证方按照以上列出的查证机制（一种或多种），启动查证程序。

（2）一般来说，被查证方会想出各种各样的理由拒绝查证请求，例如被查证的信息不具有相关性；被查证的信息超出合理范围，造成不必要的负担；被查证的信息属于受特别保护的信息；查证请求太过模糊，被查证方无法合理推测等。对查证请求中无法提出反对的部分，被查证方将提供查证方要求提供的信息。

（3）查证方作出反击，表示被查证方的反对不合理，同时要求被查证方立即提供原请求中大部分的信息。

（4）被查证方会提供（3）中索要的部分信息，但就剩余内容坚持表示反对。

（5）查证方要求被查证方提供（4）中所涉及剩余内容的一部分。

（6）这样来回的交涉将继续下去，直到双方达成合理的让步，或是法官颁布保护令，或是查证期结束。

（二）索要文档与物证

文档与物证的查证经常是查证程序中最花钱的内容。337 调查中的涉案双方，尤其是被申请人，通常要应付很多查证范围宽泛的索要文档的要求。被申请人很可能看到这样的请求："请出示与被诉产品相关的所有技术文档，包括但不限于用户手册、服务手册、数据表格、设计文档与测试文档等。"这样的查证请求范围可以非常宽泛。即使被申请人对文件归档很上心，也可能需要花大量的精力才能从公司的中央服务器上收集到这些手册。如果所查证的材料很分散，被申请人可能需要分头找多个项目经理才能获得全部所需的文档。

另外一种极端的情况是，被申请人可能看到如下的请求："请提供所有能够支持或否定［被诉专利］许可权申诉的文档。"如果被申请人没有专利权申诉，没有此类文档，那么被申请人自然也就无法或无须提供自己并未掌握的信息。

(三) 回答书面问题

书面问题一般有开放性提问（又称为质询）和封闭式提问（又称为确认要求）两种形式。开放性提问可以是这样的问题："请被申请人说明 2009 年进口到美国的所有电视机型号"。在回答此类问题时，被申请人首先需要对问题进行回答，然后再以书面形式将其提供给对方。在以上例子中，书面回答应当包含一系列电视机的型号。

确认要求则可能是这样的问题："请确认被申请人曾在 2009 年进口过［XYZ］型号的电视机到美国。"在这种情况下，被申请人可以通过书面的形式确认或否认这一说法，而无须给出解释。

(四) 证人现场录证

现场取证是指在庭外取得证人证词的程序。一方负责现场提问，另一方则现场作答。所有对话都会由一名记录员逐字记录，大部分情况下还会录像。取证现场的气氛比较严肃，类似现实中的法庭听证，惟一的区别在于行政法官不在场，同时取证双方需要自律。取证地点一般可以协商决定，主要由证人决定取证的时间与具体场所。例如，如果证人工作并生活在台北，那么他可以要求取证地点定在台北市内或周边。除非获得行政法官的特殊授权，否则不得强迫居住在中国的证人赴美国完成取证。取证地点的选择还需服从国内法的要求，这一点下文会具体地谈到。

一般来说，对在 337 调查听证会上作证的个人都需要进行取证。证言脚本与录像一般会在听证会上使用，用于驳斥在取证时提供不一致证词的证人。

(五) 进行实地核查

这一查证工具较少使用。涉案一方可以通过这种方式到另一方的公司进行实地的、非破坏性的核查。对于此类查证请求，被查证方大多会提出反对，主要因为这种查证方式比较具有侵略性。他们一般会提出其他查证模式作为妥协。例如，如果对方请求对被申请人在中国的（被诉电视机的）生产组装设施进行实地核查，被申请人可以拒绝该请求，理由是该程序不合理且过于烦琐。或者，被申请人也可以提供用户与服务手册的副本来应对。通常情况是，对方会考虑用户与服务手册是否能够提供他们所需要的信息，然后权衡是否有必要花钱让律师团坐飞机从美国到中国来取证。按照惯例，实地核查经过协商最后一般都会简化为文档的提供和取证。

四、我国对查证的特殊要求

在上文提到的四种查证方式中，取证的方式与地点比较容易受到我国国内法的影响。目前，我国法律及中美双边条约并不允许美国律师等外籍人士在中国向中国公民取证，无论证人同意与否。即使是驻华的外国使领馆也要遵守此项规定，虽然使领馆原则上不属于中国领土的一部分。取决于取证需要，证人可能需要飞到香港、韩国甚至美国等其他地区进行取证。

被申请人很容易萌生这样的想法：为什么不利用我国禁止在国内取证的要求，让自己公司的证人（可以是工作繁忙的工程师或高管人员）不必配合取证的要求？虽然听上去很合理，但是被申请人还是应该考虑配合，安排证人到香港或其他地点去接受取证。这么做主要由两个原因：

首先，取证是被申请人阐述自己论点的开始。被申请人不再是悠闲地坐着，听凭申请人指责，而是可以在取证以及取证之后的听证环节提供一个很有说服力的证人。这可以帮助应诉方陈述有利于自己的事实，同时驳斥对方的说法。如果本公司的证人拒绝配合，不参加取证，那么他很可能最后无法出庭作证，被申请人也就无法借助他来陈述自己的论点。

其次，如果被申请人过分利用国内法来拒绝就近取证，那么申请人很可能会向行政法官提出动议，要求采取干预措施。可能的情况是，行政法官会命令被申请人将该证人带到美国进行取证。

五、企业如何履行查证义务

（一）履行查证义务的时间安排

ITC 的调查存在一个事先确定的事实查证期。该期限一般为 337 调查启动开始后的 5~7 个月，具体时长由行政法官确定。所有上文提到的查证手段必须要在这一期限内完成，除非当事双方协商后同意延长。

但是，在这一期限内，对于不同的查证手段会有不同的截止日期。被申请人的责任是确保公司在各个截止日期之前履行义务。一般来说，对于书面问题，被申请人必须在 10 日内书面回复（例如质询与确认要求等）。对于索要文档的请求，被申请人也必须在 10 日内回复。回复的内容可以是被申请人同意对方请求，将提供其所需文档；也可以是被申请人表示反对，不提供其所需的文档等。当然，回复的时候被申请人不需要立即提供所需的文档。如果被查证方不遵守这些具体的截止日期，那么查证方很可能会请求行政法官进行干预。

（二）履行补充证据的义务

依照《联邦法规汇编》第 210.27（c）条的规定，下列情况，被查证方有补充提交新证据信息的义务：

（1）如果被查证方获悉其之前回复对方的信息存在重大错误或缺失，并且补充性或纠正性信息尚未提交给对方时；

（2）如果补充证据的义务是负责本案的行政法官或 ITC 下令施行，或是双方协议约定，或是在听证前的任意时刻通过新的补充信息请求实现的。

在实践中，行政法官会对被查证方作出一般性的义务规定，要求其尽最大努力补充提供所有查证请求的信息。这意味着，一旦找到与之前答复有关的额外信息或是与其不符的新信息，被申请人必须准备一份补充信息的答复，并在合理的时间内提交对方。这在现实中的启示就是，被申请人需要在整个查证期内不断地回复和再回复查证请求。

六、企业不能履行查证义务的后果

应诉方可能会有这样的顾虑：337 调查的应诉对于查证请求的接收方来说花费太高。这可能看上去有些不公平，特别是与在我国诉讼的成本相比。假如在我国，申请人需要自行收集证据，不能找被申请人帮忙。但是，如果被申请人决定将自己的产品输出到美国，那么被申请人就相当于同意接受 ITC 的管辖。更重要的是，被申请人就被默认为接受这些宽泛的查证义务。如果被申请人无法履行这些义务，那么接下来需要讨论的就是后果。

如果查证方认为被查证方未能提供充分的信息进而请求行政法官进行干预，则大多数行政法官会要求双方尽最大努力解决这一争议。一般来说，这意味着双方将进行一系列的换函。一方面，发函方会将收函方的回复界定为查证信息不充分，而收函方则称其回复中提供了足够充分的查证信息。如果双方明显陷入僵局，查证方可能会向行政法官提交动议。这将导致在查证方、被查证方以及有时还包括 ITC 下属的 OUII 的内部律师之间引发一连串的查证动议交换。鉴于查证期较短，行政法官一般会尽快作出评判，下令涉案一方或双方采取特定的补救措施。在少数情况下，行政法官可能会因为诉讼双方未能提供合理的回复而对其一并施以责罚。

《联邦法规汇编》第 210.33（b）条规定：如果涉案一方未能服从查证督促令的要求，行政法官可以在查证方督促被查证方之后采取以下措施：

（1）推断陈述、证言、书证或其他证据对违令方不利；

（2）裁决在本调查中，与督促令有关事宜被确定为对违令方（一般都是被查证方）不利；

（3）裁决违令方不得在证据开示程序中引入支持自己观点的证言、书证或物证或以此作为依据；

（4）裁决违令方不得在听证会上反对二手证据的引入与使用，因为这些二手证据是代替违令方未能提供的陈述、证词、书证或其他证据，以说明查证方观点的；

（5）裁决删除违令方提交的关于传票的动议或其他内容，或（并）在作初裁时作出对违令方不利的判定；

（6）依照平行的《联邦民事程序规则》的规定，对违令方施以其他非金钱性的惩罚措施。

《联邦法规汇编》第 210.27（d）条和第 210.33（c）条同时还授权行政法官对未能满足查证请求的律师施以"合理的惩罚"。这包括支付因未能配合查证而导致对方产生的"合理费用"。由于查证费用一般都较高，因此"合理费用"可能意味着数百万美元的损失。

现实中，判案的行政法官在考虑与查证有关的责罚时会比较谨慎。因为行政法官需要先作出初裁，再由 ITC 对初裁进行审核后作出终裁。行政法官的主要目标一般是要对相关事实进行全面、准确的描述。因此，即使是在最极端的违反查证义务的情况下，行政法官也会更倾向于使用金钱性的惩罚，而非使用非金钱性、实体性的惩罚。

七、在查证中节省应诉成本的建议

要想在 337 调查中履行查证义务并同时满足其特别紧张的时限要求，被申请人至少需要支付十几万美元的律师费和后勤费用。然而，对被申请人更加不利的是，被申请人常常认为没有理由被强行要求配合申请人取证，或移交对方本应自行努力才能获得的物证。在此，被申请人必须认识到，履行查证义务是被申请人不得不面临的现实。因此，在下文中，将分析可以帮助被申请人降低应诉成本的实用性建议。

（一）企业在调查前应做的准备

首先，我们来看一看在被申请人尚未获悉自己卷入美国 337 调查之前的这段时间可以做哪些准备。在此之前，双方可能一直在就授权问题进行谈判，现在谈判即将破裂。

1. 重要技术、进口与会计文档的归档和整理

被申请人应当尽力确保公司的文件管理得井井有条。例如，对于每一个 337 调查案来说，一般都会有这样的查证请求，即要求被查证方以内部产品编号的形式指明某个特定类别的产品。同时，查证方一般还会索要与消费者相关的一些文档（例如用户手册）、技术文档（例如服务手册、应用指南、源代码、测试文档等）和销售文档（例如进口单证与销售合同等）。如果被申请人能够建立一套规定，要求公司的每一个部门在调查发生前就进行文件归档与整理，那么被申请人之后的负担就可以减轻。例如，公司应该在服务器上开辟一块专门的空间，供每一位项目经理上传所有在日常业务开展过程中创建的相关文档。同样，每一项产品的销售文档应该由创建者进行存储和分类。建立这套体系需要早期的时间与成本投入，但是被申请人应当提醒这些文档的托管者：最好现在就这么做，因为即使现在不做，最后总归还得做。

2. 熟悉不同业务部门的运作情况

在每一个诉讼案，特别是 337 调查案中，在查证过程中总会出现许多意外和紧急情况。做到以下几点对被申请人大有裨益：（1）遇到特定的查证要求（如对方索要用户手册），被申请人知道找哪个部门负责人；（2）与该负责人建立好关系，确保在有查证需要且时间紧迫的情况下，该负责人会配合被申请人的工作。

3. 如果被申请人之前已经被诉过并且提供过查证所需的文档，要整理好这些文档

如果被申请人在美国介入多个知识产权诉讼案，那么被申请人应该把在每一个案件中所作的查证内容保存好，以免重复劳动。换句话说，如果被申请人预计在第一个案件中提供用于查证的内容与第二个案件的查证内容有重叠，那么被申请人应该整理保存好第一个案件中用过的内容。

（二）企业在调查中的工作

到了这个阶段，被申请人可以很有把握地认定有人将在 ITC 对其提起调查，或者已经提起调查，只是调查程序还没有启动而已。被申请人内部法务人员必须意识到，被申请人将在充满压力的期限内管理许多事项。被申请人不应该等到紧急问题出现（它们迟早会出现）时再应付，而是应该及早做好计划。

1. 与管理层晓之以理

应诉团队要做的第一件事情是了解被申请人要履行的查证义务范围有多广。查证工作对公司业务必然会有一定的干扰，同时还会带来高昂的成本，因此，被申请人必须及早调整好管理层的预期。

2. 获得高管的支持

应诉团队应当在决策者理解公司义务之后寻求其支持。在这一点上千万不要麻痹。让工作繁忙的工程师、销售团队和其他业务骨干回应被申请人的查证要求会很困难，因为他们经常会告诉应诉团队他们有自己的业务工作要忙，而且必须要在规定期限内完成。试想，如果可以不用逐一说服他们协助法务部门，指出这是他们的分内工作，而是由公司的首席执行官或总裁签发一份全公司范围内的备忘函，要求每一位员工配合应诉团队的工作，那么应诉团队的工作开展起来就会容易很多。

3. 知己知彼，百战百胜

只有被申请人最了解自己的优势与能力所在。被申请人应当真实地评估其内部的法务人员以及外部的律师团队能够有效完成的事项。此外，一定要谨记：某些短期实现的效益可能长期会给公司带来更高的成本。

例如，被申请人需要起草一份文档留存的规定，并散发给公司的每一位员工，以确保正在进行的 337 调查相关的文档与材料不会马上被销毁。对于这样的工作，被申请人可能专业经验不够丰富，而让外部律师帮被申请人做则会很省事。虽然被申请人自己也能完成同样的任务，而且不花钱（外部律师则要按小时收费），但是文档留存规定不完善可能导致重要文档无法留存，从而使公司遇到麻烦。

4. 被申请人与外部律师之间的沟通至关重要

被申请人的外部律师需要了解被申请人的期待，被申请人也需要了解外部律师希望从他这里获得怎样的支持。例如，被申请人可以每周例行与外部律师团队进行简短的电话会议，在会议上与他们就事先约定的主要工作事项进行摸底，了解进度。

5. 让外部律师充分了解被申请人

被申请人要记住：在应诉的过程中要与外部律师进行有效的互动与沟通。被申请人的责任就是让外部律师充分了解被申请人，让他们对公司的业务、文化和主要管理人员有充分的了解，这样他们才能更好地代表被申请人。外部律师对公司整体情况了解越不充分就越有可能不停地来找被申请人询问。这样的办事方法效率低下，对被申请人的压力也很大，可能还会造成信息瓶颈。

6. 控制被申请人应对查证所进行的搜索的范围

在查证实务中，涉案双方可通过谈判就搜索的范围达成一致。从法律的角度来看，也许更有益的解释是把它看做是涉案双方就什么是"合理"的搜索范围达成一致。

被申请人要考虑以下几方面的内容。首先，被申请人可能想与对方约定：除非确实有必要，否则可以将电子邮件排除在搜索的范围之外。为什么要这么做呢？举例来说，被申请人的对手想对所有的销售合同进行查证，而被申请人的销售团队则是完全通过电子邮件的形式与客户进行沟通。如果被申请人能够在其他地方（例如中央服务器上）找到所有查证所需的合同，那么被申请人就可以将电子邮件搜索排除在外。这可以为被申请人节省很多的成本。但是，如果对方索要的合同只有在公司的电子邮件系统里才能查到，那么被申请人就必须搜索公司的电子邮件。

其次，涉案双方一般会就查证内容的时限达成一致。这样，被申请人就可以缩小搜索范围，从而减少查证成本。最后，如果存在大量的电子文档，被申请人也许可以与对方约定仅提供包含特定"关键词"的文档。

这些例子仅仅是用于告诉被申请人哪些内容是可以谈判的。被申请人要记住：涉案双方本当自行其是，只有在陷入僵局时才需请求行政法官的干预，因此大部分的查证请求都会有不同程度的谈判余地。

7. 确定取证地点

证言的采集一般花费很高。如果取证是在海外进行，涉案双方经常需要支付额外的费用。例如，在日本请一位法院记录员和摄影师花一天时间取证所需的费用大约在三四千美元。同样的服务在美国则可能会便宜很多。同时请记住：让被申请人外聘的律师飞到亚洲取证和让应诉方的证人飞到美国去取证相比，前者所需的费用可能会比后者高出好多倍。

8. 做好文档收集工作

被申请人应当决定文档的收集方式。一方面，由内部法务人员收集文档可能效率更高，特别是考虑到被申请人外聘的律师团队可能远在另外一个大洲。另一方面，被申请人可以安排外聘律师到公司进行现场核查，监督文档收集工作，或者雇佣电子查证的专业服务提供商。第一种方案成本较低，但是内部法务人员作为牵头人将承担很大的压力。后两种方案在短期看来成本较高，但是它们能够收集到更全面的证据，并且可以大大减轻内部法务人员的压力。

9. 做好文档审核工作

不管是谁负责收集文档，都应当安排专人对文档进行审核。对于 337 调查的被申请人来说，收集到的文档可能有几十万页。被申请人怎么才能知道是否收集到正确的文档？这里头会不会有无意收集到的某人的个人日记？

一种办法是让外聘的律师进行文档审核。当然，比较省钱的做法是让内部法务人员来做这项工作。但是，出庭律师必须全面了解就某项查证请求都收集到哪些文档，收集到的文档都包含哪些内容等。比较好的做法是做一张 Excel 工作表，以方便快速查询。

被申请人也可以考虑让合同律师进行文档审核。他们的收费一般仅是外聘律师收费的很小一部分。这一方案在文档初审阶段可能不甚理想，主要因为只有被申请人内部的法务人员和外聘的律师团队才真正掌握案情的细微之处。

10. 审核文档是否包含受特别保护的信息

对于每一份文档，在提供之前必须先审核其是否包含受特别保护的信息。这么做可以确保被申请人不会将本公司的应诉策略无心透露给对方。这项工作可以通过两种方式进行：一种方法是人工审核，每一份文档只有在被审核过以及确定不包含受特别保护信息之后方可提供。另一种方法是电子化审核。如果被申请人能够作出一份敏感词清单，上面至少有一个词很可能会出现在每一份受特别保护的文档里，那么被申请人外聘的律师团队就可以用电脑程序把这些文档调出来，做进一步的审核。这意味着，被申请人不用每一份文档都过目，只要某个人（外聘律师或合同律师）审核所有文档的一个子集就可以了。

11. 恰当地处理中文文档

很可能出现的情况是被申请人大部分的文档都是中文文档。这对被申请人外聘的美国律师来说可能会是一大挑战。被申请人应当询问他们之中是否有懂中文的律师。如果有，这位律师的收费标准如何？如果答案不尽如人意，被申请人应当考虑聘请能够读懂中文的合同律师，来帮助审阅中文文档。

查证义务是对等的。最好的防守是成功地进攻。为了减轻履行查证义务所带来的负担，被申请人也应当在向对方查证时向其施加最大的压力。这一点不言自明。对方找被申请人要什么，被申请人也应该找它要什么。这会产生双向的压力。首先，它向对方表明被申请人不是供它查证的"沙袋"。其次，被申请人可以肯定的是，就像被申请人与外聘律师的关系一样，对手对外聘律师也有预算方面的限制。如果被申请人给他们的律师增加工作量，让他们履行查证义务，那么他们可能就不会有那么高的热情与那么多的时间催被申请人履行查证义务了。

第五节 337 调查中商业秘密的保护策略

为确定是否侵权，337 调查程序中企业需要披露涉案产品有关研发、生产和销售等信息。337 调查要求当事人披露的信息，无论是深度还是广度，远远超过我国企业熟悉的国内民事诉讼程序的要求。例如，在某 337 调查案中，国内企业曾被要求提供其逐年财务数据，包括成本、利润和销售渠道等信息，甚至被要求将公司有关工作人员包括高管电脑的硬盘数据全部拷走。因此，对 337 调查程序不太熟悉的国内企业不得不质疑：是否有必要全面提供文件？如果提供，这些信息能否得到保护？337 调查制度的基石就是商业秘密保护。对于上述问题的回答是，首先，是否必须提供前述全部信息，因案而异，也是考验律师技巧的试金石；第二个问题的答案是确凿无疑的，所提供的商业秘密一定能得到严格保护；否则，337 调查将失去其基础和价值。正如现任 ITC 主席的 Deanna Tanner Okun 在"钢制衣架案"（337 – TA – 421）中指出："有关法律及规则授权 ITC 保护当事人的商业秘密，以鼓励当事人有信心提交敏感商业信息。一直以来，ITC 尽其所能地保护商业秘密，让信息提供者对他们所提交的商业秘密的安全性产生信心，从而自愿提交有关信息。ITC 严格保护当事人的商业秘密，当事人不能以此为由而不在调查程序中提供商业秘密。"

一、法律依据

在 337 调查程序中，有关商业秘密保护的规则主要见于美国《1930 年关税法》第 337 节和《ITC 操作与程序规则》。美国《1930 年关税法》第 337（n）条规定了商业秘密保护的问题：向 ITC 提供的或者当事人之间交换的涉及本条规定的审理案件的信息，如果根据 ITC 规则被适当地确定为保密商业信息（Confidential Business Information）的，未经提供人同意不得向任何人披露。例外是政府工作人员（包括参与调查的 ITC 工作人员、政府官员以及执行有关命令的海关工作人员等）及按照 ITC 规则受保护令约束的人员。

具体保护商业秘密的规则详见《ITC 操作与程序规则》，比较重要的条款主要包括第 201.6 条、第 201.8 条、第 207.7 条、第 210.5 条、第 210.34 条、第 210.39 条和第 210.72 条等。其中，第 201.6 条界定了商业秘密的概念。《ITC 操作与程序规则》第 201.6（a）条规定的商业秘密基本要素如下：（1）没有公开；（2）具有商业价值；（3）与以下任何因素有关：行业秘密、工艺、运营、工作方式、设备或者生产、销售、装运、购买、转让、客户身份、存货目录或任何人、商号、合伙、公司或其他经济组织的收入、利润、亏损或花费的数额以及来源，以及其他类似信息；（4）未依法律规定披露该信息将导致如下后果：损害 ITC 对实现法定职能所需信息的获取能力或者对提供信息的人、商号、合伙、公司或其他组织的竞争力造成严重损害。特别是，数值性保密商业信息的非数值性部分（如趋势讨论）只有在提交者基于正当理由提出请求时，才能视为商业秘密。

二、337 调查程序中的商业秘密保护

（一）商业秘密待遇

根据《ITC 操作与程序规则》第 201.6（b）条，任何人认为其在调查中提交的信息属于商业秘密，要求获得 337 调查规则中的商业秘密待遇，需向 ITC 的秘书处说明，提交规则要求的有关材料，并在说明函的信封上明确标明这是一份要求商业秘密待遇的信函。秘书处将依据前述第 201.6 条的商业秘密界定进行认定。当事人对秘书处的认定不服可申请 ITC 复议。

那么商业秘密可以享受哪些待遇？最实质的就是限制商业秘密公开，337 调查程序中商业秘密，只有进入商业秘密保护令名单的人员和特定政府官员能够接触。《ITC 操作与程序规则》第 210.39 条规定了商业秘密不公开待遇的具体表现，主要有三方面的内容：一是有关商业秘密的内容不在公开的记录中出现，只是作为 ITC 秘密记录的一部分；二是商业秘密只有在特定的情况下，才在联邦地区法院的民事诉讼中使用；三是律师在提交文件时，应尽量避免披露保密状态中的文件和证言中的具体细节，如果确实有必要披露引用其中一些商业秘密，则律师所提交的文件也应该作为保密文件，成为 ITC 秘密记录的一部分。因此，在 ITC 所有公开的文件中，商业秘密的部分已经被删除。也就是说，337 调查程序中的材料一般都有保密版和非保密版之分。同时，庭审中涉及商业秘密的部分也不允许保护令名单之外的人员参与（ITC 工作人员除外）。

337 调查往往伴随联邦地区法院的平行诉讼。在联邦地区法院的知识产权诉讼可以与 337 调查同时或先后进行。这就涉及 337 调查程序中披露的商业秘密是否可以在民事诉讼中使用的问题。《ITC 操作与程序规则》第 210.5（c）条规定，在联邦地区法院认为必要并发布保护令的情况下，在 337 调查中获取的商业秘密可移交给法院，在民事诉讼中使用并认定为证据。

（二）保护令（Protective Order）制度

337 调查的商业秘密保护主要靠保护令制度执行。在调查开始后不久，行

政法官一般发布一个商业秘密的保护令。其主要内容是规定有权获取该337调查的商业秘密的人员，以及详细规定这些商业秘密的处理等。保护令不仅保护参与调查的当事人的商业秘密，也保护第三方根据 ITC 的传票提供的商业秘密。

一般而言，有权进入保护令名单可接触商业秘密的人员主要包括当事人的外聘律师、当事人的专家证人及翻译。以上人员需向秘书处递交一份愿意受保护令约束的信函。实践中，该信函内容主要包括：（1）接受该保护令的约束；（2）不向其他人泄露经保护令授权才能获得的商业秘密，例外是 ITC 调查该案的工作人员、该商业秘密的提供者、其他根据保护令有权获取该商业秘密之人以及其他特定的人；（3）只能为本337调查案的目的使用该商业秘密，特定情况除外。在实践中，外部律师是非常注意保护令问题的。一旦律师之间谈论的问题涉及对方当事人的商业秘密，外部律师都会让客户安静地走开，电子邮件抄送的名单也必须删除客户的电子邮件地址。

那么，公司内部律师为什么一般不允许进入保护令的名单呢？在"无定型金属合金案"（337 - TA - 143）中，ITC 指出，公司的内部律师被排除在保护令的名单之外，并不是由于他们本质上靠不住，而是由于他们与公司的关系紧密。内部律师在公司中虽然只是法律顾问，但他们与公司的管理和操作有千丝万缕的联系，这使得他们作为法律顾问和公司职员这两个角色经常混淆，如果允许他们进入保护令名单，保护令的作用将极大地降低。此外，他们还常常和公司的技术人员定期交流，有可能有意无意地泄露从调查中得到的商业秘密。总之，对于是否泄露商业秘密问题，公司内部法律顾问的角色与外部律师存在巨大的差异。因此，除非信息提供人特别同意，公司内部律师在337调查程序中不允许接触对方当事人的商业秘密。

经典的案例如"硫化物案"（337 - TA - 296）。被申请人向该案行政法官提起动议，请求允许4名在某联邦地区法院中进入保护令名单的公司内部律师在 ITC 的程序中也有权接触商业秘密。该动议被行政法官驳回。行政法官指出：（1）仅仅存在联邦地区法院的平行诉讼和该法院的保护令，并不必然导致公司内部律师在337调查程序中可以接触商业秘密；（2）本案被申请人并没提供特别事实以证明其内部法律顾问需了解商业秘密的必要，也没有证明前述必要超过申请人因此承担的风险；（3）337调查程序中的保护令独立于联邦法院程序的保护令，除非证明有关商业秘密与公司内部律师在联邦地区法院已经了解的商业秘密一致，否则内部律师不能进入337调查程序的保护令名单。

根据《ITC 操作与程序规则》第207.7（d）条，进入保护令名单的人员违反保护令将导致严重的后果。例如，违反者及其合伙人、律师、雇员和雇主在 ITC 案件中执业的权利会被取消，禁入期可高达 7 年；对于违反保护令的专业人员（如律师和会计师等），ITC 向他们各自的职业协会通报该事件，也可采取 ITC 认为合适的其他制裁（例如警告信）。

对于外国律师而言，由于制裁很难落实，因此，ITC 一般不允许外国律师接触 337 程序中的商业秘密。但是，对于拥有美国律师执照的外国律师，ITC 的意见另有不同。实践中，曾有一位取得美国律师执照的中国律师成功地被 ITC 列入保护令名单中。❶

总之，保护令制度旨在保护 337 调查程序中的商业秘密，而这种保护保证当事人和第三方愿意提交其商业秘密，以利于 ITC 查清事实。

第六节　337 调查中专利权利要求阐释策略

众所周知，在专利侵权案件中，专利权人主张的专利权利要求的含义和范围通常是最关键的问题。对权利要求进行狭义的阐释，对主张未侵权的抗辩方而言通常是有利的甚至是具有决定意义的，而广义的权利要求阐释通常对主张侵权的专利权人有利。337 调查中，行政法官实际上使用哪一种程序解释专利权利要求对专利调查的后续发展方向和结果会产生重大影响。行政法官关于权利要求阐释的裁决时间、程序和形式会极大地影响当事人关于和解谈判、调解、专利规避设计的实施以及解决全部或部分调查请求的简易裁决申请的战略立场。因此，专利案件的当事人需要关注的不仅仅是寻求有利的权利要求阐释裁决，还需关注用于进行权利要求阐释的特定程序，以及如何在此基础上更好地选择策略立场，以获得最有利的结果。

注重权利要求阐释的程序在 337 调查中尤为重要，因为 ITC 的 6 位行政法官各自都有自己进行权利要求阐释的程序。一部分法官甚至还允许当事人提议拟采用的程序以及裁决的时间。在一些案件里，行政法官会在听证会后，作出一份决定案件全部实质争议的权利要求阐释的裁决。该审理程序之后作出的裁决书，即常说的初步裁决和认定违法行为的终裁，随后由 ITC 直接复

---

❶ 在"赖氨酸 337 调查案"（337 - TA - 571）中，申请人在 2006 年 6 月 22 日提出，基于被申请人律师是中国公民及其在中国居住的事实，即使其是拥有美国纽约州律师执照的中国律师，也应被排除在商业秘密保护令名单之外。2006 年 7 月 7 日，ITC 行政法官驳回了申请人的动议，从而保证了被申请人律师能够实质参与该案的律师代理工作。

审。6 位行政法官中至少有两位，首席法官 Charles E. Bullock❶ 和法官 Theodore R. Essex 已经为解释存在争议的专利权利要求举行审前马克曼听证，并在审理前根据《ITC 操作与程序规则》第 210.15 条作出了权利要求阐释令。根据《ITC 操作与程序规则》第 210.15 条作出的命令不受限于 ITC 的复审，因此不是 ITC 的最终裁决。

在 2011 年 8 月 1 日退休以前，前首席法官 Paul J. Luckern 推荐了一种不同的程序。在该程序中，当事人就权利要求阐释事项进行简易裁决的申请被批准，且首席法官根据《ITC 操作与程序规则》第 210.18（f）条和第 210.42（c）条规定以初步裁决的形式作出权利要求阐释的裁决。在这种情况下，该权利要求阐释的初步裁决可立即移交至 ITC，并接受全体 ITC 委员的复审；ITC 决定在 30 日内进行复审，否则，初步裁决将成为 ITC 的最终裁决。

前首席法官 Luckern 在 2010 年 6 月 22 日对一案件发布一项有关权利要求阐释的初步裁决，该决定随后被 ITC 受理进行复审。然而，在 2010 年 10 月 20 日，ITC 发布复审决定，判定前首席法官 Luckern 发布的有关权利要求阐释的初步裁决"是一项命令，而不是一个初步裁决"。ITC 还判定，"为加快 337 调查的完成，ITC 经自由裁量决定，有关权利要求阐释的判决在以命令的形式发布时是适当的"。

现在既然有关庭审前权利要求阐释判决的程序已经明确，即 ITC 的权利要求阐释裁决是以命令的形式而非初步裁决的形式发布，当事人仍需清楚地认识审理其案件的行政法官所采用的权利要求阐释的具体程序，以及从这些程序中获益的各种战略方法。下文简要概述 ITC 马克曼听证（Markman Hearing）的起源和程序，并介绍 6 位行政法官在解决权利要求阐释问题时各自采用的调查规则和程序。此外，还描述了各种程序方法的战略优势和需要考虑的问题，以及如何更好地根据案情利用这些优势，以便提早和解或结案。

一、马克曼听证的由来

"马克曼听证"起源于美国联邦最高法院在马克曼诉西方视点仪器公司（*Markman v. Westview Instruments, Inc.*, 517 U.S. 370(1996)）一案中作出的判决。在该案中，联邦最高法院判定，专利权利要求的解释是由法官决定的法

---

❶ 自 2011 年 8 月 1 日前首席法官 Paul J. Luckern 退休之后，ITC 于 2011 年 10 月 20 日任命 Charles E. Bullock 为首席法官。另外，ITC 于 2011 年 10 月 17 日任命 Thomas Bernard Pender 和 David P. Shaw 为行政法官。至此，ITC 的法官增至 6 位。下文将分别对此 6 位法官进行介绍。

律问题，而在此前，一些联邦地区法院却判定权利要求阐释包括能由陪审团决定的事实因素。该判决产生了人们所熟知的马克曼听证。马克曼听证在案件审理之前进行，以便于法官作为一项法律问题去解释争议专利的权利要求范围。

马克曼听证有时会由证人（如技术专家证人）就权利要求的含义和范围作出口头证词。"马克曼案"的判决本身承认，虽然在对权利要求阐释作出决定时，可能会考虑证人（包括专家证人）的口头证词，但证词不会改变该行为的法律性质。就该问题以及所采用的其他信息传递方式，证人证言可被接受。但是在对专利进行事实阐释时，法庭会根据其自身职责，作为法律裁判者，赋予专利真实的和最终的特性和效力。总体上我们期望，任何对于可信性的裁决都是那些必要的在行的全部文件分析的一部分，按照标准的解释规则要求，一项术语只能按照与整体文件相一致的方式来界定。

联邦巡回上诉法院的法官 Plager 在后来一个案件的附和意见中再次确认这一点，表示庭审法官听取专家证言和接受外部证据是适当的：庭审法官可以在涉案专利之外，从相关的背景和资料以及技术专家处获得相关理解。这完全不涉及传统的实体法二分法意义上的"事实查明"。❶

这些先例判决随后的案件（包括 CAFC 在 *Phillips v. AWH Corp.* 一案中，全体法官共同作出的判决）再次肯定了该需要，即庭审法官可以考虑和衡量其他证据来源中的专家证词，但前提是不得有损权利要求阐释的法律性质。"菲利普案"中，全体法官指出："我们还认为，专家证言形式的外部证据对法庭是有用的……能证明专利或现有技术中的某个术语在相关领域有特定含义。"审理"菲利普案"的法庭强调了将专家证词纳入交叉质询作为诉讼程序一部分的益处，而不是反对现场证词和伴生的对于可靠性的关注。❷同时，注明如果专家的意见是以无须进行交叉询问的形式提供的，那么专家证词会出现更多问题。

在 ITC 调查程序中，马克曼听证允许当事人提出他们对有关争议专利权利要求术语的含义的立场，并在庭审前从行政法官处获得一个对案件最为重要和可能最具决定性的问题的评估。事实上，权利要求阐释在大部分案件中是如此重要，以至于 CAFC 的首席法官 Randall R. Rader 观察评论道：权利要

---

❶❷ 见 *Cybor Corp. v. FAS Techs.* ,138 F. 3d 1448,1462(CAFC,1998). (Plager 法官的附和意见)。

求阐释，已成为"压轴大戏"。❶

　　人们认为首个马克曼听证是前行政法官 Delbert R. Terrill, Jr. 在 2003 年 9 月 9 日就"家用真空打包器调查案"（337 - TA - 496）在 ITC 举行的。❷。行政法官 Terrill 对在该调查案中举行马克曼听证的理由作出了如下解释：为帮助本调查案的当事人，本人在临时救济阶段的最初期举行了马克曼听证，以给当事人提供机会，尽可能地缩小他们在权利要求阐释上的最初差距，惟一目的是为临时救济的有限目的对权利要求进行解释，且无损于整个调查过程中，在进一步调查取证后变更对权利要求的解释。虽然马克曼听证通常是在调查取证结束时举行的（如果的确举行的话）❸，但在本案中，进行初步的马克曼听证背后的意图是将临时救济阶段的调查取证限制在一个统一的解释上，从而避免因尝试其他解释所导致的无重点、无效率的损耗。

　　自此之后，法官 Terrill 开始更经常性地在非临时性救济的 337 调查案中安排马克曼听证。例如，在"用于致密内骨组织的医疗器械和包含该医疗器械的产品调查案"（337 - TA - 507）中，法官 Terrill 在交换最初的专家报告之前安排了马克曼听证（包括辅导），❹ 不过该案在举行马克曼听证之前已经和解了。"个人电脑、服务器计算机及其元件调查案"（337 - TA - 509）中，法官 Terrill 在事实调查取证结束前安排了马克曼听证，但该案后来移交法官 Bullock 审理，马克曼听证是由法官 Bullock 主持的。❺

　　为适当地解释专利的权利要求，根据 CAFC 的判例，行政法官需重点关

---

❶　见 *Cybor Corp. v. FAS Techs.*, 138 F. 3d 1448, 1473（CAFC, 1998）.（Rader 法官的附和意见）。

❷　见第 5 号令：为临时救济的目的，明确 310 专利第 34 项权利要求的权利要求阐释令。

❸　*Toter Inc. v. City of Visalia*,44 U. S. P. Q. 2d 1312,1997 WL 715459(E. D. Cal,1997).

❹　见第 4 号令：调整程序安排表。

❺　庭审前马克曼权利要求阐释程序已被纳入法规，且专利所有人青睐的一些美国联邦地区法院也要求进行庭审前马克曼权利要求阐释程序。例如，新泽西联邦地区法院的《地方专利规则》4.1 - 4.6 和加利福尼亚北区联邦地区法院的《地方专利规则》4 - 5 和 4 - 6 要求权利要求阐释的调查取证、案情介绍和马克曼听证以及庭审前判决。另见：新泽西联邦地区法院《地方专利规则》3.1 和 3.3（要求在进行权利要求阐释前进行侵权和有效性抗辩）；加利福尼亚北区联邦地区法院的《地方专利规则》3 - 1、3 - 3（要求在进行权利要求阐释前进行初步的侵权和无效性/不可执行性抗辩）和 3 - 6（要求在作出权利要求阐释的判决后，进行最终的侵权和无效性/不可执行性抗辩）。

注"内在"证据❶，即专利的权利要求的语言❷、专利说明书❸以及申请资料❹。事实上，说明书被认为是"惟一的理解争议的权利要求术语的最佳指导"，因为说明书"在明确定义了权利要求使用的术语或通过暗示方式定义了这些术语时，便是一部字典了"❺。因此，说明书"必然地告诉人们权利要求的适当解释"❻。同样地，专利的审查历史记录"通常可以通过表明发明人……在审查质询过程中如何限制发明，以缩小权利要求的范围，来给出权利要求术语的含义信息"❼。因此，根据以专利的内在记录作出的论证是一项强有力的马克曼抗辩理由。

有时，行政法官可能会考虑"外部"证据，即在专利和申请资料之外的证据，如专家证言和发明人证词、技术字典和学术论文。虽然外部证据对相关技术的解释有所帮助，但联邦巡回法庭认为在决定权利要求语言的法律含义时，外部证据一般而言没有内部证据那么可靠。❽但是，行政法官在决定权利要求术语的普通含义时，已依赖技术字典和学术论文。❻ 因此，在决定权利

---

❶ *Medrad, Inc. v. MRI Devices Corp.*, 401 F. 3d 1313, 1319（CAFC, 2005）.（"用于真空吸尘器时，我们不能使用这个词语的普通含义……但是，在书面描述和申请资料的语言环境下，我们必须要考虑该词的普通含义。"）；*V - Formation,Inc. v. Benetton Group SpA*,401 F. 3d 1307,1310（CAFC,2005）.（内在记录"通常会提供技术的和现实的环境，使法庭能够像发明当时相应领域内具有一般技能的人一样确定权利要求的含义"。）；*Unitherm Food Sys., Inc. v. Swift - Eckrich, Inc.*, 375 F. 3d 1341, 1351（CAFC, 2004）.（适当的定义是"相应领域中具有一般技能的人可以通过记录中的内在证据确认的定义"。）

❷ *Vitronics Corp. v. Conceptronic,Inc.*,90 F. 3d 1576,1582（CAFC,1996）.（"我们根据权利要求本身使用的词语……定义发明专利的范围。"）；"个人电脑"调查案（337 - TA - 509）第 15 号令：涉诉专利所主张的权利要求的术语解释，2005 ITC LEXIS 109，第 24 页（"在解释权利要求时，分析重点必须从一开始并终集中在权利要求本身的语言上，因为这正是专利权人选择用来'特别指出［ ］和明确要求［ ］专利权人视为其发明的对象。'"）（引自 *Interactive Gift Express,Inc. v. Compuserve Inc.*,256 F. 3d 1323,1331（CAFC,2001）.）

❸ "个人电脑调查案"（337 - TA - 509,2005 ITC LEXIS 109）第 29 页.（对于限制权利要求的说明书，必须"明确放弃那些如果不加以说明，便会被视为权利要求范围的语言。"）（引自 *Liebel - Flarsheim Co. v. Medrad,Inc.*,358 F. 3d 898,907（CAFC,2004）.）

❹ "个人电脑调查案"（337 - TA - 509,2005 ITC LEXIS 109）第 26 页.（为确定权利要求的范围和含义，还需要审查申请资料，"以确定专利权人是否在权利要求的修正中或在解决或区分某一参考的抗辩中放弃对权利要求的可能的解释。"）（引自 *Bell Atlantic Network Servs., Inc. v. Covad Commc'ns Group,Inc.*,262 F. 3d 1258,1268（CAFC,2001）.）

❺❻❼❽ *Phillips v. AWH Corp.*,415 F. 3d 1303,1316,1321（CAFC,2005）；*Merck & Co. v. Teva Pharms., Inc.*,347 F. 3d 1367,1371（CAFC,2003）.（"权利要求阐释的基本原则是专利文件中的术语按照他们在出现的专利文件中的含义进行解释。因此，权利要求的解释必须与其所构成的说明书的含义一致。"）

❻ "个人电脑的调查案"（337 - TA - 509, 2005 ITC LEXIS 109）第 25 页.（引自 *Bell Atlantic*, 262 F. 3d at 1267 - 68.）（"在决定权利要求术语的普通含义时，技术字典和技术论文'占有特殊的地位'，且有时可能会与内部证据一同考虑"。）

要求术语的一般含义时，可以在考虑内部证据的同时考虑发布专利时公众可获得的技术字典和技术论文。❶ ITC 通常会发现技术字典的定义比普通字典提供的定义更具有相关性。❷

CAFC 还曾指出，专家证言形式的外部证据也可能有利于为涉案技术提供背景知识，有利于解释专利的使用，确保行政法官对专利技术层面的理解与相关领域普通技术人员对专利技术层面的理解一致，或证明专利或在先技术的某一术语在相关领域具有特殊含义。❸ 在第 337 - TA - 703 号和第 337 - TA -714号等调查案中，ITC 举行的马克曼听证已审理了大量的有关权利要求阐释的专家证言，但是，所有的行政法官都必须遵循 CAFC 的判例，且不得完全信赖"明显与权利要求本身、专利说明书和申请资料，即与专利的书面记录提供的权利要求阐释不一致的证言"。❹

值得注意的是，行政法官作出的马克曼权利要求阐释命令已经把重点放在了内在记录上——专利的权利要求、说明书和申请资料。事实上，ITC 的马克曼命令已经依赖的外部证据几乎只有技术字典和技术论文。第 337 - TA - 509 号调查案的第 15 号令、第 337 - TA - 519 号调查案的第 22 号令、第 337 - TA -619号调查案的第 33 号令、第 337 - TA - 621 号调查案的第 37 号令、第337 - TA -661 号调查案的第 12 号令以及第 337 - TA -664 号调查案的第 34 号令都是其例证。

---

❶ 见 *Texas Digital Systems，Znc. v. Telegenix，Znc.*，308 F. 3d 1193，1202 -03（CAFC，2002）.（拒绝受理，538 U. S. 1058（2003））（"发布专利时为大众所得的字典、百科全书和论文是相关领域普通技术人员本来会赋予权利要求用语的确定性含义的可靠和客观的信息来源。"）

❷ 见，如，"含有同步动态随机存储控制器的半导体芯片和含该芯片的产品调查案"（337 - TA -661）第 12 号令：涉案专利所主张的权利要求的用语解释，2009 ITC LEXIS 1081，第 64 页。（"我们之前曾警告过使用不科学的字典的行为'以免字典提供的定义……转为具有法律而非语言意义的技术术语。'"）（引自 *Bell Atlantic Network Servs.，Inc.*，262 F. 3d，1267 - 68（CAFC，2001）.）

❸ *Phillips v. AWH Corp.*，415 F. 3d 1303，1316，1321（CAFC，2005）；*Merck & Co. v. Teva Pharms.，Inc.*，347 F. 3d 1367，1371（CAFC，2003）.

❹ *Phillips v. AWH Corp.*，415 F. 3d 1303，1316，1321（CAFC，2005）；*Merck & Co. v. Teva Pharms.，Inc.*，347 F. 3d 1367，1371（CAFC，2003）.（引自 *Key Pharms. v. Hercon Lab. Corp.*，161 F. 3d 709，716（CAFC，1998））；亦见"以数码摄像为特征的移动电话和无线通讯设备及其元件调查案"（337 - TA -703）初步裁决第 10 页（出处同）；"个人电脑调查案"（337 - TA - 509，2005 ITC LEXIS 109）第 94 ~95页。（驳回作为附件提交的专家报告，称"专家意见证言不是权利要求阐释的必要条件。该等证言'不足以构成法律意见——只是法庭必须采用的解释程序。因此，对于这一类意见，法庭享有完全的自有裁量权，采纳专家意见为己用，从中找到指引或完全忽略甚至摒弃'"。）

二、行政法官对权利要求阐释的基本规则和程序实务

《ITC 的操作与程序规则》为行政法官针对特定调查适用特定规则提供了很大的空间。在进行权利要求阐释裁决时，这一灵活性就更为明显，因为 ITC 的规则不要求行政法官在作权利要求阐释判决时采用任何特定的程序。其结果便是，6 位行政法官各有一套调查和程序实务规则，用以决定何时以及如何作出权利要求阐释决定。因此，要决定庭审前进行马克曼听证是否具有战略优势，何时进行以及如何进行协商，将马克曼听证纳入程序表的最重要一点是对具体处理案件的行政法官的调查规则和程序实务进行评估。以下逐个对 6 位行政法官的调查规则和程序实务进行了总结：首先是前首席法官 Luckern 及他对第 337－TA－703 号调查的讨论，接着是现任首席法官 Bullock 以及其他法官（以资历高低为序）介绍。

（一）前首席法官 Paul J. Luckern

前首席法官 Luckern 自 1984 年始便担任行政法官之职，于 2008 年 7 月成为首席法官，并一直作为首席法官，直至 2011 年 8 月 1 日退休。Luckern 法官在他的调查规则 8 "程序表建议" 中没有就权利要求阐释的安排作出任何明确的长期指示。在调查规则 9 "听证前陈述" 中，Luckern 法官要求当事人和调查律师❶在他们的听证前陈述中，对权利要求中存在争议的语言加以说明，并提出支持他们所建议的权利要求阐释的理由，包括为什么不能采纳对方的解释。该规则还要求当事人确认哪些权利要求语言是不存在争议的。

不过，在 2010 年 4 月 19 日，Luckern 法官在第 337－TA－703 号"以数码摄像为特征的移动电话和无线通信设备及其元件的调查案"中，首次发布了马克曼听证的程序表。在该命令中，前首席法官 Luckern 详细说明了马克曼听证中的一些程序性问题，其中包括：（1）行政法官是否应以《ITC 操作与规则》第 210.15 规定的命令形式或第 210.42（c）条规定的初步裁决形式发布权利要求阐释，作为第 210.18 条所规定的简易裁决；（2）《ITC 操作与规则》第 210.18 条规定的马克曼程序是否允许现场证词或证据开示。

Luckern 法官判定：其会以第 210.42（c）条规定的初步裁决形式发布权

---

❶ 这里的调查律师是指 OUII 的调查律师，被指派作为一方当事人参与调查，独立进行事实调查，并在行政法官面前进行抗辩，推动公共利益。

利要求阐释，且当事人应在 2010 年 5 月 10 日前，根据第 210.18 条就权利要求阐释一事申请简易裁决。Luckern 法官还判定，其会审理现场证人证言，但是如果当事人约定马克曼听证的时间只有一天，他不会反对当事人就权利要求阐释一事提交直接证人的陈述，以节省时间。Luckern 法官在判决中记载道，本调查"尤其适合进行单独的马克曼听证"，因为"所有被申请人都提出了马克曼听证的申请"，并且"申请人……已熟悉涉及［主张的］专利的权利要求阐释的马克曼听证。"❶他命令在 2010 年 5 月 24 日举行马克曼听证，以有充分的时间就权利要求阐释作出初步裁决，并给予必要的 30 日时间，以便 ITC 决定是否对初步裁决进行复审，或以便当事人根据已判定的权利要求阐释，准备他们的听证前理由书。

在第 337 – TA – 703 号调查案中，马克曼听证从 2010 年 5 月 24 日一直持续到 5 月 26 日。三个涉案当事人——柯达公司、苹果公司和 RIM 公司在结案陈词后都提交了一个专家证人的现场证词。Luckern 法官在调查取证结束前 8 天发布了他的权利要求阐释裁决，作为简易裁决的初步裁决。❷

在前首席法官 Luckern 作出判决后 30 日内，ITC 发布通知，复审前首席法官 Luckern 对权利要求阐释作出的初步裁决。❸ITC 肯定了将权利要求阐释作为简易裁决事项解决以及将权利要求阐释作为当前拟写的《ITC 操作与程序规则》规定的初步裁决对待的做法。为此，ITC 要求当事人对下列假设性分析作出回应：在第 210.18（a）条中，"拟待调查决定的事项"可被视为限于权利主张和积极抗辩；该事项的"一部分"包括权利主张或积极抗辩的一个要素（或子部分）。因此，以下是第 210.18（a）条所涵盖的事项或事项部分的非穷尽列举：违法、进口、侵权、国内产业（技术方面或经济方面）、因任何原因无效（如可预见性或显而易见性）、不可执行性。权利要求阐释可能是解决某些问题或要素的必要基础，也可能是解决某个问题或要素的简易裁决的一部分。但是，权利要求阐释本身可能不会被视作该问题或要素的组成部分。

---

❶　前首席法官 Luckern 记载道，申请人柯达公司和被申请人苹果公司和 RIM 公司于 2010 年 3 月 23 日就同一专利的权利要求在联邦地区法院平行诉讼中被牵扯进马克曼听证。因此，支持前首席法官 Luckern 决定进行马克曼听证的事实便是他自己所说的"尤其适合进行马克曼听证"。

❷　"以数码摄像为特点的移动电话和无线通讯设备及其元件调查案"（337 – TA – 703）权利要求阐释的初步裁决（2010 年 6 月 22 日）。

❸　"以数码摄像为特点的移动电话和无线通讯设备及其元件调查案"（337 – TA – 703），ITC 决定复审初步裁决的通知（2010 年 7 月 22 日）。

由于 ITC 没有在审理前就 Luckern 法官的权利要求阐释的初步裁决作出决定，在审理前夕，前首席法官 Luckern 发布了第 27 号令，指示当事人将初步裁决视作命令：如果 ITC 决定对相关初步裁决中的权利要求阐释不发表意见，或在 2010 年 9 月 1 日开始进行证据听证时，ITC 仍没有对相关初步裁决发表意见，行政法官将视相关初步裁决为命令。

2010 年 10 月 20 日，ITC 发布命令，判定 Luckern 法官在 2010 年 6 月 22 日发布的权利要求阐释的初步裁决将被视作命令而不是初步裁决。ITC 还判定：《ITC 操作与程序规则》第 210.42 条没有在必须以初步裁决形式作出决定的事项清单中加入权利要求阐释。权利要求阐释也不是《ITC 操作与程序规则》第 210.18 条规定的简易裁决申请的适当对象，因为就权利要求阐释本身而言，不是该规则所定义的"事项"或"事项的任何部分"。

ITC 在其命令的最后结语中称，ITC"为快速完成 337 调查而自由裁量决定，权利要求阐释的判决以命令形式发布时为适当发布"。

Luckern 法官还在"配有多触摸功能的触摸板和触摸屏的电子设备调查案"（337 - TA - 714）中举行了庭审前马克曼听证。❶ 该案与前述第 337 - TA - 703 号调查类似，当事人之前都因相同专利在联邦地区法院平行诉讼中参与过马克曼听证。但是，在"电子设备调查案"中，被申请人在马克曼听证之前，于 2010 年 7 月 14 日提出了简易裁决申请，理由是涉案权利要求限制是《美国法典》第 35 编第 112.6 条涵盖的方法加功能术语，专利说明书没有披露相关方法的相应结构，因此，主张的所有权利要求都是不明确的，因此是无效的。ITC 的调查律师还在 2010 年 7 月 27 日提出了简易裁决申请，称主张的权利要求是不明确的和无效的。申请人在马克曼听证前申请终止调查涉案专利的一项权利要求主张，以精简马克曼听证的程序和证据听证。申请人的申请获得了批准，初步裁决（13 号令）判定终止对该权利要求主张的 714 调查。

"电子设备调查案"的马克曼听证于 2010 年 8 月 18 ~ 19 日举行。在 2010 年 9 月 28 日，Luckern 法官就被申请人和 ITC 调查律师提出的简易裁决申请发布初步裁决，认定主张的权利要求不明确和无效。申请人于 2010 年 10 月 6 日提出申请，要求 ITC 复审。

（二）现任首席法官 Charles E. Bullock

现任首席法官 Bullock 在 2002 年成为行政法官，并于 2011 年 10 月 20 日

---

❶ 第 337 - TA - 714 号调查案第 8 号令；马克曼程序表（2010 年 6 月 22 日）。

被任命为首席法官。他在基本规则第 5A 条"权利要求阐释的马克曼听证"中，提及了权利要求阐释的程序问题。❶ 如果 Bullock 法官决定马克曼听证对调查有利，该规则列出了说明争议权利要求术语的一般程序和时间表。根据该规则，当事人和调查律师需要在马克曼听证的 10 日前进行面谈，以尽可能地减少争议权利要求术语的数量。在听证前，当事人和调查律师还需提交初步的和回复性的权利要求阐释说明，提出他们对争议的权利要求术语的解释，以及支持他们的解释建议的理由（多位被申请人的需提交联合说明）。注意：根据个案，在当事人提交权利要求阐释说明之前，Bullock 法官可以保留作出举行马克曼听证的决定。❷ 在马克曼听证后，当事人需共同提交一份图表，列出他们在听证后的解释意见。之后，Bullock 法官将根据《ITC 操作与程序规则》第 210.15 条，发布一项听证前命令，对存在争议的术语进行解释。

如前所述，根据《ITC 操作与程序规则》第 210.15 条作出的权利要求阐释命令不受限于 ITC 的复审，也不是最终的决定。因此，根据《行政程序法》规定，在替代性权利要求阐释的审理过程中，可以提交证据和抗辩理由，并且行政法官可以变更或修改之前根据该证据作出的权利要求阐释命令。另外，该证据还可以《行政程序法》的规定，以"提供证据"的方式提交，而不是以现场证词的形式提供，以精简审理过程。

Bullock 法官已经在很多案件中，继简短的辅导❸和马克曼听证之后，发布审前权利要求阐释命令，这些案件包括：

（1）第 337 - TA - 509 号调查案，某个人电脑、服务器计算机及其元件（2005 年 1 月 24～25 日辅导和马克曼听证；2005 年 2 月 8 日颁布 15 号令）；

（2）第 337 - TA - 519 号调查案，某个人电脑、显示器及其元件（2005

---

❶ 首席法官 Bullock 调查规则第 2 条对不涉及有明确的权利要求阐释日期的调查，按时间顺序排列了事件和截止日期的一般程序表。但是在实务中，首席法官 Bullock 在特定的调查案中发布的程序表可能会包含权利要求阐释的具体截止日期。见"闪存芯片和包含该等闪存芯片的产品调查案"（337 - TA - 664）第 18 号令。

❷ 见"无线通讯设备及其元件和包含该设备的产品调查案"（337 - TA - 583）第 15 号令。

❸ 行政法官要求在马克曼听证之前或同时接受相关专利的简要辅导是很常见的。在辅导中，每一当事人都要进行简短的现场演示，通常是借助图表和动画制作解释争议专利的技术（或者通过书面的媒体格式解释，例如，"无线通讯设备及其元件和包含该无线通讯设备的产品调查案"（337 - TA - 583）第 19 号令（在交换权利要求阐释的简要说明前提交 CD 版的电子培训材料）。行政法官一直声明辅导材料不得包含法律抗辩理由。辅导和马克曼听证在时间上的契合可以协助行政法官在决定主张的权利要求的范围和含义时，更好地理解技术术语的含义。行政法官几乎在 ITC 举行的每一场马克曼听证前，都进行了辅导。

年 2 月 24 ~ 25 日辅导和马克曼听证；2005 年 3 月 10 日颁布 22 号令）；

（3）第 337 - TA - 619 号调查案，某闪存控制器、驱动、存储卡和媒体播放器，以及包含前述各项的产品（2008 年 5 月 6 ~ 7 日辅导和马克曼听证；2008 年 7 月 15 日颁布 33 号令）；

（4）第 337 - TA - 621 号调查案，某探针卡总成及其元件和某经过测试的 DRAM 和 NAND 闪存装置及包含前述的产品（2008 年 9 月 15 ~ 16 日辅导和马克曼听证；2009 年 1 月 23 日颁布 37 号令）；

（5）第 337 - TA - 664 号调查案，某闪存芯片和包含该闪存芯片的产品（2009 年 11 月 9 日辅导和 2009 年 11 月 10 日马克曼听证；2010 年 2 月 12 日颁布 34 号令）。

（三）法官 Theodore R. Essex

与现任首席法官 Bullock 一样，2007 年 10 月被任命为行政法官 Essex 也在他的调查规则中特别就权利要求阐释制定了规则 5A "权利要求阐释的马克曼听证"，如果 Essex 法官认为马克曼听证对调查有利，便会举行马克曼听证。❶ 当事人和调查律师需要在马克曼听证前 10 日面谈，以尽可能地减少争议权利要求术语的数量。在马克曼听证和程序表规定的日期之前，当事人和调查律师必须共同或单独提交一份简短的书面陈述，阐释他们对每一项仍存争议的权利要求术语的解释，以及每一解释的支持性说明。也可以在程序表规定的日期前提出反驳理由。在马克曼听证后，当事人需提交一份联合图表，阐述他们在听证后的解释意见。Essex 法官之后会根据《ITC 操作与程序规则》第 210.15 条作出权利要求阐释命令。

Essex 法官在简短的辅导和马克曼听证后发布了一些审前权利要求阐释命令，其中包括：

（1）第 337 - TA - 608 & 612 号调查案（合并调查），某丁腈手套和某丁腈橡胶手套（2007 年 12 月 13 ~ 14 日辅导和马克曼听证；2008 年 3 月 14 日颁布解释权利要求术语的保护令）；

---

❶ Essex 法官的调查规则第 2 条按时间顺序列出了事项和截止日期的一般程序表，且没有涉及任何有关权利要求阐释的规定。但是，Essex 法官在特定调查中发布的程序表可能包含权利要求阐释的具体截止日期，不过程序表可以变动。比较 "计算机、计算机元件和包含前述的产品调查案"（337 - TA - 628）第 7 号令（在当事人之间交换存在争议的权利要求术语和权利要求阐释的争议意见）和 "含有同步动态随机存储控制器的半导体芯片和包含该芯片的产品调查案"（337 - TA - 661）第 6 号令（当事人和调查律师提交权利要求阐释说明和争议术语的权利要求阐释联合图表，宣誓证人和马克曼听证的证言）。

（2）第 337 - TA - 661 号调查案，某含有同步动态随机存储控制器的半导体芯片和包含该芯片的产品（2009 年 3 月 24 日辅导和马克曼听证；2009 年 6 月 22 日颁布 12 号令）。

（四）法官 Robert K. Rogers，Jr.

Rogers 法官在 2008 年 7 月被任命为行政法官。他在其调查规则的第 2 条所规定的程序表中要求当事人在交换专家报告之前共同提交一份清单，显示每一方对争议的权利要求术语的解释意见。❶

与 Bullock 法官和 Essex 法官一样，Rogers 法官也在他的调查规则中加入了"权利要求阐释的马克曼听证"。Rogers 法官的规则 5A 实质上与前述 Essex 法官的内容相同。

尽管如此，在 2010 年 7 月 21 日的 ITC 出庭律师协会的午宴中，Rogers法官在回答听众提问时，提到他仍不倾向于举行马克曼听证，因为 ITC 程序的本质是快捷畅通。

（五）法官 E. James Gildea

Gildea 法官在 2008 年 12 月被任命为行政法官。他的调查规则第 1.15 条中要求当事人在交换最初的专家报告前，共同提交一份需要进行解释的争议权利要求术语的清单，以及他们对该等权利要求术语所提议的解释。值得注意的是，在他的调查规则通知中，Gildea 法官可以邀请当事人至少在审理前 2 个月提交马克曼听证是否有利于解决权利要求术语争议的建议。在此邀请之外，Gildea 法官还可以在他的通知中指出，可能会在开始审理的当天，但在审理之前留出时间简要回顾权利要求阐释问题。在他所称的"马克曼辅导"❷期间（与马克曼听证不同❸）每一当事人有 30 分钟的时间总结他们对权利要求阐释的法律抗辩理由。不允许进行反驳性抗辩。

与 Luckern 法官一样，Gildea 法官最近也在"电子产品，包括移动电话、便携式音乐播放器和计算机调查案"（337 - TA - 701）中举行了第一次完整的马克曼听证。

---

❶ 见"打印和成像设备及其元件调查案"（337 - TA - 690）第 6 号令。

❷ Gildea 法官在最近的三个调查案中举行了马克曼辅导："冷阴极荧光灯（'荧光灯'）逆变器电路及含该电路的产品调查案"（337 - TA - 666）第 20 号令（2009 年 8 月 17 日）；"同轴电缆连接器及其元件和包含该连接器的产品调查案"（337 - TA - 650）第 20 号令（2009 年 4 月 30 日）；"激光可成像平板印刷板材的调查案"（337 - TA - 636）第 21 号令（2009 年 2 月 20 日）。

❸ Gildea 法官在第 337 - TA - 666 号调查案第 20 号令中记载道，马克曼辅导"不是马克曼听证，并且不允许反驳性抗辩"。

（六）法官 Thomas Bernard Pender 和 David P. Shaw

Thomas Bernard Pender 法官和 David P. Shaw 法官于 2011 年 10 月 17 日被任命为行政法官。截至 2011 年 11 月，法官 Pender 和 Shaw 尚未发表其基本规则。

三、337 调查中取得庭审前权利要求阐释的策略分析

意图取得庭审前权利要求阐释的一方，应当对主审行政法官的基本规则和实务程序进行评估，并且如果合适，在案件初始阶段就程序时间表进行谈判时，就考虑获得庭审前权利要求阐释的步骤。特别是，当事方可以考虑采取措施促使行政法官尽早作出权利要求阐释的裁决，例如，提交一份联合清单，列举对于争议权利请求各方提出的解释，由各方及调查律师提交权利要求阐释的摘要，并且可在必要时要求进行马克曼听证，以代替仅在各方之间通过会谈、通信及质询方式进行的对权利要求阐释立场和态度的意见交换。

若庭审前权利要求阐释可以适用，那么各当事方应考虑确定一个包含以下日期的程序时间表：（1）就有争议的诉求对权利要求阐释进行简要说明的日期；（2）如有必要❶，在事实证据开示程序即将结束或者完成对各方侵权行为、有效性和可执行性争论的证据开示程序后，马克曼听证的日期；（3）专家证据开示程序开始前权利要求阐释裁决的日期。但请注意，若专家证据开示程序在权利要求阐释裁决之前，则各当事方的专家能够充分了解各方以及调查律师对权利要求阐释的立场并能充分解释所有有关权利要求阐释的争议。在某些情况下，根据权利要求阐释令颁发的时间，各当事方可能希望就程序表上的交换专家报告和终止专家证据开示程序的截止日期保持一定的灵活性。例如，各当事方根据权利要求阐释令颁发的时间，可联合要求确定一个截止日期以补充各自的专家报告，并将专家证据开示程序的截止日期定在权利要求阐释令颁发后的一个较短的时间内❷。

尽早取得权利要求阐释裁决有助于在审理之前利用简易裁决（Summary Determination）申请书来排除不相关的问题、专利和/或专利权请求。因此，

---

❶ 见第 337 - TA - 664 号调查案 5 号令：联合提交的程序进程（2009 年 2 月 17 日，Bullock 法官）（包括一个"在权利要求解释令基础上补充专家报告"的截止日期，该截止日期为"权利要求解释令颁发之后的 7 日"，以及一个专家证据开示程序终止和完成的日期，是"权利要求解释令颁发后 19 日"）。这些建议的日期被 Bullock 法官在 2009 年 9 月 9 日颁发的第 337 - TA - 664 号调查案第 6 号令（确定程序日程表）中予以采纳。

❷ 见第 337 - TA - 682 号案件第 4 号令：确定程序日程表（2009 年 9 月 9 日，Gildea 法官）。

权利要求阐释的时间最好是结合提交简易裁决申请书的截止日期来确定，从而有充足的时间对那些基于权利要求阐释裁决的问题进行简要说明，包括侵权、有效性以及国内工业技术问题。

各当事方也可以考虑在安排庭审前权利要求阐释时，安排一次技术辅导以使行政法官了解那些与权利要求阐释相关需要解释的技术性词汇的含义。例如，"无线通讯设备，设备部件以及包含此设备产品调查案"（337 - TA - 583）第 19 号令要求交换权利要求阐释简要说明前提交 CD 版指南。现任行政法官几乎在每次马克曼听证前都会持有一份技术指南。

一份程序时间表通常包含提交简易裁决请求书动议的截止日期。有时该截止日期紧接在事实证据开示程序之后，但在专家证据开示程序终止之前❶，或者与专家证据开示程序同时❷或者在其之后❸。如果程序日程表中没有提交简易裁决请求书动议的截止日期❹，各当事方仍然可以根据《ITC 操作与程序规则》第 210.18（a）条提交简易裁决请求书动议。该条规定允许任何一方在提交申请书和调查启动通知后 20 日开始草拟简易裁决请求书，但是所有此类动议必须在审理前至少 60 日提交❺。

因近期几项调查都举行了马克曼听证——通常持续 1~2 日——并作出了听证裁决，且即使在涉及多项专利和/或多个当事方的案件中，调查程序均在15 个月以及 18 或 19 个月内（因马克曼听证及裁决之外的原因在原 15 个月的目标日期基础上延期）得以完成。因此，若安排得当，马克曼听证及裁决将不会拖延证据开示程序的完成、审理的时间或者导致调查不能按期完成。

第一个案例是"丁腈手套案"（337 - TA - 608）及"丁腈橡胶手套案"（337 - TA - 612）。这两起调查经合并从 Bullock 法官转由 Essex 法官审理。调查只涉及一项专利，申请人起初列名 30 多个被申请人，但在调查过程中只剩23 个被申请人。如下所述，自合并调查时起算，3 个月开始马克曼听证程序，6 个月颁布马克曼命令，8 个月开始审理，11 个月颁发初步裁决，15 个月完成调查。ITC 发布了一项部分审阅初步裁决以及要求当事方补充简要说明的通

❶ 见第 337 - TA - 682 号案件第 4 号令：确定程序日程表（2009 年 9 月 9 日，Gildea 法官）。
❷ 见第 337 - TA - 664 号案件第 18 号令：修订程序日程表（2009 年 11 月 5 日，Bullock 法官）。
❸ 见第 337 - TA - 681 号案件第 4 号令：程序日程表（2009 年 8 月 6 日，Rogers 法官）。
❹ 见 "铸钢轨道轮、制造该轨道轮的工艺以及某包含该轨道轮的产品调查案"（337 - TA - 655）第 10 号令：程序日程表（Charneski 法官）。
❺ 见《联邦法规汇编》第 19 篇第 210.18（a）条（"[ ]提交简易裁决请求书的截止日期应当是听证开始日往前倒数至少 60 日，包含听证开始前第一天"）。

知。在完成审阅之后，ITC 发布了一项针对目标日期的裁决通知，基于专利无效，维持了 Essex 法官作出的无违法行为的初步裁决，并终止了该案调查。

第二个案例涉及由 Bullock 法官主持调查的"个人电脑、服务器电脑以及电脑组件案"（337 - TA - 509）。该起调查由 Hewlett Packard 作为申请人，Gateway 作为被申请人，涉及 6 项专利，由于该案由 ITC 前行政法官 Terrill 移交至 Bullock 法官，最初 15 个月的目标完成日被延长至 18 个月。如下所述，7 个月开始马克曼听证，7 个半月颁布马克曼命令，9 个月开始审理，14 个月颁发初步裁决，18 个月完成调查。ITC 发布了一项关于目标完成日期的通知，部分发回并部分撤销了 Bullock 法官的初步裁决，确定了新的目标日期。但是，各当事方随后根据其和解方案提交了终止调查的联合动议。

第三个案例涉及另一起由 Bullock 法官主持调查的"个人电脑、监控器及其组件案"（337 - TA - 519）。该调查涉及相同的当事方，但在此案中，Gateway 是申请人，Hewlett Packard 是被申请人，申请人主张 3 项专利侵权。最初 15 个月的目标日期在该案中也延长至 18 个月，因为案件由前行政 Terrill 移交至 Bullock 法官。如下所述，6 个月开始马克曼听证，7 个月颁发马克曼命令，9 个月开始审理，14 个月颁发初步裁决，18 个月完成调查。在颁发初步裁决至目标日期之间，ITC 发布了一项审阅初步裁决并部分发回调查的通知，Bullock 法官发布了一项关于发回的初步裁决。但是，为在双方和解方案的基础上草拟终止调查的动议，各当事方随后提交了延长目标日期的联合动议。

第四个案例是由 Essex 法官近期主持调查的"包含同步动态随机存储体控制器的半导体芯片及包含该芯片的产品案"（337 - TA - 661）。该起调查涉及 9 项专利和 17 个被申请人。如下所述，3 个月开始马克曼听证，5 个月颁发马克曼命令，10 个月开始审理，13 个月颁发初步裁决，在 ITC 将原定目标日期延期 2 个月之后，在第 19 个月完成调查。2010 年 3 月 25 日，ITC 发布了一项审阅部分初步裁决的通知，并要求当事方就其审阅的问题以及救济措施、公众利益以及赔偿问题进一步提供简要说明。2010 年 5 月 26 日，ITC 发布通知将原定目标日期延长 2 个月至 2010 年 7 月 16 日，以便当事方就某一份技术许可的影响，以及 CAFC 作出的一项关于专利权耗尽的判决进一步提供简要说明。2010 年 7 月 26 日，ITC 发布一项通知维持并部分修改了 Essex 法官的初步裁决，裁决构成违反 337 条款，并终止该案调查。

四、337 调查中取得庭审前权利要求阐释的实际影响

ITC 调查程序中取得庭审前权利要求阐释有很多实际的影响。

（一）促进尽早和解

庭审前权利要求阐释命令已经促使几起 ITC 调查案案在审理前得以和解，从而节省了时间和财力。实际上，在马克曼简要说明程序结束之后，马克曼听证或者权利要求阐释命令发布之前，有几起 ITC 调查案即得以和解❶。因此，即使是马克曼听证之前的程序也能够促进各当事方的和解并显著节省时间和财力。

实际上，"手提电话案"（337 – TA – 703）不仅首次由 Luckern 法官确定马克曼听证日期，同时也是首次各当事方同意参加 ITC 的调解程序以期达成和解的一起 337 调查案。该案件各当事方在 2010 年 3 月 30 日举行的首次会议上表达了同意参加 ITC 调解程序的意向，在该会议上，被申请人还要求举行马克曼听证。

2008 年 10 月 29 日，ITC 启动"调解试行程序"。❷ 如 ITC 所说，调解程序的宗旨是为 ITC 案件的各当事方提供"一次保密、零风险的机会"以解决其争议，并"促进和解"ITC 专利案件。ITC 调解程序仿效 CAFC 的调解程序❸。在 CAFC 调解程序的成功经验以及 ITC 判例法最新发展的基础上，ITC 调解程序承诺为各当事方提供一条重要途径以解决争议并终止 337 调查。

调解由一名中立人员（调解员）主持，调解员由 ITC 指派或者由各当事方选派。一般来说，如果对调解没有异议，调解员将由"ITC 监管律师"选定，在检查利益冲突后从事待决调查事项的服务。ITC 保有一份具有专利诉讼和调解经验的 ITC 外部志愿者名册，ITC 报告称，"大多数调解员均曾经担任过 CAFC 上诉法庭的调解员"。

从 CAFC 调解经验来看，调解在 ITC 中也将日趋重要。CAFC 调解程序启动之初，调解程序是一个自愿程序，参加方极少，各当事方往往不愿单方表明调解意愿。之后，若 CAFC 基于各当事方提交的材料，认为某一案件适合调解，则实行强制调解程序。如今，CAFC 每年主持 100 件调解案例。由联邦

---

❶　见"个人电脑、监控器及其组件调查案"（337 – TA – 547，Bullock 法官）（马克曼简要说明程序之后马克曼听证之前和解）；"无限通讯设备、部件以及包含该部件和设备的产品调查案"（337 – TA – 583，Bullock 法官）（马克曼简要说明程序之后命令颁发之前和解）；"可充电锂电池、其部件以及包含该部件的产品调查案"（337 – TA – 600，Bullock 法官）（马克曼简要说明程序之后马克曼听证之前和解）。

❷　参见《联邦公报》65615 第 73 卷。

❸　与 CAFC 调解不同，该调解程序下的调解员能够延长调解截止日期，而参加 ITC 调解并不构成延长行政法官主持的 337 调查案时间或者拖延 337 调查案的理由。

法院调解成功各当事方同意和解的几率也大幅上升，2009 年，48%（101 件案件中的 48 件）的调解案件均得以和解❶。ITC 调解程序最初也是自愿程序，各当事方都不愿单方面表示调解意愿。前首席法官 Luckern 在 2010 年 1 月 26 日修改了他的基本规则，规定若 ITC 监管律师认为他主持的 337 调查应当调解，则各当事方应当参加调解程序。2010 年 8 月修订的《ITC 调解程序手册》（ITC's Mediation Program Manual）规定任何行政法官均可要求当事方参加调解。

在 337 调查案件中，被申请人在专利权利要求阐释裁决之后，应当考虑要求调解。权利要求阐释裁决通常能够表明一个案件的结果，或者表明被申请人能够如何引进一种规避设计的产品以避免日后的侵权。权利要求阐释裁决之后，如果安排得当，调解程序能够为各当事方提供一个很好的平台，以避免持续损耗性的调查，并在各方满意的基础上解决案件。事实上，即使在权利要求阐释裁决之后，调解不能完全解决案件，它也能就此达成一致，从而显著缩小必须审理解决的问题的范围。

（二）鼓励通过简易裁决尽早解决调查案

简易裁决是简化审判过程的一个有效方法。在庭审过程中，ITC 要求行政法官就提出的每一个争议问题作出决定。而简易裁决可以只集中在一个具有决定意义的问题上（例如不违约、无效、不可执行或缺乏国内产业），并将某一项专利排除出调查范围。一个代表性的案例是"私人船只及其元件调查案"（337 – TA – 452），❷该起调查示范了简易判决在调查案中的高效性。

---

❶ 凯威莱德（Cadwalader）律所的律师近期在一项"简化新药品应用"的药品专利诉讼案中代表 Hoffmann – La Roche LLC 及其兄弟公司 Roche Palo Alto LLC 在联邦巡回上诉法院调解程序中达成了有利的和解结果。参见 *Roche Palo Alto LLC v. Ranbaxy Laboratories Ltd.*（Civil Action No. 06 – 2003（FLW）（D. N. J.）（2009））和 *Roche Palo Alto v. Ranbaxy Labs*（No. 2010 – 1056，– 1101（Fed. Cir. 2010）。各当事方同意撤销向 CAFC 提起的上诉并撤销联邦地区法院的意见和判决，Ranbaxy 确认了 Roche 于 2015 年到期的 953 号涉案专利权的有效性、可执行性及其对专利的侵权，并取得了专利许可以使 Ranbaxy 能够在 2013 年 5 月 15 日之前将其基因产品投放市场。

❷ 在"个人船只调查案"中，凯威莱德律所的律师在申请人雅马哈摩托有限公司和 Sanshin Industries 提起的主张 11 项指向私有船只的专利侵权的调查案中，代表被申请人 Bombardier Inc.。通过成功地提起不侵权、无效或缺乏国内产业的简易裁决动议，6 项专利在审理前被驳回。见第 32 号令（根据《美国法典》第 35 编第 102（b）条，专利无效）；第 37 号令（没有侵犯专利权）；第 42 号令（国内无相关产业，专利权人无法实施提出权利要求的发明）；第 77 号令（根据《美国法典》第 35 编第 102（b）条，专利无效）；第 80 号令（根据《美国法典》第 35 编第 102（b）条，专利无效）；在就专利无效简易裁决的申请进行听证之前，申请人雅马哈公司撤回了第六项专利。

　　早在首次向 ITC 提交申请书，以及 ITC 决定"在提交起申请书后的 30 日内"启动调查的前期，当事人即应决定应用简易判决的策略。凯威莱德律所律师在"含有重组人红细胞生成素的产品和药剂成分调查案"（338 – TA – 568）中就是这么做的，在案件的第 1 周申请不侵权的简易裁决，并获得行政法官命令，批准终止调查。❶

　　在 337 调查案中，有利的权利要求阐释判决也可以为其他决定性的争议点（即不侵权、无效、不可执行或缺乏国内产业）铺平道路从而作出简易裁决，并将某一项专利排除出调查范围或终止调查。再者，即使是不利的权利要求阐释，也可以为回避专利设计的替代性产品铺平简易裁决的道路，以便被申请人继续无碍地进口产品。该策略可以使非侵权的规避专利设计产品落于不利权利要求阐释范围之外。

　　在作出最终裁决时，ITC 可能会考虑 337 调查案的调查取证阶段发现的和在调查结束前进口的以及为进口而出售的所有产品。希望将专利规避设计纳入 337 调查范围的被申请人应在就事实进行调查取证的阶段将其纳入调查，以确保其专家证人能审查专利规避设计并提供相关证词并允许申请人及时就专利规避设计，调查和制作自己的专家证词，以便调查范围之内的证据能在审理过程中提交行政法官。❷

　　为尽可能地增加专利规避设计不侵权胜诉裁决的机会，专利规避设计应是满足以下条件的通过商业途径可获得的产品：（1）成品；（2）已经实际进口到了美国，而不是仍在开发的尚未进口的原型。进口到美国的原型成品的样件，如果在调查早期便披露了足够的细节，可以满足前述专利规避设计的条件。

　　即使不利的权利要求阐释将可能导致所控产品被认定为侵权，被申请人仍可以通过在调查案中引入专利规避设计的方式，使其能够继续在美国销售。被申请人可以将他的专利规避设计作为一个双赢办法应用，即在存在不利权

---

❶　Fed. Reg. Vol. 71. No. 172. 在 CAFC 的全体法官再次听证后，对该命令的上诉导致该案被发回 ITC 重审（565 F. 3d 846（CAFC，2009）。基于双方私下达成的和解协议，2011 年 10 月 17 日，ITC 发布了终止第 337 – TA – 568 号调查的命令和意见。

❷　"可移动式硬盘盒和硬盘棒及包含前述的产品调查案"（337 – TA – 351，1993 ITC LEXIS 323）第 7 页（ITC1993 年 6 月 24 日，第 2 号令）。337 调查，如其标题所示，是准对物诉讼，是确认接受调查的产品而不是调查的当事人的。ITC 的调查通知正式说明了调查的范围（例如，"直流电驱动的小装置调查案"），并且宣布的调查范围之外的产品（如某交流电驱动的小装置）不在 ITC 的管辖范围之内，除非调查通知之后进行修改，将该等产品纳入管辖范围。

利要求阐释的情况下，申请专利规避设计不侵权的简易裁决。该申请也可以为被申请人增加谈判的砝码，从而使其在案件早期即达成对自己有利的和解结果。

（三）简化审判

即使权利要求阐释判决没有带来调查案的早期和解或通过简易裁决结案，该阐释判决也可以以多种方法减少审理时需要解决的问题。首先，权利要求阐释判决可以促使当事人对仍存在争议的权利要求术语达成一致。❶ 其次，不再需要对那些被认定无效的权利要求进行侵权分析或国内产业技术方面的分析。❷ 再次，可以导致撤销或终止对无关的专利权利要求的调查。❸

五、庭审中的权利要求阐释

在那些权利要求阐释的立场是在审理过程中提出的，并据以在审理后的初步裁决、违法行为的终裁认定中作出裁决的调查案中，当事人应审慎把握他们在庭审前的相关材料（如就对抗性质询的回复、代理意见或听证前陈述）中阐述的、拟在审理过程中表明的所有有关权利要求阐释的基准点，以免该等主张因"陪审团回避动议"而被排除在审理之外。这应包括保留他们对其他替代性权利要求阐释的主张，如在专利侵权（字面侵权和/或等同侵权）、效力和可执行性等决定性事项方面。在审理过程中，每一方都应提交技术专家有关权利要求主张的范围和含义的证言，以及内在记录和支持该解释的适当外部证据的完全支持性解释。

多位被申请人可以通过合并一位技术专家阐述的权利要求阐释来节约资

---

❶ 见"个人电脑、服务器计算机及其元件调查案"（337 – TA – 509）第 15 号令（Bullock 法官）；"个人电脑、显示器及其元件调查案"（337 – TA – 519）第 22 号令（Bullock 法官）；"闪存控制器、驱动、存储卡和媒体播放器以及包含前述各项的产品调查案"（337 – TA – 619）第 33 号令（Bullock 法官）；"探针卡总成及其元件和某经过测试的 DRAM 和 NAND 闪存设备和包含该设备的产品调查案"（337 – TA – 621）第 37 号令（Bullock 法官）；"含有同步动态随机存储控制器的半导体芯片和包含该芯片的产品调查案"（337 – TA – 661）第 12 号令（Essex 法官）；"闪存芯片和包含该芯片的产品调查案"（337 – TA – 664）第 34 号令（Bullock 法官）。

❷ "个人电脑、显示器及其元件调查案"（337 – TA – 519）22 号令（Bullock 法官）；"探针卡总成及其元件和某经过测试的 DRAM 和 NAND 闪存设备和包含该设备的产品调查案"（337 – TA – 621）37 号令（Bullock 法官）。

❸ "个人电脑、服务器计算机及其元件调查案"（337 – TA – 509）第 15 号令（Bullock 法官）；"个人电脑、显示器及其元件调查案"（337 – TA – 519）第 22 号令（Bullock 法官）；"含有同步动态随机存储控制器的半导体芯片和包含该芯片的产品调查案"（337 – TA – 661）第 12 号令（Essex 法官）；"配有多触摸功能的触摸板和触摸屏的电子设备调查案"（337 – TA – 714）第 13 号令。

源。但是，被申请人的产品在结构和/或功能上不同的，被申请人对权利要求阐释的立场可能会不同，因此他们应通过各自的技术专家分别提出权利要求阐释。在进一步支持其解释时，申请人还可以考虑让他的专利发明人对提出权利要求的发明的第一个载体和/或专利样品的载体的运作，根据其提出的权利要求阐释进行解释。

当事人应了解具体处理他们案件的行政法官对证言是通过现场证词形式提供还是通过证人证言形式提供所适用的程序。值得注意的是，Bullock 法官的调查规则第9.3 条、Essex 法官的调查规则第9.4 条、Rogers 法官的调查规则第9.3 条和 Gildea 法官的调查规则第8.3 条都要求提交直接的证人证言。只有在交叉询问时才获准现场证词。各方技术专家的直接证人证言应充分详述权利要求主张的范围和含义，并包含完全支持该解释的内在记录和适当外部记录的解释。

通常，涉及直接证人证言的案件审理始于对申请人技术专家在权利要求阐释和专利侵权问题上的交叉询问。在此情况下，实际开始现场证词之前，一方有机会通过庭审前辅导、公开辩论；或至少在 Gildea 法官主持的某些调查案中，在庭审前关于权利要求阐释的简短辩论中，让行政法官了解权利要求主张的范围和含义。当事人应充分利用这些机会向行政法官阐述其对于权利要求阐释的立场。

审理之后，当事人应在他们的审后理由书和事实认定中，继续保持他们对专利侵权（字面侵权和/或等同侵权）、效力和可执行性等具有决定意义的问题的权利要求阐释的立场，包括对替代性权利要求阐释的立场。所有的审后理由说明和事实认定结束之后，权利要求阐释问题的判决将包含在行政法官根据案件所有事实发布的初步裁决和终裁中，终裁随后可直接由 ITC 复审。

六、小结

代理律师应对6 位行政法官各自适用的、解决权利要求阐释问题的程序规则和实务了如指掌。在条件允许时尽早进行马克曼听证，这是协助行政法官在审理前很好的解释专利的权利要求主张的重要机会。利用这个机会可以尽早地和更好地作出权利要求阐释判决，并增加早日和解或通过简易裁决解决调查案件的可能性，最终节省客户的大量诉讼成本和时间投入。

第七节　如何进行规避设计

美国并不排除经规避设计后的产品进入美国市场。因此，为了保护美国市场，涉案国内企业应当根据 337 调查的具体情况尽早着手进行规避设计。企业进行规避设计应当根据 337 调查的相关规定，注意进行规避设计的时间把握，适时与 ITC 或者海关进行沟通，取得新产品不侵犯知识产权的证明以及进入美国市场的许可。进行规避设计的具体操作包括对侵权产品侵犯知识产权的判定、新产品的设计以及设计后知识产权评估等各个方面，企业需要谨慎操作，避免规避设计不合格或将来再次卷入 337 调查程序。

一、企业如何决策进行规避设计

（一）请求 ITC 认可规避设计

ITC 并不限制经过合理规避设计后的产品进入美国市场。在行政法官作出初裁结果和委员会颁布终裁结果前，被申请人可以请求其对规避设计的产品是否侵权发表看法。此外，被申请人也可以在 ITC 颁布排除令后请求 ITC 启动咨询意见程序（Advisory Opinion Proceedings），由其对规避设计的产品是否侵权发表意见。❶

如果被申请人侵权的可能性较大，最保险的做法是由被申请人尽早聘请专业人士开始规避设计的工作，并在行政法官和 ITC 颁布排除令前将规避设计后的产品提交其审阅，保证规避设计产品不落入排除令的范围。进行规避设计并不等同于承认侵权存在，只是企业一种务实的做法。

在进行规避设计时，被申请人应当考虑以下因素：第一，应当确保规避设计的产品在美国拥有市场潜力，同时在法律上也行得通。规避设计的产品应当与涉案产品可以轻易区分开，即普通的海关人员也能分辨两者的区别。第二，由于 337 调查具有进程迅速的特点，因此，尽快完成规避设计工作非常重要。最好在证据开示程序进行期间就完成规避设计，这样专家证人就有时间和机会对规避设计发表意见，各方在庭审过程中也可以就规避设计产品展开讨论。第三，为了保证行政法官将规避设计产品列入相关调查的范围，相关规避设计的产品应当基本成型。如果由于相关规避设计产品未成型，行政法官或 ITC 有可能拒绝对规避设计产品是否侵权发表意见。一旦 ITC 颁布

---

❶ 具体见《ITC 操作与程序规则》第 210.79 条相关规定。

排除令后再想进口这些规避设计产品，我国企业必须取得美国海关的认可或启动咨询意见程序，而这些企业的美国客户有可能因等不及而购买他人的产品。

（二）请求美国海关认可规避设计

337 调查的排除令由美国海关负责执行，由其判断相关进口的产品是否落入 ITC 裁决中的侵权产品范围。尽管美国海关无权对是否侵权等实体问题发表意见，但在执行 ITC 颁布的排除令的时候其具有一定的自主性，其可以对相关产品是否落入排除令的范围作出判断。因此，某些进口商或其他利益相关方可以通过信函的方式请求美国海关总部就其拟进口的产品（通常是进行过规避设计的产品）是否落入排除令的范围发表意见。例如，在 ITC 针对"一次性相机案"（337 - TA - 406）颁布普遍排除令后，一名美国经销商在 2003 年 9 月致函给美国海关总部，请求美国海关确认其拟进口的产品是否落入排除令范围。2004 年 1 月，美国海关总部知识产权保护部颁发认定，确认该进口商拟进口的相机未落入 ITC 排除令的范围。❶

如果美国海关认为规避设计产品没有落入排除令的范围之内，则相关产品可以进入美国市场。因此，部分被申请人或进口商在 ITC 颁布排除令之后会请求美国海关确认相关改进后的产品是否落入排除令的范围，部分企业曾经成功地获得海关的支持。在"数字电视案"中（337 - TA - 617），ITC 维持了行政法官的初裁，于 2009 年 4 月认定数名被申请人侵犯了申请人的专利，并颁布了制止令和有限排除令。数名被申请人在此后向美国海关提出申请，要求其认定其重新设计的产品不侵权。2009 年 8 月 5 日，美国海关颁布命令认定重新设计的产品不侵权，相关产品可以进口到美国市场。

因此，如果我国企业的产品被 ITC 认定为侵权产品而禁止进入美国境内，我国企业或其进口商可以就经过改进设计或者规避设计的产品请求美国海关发表意见，如果海关认为改进后或规避设计产品不落入 ITC 裁决侵权产品的范围，则可以继续将相关产品出口到美国市场。

二、企业进行规避设计的具体操作

涉案企业决定进行规避设计以保住美国市场后，应当根据以下步骤进行规避设计的具体操作。

---

❶ 美国海关 HQ 474939 号裁定（2004 年 1 月 6 日）［EB/OL］.［2010 - 05 - 03］. http://rulings. cbp. gov/index. asp？ru = 474939&qu = 474939&vw = detail.

（一）分析应如何进行规避设计

企业可以根据 337 调查申请人的申请书以及对自己产品的了解，分析被诉产品侵犯或者可能侵犯哪些专利权，以及侵权或可能侵权的产品部件都有哪些，是否可以对这些部件作出规避设计、对这些部件进行规避设计的成本如何等，考虑如何进行规避设计。是将产品部件进行改动即可，还是要从整体上重新设计产品？企业应当聘请专业人士进行评估分析，综合考虑技术、成本等因素后作出如何进行规避设计的决定。

（二）对相关产品进行重新设计并对重新设计的产品进行知识产权的评估

企业在作出如何进行规避设计的决定后应当立即展开规避设计的具体工作，尽量争取在 337 调查发布最终裁决前将规避设计后的产品生产出来。首先，企业应当聘请专业人士对产品进行重新设计。重新设计不仅仅是对产品某个部件的重新设计，还要包括与部件适配部分的重新设计等，还有可能要对产品的整体的构造等进行设计。设计范围的大小直接决定企业再行投入生产的成本，所以对产品的重新设计要尽量求少。

对产品进行重新设计后不要急于投入生产。此时应当先对新设计产品进行知识产权评估，评估合格后才可以引进生产设备进行生产。否则一旦重新设计的产品不能满足规避设计的要求，企业就白白浪费了大量财力物力，并且可能因此要承受巨大的时间压力。企业对重新设计的产品进行知识产权评估要聘请专业的知识产权评估机构进行，并出具评估意见，以保证 ITC 或者海关能够认可规避设计的产品不侵权。

（三）请求 ITC 或者美国海关发表意见

企业应请求 ITC 或者美国海关对规避设计的产品发表意见，在获得其肯定意见后该产品即可以向美国进口，具体见上文所述。

（四）投入生产

企业进行规避设计的产品得到 ITC 或者美国海关的认可后即获得进入美国市场的通行证，此时企业即可以开始考虑将新产品投入生产或者扩大生产。

第八节　如何在 337 调查中尽早结案

为控制 337 调查的应诉成本，减少 337 调查对企业正常生产的影响，企业可以采取措施争取尽早结案。337 调查有一系列相关的制度可以为被申请人利用，以缩短 337 调查进行的时间，尽早从 337 调查中抽出身来，恢复企业正常的生产经营活动。

一、申请 ITC 作出简易裁决

如果企业认为调查中的某些事实已经非常清楚明确且不存在争议，可以请求 ITC 就该问题先作出简易裁决。简易裁决一方面可以推进调查的进程，使得各方不必在无争议的事实上纠缠，另一方面，ITC 作出的某些裁决可以直接导致整个调查程序的终结。

根据 337 调查相关规则，对于双方没有争议的案件事实，任何一方当事人可以请求 ITC 就某些问题或全部问题作出简易裁决。若申请人提起动议，则其可以在送达申请书和调查通知后 20 日提起；若为被申请人或其他方提起动议，则其可在《联邦公报》公布立案公告后的任何时间申请作出简易裁决。❶ 但任何简易裁决的动议最迟应当在开庭日 60 日以前提出。❷ 在收到简易裁决动议后，该方应在 10 日内提交答复。❸ 除无争议的事实之外，当事人也会请求 ITC 就国内产业是否存在以及被申请人缺席等事宜作出简易裁决。此外，一些当事人会请求 ITC 作出专利无效的简易裁决，获得无效的裁决可直接导致 337 调查结案。

作为一个有效的策略，实践中很多被申请人向 ITC 提出申请要求 ITC 就专利的有效性作出简易裁决。如果 ITC 作出认定所有涉案专利无效的简易裁决，则导致整个调查结束。当然，在提出该申请之前，被申请人需要做深入的研究，必须保证有充分的证据和理由证明存在专利无效的情形，否则，行政法官拒绝作出认定无效的简易裁决。对于我国的被申请人来说，为了尽早从调查中解脱出来和节省大笔诉讼费用，可以在调查启动后尽快在律师的帮助下分析提起简易裁决申请的可能性，如有可能，则要求 ITC 作出简易裁决的方式快速结案。我国企业在这方面也存在成功的案例。例如，在绝大多数被申请人为国内企业的"双通道锁案"（337 - TA - 689）中，被申请人联合请求 ITC 颁布简易裁决终止调查，理由是被申请人使用了另外一个美国许可人所授权的技术，该技术未落入涉案专利的保护范围。行政法官支持了被申请人的动议，认定被申请人不存在侵权并初裁裁决终止调查。❹

---

❶ 《ITC 操作与程序规则》第 210.18（a）条。
❷ 《ITC 操作与程序规则》第 210.18（a）条。
❸ 《ITC 操作与程序规则》第 210.18（b）条。
❹ 见 Luckern 法官于 2010 年 3 月 18 日颁布的第 6 号令。

二、要求申请人撤诉

为避免深陷 337 调查的囹圄之中，被申请人可以通过找出申请人破绽的方式促使申请人主动撤案。根据《ITC 操作与程序规则》规定，在 337 调查立案前，申请人可以自主决定撤回调查申请。❶ 在正式立案后，申请人想撤案，必须在行政法官作出初裁前向其提起撤诉动议，ITC 通常情况下会同意申请人的请求，从而避免浪费资源。只有在撤案将严重影响公共利益的情况下，ITC 才会拒绝申请人的撤诉动议。❷ ITC 同意申请人的撤诉动议不具有"一事不再理"的效力，即申请人将来可以就同一请求再次提起 337 调查申请，但 ITC 有可能以公共利益为由拒绝给予立案。

我国企业可以在应诉过程中找出申请人的破绽，迫使其向 ITC 提出撤诉动议。例如，在"桶装焊丝案"（337 - TA - 686）中，四川大西洋焊丝股份有限公司以申请书中所列的所谓侵权产品不是其产品为由成功迫使申请人撤案。

三、与申请人达成和解

为避免两败俱伤，实践中有很大一部分被申请人与申请人以和解结案告终。《ITC 操作与程序规则》第 210.21（b）条规定，一方可以基于一项特许协议或其他和解协议，提出动议申请终止调查。达成和解的各方在提交终止调查的动议中应提交保密版和非保密版和解协议。❸ 一旦行政法官作出同意和解动议的命令，则该命令构成初裁，ITC 有权决定是否继续审查该初裁。为节省各方以及 ITC 的资源，ITC 鼓励各方达成和解，如果申请人和被申请人提出和解动议，ITC 一般会同意。但是，如果调查相关方的和解安排影响到公共利益，例如涉及垄断问题，则行政法官有权拒绝同意和解动议。此外，为了鼓励各方达成和解，行政法官会在审理日程中安排和解会议并要求各方向行政法官报告和解会议情况。行政法官通常会在一起 337 调查的日程表中安排两次或多次和解会议。以"铸钢车轮案"（337 - TA - 655）为例，该案于 2008 年 9 月 11 日立案，行政法官于 2008 年 12 月 8 日作出审理进程的命令。在命

---

❶ 具体见《ITC 操作与程序规则》第 210.10（a）（5）（i）条。

❷ Tom M. Schaumberg. A Lawyer's Guide to Section 337 Investigations before the U. S. International Trade Commission [M]. ABA Publishing, 2010：145.

❸ 具体见《ITC 操作与程序规则》第 210.21（b）条中相关规定。

令中，行政法官要求各方于 2009 年 1 月 9 日之前举行第一次和解会议，和解会议将由各方公司代表及其律师参与；各方应于 2009 年 1 月 14 日前向行政法官递交和解会议报告。该命令还要求各方于 2009 年 6 月 12 日前进行第二次和解会议并于 2009 年 6 月 17 日之前提交和解会议报告。❶

在和解谈判过程中，选择怎样的策略与对方进行谈判至关重要。通常情况下，对方申请人通常要求我国企业支付高额的许可使用费作为和解的条件。如果我国企业拥有这些技术的外围专利，则可以交叉许可为理由降低和解成本。实践中，有不少国内企业以和解方式结案。例如，在"记号笔案"（337 - TA - 522）中，被申请人宁波贝发公司成功地与申请人 Sanford 公司达成和解。❷ 如果被申请人在达成和解协议后不履行和解协议，则申请人可以向 ITC 另行提起 337 调查。

四、请求 ITC 签发同意令

与和解的功能相似，同意令可以使被申请人尽早从 337 调查中脱身。根据《ITC 操作与程序规则》规定，对一个或多个被申请人的调查可以基于一个同意令（Consent Order）而终止。❸ 同意令本质上与和解协议相同，它由 ITC 监督执行。同意令的动议可以由一方当事人单独提出，也可由双方当事人或 OUII 调查律师提出。同意令的动议通常应在开庭前提出。在决定是否准许同意令动议时，ITC 将考虑公众健康和社会福利、美国经济的竞争条件、美国同类或直接竞争产品的生产情况、美国消费者利益等因素。❹ 同意令对被申请人具有约束力，并且应当包含某些特殊的条款，例如签字的被申请人已承认所有法律事实、放弃司法审查以及对同意令的有效性提出异议的权利、遵守该同意令。此外，同意令还应说明"被申请人签署该同意令仅为了和解，并不意味着被申请人承认存在侵权行为"。❺ 如果签署了同意令的被申请人未遵守同意令中的相关规定，申请人可以请求 ITC 启动执行程序。在执行程序中，ITC 可以修改同意令，处以罚款（每日罚款可高达 10 万美元）以及撤销同意令并颁布制止令和有限排除令。实践中，有不少我国企业以签署同意令方式

---

❶　见第 337 - TA - 655 号调查案第 10 号令。

❷　[EB/OL].［2011 - 03 - 20］. http://www. sipo. gov. cn/dfzz/zhejiang/xwdt/sxdt/200709/t20070924_203351. htm.

❸　具体见《ITC 操作与程序规则》第 210. 21（c）条相关规定。

❹　具体见《ITC 操作与程序规则》第 210. 21（c）（2）（ii）条相关规定。

❺　具体见《ITC 操作与程序规则》第 210. 21（c）（3）（i）条相关规定。

结案。例如，在"集装箱货保系统案"（337 – TA – 696）中，被申请人青岛奥昂特工贸有限公司签署了同意令并因此结案。

五、与申请人协商仲裁

《ITC 操作与程序规则》第 210.21（d）条规定，337 调查可以基于双方的仲裁协议而终止。如果调查双方同意以仲裁的方式解决争议且希望终止调查，其应当提交终止调查的动议，同时附上仲裁协议。行政法官将颁布初裁决定是否同意该动议，ITC 有权决定是否审查行政法官的初裁。实践中，申请方同意以仲裁的方式解决争议的情况极少。

第九节　337 调查中的反制策略

人们经常说：成功的进攻是最有效的防备。即，如果受到攻击，获胜的最佳策略是进行反攻。对于在遭遇 337 调查的企业来说，最明智的策略是进行反攻，而不是消极地应付调查。实际上，当调查悬而不决，涉案双方都面临巨大的抗辩压力和风险时，双方和解的几率便会提高。337 调查允许被申请人反诉，但反诉必须单独在美国联邦地区法院立案。这样的程序往往耗时较长，对反诉方不利。因此，被申请人如果想有效反制，需采取更有新意的做法。本节将介绍被诉企业可以采取的反制策略有哪些以及如何应用这些反制策略。

一、美国联邦法院的宣告式救济申诉方案

尽管 337 调查不允许在同一案件中进行直接反诉，但是被申请人可以在平行的美国联邦地区法院对申请人所诉求的专利提出宣告式救济申诉。《美国法典》第 28 篇第 2201 节规定："对于在其所管辖范围内的任何实质性争议案件……任何美国法院在收到合理的申诉请求之后均可为提出申诉的利益方宣告权利和其他法律关系……"。依照这一条款，涉案一方可请求美国联邦法院审议调查争议并发布具有法律约束效力的宣告，证明标的专利未被侵权、无效和/或不可实施。宣告式救济申诉可以与 337 调查同时进行。

虽然在 337 调查中可以使用"专利未被侵权、无效和/或不可实施"作为抗辩的理由，但如果有在联邦法院申请宣告式救济这样积极应诉的方案，被申请人就可以有效发起反攻，在法律程序上赢得一定的优势。

首先，联邦地区法院审理程序更容易证明专利无效或不可实施。337 调查

的迅速开展的特点导致被申请人很难有效地证明标的专利无效或不可实施。例如，要证明专利无效或不可实施，被申请人经常需要依赖第三方提供的证据（例如第三方的在先技术），而这样的证据查证起来比较困难。向第三人送达传讯请求必须经行政法官许可。传讯请求送达之后并不能由行政法官或者ITC 直接执行。执行传讯过程手续烦琐，耗时耗力，通常第三方不愿意配合，因此 337 调查所需的证据经常无法及时查证。而在美国联邦地区法院，从第三方取得的证据是可以直接执行的，同时查证起来更快更容易，因而更容易证明专利无效或不可实施。

其次，联邦地区法院审理更容易申请简易裁决。为避免在专利审判过程中投入大量成本与时间，被申请人可通过简易裁决程序尽早结案。简易裁决是指法官不经过完整的当面听证而根据诉讼双方的陈述直接作出实体判决。在 337 调查中，虽然简易判决原则上可以适用，但是申请简易判决是非常困难的。而在联邦地区法院，只要申请人能够证明对于重大事实不存在争议则法院通常会准许使用简易判决。

最后，尽量选择程序进行较快的联邦地区法院。美国联邦地区法院的诉讼程序一般要比 ITC 慢，但是被申请人可以选择程序进行稍微快些的法院。例如，可以选择受理专利诉讼案件速度很快的美国德州东区联邦地区法院，其审理周期平均为 20 个月。此外，ITC 在 337 调查中所作出的裁决对联邦地区法院是没有法律约束力的。联邦地区法院在 ITC 裁决之后所采取的宣告式救济也许可以使 337 调查的被申请人有机会在更有利的环境下"再咬一口苹果"。

二、复审程序

337 调查的被申请人可以向美国专利商标局申请专利复审，要求其重新考虑涉案专利是否应当被授予专利权。在这一阶段，被申请人可以采用在先技术抗辩，也可以提出新的专利无效申诉。复审程序分为两类：由第三方提出申请，但只有专利持有人与专利商标局介入的单方复审，以及第三方参与，直接对抗专利持有人的双方复审。这两类复审各有利弊，必须根据具体情况慎重作出选择。

比较传统的复审方式为单方复审。任何人均可以向专利商标局提交正式的书面请求，说明由于在先技术或印刷品的存在，对于原专利是否应该注册出现了"实质性的新问题"。收到申请之后，专利商标局将使用与原专利审查程序同样的程序进行复审。专利持有人有权在复审过程中提出建议，对专利权利要求进行限定性的修改，以将其发明与在先技术区别开来。否则，被复审的专利将被宣告无效。

相比之下，如果选择双方复审，则提出复审申请的第三方可以介入复审程序要求进行对峙性复审，即提出复审申请的一方，而且在条件允许的情况下还可以驳斥专利持有人提出的观点。❶ 这么做显然对复审申请人有利，因为它可以有能力"让专利持有人说实话"，并确保专利审查人员能够听到与专利持有人立场对立的观点。但是，双方复审也有不足之处。首先，提出双方复审请求的第三方如果没能成功，那么之后就不得在任何联邦地区法院，以"该第三方在双方复审程序中已提出或原本可以提出的理由"，对复审程序所涉及专利权的有效性反悔。❷ 另一方面，这一禁止反悔条款并非特别适用于337 调查，其适用的范围为美国联邦地区法院受理的民事案件。其次，对于任何涉及同样专利有效性问题的正在进行的诉讼，专利持有人按理来说是有权要求中止的。❸ 虽然专利持有人不大可能要求中止自己的 337 调查程序，但是如果 337 调查的被申请人在联邦法院启动宣告式救济，并同时要求进行双方复审，那么专利持有人确实会考虑申请中止上述联邦法院的诉讼。

不管是单方复审还是双方复审，它们都是非常有用的，这主要有几个原因。显然，强制要求专利持有人修改其专利权利要求，以与在先技术相区别，这么做可以让被申请人有机会做更多非侵权的抗辩。此外，专利权利要求的修改可能会使被控侵权的一方无须对专利生效日期之前所发生的侵权行为负责。❹ 即使未能修改专利权利要求，专利持有人在复审过程中也会进行确认。这些确认会进入专利权记录，因此也可以作为解释专利权表述的基础。此外，如果美国专利商标局认为被诉的专利无可专利性，则这些专利权利要求会被否决。这在任何平行的 337 调查中至少会有说服价值。❺ 还要注意的是，美国专利商标局在复审决定中作出否决的终裁未必会终止同时进行的 337 调查。原因是 ITC 显然会按照《美国法典》第 35 编第 282 节的规定认为专利申诉继续有效，直到该申诉最终被撤销为止。申诉最终撤销的前提是所有对美国专利商标局作出的不利裁决的上诉机会均已用尽。

---

❶ 《联邦法规汇编》第 35 编第 311 节及之后内容。

❷ 《联邦法规汇编》第 35 编第 305（c）节。

❸ 《联邦法规汇编》第 35 编第 318 节。

❹ 《联邦法规汇编》第 35 编第 307（b）节、第 316（b）节和第 252 节。

❺ 请参阅"特定最小封装尺寸的半导体芯片及包含该芯片的产品调查案"（337 - TA - 605）的 ITC 意见。

三、干预程序

第三种反制方式是干预程序（Interference Proceedings），一般认为它适用范围较狭窄，不常使用。但是，不能就此弃用，因为如果使用得当，干预程序（Interference Proceedings）可以减少被申请人在试图证明专利权无效时所遇到的障碍。干预属于对抗式争辩，它可以在美国联邦法院或在美国专利商标局下属的专利上诉与干预委员会（BPAI）进行，用于确定某项专利申请（专利）以及其他竞争性专利申请（专利）的优先顺序。[1] 干预实质上是一种特别程序，用于回答以下问题：哪一方发明在先？在两方对抗中胜诉的一方将获得优先权，而败诉一方的专利申诉则被驳回，或是其目前享有的专利权被宣告无效。[2] 因此，如果337调查的被申请人认为，相对于申请人所主张的专利权，自己已经先于申请人发明了该专利所包含的同样的或类似的技术，那么它应该考虑说服法院进行干预。

在干预中所使用的具体程序和策略有些老套，也很复杂。[3] 但是，比较适用的原则是：假设被申请人的专利（或专利申请）主张的为与申请人的专利"相同或基本相同的标的"，则被申请人应启动干预程序。[4] 干预程序一旦启动，BPAI或联邦地区法院会考虑使用与被申请人根据《美国法典》第35编第102（g）节提出无效专利抗辩同样类型的证据：涉案双方就标的发明提出概念与付诸实施的日期，以及付诸实施的态度是否积极等。[5]

干预程序与一般性专利权无效抗辩的区别在于它可以根据第102（g）节在337调查中适用，其重要性体现在它可以显著地改变涉案双方的举证责任。在337调查中，专利持有人的专利被推定为有效，被申请人必须根据第102（g）节的内容，通过提交清楚、具有说服力的证据来证明专利权无效。这样的举证标准对于被申请人而言实现起来并非易事。[6] 相比而言，干预程序有不同的规则用于确定哪一方承担举证责任。即使一方被确定承担举证责任，其所要证明的一般也只是通过优势证据证明专利的优先性。这样的举证标准

---

[1] 《联邦法规汇编》第35编第135节、第146节和第291节。

[2] 《联邦法规汇编》第35编第135（a）节。

[3] 《联邦法规汇编》第37编第41.200节及之后内容。

[4] 《联邦法规汇编》第35编第135（b）节。

[5] 《联邦法规汇编》第35编第102（g）节。

[6] 《联邦法规汇编》第35编第282节。

要低很多。● 因此，如果被申请人能够成功启动干预程序，它就能够更容易证明专利权无效。此外，由于干预程序并不是经常被使用，而且属于比较专业的领域，因此使用干预程序可以给对手造成"意外攻击"，让其不了解干预程序的诉讼律师措手不及。

四、提起新的337调查

除了对申请人的专利权进行反击之外，337调查的被申请人还可以选择其他的反制方案。如果被申请人自己拥有在美国的专利库，能够被ITC越来越灵活的标准认定为"国内产业"，则被申请人还可以以申请人身份根据337条款提起新的调查，让对手成为被申请人。如果被申请人没有自己的专利，则应该考虑购买专利，以作反制之用。同时，在ITC进行的新的337调查使得双方均有可能被禁止进口产品到美国，因此产生的法律和商业风险对于双方都很高。

即使被申请人没有自己的专利库，如今它也可以更加容易地从其他公司●或是专利及其他知识产权的拍卖机构那里购买到单项专利，甚至是专利库。●这种方式值得考虑，而且它实际上用得比想象的要频繁。对于ITC（或美国联邦法院）准司法程序中所涉及的专利，不存在"本土开发"的要求。即使涉案当事人从他人手中购得专利作为其所主张的专利，也绝不会因此受到惩罚。确实，《美国专利法》明确规定会考虑并认可专利所有权从某一实体转到另一实体的情况。●

如果被申请人手中持有专利，对于申请337调查的外国实体而言，接下来很重要的一步是要满足337条款中的国内产业要求。● 一直以来，为了满足国内产业的要求，申请人必须能够证明：就受标的专利保护的产品而言，在美国国内有对厂房和设备的重大投资或对就业或资本利用有显著的贡献。此外，ITC调查程序中的申请人不仅需要满足这些经济要求（国内产业要求的经济部分），而且还要证明其所主张的技术用途（国内产业要求的技术部分）。满足技术部分的要求对于申请人来说一直都是挑战，因为国内产业意味着至少需要实施一项以上的专利。

但是，有迹象表明ITC可能正在放宽标准，允许使用研发、授权活动，

● 《联邦法规汇编》第37编第41.207（a）节。
● ［EB/OL］.［2011 - 03 - 20］. http://h20229. www2. hp. com/hpvps/OnlinePatentSales. html.
● ［EB/OL］.［2010 - 07 - 03］. http://www. nytimes. com/2009/09/21/technology/21patent. html.
● 《美国法典》第35编第261节。
● 《联邦法规汇编》第19编第1337（a）（2）节和（3）节。

甚至在某些情况下使用律师费作为充分的证据，证明国内产业的存在。● 因此，国内产业标准不再像过去那样是一个重要的障碍。例如，一家在美国提供保修或维修服务的外国制造企业就有足够的资格向 ITC 提起调查。同样，如果有大量的专利授权，ITC 也倾向于认定存在国内行业。在美国最高联邦法院就"亿贝案"● 作出判决之后，越来越多的所谓非专利实施实体就开始在 ITC 提起专利实施的 337 调查，因为在"亿贝案"之后，非专利实施实体就更难在联邦地区法院的诉讼中获得禁令救济。

综上所述，在 ITC 应诉的一方应当认真考虑：是否以申请人身份在 ITC 提起新的调查；自己的专利组合情况如何；涉案对手和自己对美进口的程度比较；其他可以向 337 调查的申请人施加压力的方法等。通过这些方式旨在使对方选择和解，而不是将调查进行到底。

五、在美国联邦地区法院进行反诉

337 调查的被申请人还可以在美国联邦地区法院提起反诉，要求对申请人所造成的专利及非专利损害进行赔偿。根据事实情况的不同，这样的反诉可以针对以下行为：反垄断、试图取得市场主导地位、合同违约、中伤、诽谤、专利侵权、商业诽谤、虚假广告和（或）其他不公平商业行为。选择哪一种索赔案由取决于具体案件中的事实情况，包括申请人与被申请人之间的商业联系。本节不就这些索赔案由展开讨论。但是，可以说 337 调查的被申请人应综合考虑这些事实情况和任何对其造成损害的申请人的市场行为。如果被申请人能够在联邦地区法院提起反诉，申请获得相应的赔偿，那么申请人也将面临风险。

在确定相应的反诉案由之后，337 调查的被申请人则应慎重考虑在何处提起反诉。虽然一直以来大家都习惯于选择在判案速度比较快、赔偿金额比较高的几个联邦地区法院提起诉讼，但是最近的一些实证数据表明，很多这些备受青睐的地区法院实际上并不一定能够给提起诉讼的一方带来其所期望的优势。● 针对这一点，目前可以通过各种教育和商业渠道获得大量与专利诉讼和其他事宜相关的实证数据。其中，包括一些对主要指标的比较分析：进入

● "特定类型的同轴线缆连接器及元件以及用其所生产的产品调查案"（337 - TA - 650）委员会意见 41 - 51（2010 年 4 月 14 日）；"特定短波发光二极管、激光二极管及用其所生产的产品调查案"（337 - TA - 640）第 72 条令（2009 年 5 月 8 日）。

● *eBay Inc. v. MercExchange*, L. L. C. , 547 U. S. 388（2006）.

● 马克·勒姆雷的《何处提起专利诉讼为宜?》斯坦福公共法律工作文件，编号：1597919，（2010 年 5 月）。

诉讼程序所需的时间，在简易裁决申请获得支持之后进入诉讼程序的可能性，以及（最重要的是）胜诉的几率。提起反诉的一方可以也应当利用这些数据，仔细分析并确定对争议事项享有充分管辖权并且能够以对其有利的方式快速结案的法院。

六、在美国之外提起反诉

337 调查的被申请人还应该考虑是否可在其"主场"提起诉讼。在全球化和跨国经营的背景下，很可能在 ITC 提起 337 调查的申请人也在被申请人所在的国家进行跨国经营。因此，申请人也有可能因为造成知识产权损害或其他商业损害而在该国遭到反诉。这是可供 337 调查的被申请人选择的另外一种反制方式。在选择这种方式之前，应当咨询管辖地的律师，进行充分的论证。

在过去的 20 多年里，中国知识产权保护的司法体系在不断稳步地完善和发展。在此期间，除了加入世界贸易组织之外，中国也加入了一系列与保护知识产权有关的国际条约，强化了保护知识产权的国内法律。例如，根据 TRIPS 协定的有关要求，中国正在建立各种类型的知识产权（包括专利、版权与商业秘密等）保护与执法的有效门槛标准。虽然中国大部分的专利诉讼目前还是发生在国内企业之间，但是案件数量却有显著的增加。最高人民法院 2010 年 2 月公布的数据显示，2009 年国内法院一共收到过 30 626 起与知识产权有关的民事诉讼，较 2008 年增加 25.49%。[1] 此外，知识产权案件判决的赔偿数量也有所增加，如中国公司正泰在诉法国公司施耐德电气的案件中获得了 4 430 万美元的赔偿。[2] 有鉴于此，在 ITC 应诉的中国公司应积极考虑在中国本地对 337 调查的申请人提起反诉，以获得更多的优势。如果继续进行诉讼使申请人和被申请人均面临更大的抗辩压力和风险，则通过决议与和解的几率便会大大提高。

七、337 调查涉及多个被申请人时的特殊考虑

最后，由于大部分 337 调查都会涉及多个被申请人，因此很重要的一点

---

[1] 最高人民法院. 中国知识产权案件统计年报 2009 [M]. 北京：知识产权出版社，2010.
[2] 大卫·布罗奇. 中国大陆知识产权诉讼的损害赔偿 [J]. 知识产权诉讼，2008，19（4）：3；哈里·杨. 正泰诉施耐德电气专利侵权 [EB/OL]. [2010 - 07 - 20]. http://www. chinaipmagazine. com/en/journal - show. asp？id = 258.

是，不管采取怎样的反制策略，各个被申请人都应团结一致，相互配合，才能获得最大的胜诉几率。如果条件允许的话，各个被申请人可以考虑共用律师，减少抗辩成本。当然，虽然这样的安排可以节省经济成本，但是由于存在潜在的冲突或是竞争的风险，另外考虑到和解的可能，这么做也许会遇到很大的障碍。另外一种方法是各自聘用单独的律师，但让他们之间互相配合。这种安排对被申请人而言也非常有利。相应地，337 调查的各个被申请人在遇到多方调查时需要格外注意潜在的冲突。

第十节　337 调查中的海关执法应对策略

337 调查结束后，ITC 签发的排除令由美国海关负责执行。海关隶属于美国国土安全部，负责输美贸易的便利和安全保障。知识产权执法是海关边境局（CBP）确定的七大"优先贸易事项"之一。❶ 本节将就海关执行排除令的程序，海关与 ITC 之间的互动，相关各方享有的权利，当产品受到排除令影响时公司可采取的应对方案，申请对海关行动进行复审的机会等予以介绍。此外，本节将就 337 调查案的申请人、被申请人及相关进口商如何在海关执法过程中与海关当局保持沟通和互动提出建议。

一、海关及 337 调查排除令：现行程序

当 ITC 裁决被申请人存在违反 337 条款行为，并下令禁止涉案产品进入美国后，海关开始参与 337 程序。❷ ITC 所签发的排除令分有限排除令和普遍排除令。有限排除令要求 CBP 禁止一个或多个涉案被申请人的产品进入美国。当违反 337 条款的行为存在普遍模式，且难以判别侵权进口产品的来源时，ITC 可签发普遍排除令，要求 CBP 禁止侵权类别项下所有产品入境，而不按生产商或进口商区别对待。❸ 排除令签发后，由 ITC 正式通报国土安全部，并抄送海关。❹ 总统可在 60 日内对裁决进行审查，并有权基于政策考虑，否决 ITC 的裁决。总统审查期内，海关根据现有排除令执法。

---

❶ 其他"优先贸易事项"包括：农业项目、反倾销和反补贴、进口安全、处罚、税收和纺织品。[EB/OL].[2010 - 10 - 18]. http://www.cbp.gov/xp/cgov/trade/priority_trade/.

❷ 19 U. S. C. § 1337 (d - e)。

❸ 19 U. S. C. § 1337 (d) (2) (A - B)。

❹ 根据 19 U. S. C. § 1337 (d - e)，ITC 须通报财政部长。《联邦法规汇编》前言部分的附件（财政部第 100 - 16 号令）将该职能委托给国土安全部。

《联邦法规汇编》第 19 编第 12.39 节规定了 ITC 排除令的海关执法程序。海关条例和裁决办公室知识产权部门（ORR/IPR）负责监管排除令的执行。❶ORR/IPR 在收到排除令后，即拟定排除令通知，发至各入境口岸海关官员。该通知指示海关官员禁止所有在排除令范围内的进口产品入境，并就如何执行排除令进行具体说明。❷通知的内容还包括对侵权产品的描述、产品的生产地及进口商等信息，以便于海关官员识别潜在侵权产品。在起草通知时，ORR/IPR 可与 ITC 合作，以明确排除令的范围及含义。❸通知定稿后，将被送至海关外勤业务办公室（Office of Field Operations）❹，由其负责将通知所涉及的排除令信息输入数据库，告知美国所有入境口岸的海关官员。

海关官员通常根据排除令通知中的信息、ORR/IPR 提供的培训以及申请人提供的信息，来识别侵权产品。的确，鉴于其职能范围广、资源相对有限，海关通常欢迎来自相关各方的协助，以确保排除令得到妥善执行。申请人一般会向海关提供侵权产品的相关信息，例如生产商、进口商和入境口岸名录等。申请人也可向海关提供设计、样品或照片，帮助海关官员识别侵权产品。ORR/IPR 和申请人均可就如何识别侵权产品，为海关官员提供针对性培训。由于 337 条款排除令所涉及的产品常具有技术性和识别难度，海关官员被鼓励从海关实验室获得技术支持，以判定具体产品是否在排除令范围内❺。即便在排除令通知下发后，海关仍会在必要时与 ITC 合作，以准确把握排除令的范围❻。

海关官员对产品进行实物检查，以判定其是否在排除令范围内。通常由相关入境口岸海关负责人最终决定产品能否通关。在总统对排除令进行审查期间，潜在侵权产品在缴纳排除令所要求的保证金后，可获准入境。❼ITC 依据"足以保护申诉方免受任何损害"❽的原则，规定保证金数额，数额通常为货物价值的 100%。ITC 还可在排除令中对提供证明作出规定，CBP 可据此接受或要求进口商提供关于相关产品尽其所知不在排除令范围内的证明。❾

---

❶❷❹❺　参见海关第 2310-006A 号指令第 2 页（1999 年 12 月 16 日）[EB/OL].[2010-10-18]. www.itds.gov/linkhandler/cgov/trade/legal/directives/2310-006a.ctt/2310-006a.pdf.

❸　*Eaton Corp. v. United States*,395 F. Supp. 2d 1314,1163.

❻　Wayne W. Herrington. Section 337 of the Tariff Act of 1930: Remedial Orders[M]. 10 APLA Q. J. 149,194),1982.

❼　19 U. S. C. § 1337 (j).

❽　19 U. S. C. § 1337 (e) (1).

❾　证明规定方面的实例，可参见"同轴电缆连接器及其部件及含有此类同轴电缆连接器的产品调查案"（337-TA-650，2010 年 3 月 10 日）。

当总统审查期结束且裁决未被否决后，CBP 将发出第二份通知，告知海关官员该排除令已最终确立。此时，排除令全面生效，总统审查期内征收的保证金均可被没收交付给申请人。❶ 对于已被海关查扣的侵权产品，第二份通知要求，"对 ITC 排除令范围内的产品，不予放行，不准入境用于消费或被提出仓库"❷。对此前已认定为在排除令范围内但在缴纳保证金后放行的产品，必须根据要求复出口或在海关监督下销毁。❸ 如海关要求侵权产品复出口，进口商须在 30 日完成复出口，否则将被核收违约赔偿金。❹ 对于排除令全面生效后的侵权进口产品，必须禁止其进入美国。❺ 海关将出具"禁止入境函"，以书面形式通知进口商。

进口商应认识到，如试图再次进口曾被禁止入境的产品，ITC 有权予以查扣和没收。

二、产品成为排除令潜在执行对象时公司可采取的应对方案

如其产品为某排除令的潜在执行对象，公司可通过非正式和正式的方式，与海关合作，促成产品获准进口到美国。可采取的应对方案包括以下几种。

（一）与海关进行非正式磋商

如进口商或出口商认为其产品被错误地适用排除令，其可采取的第一个应对方案是非正式磋商。进口商或出口商可寻求与作出产品不准入境决定的海关官员进行交谈。该海关官员的信息可在"禁止入境函"中找到，也可通过使用海关的知识产权搜索引擎搜索相关排除令的方式获取。海关官员通常会同意给进口商或出口商以机会，说明某产品为何不应被列入排除令范围。此外，海关官员也受理关于将相关事项提交由 ORR/IPR 做最终裁决的申请。当产品被错误地适用排除令时，非正式磋商常常是成本最低、最迅速的解决方法。

（二）申请有法律约束力的行政裁决

如果非正式磋商没有达到预期效果，进口商或出口商还可根据《联邦法

---

❶　19 U. S. C. §§ 1337 (e)（1），(j)（3）.

❷　Wayne W. Herrington. Section 337 of the Tariff Act of 1930: Remedial Orders［M］. 10 APLA Q. J. 149,194）,1982：195.

❸❹　19 C. F. R. § 12. 39 (b)（3）.

❺　19 C. F. R. § 162. 21.（海关官员在有"合理理由认为存在违反海关所执行的任何法律或条例的情形，财产因而成为查扣或没收对象"时，有权查扣相关财产。）

规汇编》第 19 编第 177 节规定，申请行政裁决，以确定排除令是否适用于特定产品。❶ 如当事人今后仍有计划进口有可能会被误认为侵权的产品或为避免侵权而已重新设计的产品，此方案对其最有帮助，因为行政裁决对所有入境口岸海关都有追溯力。在申请行政裁决时，进口商或出口商须致信驻华盛顿特区的 CBP 局长或驻纽约的海关地区主管，提供第 177.2 条所要求的信息。例如，申请信须提供所有相关方的名称和地址、相关产品拟抵达口岸、申请理由等信息。❷ 信的内容还应包括产品的照片、图纸或其他图片资料，及样品（如可行），除非对物品的准确描述对所申请的裁决无关紧要。❸

进口商或出口商还可在行政裁决申请信中提出与海关进行口头讨论。❹ 海关对是否举行口头听证拥有自由裁量权，只有在其认为对裁决有帮助时，才会同意。如申请获准，海关会安排召开会议，让申请人就相关事项进行探讨。❺进口商或出口商可请律师一同出席会议，也可委派律师或代表出席。❻在会议上提交的信息、文件或展示必须归入海关关于此申请的书面档案中。❼

海关在作出决定后，会就相关产品是否在排除令范围内发布行政裁决。❽裁决以信函的形式宣布海关的裁决结果。❾ 裁决代表 CBP 的正式立场，对所有海关人员具有法律约束力，除非裁决被修改或废除。❿ 如海关裁决相关产品属排除令范围，这些产品将被禁止入境。此时，进口商或出口商可向美国国际贸易法院（CIT）申请对裁决进行复审。⓫ 如果海关裁决相关产品不在 ITC 排除令范围内，这些产品将获准入境美国。为从裁决中充分受益，进口商或出口商应确保其产品能被很容易地识别为非侵权产品，例如使用清楚、一致的发票摘要和标签，或在入境文件中注明相关海关裁决。

如产品属排除令范围，进口商或出口商可采取的对策之一是对产品进行

---

❶　19 C. F. R. § 177. 1（c）.

❷　19 C. F. R. §177. 2（a）－（c）.

❸　19 C. F. R. § 177.2（b）（3）.

❹❺　19 C. F. R. § 177.4（a）.

❻　19 C. F. R. § 177. 4（c）.

❼　19 C. F. R. § 177. 4（d）.

❽　关于海关裁定某产品是否属排除令范围的实例，可参见：*Jazz Photo Corp. v. United States*，353 F. Supp. 2d 1327, 1329（Ct. Int'l Trade 2004）.

❾　19 C. F. R. § 177. 8.

❿　19 C. F. R. § 177.9（a）.

⓫　28 U. S. C. § 1581. 国际贸易法院由国会设立，负责审判针对美国或美国官员或机构提出的与国际贸易法相关的民事诉讼。

重新设计，使其不再侵权。进口商或出口商随后应申请海关作出裁决，明确该产品不再对排除令所涉及的专利构成侵权。申请程序如上文所述。如仅对产品进行重新设计而不申请海关裁决，则无法确保进口商或出口商的产品不被适用排除令；在入境时向海关证明产品未侵权的做法也不总能获得成功。❶

但是，需要指出的是，海关的裁决无法阻止 ITC 作出不同的裁决。当对立双方分别向海关和 ITC 申请裁决时，情况就有可能复杂化。例如，在申请人在 ITC 发起强制执行程序的情形下，海关的裁决便不具有法律约束力。❷ 在 *VastFame Camera, Ltd. v. International Trade Commission* 一案中，就出现了上述情形。在 ITC "关于部分配有镜片的胶卷包调查案"中，富士胶片公司获得了排除令，VastFame 公司的照相机被列入排除令范围。VastFame 公司向海关申请了行政裁决。海关作出裁决认为，该公司的部分相机未违反 ITC 的普遍排除令，并准许进口这些相机。随后，富士胶片公司向 ITC 申请启动强制执行及咨询程序，以对 VastFame 公司及其他公司是否违反排除令作出裁决。尽管海关已作出裁决，但 ITC 仍判定存在侵权，禁止这些相机进口。

在判定某产品是否在排除令范围内方面所存在的权力交叉问题尚未得到解决。在近期的 *Funai Electric Co. v. the United States* 一案中，CIT 受理了申请人关于 ITC 应为有权判定产品是否在排除令范围内的惟一机构的申诉。❸ 此案中，被申请人对产品进行了重新设计，并申请海关裁决新产品未违反排除令所涉及的专利。海关裁决排除令不涵盖该产品的部分样品。申请人要求禁止海关允许这些重新设计后的产品进口，并称只有 ITC 才有权对某产品是否在排除令范围内作出裁决。CIT 最终驳回了申请人的上诉，称因缺乏属事管辖权。❹ 也就是说，CIT 认为其缺少法定权限，无法判决海关是否有权对产品是否在排除令范围内作出裁决。

因此，尽管 CBP 的裁决可明确海关在某产品是否属排除令范围问题上的立场，但是，如果申请人向 ITC 提出申诉，情况就有可能复杂化。

（三）就某批货物被适用排除令提出异议

如货物已被禁止入境，当事人无法通过申请裁决获得救济，但可选择另

❶ *Eaton Corporation v. United States*,395 F. Supp. 2d 1314,1326. 该案认为，ITC 排除令中关于证明的表述并非意在允许进口推定为未侵权的重新设计产品。

❷ Steven E. Adkins,John Evans. Several Healthy Steps Away: New & Improved Products In Section 337 Investigations,8 J. Marshall Rev. Intell. Prop. L. 309(2009).

❸ *Funai Electric Co. v. United States*,Slip Op. 09 – 109(Ct. Int'l Trade 2009).

❹ *Vastfame Camera, Ltd. v. ITC*,386 F. 3d 1108(Fed. Cir. 2004).

一应对方案。当货物被禁止入境时，有关当事人，例如进口商，可依据《美国法典》第 19 编第 1514（a）条，对 CBP 禁止货物入境提出异议。《联绑法规汇编》第 19 编第 174 节对如何提出异议声明做了规定。提出异议须在清关后 180 日内，如不存在清关，则在禁止入境令发布后 180 日内。❶ 异议方向异议所针对的行为发生口岸的负责人提交一式四份申请。❷ 异议方须就异议针对的每项决定、受影响的每批货物、每项异议的性质和理由做逐一阐述。❸ 海关对异议进行审议并采取行动的时限为 2 年，❹ 但是，异议方可在 90 日后，申请快速审议。❺ 如接到快速审议申请，海关会在 30 日内对异议声明进行审议。❻ 审议结束后，海关会发布准许通知或驳回通知。如海关未能在 30 日内发布决定，则视同异议被驳回。海关会将决定告知异议方（视同为被驳回的快速审议除外），并在《海关公告》上公布，或以其他形式发布。❼ 如被驳回，异议方可在 180 日内向 CIT 提出上诉。❽

尽管提出异议的程序就其最长时限而言是漫长的，但是，CBP 和美国司法部认识到 337 条款排除令项下裁决所固有的时间敏感性。事实上，这些政府部门很可能会对加速审理申请予以合作。因此，建议异议方与这些部门进行非正式的接触，探讨加速进程的可能性。

Jazz Photo Corp 一案提供了一个在异议被驳回后提出上诉获得成功的例子。❾ 海关依据某普遍排除令禁止 Jazz Photo 公司进口的翻新相机入境。❿ 进口商认为这些相机不在排除令范围内，并对海关的裁决提出异议，但被驳回。⓫ 进口商随后向 CIT 提出上诉，CIT 判定进口商证实其部分商品不在排除令范围内。⓬ 在随后的上诉中，CAFC 维持 CIT 原判，即部分商品不在排除令范围内。⓭

---

❶ 19 U. S. C. § 1514（c）（3）.

❷ 19 C. F. R. § 174. 12。Form 19 is avaible at：http://forms. cbp. gov/pdf/cbp_Form_19. pdf.

❸ 19 U. S. C. § 1514(c)(2)及 19 C. F. R. § 174. 13.

❹ 19 C. F. R. § 174. 21.

❺ 19 C. F. R. § 174. 22.

❻ 19 C. F. R. § 174. 22.

❼ 19 C. F. R. § 174. 30 – 32.

❽ 28 U. S. C. § 1518（a）；28 U. S. C. § 2632；19 C. F. R. § 174. 31.

❾ *Jazz Photo Corp. v. United States*, 353 F. Supp. 2d 1327（Ct. Int' l Trade 2004）.

❿ "关于部分配有镜片的胶卷包调查案"（337 – TA – 406）（1999）。

⓫⓬ *Jazz Photo Corp. v. United States*, 353 F. Supp. 2d. at 1329, 1349 – 1350.

⓭ *Jazz Photo Corp. v. United States*, 439 F. 3d 1344, 1354 – 55（Fed. Cir. 2006）.

在权衡上述方案时，所有当事方应谨记，《美国法典》第 19 编第 1592 节对实质性虚假陈述或隐瞒的处罚之严厉。处罚内容包括扣押和没收，并处以民事罚款，罚款金额最高可为进口产品在美国的批发价。❶

三、海关程序的未来发展趋势

2010 年 6 月 22 日，奥巴马政府发布了 "2010 年知识产权执法联合战略计划"❷。该计划旨在通过改进排除令的海关执法等途径，加强美国境内及海外的知识产权执法。为推进此目标，该计划认为应加强 CBP 和 ITC 在确定排除令执法范围方面的沟通，包括在调查阶段的交流。这或将有助于防止出现本节第二部分提到的，由于 CBP 和 ITC 管辖权重合而引发的复杂情况。

根据该计划，CBP 正在研究制定一项多方程序，使相关各方在适当时包括 ITC 都能参与排除令范围的确定。该程序的目标是，将 ITC 调查案各方所能提供的关于涉案产品的信息和分析，用于确定裁决中的知识产权范围。此外，该计划还提倡 CBP 与知识产权权利人分享 337 条款排除令的执行情况，包括在禁止入境、没收及其他行动方面的统计数据。❸综合上述，倡议或可提高排除令程序的效率和透明度，对各方都有益。

概括而言，ITC 排除令的各相关方都有多个维护自身权益的机会，这些机会既有正式的，也有非正式的。进口商或出口商可与海关就排除令的范围进行探讨，或者向海关阐明为何其产品不应在排除令范围内。申请人则可与海关就某产品为何应被列入排除令范围进行讨论。相关各方可申请行政裁决，明确 CBP 在某产品是应予放行还是应被禁止入境问题上的立场，并可对海关的行为和决定提出异议和上诉。但是，在裁决某产品是否违反排除令所涉及的专利方面，海关和 ITC 存在权限重合，这有可能使各方面临的应对选择复杂化。"2010 年知识产权执法联合战略计划" 要求加强 ITC 和 CBP 之间的沟通，这或能使权限重合问题得到缓解。总之，相关各方在采取行动，以期对排除令的执行产生影响时，应仔细权衡各个可选方案。

---

❶　19 U. S. C. § 1592.
❷❸　2010 知识产权执法联合战略计划［EB/OL］.［2010 – 06 – 10］. http://www. whitehouse. gov/sites/default/files/omb/assets/intellectualproperty/intellectualproperty_strategic_plan. pdf.

第十一节　337 调查中的费用控制问题

通常情况下，337 调查的应诉费用主要包括律师费、专家费、翻译费、差旅费、其他费（打印和复印费）以及电子取证等费用，但是费用的大部分属于律师费。中国企业比较关心如何在应对 337 调查过程中最大限度地控制费用以节省应诉成本。

一、中国律师为企业费用把关

中国企业应对 337 调查一般都聘请中、美联合律师团队。中国律师可以成为控制应诉费用的重要保证。337 调查过程中产生的各种应诉费用，包括按小时计算的美国律师费用及调查进程中的其他费用的计算等问题对中国企业来说非常烦琐、复杂，常常令其感到无所适从。而如果有经验的中国律师参与，帮助企业为费用把关的话，则不仅使得企业能够对应诉费用的支出有更清晰的了解和规划，也能帮助企业更专注于应诉的具体进程。具体来说，采用中国律师为企业费用把关的原因如下。

（1）337 调查经验丰富的中国律师在案件应诉时能把握案件的进程，帮助企业确立适当的案件策略，区分哪些是必要的举措，哪些是不必要的举措，从而减少不必要的法律费用支出。例如，小到某次电话会议是否有必要，大到案件是否有必要进行专利无效抗辩这些策略性的把握，是中国企业控制应诉费用的根本所在。此外，审查美国律师账单是否符合美国律师行业惯例，也是有经验的中国律师帮助企业控制费用的方式之一。

（2）中国律师参与办案能够帮助中国企业节省应诉费用。中国律师在语言和文化方面的优势能够帮助中方企业节省大量的时间和金钱。美国本土的律师带队到中方企业现场取证，与中方企业管理团队或技术团队沟通很多需要口译帮助，大量的中文材料还需要翻译以确认是否应该提交，翻译有时真是"差之毫厘，失之千里"。337 调查的时间要求特别紧，要求提交的文件只有 10 天的准备时间，能够延长的时间也很有限。在短短 10 天内处理中方企业的海量文件，精确理解企业情况并快速回应 337 调查程序要求，这对于语言文化毫无障碍的中国律师而言已经是一大挑战，更何况是远道而来事事需要翻译帮助的美国律师。此外，由于律所运营成本的不同，中国企业聘用中国律所执业的中国律师当然能够更好地节省办案成本。

（3）中国律师如持有美国某个州执业执照，有丰富的 337 调查经验，则中国律师的成本优势尽现。持有美国某个州执业执照则意味着该律师能够接触全案商业秘密，包括申请人的商业秘密文件，在此基础上，该律师才有可能实质代理调查案件，参与案件策略确立，这是成为337调查案件核心律师团队成员的基本要求。同时，具有丰富的337调查经验则意味着中国律师在掌握企业第一手材料的基础上能够消化理解全案证据，进而撰写证据开示中要求的各种文件，处理调查中的种种业务。如果业务办理过程中律师间"二传手"之类的中间环节越少，应诉企业越能节省费用。

二、选择性价比较高的美国律师

美国律师的性价比也是337调查律师费用节省的关键。谈到中、美联合应诉律师团队搭建的问题上，中国企业经常在选择大所还是专业所之间犹豫不决。如前文所述，美国大所的优势主要包括律师多、业务全、资源广，能为客户提供一站式服务；但其劣势是其律师小时费率较高，小客户有时得不到足够的重视，337调查业务可能并不是其强项。而美国专业所的优势是拥有一批337调查经验丰富的律师，精通337调查业务，与大所的律师费率相比其性价比更高；但是，专业所通常资源有限。以专利律师为例，专业所配备的专利律师往往有限，需要搭配其他律所的专利律师，这无疑加大了案件协调的工作量。因此，专业所和大所各有利弊，视公司实际情况选择。

三、和解结案以节省律师费

和解既能解决337调查涉及的争议，又能节省律师费用，因此，和解实际上是337调查结案的主要方式之一。大部分337调查通常在行政法官主持的开庭以前就和解了。根据ITC的数据，2006年、2007年、2008年发起的337调查案件和解率分别是38%、35%和39%，截至2010年11月，2009年发起的337调查案件的和解率已达48%。

当然，每个企业都是在对具体案件进行上述分析和研究的基础上，确定具体的应诉策略。例如，是选择和解，还是选择全程应诉。若是选择和解结案，达成和解协议，律师费则至少可以降低20%。

四、资源共享以节约成本

有些337调查案涉及全球某个或某几个行业的数个主要企业，但涉案的中国企业仅一家，如"芯片调查案"（337-TA-630）就是这样的一个典型。该案被诉企业多达18家，涉及计算机内存芯片的制造厂家、封装厂家、使用芯片的计算机内存制造商以及计算机制造商。在该案中，中国企业也是全球计算机内存的主要制造商之一，只是因为使用了他人提供的涉嫌侵权的芯片，而被卷入此案。对于此类 337 调查，中国企业在应诉中如何"取势"显得尤为重要，企业可通过签订应诉合作协议，共享信息，联合抗敌。在"芯片案"中，每个应诉的被申请人分别聘请了律师，但是，在被申请人全体律师的努力下，所有应诉的被申请人均签署了联合应诉协议，借此共享专利无效的信息，共用专家证人，等。这些都为我国企业节省了大量的诉讼费用。

五、共同聘用律师整合资源

有的 337 调查案涉及的中国企业很多，例如，"复合木地板调查案"中被诉的中国企业就有十几家。从费用的角度来看，被诉中国企业共同聘用律师联合应诉可以整合资源，最大限度减少人力、物力的浪费。因此，如果中国企业联合应诉，数百万美元费用通过分摊就变得更容易让企业接受。而且，联合应诉促使众多中国企业用一种声音说话，无论是和解谈判还是血战到底，中方企业作为一个整体的力量就明显增强了。由于 337 调查的应诉成本很高，如果业内企业能够同心协力，共同应对，就能以最小的成本赢取最大的胜利。

如上所述，共同聘请律师联合应诉具有减少成本行业利益最大化等诸多好处。但是，联合应诉也不是绝对的。毕竟，被诉的中国企业往往也互为竞争对手。经济条件允许的情况下，有的也不愿意联合应诉。有些案件中，不同企业的产品千差万别，抗辩理由也随之大相径庭。例如，某些企业根本不存在侵权问题，而另外一些企业涉嫌侵权。如果在此情形下强行捆绑企业联合应诉则于事无补。而且，联合应诉的协调工作因为企业根本利益的不一致也很难有效开展。

但是，即使在应诉企业利益冲突的情况下，仍有可能存在某种程度的联合应诉。例如，337 调查的有些重要抗辩，如专利无效，是花销特别大的事情，而这些抗辩对于每个应诉企业都有用。因此，这种联合往往体现在专利无效抗辩方面。对于其他律师代理工作内容则各自聘请律师按照本公司实际情况处理。实践中，企业的联合应诉不是易事，有些时候，仅仅是企业文化的差异都可能导致联合应诉的格局崩盘。行业协会及商会应在联合应诉中发挥重要作用。行业协会及商会可通过建立合理的费用分摊机制集合更多的同行业中国企业的力量应对 337 调查，从而维持整个行业的根本利益。

第四部分 案例篇

第一节　宁波贝发公司应诉
美国世孚公司 337 调查案

[**导言**]"万事和为贵"，其实并不鼓励每一个337调查的应诉企业都走完所有的程序，以证明孰是孰非。如何以最小的代价，包括人力、时间与金钱，最有效地化解被申请人面临的困难，应该是应对337调查的根本宗旨。宁波贝发公司应诉美国世孚公司337调查案的成功经验证明：和解是一种策略，规避设计也是一种策略。

一、337 调查的发起

（一）337 调查的申请

2004年7月20日，世孚公司向ITC提出启动337调查的申请，指控包括宁波贝发集团有限公司（以下简称"贝发公司"）在内的多家公司出口到美国市场的记号笔侵犯了其所属品牌记号笔的"商业外观权"。

（二）当事人介绍

1. 申请人

世孚公司是美国最大的制笔公司，旗下拥有"派克"（Parker）等品牌，主要从事笔类产品的研发、生产和销售，是世界书写工具行业中高端产品的"巨头"，年销售额在17亿美元左右。

2. 被申请人

贝发公司位于全国笔业生产基地——宁波，是目前中国规模最大的制笔公司，涉案当时全球年出口额近1亿美元。

（三）337 调查发起的原因

贝发公司生产的笔的质量和工艺水平，与世孚公司所生产的笔没什么区别，但价格占优势。2004年年初，贝发公司涉案的记号笔在美国沃尔玛超市上柜2个月后，销量是世孚公司同类产品的7倍。事实上，随着贝发公司产品出口的逐年增加，贝发公司与世孚公司等全球知名公司在国际市场上直接交锋只是时间问题。

世孚公司发起本次337调查的目的很明显：以知识产权为竞争工具，利用337调查，将来自中国的竞争产品排除在美国市场之外，或者迫使中国公司缴付大笔使用费，从而增加自己的实力并削弱中国公司的竞争优势。

二、337 调查的具体过程

（一）立案

2004 年 8 月 19 日，ITC 正式就此项指控立案并展开调查，案号为337 - TA -522。

（二）贝发公司应诉

对于本次 337 调查，贝发公司算了一笔账：涉案的记号笔，出口到美国市场的数量并不大，还不足贝发公司总出口额的 1%。而一个 337 调查案件，一般需要 12 个月时间，复杂的需要 18 个月，仅应诉的律师费预计就要上百万美元。

官司值不值得打？单算眼前账，官司不值得打。但从长远角度分析呢？如不应诉可能会失去巨大的潜在市场。涉案产品无论是源头生产厂家还是分销商，将一律被禁止进入美国市场，已进入的也将被停止销售。贝发公司意识到这实质上是一场以法律名义开展的市场争夺战。宁波地方政府曾组织几家涉案公司集体应诉，其中三家公司在盘算之后挂起了"免战牌"。进退之际，贝发公司决定独扛"市场保卫战"的大旗。"这笔钱无论如何是省不了的"，贝发公司很快决定应诉，并聘请了中国律师所和美国律师所组成的联合应诉团队迎战！

在中美律师的指导下，调查之初贝发公司就以决战到底的态势对世孚公司积极应战并转守为攻。针对世孚公司提出的数百个涉案的质询问题，贝发公司按时给予了详细的答复，并提供了充足的证据材料和样品。同时，贝发公司充分运用 337 条款赋予的权利，同样向世孚公司提出数百个针锋相对的质询问题。在此过程中，贝发公司通过有力的法律和事实论证，否认世孚公司声称拥有的所谓的商业外观权；同时，贝发公司通过法律程序迫使世孚公司将贝发公司的"非涉嫌侵权产品"排除在本次调查之外；对于出口的"涉嫌侵权产品"，贝发公司一方面提供大量证据强调产品由其自主研发，否认侵权指控；另一方面，通过规避设计，成功绕开世孚公司的所谓商业外观，保证了"涉嫌侵权产品"今后对美出口渠道的畅通。

（三）和解

贝发公司的积极抗辩无疑给了世孚公司很大压力，而贝发公司规避设计的成功推出，也使世孚公司意识到已无法撼动贝发公司对美出口的实质性利益。在此情况下，和谈显然成为了涉案双方的明智选择。在已经实现公司既定目标的情况下，贝发公司也认识到继续本次法律程序已经没有实质性意义，尽快从调查中摆脱出来才符合公司的最大利益。于是，贝发公司毅然决定实行战略转移，公司全力进入和解谈判程序。

和解谈判更像是一场商业谈判，谈判结果取决于双方的谈判筹码。在和解谈判时，贝发公司凭借此前在调查程序中所建立的优势，仍然表现出决战到底的姿态，对于和解协议谈判中实质性利益寸步不让。

2005年2月23日，案件历时半年，在进入审判程序之前双方达成和解协议。2005年4月5日，ITC正式发布命令终止对贝发公司的337调查。至此，贝发公司从本案中全身而退。

贝发公司与世孚公司所达成的和解协议，对贝发公司而言十分有利：贝发公司无须支付和解费或者其他任何费用；世孚公司同意贝发公司可在不改变所有涉案产品的外形、尺寸的前提下，继续在包括美国在内的世界各国范围内销售自己的产品。

出乎很多人意料，与贝发公司取得如此重大的胜果形成强烈对比的是：由于贝发公司战略战术得当，贝发公司本案的实际花费只有预算的1/3左右。

三、本案对贝发公司的影响

本案对贝发公司而言，这既是一次深入参加国际竞争的挑战，又是一次发展壮大过程中难得的机遇。

和解协议签署之后，贝发公司的记号笔对美出口保持稳步高速增长，从本次337调查前的每年不到一百万美元的出口额迅速提到每年上千万美元的出口额；而ITC最终颁布的普遍排除令造成贝发公司之外的其他中国公司无法向美国出口记号笔，只能坐视多年打下来的美国市场在一夜间丧失。不仅如此，和解协议中世孚公司同意不对在美国之外的其他市场的贝发公司产品进行发难，这也就为贝发公司产品在全球市场上的销售营造了良好的环境。

另一方面，贝发公司在本案中的积极应诉并最终完胜，确立了公司的良好形象并进一步扩大品牌的知名度和影响力，北京2008年奥运会，贝发公司集团成为文具独家供应商。

贝发公司凭借本次337调查，可谓名利双收。

四、从本案看337调查的一般性应诉策略

进入2000年以来，涉及我国对美出口产品的337调查数量逐年上升，中国已连续多年位居337调查涉案国家的榜首。其根本原因在于，知识产权已经成为国际市场竞争工具，未来的竞争很大程度上就是知识产权的竞争。从

国内原因看，一方面，我国的高新技术产品出口比重越来越大，产品的技术含量不断提高；另一方面，我国大多数公司尚未建立起完善的知识产权管理体系，知识产权保护意识淡薄。从国外原因看，337调查与反倾销相比，对中国出口公司的威胁更大，中国公司一旦败诉，其全部涉案产品将不能进口到美国市场，而不是加征反倾销税进入美国市场的问题；而且，已经进口到美国的涉案产品甚至其下游产品也不能在美国销售，这在反倾销案件中是不存在的。此外，337调查应诉费用高，程序复杂，非一般中国公司所能承担。而当前中国公司普遍缺乏应对知识产权纠纷的能力和经验，在应对337调查中往往处于不利和被动的局面。这些原因造成国外公司越来越喜欢用337调查作为打击中国竞争对手的手段，而中国公司则在很多案子中呈现出应诉难甚至不应诉的局面。

回顾本案的历程，贝发公司的胜利首先要归功于贝发公司面对美国337调查的态度：即面对全球巨头的挑战，没有选择回避，而是在政府部门和律师专业团队的支持下积极寻找解决问题的办法，在客场打赢了一场没有硝烟的战争。同时，贝发公司的胜利更要归功于贝发公司在律师的指导和建议下，审时度势，选择适合自己的最佳的应诉策略。

本案的成功经验，对于中国公司在应诉337调查时，如何制定合适的应诉策略以及如何最大限度地节省应诉费用方面，具有参考价值。

（一）应诉策略的选择

中国公司应诉337调查案件，要达到胜诉的目的，一般说来有如下几种策略。

1. 申请宣告对方涉案知识产权无效

如果能够成功将对方的涉案知识产权归于无效，对方所发起的337调查也就失去了法律基础。在此情况下，中国涉案公司不仅将赢得337调查的完胜，甚至可能致使对手丧失技术领先优势，给其造成毁灭性打击。但是一般说来，在337调查案件中，将对方涉案知识产权打成无效难度非常大，需要中国公司及其代理律师和技术专家做大量的工作，相应也会产生高额的应诉费用。此外，一旦将对方涉案知识产权打成无效，该337调查将终结。在此情况下，包括应诉的被申请人和未应诉的被申请人在内的所有涉案公司均受益，体现不出谁应诉谁受益的原则，这也是在实际337案件中许多打算应诉的被申请人所顾虑的。

2. 不侵权抗辩

判断某个产品是否侵犯对方的涉案知识产权，首先要确定该涉案知识产权的保护范围。所谓不侵权，即通过对被诉侵权产品同涉案知识产权保护范围进行比较，认定该产品并不在知识产权保护范围内。如何将知识产权保护范围这样抽象的文字描述内容与被诉侵权产品的具体技术结构进行比较，是一项专业性和技术性要求都非常强的工作。如果某家中国公司能根据自身产品特征，向 ITC 成功证明其产品不在涉案知识产权的保护范围之内，该产品将被认定为不侵权产品，并获得了今后对美出口的"护身符"，从而保住其在美市场。通常来说，国内被申请人的产品不尽相同，因此在抗辩时，各被申请人都根据自身产品的特征做有针对性的抗辩。

3. 规避设计

所谓规避设计，是指针对对方的涉案知识产权，找出其在保护范围等方面的漏洞，利用这些漏洞，设计出新的产品或者对此前涉嫌侵权的产品进行改造，从而避开涉案知识产权的保护范围，实现在不侵权的前提下，"借用"该技术。

规避设计，是一种常见的知识产权策略。知识产权本身并不能规避，但是专业技术人员可以采用不同于受知识产权保护的新的设计，从而避开他人某项具体知识产权的保护范围。规避设计并不是设计中的灵丹妙药，采用规避设计本身就意味着对手在该项技术领域先有知识产权，而我方已经处于不利态势。但规避设计的确是公司知识产权策略中避免侵权发生的重要措施，同时也可能是代价最小的一条竞争捷径，因此对于国内公司，特别是后起的公司而言，规避设计往往是其后发制人的一个重要手段，值得重视。

4. 与申请人达成和解

ITC 的 337 调查程序鼓励申请人与被申请人和解，法官会安排多次和解会议来给当事人提供和解的机会。事实上，ITC 发起的 337 调查案件超过一半是通过和解结案的。

和解协议的内容取决于和解双方的谈判筹码，这些筹码包括法律层面的，也包括商务层面的（比如一些合作建议）。常见的和解协议多采取订立许可协议的方式，根据许可协议，申请人允许被申请人使用其知识产权，被申请人则同意向申请人支付使用费。但是，实践中被申请人不用支付任何费用达成的和解协议也不少见，甚至在极端情况下，申请人支付被申请人一定的和解费用从而达成和解协议的情况也曾出现过。

选择适当的时机与对方达成有利的和解，在法律程序中途全身而退，一方面避免了时间和金钱的花费，另一方面申请人与被申请人化敌为友，为产品销售创造和平的环境，这不失为国内公司在应诉中的一种明智选择。

需要强调的是：在实际应诉中，以上四种策略相辅相成，不是孤立存在的。例如，被申请人虽然不能将所有涉案知识产权申请宣告无效，但如果使得部分涉案知识产权无效，就可以只针对剩余部分知识产权进行产品不侵权抗辩；在成功抗辩涉案产品不侵犯剩余有效知识产权的部分权利范围时，被申请人完全可以仅就剩余的涉嫌侵权的权利范围做规避设计研究，这就在很大程度上降低了规避设计的难度。

（二）降低 337 调查的费用的办法

337 调查的应诉费用比反倾销应诉费用高得多。反倾销的应诉费用通常在几万到几十万美元之间，而 337 调查的应诉费用则以百万美元计。此外，反倾销调查的费用一般是可估计的，而 337 调查实际上是一个控辩双方"质证的过程"，交锋越激烈，程序就越复杂，应诉费用难以事前估计。从现有的国内公司应诉案例来看，最终应诉费高达四五百万美元的并不少见。

在此情况下，如何降低 337 调查案件的费用，实现少花钱、多办事的目的，就是每个中国被申请人面临的很现实问题。贝发公司在本案的实际花费只有预算的 1/3 左右，至少有以下方面的经验可供借鉴。

1. 制定最适合的应诉策略

这是节省应诉费用的最重要的方法。一个应诉企业在抗辩 337 调查时，是要主打对方知识产权无效，或主打自己产品不侵权，还是以两者为手段，谋求规避设计或者寻求有利和解，这是在应诉之初就要确定好的应诉策略。最佳应诉策略的形成，往往是实现节省费用的决定性因素。深圳记忆科技公司应诉"半导体芯片 337 调查案"时，代理律师就根据该公司产品属于间接侵权的特点以及其多家上游产品生产公司也参与应诉的情况，制定放弃主动攻击对方专利无效的策略，在实际应诉中让记忆科技公司只参与案件中必要的法律程序，最终实现花很少费用就取得胜诉的结果。不仅如此，记忆科技公司通过此案与上游公司建立了更加紧密的商业合作伙伴关系。

2. 与其他被申请人的联合抗辩

一个 337 调查案件，往往有多家涉案公司应诉。在一些涉及被申请人共同利益的问题上，如挑战对方专利无效等抗辩点，被申请人之间如能联合应诉，进行分工合作、实现资源共享，将大大节省应诉费用。

3. 监控应诉程序全过程

337 调查涉及的程序烦琐复杂，一家被申请人是否有必要参与其中的所有程序，是一个值得商榷的问题。即使有必要参加其中某些程序，参与的程度深浅也是一个需要拿捏的问题。把握好这个问题，也会不同程度的节省应诉费用。

4. 选择最佳时机，全身而退

337 调查程序中，被申请人如果能把握住有利时机实现全身而退，将大大节省应诉费用。贝发公司在"记号笔 337 调查案"中途和解以及大西洋公司在"桶装焊丝 337 调查案"中途迫使对方撤案，都是选择最佳时机全身而退的典型案例，并因此节省了大量的应诉费用。

5. 中国律师事务所的参与

应诉 337 调查之所以能够实现应诉费用的节省，中国律师事务所的参与是一个重要因素。例如，在 337 调查程序中，涉及在中国境内的调查取证工作是一项重要的应诉工作，工作量大、耗时长，相应占律师费构成比例也较高。而中国律师目前已经具备了一定的 337 调查案件的应诉经验，可以完全胜任 337 调查程序所涉及的在中国境内的调查取证工作。而相对于美国有经验的 337 调查律师，中国律师的费用要低得多，这就很大程度上节省了律师费用。不仅如此，中国律师熟悉中国法律和中国公司的具体情况，在完成中国境内的调查取证工作方面有着美国律师无法比拟的优势。

此外，中国律师事务所在代理中国公司应诉 337 调查时，往往一方面担任中国公司的 337 调查律师，另一方面同时会在实际工作担当起中国公司的内部法律顾问的角色，从被申请人的利益出发，在应诉策略、程序监控、费用花费等方面提出自己的意见和建议。这对被申请人是非常有益的，也是美国律师所或者美国律师所在中国的代表处所无法替代的和无法做到的。

第二节　四川大西洋公司应诉 美国林肯公司 337 调查案

[**导言**] 虽然 337 调查从申请标准及程序上都对申请人有利，但有时正是这种有利会使申请人降低要求并导致低级的错误，例如被诉产品与被申请人的产品不是同一产品。2009 年，焊接企业的全球巨头美国林肯公司将四川大西洋焊接材料股份有限公司（以下简称"大西洋公司"）、瑞典伊萨公司、韩国现代焊接有限公司、韩国 Kiswel 有限公司、意大利 Sidergas SpA 公司在内的 5 家企业在 ITC 提起 337 调查。在本案中，由于申请人林肯公司诉前准备的懈怠，使之犯了低级错误，恰被大西洋公司律师利用，从而使林肯公司主动撤案，终止调查。

一、案件概况

林肯公司（Lincoln Electric Co. & Lincoln Global Inc.），作为世界范围内焊接器材和消耗品的供应商，于 2009 年 8 月 7 日向 ITC 提交 337 调查申请，指控有关焊丝，包括焊丝容器的进口和销售中出现的不公平行为。5 家欧洲和亚洲的公司被列为被申请人，包括一家中国公司：大西洋公司。林肯公司声称被申请人在不同程度上侵犯其拥有的焊丝和焊丝容器的相关专利，最多的有 7 项。

同时，林肯公司在其总部所在地俄亥俄州联邦地区法院提起一系列的专利侵权诉讼。其主张的专利与在 ITC 提起的 337 调查案中提出的是相同组合物中使用的相同专利。2009 年 8 月 13 日，林肯公司提起第二起诉讼则只针对大西洋公司，提出与磁鼓存储器内部特征有关的另两项专利。另外 4 起于俄亥俄州联邦地区法院提起的诉讼针对其他被申请人，还包括了另一家美国公司。

在本次调查（337 - TA - 686）开始后，大西洋公司正式聘请了代理律师。研究之后，根据焊接行业的经验，大西洋公司发现除了不侵权的抗辩和无效专利的抗辩外，自身还拥有另一项至关重要的抗辩：林肯公司的调查申请所涉产品非大西洋公司制造的产品。大西洋公司发现，林肯公司的诉前调查工作没有达到专利侵权案的诉前标准。而 ITC 则严格要求涉及贸易违法行为的 337 调查诉前调查要达到慎之又慎的标准，申请人若未达到此标准则很可能受到 ITC 的处罚，甚至可能最终导致案件终止。

在此案中，为了显示林肯公司诉前调查的缺陷，迫使林肯公司尽快终止其针对大西洋公司的 337 调查，在行政法官 Robert Rogers 召集第一次会议后不久，大西洋公司的代理律师立即首次会晤林肯公司的代理律师。在那次会晤中，大西洋公司的代理律师阐述了其所知的林肯公司诉前调查的缺陷。有些缺陷，从贴在焊丝容器上的标签就能很明显地看出来（虽没有表明生产商，但从其许可信息可以知道生产商）；另外一些缺陷在检查焊丝容器的内部特征后，也能看出来（例如，涉案容器环并不同于大西洋公司一直为其器具使用的容器环）。总而言之，在涉案产品的外部或内部都没有标志表明大西洋公司就是林肯公司研究后声称是来自大西洋公司产品的真正来源。

然而，对于申请人案前调查中的缺陷，林肯公司并没有被轻易地说服。在随后的 2 个月内，大西洋公司的代理律师通过面谈、电话联系和通信联系，不断地向林肯公司提供其于诉前就应该已经开始研究的产品额外信息。林肯公司还从大西洋公司要来产品的新样品并独自在市场上获取大西洋公司的产品。在试图与大西洋公司和解的过程中，林肯公司还向其索取专利权费以作为撤案的条件。然而，大西洋公司坚持自己的立场，认为林肯公司的诉前工作是有缺陷的，并且这一缺陷不能通过提起调查后对大西洋公司的产品再研究而得以弥补。因此，大西洋公司拒绝了林肯公司和解的意图。

大西洋公司的策略最终迫使林肯公司向提供涉案产品的第三方发出正式查证请求。通过查证得到的文件证实了大西洋公司的立场，还包括类似的支持性证词。同时，2009 年 12 月 10 日，大西洋公司提出针对林肯公司有关其案前调查缺陷的处罚动议。处罚动议是一个司法程序中可以采用的手段，从程序上来说很复杂，一般人对其了解甚少。在大西洋提起处罚动议后不久，对第三方的查证业已完成，林肯公司随即于 2009 年 12 月 15 日宣布撤回其针对大西洋公司的调查案的申请书。随后，林肯公司又分别于 12 月 18 日提出动议终止调查，12 月 17 日和 21 日提出动议撤销俄亥俄州联邦地区法院的司法诉讼。所有的动议最终得到批准，针对大西洋公司的 337 调查案提前结束。

而针对其他被申请人的调查仍在继续，2010 年 7 月 29 日，Rodgers 法官签发的初步裁决书认定，由于针对林肯公司的无效专利和/或未侵犯林肯公司专利的抗辩成立，被申请人不存在违反 337 条款的行为。ITC 复审部分初裁，并于 2010 年 9 月 24 日签发最终裁决书，认定被申请人没有违反 337 条款的行为。

值得注意的是，所有针对大西洋公司的调查都在原计划于 2010 年 4 月开始的庭审前就已经终结，而且甚至在专家报告到期前以及查证程序结束前就已经完成。大西洋公司节省了可观的成本。一家中国公司在 ITC 程序中，在如此之早的阶段就取得如此完整的胜利，这在 ITC 有关 337 调查案的历史上都是罕见的，尤其是在没有任何和解或是另向专利权人支付费用的情况下，更显得可贵。大西洋公司之所以取胜，部分原因是程序应用适当，例如提出要求对方支付大西洋公司的律师费的处罚动议。另外，大西洋公司对整体案件的应诉，包括对联邦地区法院案件的处理，都十分恰当。这些应诉策略都会在以下文中进行详细阐述，以更好地说明大西洋公司在此次 337 调查案的成功之处。

二、针对不恰当提起 ITC 调查程序而提出的处罚动议

ITC 发起的 337 调查是一个杀伤力很强的武器。ITC 尽管在发现存在违反 337 条款的行为后，不会裁决金钱损害赔偿，但通常会签发排除性的救济措施（普遍排除令或有限排除令）。此外，ITC 调查程序启动本身都会给被申请人造成很大的困难。这主要有以下几个原因：调查程序对正常的经营活动的干

扰；对违反 337 条款行为的潜在的相关负面报道和潜在的排除令；以及，针对 337 调查应诉而需要花费的律师费。

337 调查程序可能带来的影响如此之大。那么，如何防止申请人或任何第三方，提出无中生有的指控或是提交不完整、不充分的证据？答案就藏在一个很冗长而且很少被应用的 ITC 调查规则中，这个规则授予 ITC 在调查过程中，如果发现向其递交的申请书内容是错误的、毫无根据或有误导的内容，或除此以外，客观上不合理的，则 ITC 有权向提供方予以处罚的权力。❶

本节准备简要探讨针对违反《联邦法规汇编》第 210.4 节（以下简称"规则 210.4"）的行为而请求且获取处罚令的复杂程序，同时也阐述处罚令的类型及其性质。值得注意的是，该处罚令甚至还包括终止调查程序的处罚和/或要求由申请人甚至是其代理律师支付被申请人因其不恰当陈述而承受的律师费的处罚。

（一）规则 210.4 对向 ITC 递交文件方设定的义务

为最好地理解可能获得处罚令的方式，应诉企业首先要认识到规则 210.4 在总体上确认了一个义务，这个义务产生于 337 调查案的调查阶段，即当向 ITC 递交签署文件时（无论是面对 ITC 或是面对行政法官）产生的义务。规则 210.4（c）规定在提交签署文件时应做到：

向主审行政法官或 ITC 呈交申请书/答辩状、书面动议或其他文书（无论是通过签署、提交、上报或随后为之辩护的方式呈交）时，律师、当事方或提出动议方在作出合理的调查和研究之后，根据其所掌握的事实，在其拥有的知识、信息和判断的最大范围内，就以下内容作出保证：

（1）该陈述不为任何不恰当之目的，例如会对调查或相关程序进行干扰或造成无谓的迟延或增加不必要的费用；

（2）其中所含的法律主张、抗辩或其他的法律观点都以现行法律为依据或者以对现行法律所做的延伸——修改或变更或确立的新的法律规则——作为依据；

（3）事实主张和其他的事实观点都有证据证明，或者，如果特别指明，该事实主张或其他的事实观点能够在合理的机会进行进一步的调查和取证之后，获得证据支持；

（4）对事实主张的否认有证据证明，或者，如果特别指明，其否认是合理地基于信息的缺乏或判断的缺乏。

---

❶ 19 C. F. R. § 210.4.

（二）处罚令

规则 210.4 定义了在何种情况下，处罚令都适用于上述情形。

如果在发出通知并给予合理的答复机会之后，主审行政法官或 ITC 认定存在违反《联邦法规汇编》第 210.4（c）节的行为，他可以根据第 210.25 节叙述的条件，向已经违反《联邦法规汇编》第 210.4（c）节或对违法行为负有责任的律师、律师事务所或当事方发出合适的处罚令。对于行政法官或 ITC 来说，认定违反第 210.4（c）节并不需要从整体上认定陈述都是毫无根据的，如果发现陈述的任何部分是错误的或毫无根据的或有误导的内容，或除此以外，违反第 210.4（c）节的，都可以发出处罚令。在决定是否存在违反第 210.4（c）节的行为时，行政法官或 ITC 将会结合具体案情，考虑陈述或有争议的部分从客观上看是否合理。

为了主张存在违反规则 210.4 的行为，规则 210.4 也说明了应该遵守的程序。有两种可能的方法：受害方提出动议发起程序，或是行政法官（或 ITC）主动发起程序。两种方法都是为了给指控方一次"解决"问题的机会，指控方可以撤回指控，也可以解释为什么不存在违反规则的行为。

1. 通过动议发起

根据本节提起的处罚动议应独立于其他的动议或要求，并应指出认为是违反了第 210.4（c）节的具体行为。动议应根据第 210.4（g）节规定的方式送达，而不能直接提交或呈现给主审行政法官或 ITC，除非动议在送达后 7 日内（或是行政法官或 ITC 指定的期限内），对方没有撤销被质疑的文书、法律主张、法律抗辩、事实主张和事实观点，或没有对其予以恰当的更正。如果已被担保，行政法官或 ITC 可以裁决对方支付动议获胜一方或提出动议方因提出或反对动议而支付的合理费用和律师费。如果不存在特别的情况，律师事务所应为其合伙人、律师和职员违反规定的行为负连带责任。

2. 行政法官或 ITC 主动发起

行政法官或 ITC 可以通过发出职权调查令，指出某具体行为看上去违反了第 210.4（c）节，并指示律师、律师事务所、当事方或发起方给出正当理由，解释为什么该行为没有违反第 210.4（c）节。

（三）处罚令的类型及性质

采用的处罚令的力度应足以震慑违反第 210.4（c）节的类似行为不再重演。根据第 210.4（d）节规定，处罚令可以包括非金钱性质的命令、支付罚金的命令，或者如果处罚令是通过动议形式发出的，且这样的处罚令足以达到有效威慑效果，则命令违反方向动议提出方支付其因违反规定的行为而直接承受的部分或所有的合理的律师费和其他费用。但需要注意：

（1）根据本节发出的金钱性质的处罚令不能针对美国、ITC 或 ITC 的调查律师。

（2）金钱性质的处罚令不应施加于违反第 210.4（c）（2）节陈述方或提出方。

（3）在行政法官或 ITC 主动发起的程序中，金钱性质的处罚令不能采用，除非：1）在终止调查或相关程序之前，ITC 或行政法官发出命令，向当事方或提出方或是他们的律师指出被处罚制裁的全部或部分原因；2）该程序终止是基于：①一个通过动议撤回作为调查或相关程序基础的申请、动议或请求；②和解协议；③同意令协议；④仲裁协议。

（4）为弥补 ITC 的调查律师或 OUII 支出的费用而发出的金钱赔偿的处罚令将包括因违反行为而直接承受的部分或全部的合理支出，但是不包括律师费。

（四）大西洋公司在处罚动议上的策略

很明显，规则 210.4 非常冗长和复杂。它甚至涉及其他规则，这更使处罚程序复杂化。然而，从实际操作的角度看，它可以被概括为一个要求，即要求指出被指控方在其陈述中含有其明知是错误和/或是客观上不合理的内容。同时，从程序上说，有必要在动议可以正式提交给行政法官和 ITC 至少 7 日前准备一份处罚动议的草稿交给被指控方。这 7 日，一般被称为"安全港"期间，是给予被指控方修改其陈述内容甚至是撤案的时间；如果采取了补救措施，ITC 随后就不会再考虑发出处罚令。

相对来说，很少有人在 ITC 调查程序中提起处罚动议，或许是因为程序的复杂性，或许是因为 ITC 使用的是必须基于事实的申请书/答辩状，这一般就要求申请人对其提交的文件的信息进行广泛的调查和取证。无论是什么原因，这样的动议提起的数量和成功率都非常低。❶

---

❶ 被终止的案件，至少是部分地或是有条件地，包括 Concealed Cabinet Hinges，第 337 - TA - 289 号调查案第 89 号令（1988 年 6 月 15 日）；Human Growth Hormone，第 337 - TA - 358 号调查案初裁（1994 年 11 月 29 日）；以及 Point of Sale Terminals，第 337 - TA - 534 号调查案第 40 号令（2005 年 4 月 15 日）和第 48 号令（2005 年 6 月 7 日）。数据显示，针对具体的申请滥用的处罚动议比要求终止整个案件或为整个案件偿付律师费的处罚动议成功率要高得多。参见，例如：Hardware Logic Emulation Systems，第 337 - TA - 383 号调查案第 96 号令（1997 年 7 月 31 日）和 106 号令（1998 年 7 月 22 日）；Data Storage Systems，第 337 - TA - 471 号调查案第 34 号令（2002 年 11 月 16 日）；以及 Encapsulated Integrated Circuit Devices，第 337 - TA - 501 号调查案第 22 号令（2004 年 4 月 21 日）。

在此案中，处罚动议是基于林肯公司申请书中作为基础的、它获取并研究的焊丝和焊丝容器外部和内部的标签。其他的事实则是大西洋公司的代理律师在和林肯公司数次会谈中提供给林肯公司的信息。同时，甚至在会谈开始后，林肯公司（因为与大西洋公司的争议无关的其他原因）提交了一份修改后的 337 调查申请书，而这份申请书实际上变更了所有针对大西洋公司的事实主张，也给了大西洋公司第二次完全独立的发出处罚动议的机会。

大西洋公司根据"安全港"期间的要求，在向 ITC 提交处罚动议之前，提前很久准备了处罚动议的草稿最终版本并送达林给肯公司。此外，对于动议相关的新信息，大西洋公司同样是在向 ITC 提交处罚动议之前提前很长时间就准备了处罚动议的修改版并送达林肯公司。最终，当处罚动议正式提交给 ITC 时，林肯公司得到的时间已经远远超过了规则 210.4 要求的完整的"安全港"期间。然而，在裁决大西洋公司的动议之时，行政法官虽然发现存在较多问题，却不能下结论认定在此案中，林肯公司明知涉案产品不是来自大西洋公司或者说，林肯公司的调查申请在客观上是不合理的。❶

在此案中，虽然大西洋公司未获处罚令，但这一策略对于 ITC 的被申请人来说，在面对调查阶段甚至是在提交申请书启动调查程序的阶段出现违反审慎义务的行为时，不失为一种切实可行的解决方案。只要程序方式恰当，甚至提起后未获得裁决的动议都能给对方施加压力，以迫使其撤回申请状或甚至和解此案。而一旦 ITC 同意予以处罚，ITC 可以授予的处罚令其中之一就是终止调查。

随着 ITC 调查案件的不断增加，使防范可能出现的不实和错误的陈述，无论是因为匆忙所致还是有意为之的，都显得非常必要。因此，规则 210.4 规定的处罚令仍然是 337 调查一项非常重要的武器，在合适的情况下，可以更多地使用和接受它，由此确保当事人在 ITC 调查程序中总能保持审慎和坦诚的态度。

三、参与地区法院司法程序的挑战

除了 ITC 调查案件，大西洋公司还需面对两场联邦地区法院的诉讼——都在俄亥俄州联邦地区法院提起，都涉及林肯公司声称的专利。第一场诉讼涉及的是和在 ITC 调查程序中主张的同一专利，这是申请方的一种典型的想

---

❶ 参见 Bulk Welding Wire Containers，第 337 - TA - 686 号调查案第 30 号令（2010 年 1 月 8 日）。命令的公开版本基于保密考虑而经过编辑。

获得在 ITC 调查程序中不能获得的金钱赔偿的手段。第二场诉讼涉及不同的
专利，但它也与林肯公司在 ITC 调查程序中主张的专利和/或 ITC 调查案中涉
及的产品具有联系。大西洋公司对两场诉讼的应诉手段对其他国内企业都可
能具有指导意义，尤其是对那些同时需要面对联邦地区法院的诉讼和 ITC 调
查的国内企业：就是请求中止联邦地区法院案件的审理程序。

　　根据《美国法典》第 28 编第 1659 节，只要 ITC 调查案件和联邦地区法
院案件中主张的是同样的专利，ITC 调查案中被申请人有权请求中止同时进行
的联邦地区法院的诉讼。只要是在 ITC 调查或地区法院的诉讼调查开始后
（以后开始的为准）30 日内发出请求，法院就必须中止审理，并且只要 ITC
调查仍在进行中（包括上诉），该中止的裁决就仍然有效。依据这条规定，几
家作为联邦地区法院案件的被告同时又是 ITC 调查案件被申请人的企业及时
请求中止审理，大西洋公司也从中受益。❶ 由此，大西洋公司只花费很少的时
间或费用就获得了中止审理林肯公司第一个在联邦地区法院诉讼的裁决。

　　至于林肯公司第二个在联邦地区法院的诉讼，《美国法典》第 1659 节规
定的法定中止审理裁决并不适用，因为涉案专利不是 ITC 调查程序中主张的
专利。但是，大西洋公司仍向法院请求中止审理，此时法院可以为公正之考
虑，运用自由裁量权决定是否中止审理。尤其是本案中，考虑到中止审理的第
一个诉讼案件中的专利和第二个诉讼案件中这些专利所展现出的关联性（例如，
在承接物上是关联的、包括同样的产品等），加上权衡司法经济和效率相关的一
些因素，大西洋公司的代理律师最终成功说服联邦地区法院中止审理第二个诉
讼案件。试图中止审理第二个诉讼案件的努力要明显大于第一个诉讼案件，因
为它要求的不仅仅是引用第 1659 节规定的法定中止审理的条款，但结果是相同
的：中止司法案件直到 ITC 调查程序（包括复审程序）完成之后。

　　此外，大西洋公司还以有限的、非连续的方式参加到联邦地区法院的两
个诉讼中（即有限出席），目的仅限于请求中止案件审理。这个重要的程序限
制有利于在美国联邦地区法院被提起司法诉讼的中国企业，而大西洋公司正
是从中获益。尤其是由于国际条约的限制，起诉材料几乎不能送达中国企业，
而对中国企业的取证程序也很难完成。总之，迫使一家不情愿的中国企业来
美国联邦地区法院参加诉讼非常困难，而对该企业进行取证更是难上加难。
不能有效地送达起诉文书，中国企业实际上就不是案件的当事方，而且可以

---

　　❶ 不仅仅是中止审理，联邦地区法院法官在不影响林肯公司随后（即在 ITC 调查和任何随后的
上诉案结案后，再次起诉）权利下，作出了驳回起诉的决定。

不需要答辩或以其他方式参与诉讼。此外，没了针对中国企业的取证，对申请人来说要想在诉讼中获胜是非常困难的。❶

第三节　星月等公司应诉
美国克莱斯勒公司 337 调查案

[导言] ITC 并不愿 337 调查仅成为专利权人维权的场所，而是保护美国国内产业不受侵权的进口产品冲击的工具。所以其立案标准之一是申请人在美国必须有相关的国内产业。尽管法律上规定"国内产业"的标准很低，但是，未满足国内产业的要求，337 调查就不能成立。星月等应诉美国克莱斯勒公司 337 调查案的律师成功利用了这一点，证明即使是一家资深的美国公司，也不一定符合 337 调查中的"国内产业"标准，从而成功迫使克莱斯勒公司与星月公司达成和解。

一、337 调查的发起

（一）337 调查的申请

克莱斯勒公司于 2010 年 5 月 14 日向 ITC 提交原始申请书，而后又于 2010 年 6 月 4 日提交修改后的申请书，指控上海星月动力机械有限公司生产的 XYJK 800 全地形休闲车的外观造型侵犯其"吉普飓风"（Jeep Hurricane）概念车的外观设计专利 US D513395（以下简称"395 专利"），要求 ITC 针对上海星月动力机械有限公司生产和销售的 XYJK 800 全地形休闲车进行 337 调查，并申请了排除令、制止令等救济措施。除了上海星月动力机械有限公司外，克莱斯勒的申请书还把星月集团有限公司、上海星月美国公司和浙江星月车业有限公司（与上海星月动力机械有限公司一起统称"星月公司"），以及星月公司在中国和美国的几家经销商都列为被申请人。其申请书请求 ITC 立即根据《1930 年关税法》第 337 节及其修正案展开调查。

（二）当事人简介

1. 申请人

本案的申请人是美国三大汽车制造商之一，按照特拉华州法律组建的克

---

❶　是否能送达文书以及是否能取证包含对特定事实的考虑并需要针对每个特定的案件进行细致的研究。由此，本节提供的信息仅是对相关问题的一般性介绍，并且这里的分析不一定都适用于每一起 337 调查案。

莱斯勒集团公司（Chrysler Group LLC，以下简称"克莱斯勒公司"），其总部设在密歇根州底特律的阿尔赫尔郊区。2009年，克莱斯勒公司与菲亚特集团以全球战略联盟的方式，组建克莱斯勒集团公司，生产"克莱斯勒"（Chrysler）、"吉普"（Jeep）、"道奇"（Dodge）等品牌的汽车及相关产品。

2. 被申请人

星月公司是一家集科、工、贸为一体，商务领域主跨浙江、江苏、广东、上海"三省一市"的国家大型工业企业，集团下属20余家子、分公司，拥有4 000多员工，涉足汽油机、柴油机、发电机组、摩托车及摩配、电动（汽油机）车辆、特种车辆、门业、电动（汽油机）工具、房地产、地毯等产业。

（三）涉案专利

本案所涉及的395专利是克莱斯勒公司为其在2005年度北美汽车展上推出的一款概念车——"吉普飓风"的整体车身设计申请的一个外观设计专利。该专利通过6张图片，从不同角度，用非常多的细节来综合显示一个单一的外观设计。所以从专利法上来说，395专利的权利要求的范围相应比较窄。这给星月公司证明其不侵权提供了很大的空间。

而本案涉案产品为星月公司根据休闲车的市场特点、消费人群的审美要求、产品特性和适用区域的文化风格于2005年年初开始设计、试制，历时两年多，于2007年9月开发研制一种新型全地形车，在正式投产时命名为XYJK 800全地形车。2007年10月在广交会上亮相，获得好评。此后，又经半年左右的细节优化，于2008年8月小批量投放市场。由于该车具有全地形的适应性、操控的便捷安全性、乘驾的舒适性、与多元地区文化的共融性，在欧、美、亚、非众多的国家与地区受到欢迎。星月公司为此产品的开发投入了大量的人力物力资源。

二、337 调查的具体过程

（一）立案

应克莱斯勒公司的请求，ITC在2010年6月11日正式对涉案汽车及其设计立案调查（337 – TA – 722）。❶

（二）被申请人应诉

按照337条款的要求，克莱斯勒公司要向ITC证明在美国存在一个和395专利有关的国内产业。克莱斯勒公司认为"吉普飓风"概念车实施了395专

---

❶　立案通知在6月11日签署，于6月14日向当事人寄出，并于6月17日公布在联邦公告上。

利。在其 5 月 14 日的原始申请书以及 6 月 4 日的修改申请书中，克莱斯勒公司试图完全依赖于"吉普飓风"概念车来证明国内产业的存在。在这两份申请书中，除了对"吉普飓风"概念车的研发以及在汽车展上展出过的"吉普飓风"概念车的样车外，克莱斯勒公司没有提出任何其他实施了 395 专利的产品或和 395 专利有关的其他行为可用来支持它的国内产业。而且，克莱斯勒公司还在原始申请书和修改申请书中，在公司内部首席专利律师宣誓的情况下，两次保证不存在任何和 395 专利有关的专利许可。❶

但是"吉普飓风"只是一款概念车。从 2005 年以来，克莱斯勒公司从来没有生产过，也没有销售过"吉普飓风"这种汽车。并且，从收集到的公开发表的证据来看，克莱斯勒公司也没有计划要把"吉普飓风"这款车商业化。所以，从调查一开始，被申请方就敏锐地感觉到国内产业是克莱斯勒公司在本案中的一大弱点。而且这个问题比不侵权或专利无效等传统的专利抗辩理由要简单易懂，便于法官作出判断。一旦否定了国内产业的存在，ITC 就对本案失去了管辖权，必须终止调查，也就不可能认定星月公司违反 337 条款。

基于"吉普飓风"概念车从来没有投产、克莱斯勒公司也没有计划把它投产这一基本事实，再加上克莱斯勒公司在其原始申请书和修改申请书中两次保证没有和 395 专利有关的专利许可，被申请方律师从第一次和克莱斯勒公司的律师接触开始，就开门见山，在国内产业这一问题上对克莱斯勒公司展开攻势。在整体的应诉策略中，也把国内产业问题作为星月公司最根本的"两矛一盾"中的重要一环。这一应对策略中的"两矛"是指：一是不存在和 395 专利有关的国内产业；二是 395 专利应被宣告无效。"一盾"是指星月公司的 XYJK 800 全地形车不侵犯 395 专利。

在向克莱斯勒公司指出 395 专利无效时，星月公司没有拘泥于传统的以在先技术为基础的专利无效分析。相反，因为这是一个外观设计专利，而且用 6 张图来综合显示其设计，星月公司把重点放在 395 专利在描述其权利范围时的很多缺陷上。星月公司在不同场合都及时向克莱斯莱公司表明，他们所提及的"吉普飓风"车型虽然获得了美国外观设计专利，但该 395 专利的 6 张图片之间在对相同车身部件的描绘上存在很多矛盾之处，致使其专利权的保护范围不清楚。按照《美国专利法》第 112 条的相关规定，395 专利应被认定无效。而且，即使该 395 专利有效，它用 6 张有很多细节的图片来描述

---

❶ 原文是 "Pursuant to 19 C. F. R. § 210. 12（a）（9）（iii），Chrysler certifies that there are no licenses under the '395 patent."5 月 14 日申请书第 36 段；6 月 4 日申请书第 32 段。

其外观设计，这就导致其专利权范围很窄。星月公司的 XYJK 800 全地形车与之比照，有很多不同之处，在整体感官上也不会给一个普通消费者一个相同或基本相同的印象。所以被申请方律师在答辩状和后续答辩中都向法官和克莱斯勒公司阐述了星月公司的涉案产品不侵权的理由。因为本节的重点是国内产业问题，这些抗辩理由就不在此展开讨论。

在星月公司的攻势下，克莱斯勒公司显然意识到它自己在国内产业问题上的严重不足。在提起 337 调查 3 个月、ITC 正式立案 2 个月之后，克莱斯勒公司于 2010 年 8 月 11 日向 ITC 提出申请要求行政法官允许它再次修改申请书。修改的目的是为了在申请书中加入和他们原先做的誓言完全相反的观点和所谓的证据来证明一个全新的国内产业——一个和 395 专利有关的专利许可产业——的存在。因克莱斯勒公司在其原始申请书和修改申请书中，在公司内部首席专利律师宣誓的情况下，两次保证没有和 395 专利有关的专利许可存在。为弥补"吉普飓风"这款车在从来没有实际投产、也没准备投产这一先天性不足，克莱斯勒做了一个 180 度大转弯，要把没有和 395 专利有关的专利许可存在这一书面保证修改成存在一个和 395 专利有关的专利许可产业。它的依据是数家玩具厂商在克莱斯勒公司"同意"的情况下生产和销售了几款具有"吉普飓风"外形的玩具。克莱斯勒公司辩称，这些玩具厂商和一家为克莱斯勒公司管理品牌的公司签订了所谓的许可合同，而克莱斯勒公司的首席专利律师在 5 月 14 日提起调查申请以及 6 月 4 日第一次修改申请书时并不知道这些许可合同。

星月公司据理力争，强烈反对克莱斯勒公司修改申请书的请求，一方面向行政法官阐述了为什么克莱斯勒公司不应该被允许第二次其修改申请书；另一方面，利用这个机会，向法官阐述了为什么 395 专利不存在国内产业。星月公司的反对理由包括三个层面：一是克莱斯勒公司在所有相关时间段都知道或应该知道这些所谓的许可合同的存在，克莱斯勒公司不可能、也没有提供合理的理由来解释为什么在提出申请时以及第一次修改申请书时，它都保证不存在和 395 专利有关的任何专利许可；二是这些所谓的许可合同与 395 专利无关，这些玩具厂商也都不是 395 专利的被许可人，所以克莱斯勒公司所提议的修改对其证明国内产业没有任何帮助；三是允许克莱斯勒公司在这时候修改申请书对星月公司不公平，会不当损害星月公司的利益，比如星月公司将被迫对这些玩具厂商进行取证，而本案没有给星月公司提供这样的时间和机会。

不但星月公司反对克莱斯勒公司修改申请书的请求，参与此案的 ITC 调查律师也表达了他的反对意见。ITC 调查律师认为，即使克莱斯勒公司的首席专利律师不知道这些所谓许可合同的存在，克莱斯勒公司作为一个法人一直都知道或理应知道这些所谓的许可合同。所以，克莱斯勒公司没有合理的理由要求修改申请书。

（三）和解

星月公司以及 ITC 调查律师上交的反对意见让克莱斯勒公司在本案中感到更大的压力。星月公司抓住这一非常有利的时机，在权衡利弊得失后，适时提出了用来替代 XYJK 800 全地形车的新设计。该新设计在不影响功能和销售的情况下对外观做了一些修改。星月公司以该新设计为基础，以克莱斯勒公司没有国内产业以及 395 专利无效为施压条件，促使克莱斯勒公司在 2010 年 9 月与被申请人星月公司达成和解。在收到双方当事人于 2010 年 9 月 29 日提出的联合动议后不久，ITC 全面终止该 337 调查。❶

三、本案对中国企业的启示

本案对星月公司的对美销售产生了很多负面影响，新老客户都停止进货或开始观望，还有客户要求退货。时间就是效益，为了尽快结束 337 调查，也为了把调查成本尽可能降低，星月公司的策略是，抓住主干，放弃旁枝末节，不和克莱斯勒公司做无谓的纠缠。星月公司积极应诉的目的不是一定要和克莱斯勒公司争个输赢或对错，而是在保住美国市场的前提下尽快地解决争议。为此，星月公司采取了抗辩应诉与协商和解同步的策略。在律师团队的引导和主持下，在法律框架内明辨是非，保障合法权益，在此进程中努力寻找和解途径，解决纷争，最终达到和解目的。这样一种思路和应诉策略可以适用于绝大部分卷入 337 调查的中国企业。

（一）337 条款对美国国内产业的保护

美国国会在建立 337 调查这一制度时想要达到的目的是：在不过度妨碍美国消费者获得外国产品的前提下，对侵犯美国国内产业知识产权的进口产品关上美国市场的大门。因为对大多数产品而言，美国市场是其全球市场中很重要而且利润相对较高的一部分。有人计算过，美国当前的人均消费能力是我国人均消费能力的 18 倍。毋庸置疑，被美国市场排除在外会阻止或拖延外国产品及其厂商达到可以在全球经济中和老牌厂商竞争的经济规模。所以，在目前全球化经济环境中，337 调查已经成为美国用来保护国内产业的以知识

---

❶ 应 ITC 要求，涉案双方在 2010 年 10 月 12 日提交了一份联合申请的修改稿。

产权为手段的一种贸易壁垒。

然而，尽管快捷而有力，并不是所有的专利权人都可以寻求 ITC 的帮助。337 条款明确规定，专利权人必须证明在美国有和涉案专利有关的国内产业。也就是说，美国国会仅仅授权 ITC 在美国产业受到威胁的情况下才能对外来产品进行调查。仅仅拥有美国专利或者是仅仅有被该专利保护的产品在美国销售都不足以证明申请人已建立国内产业。

简单地说，证明国内产业的存在涉及两个要素：技术要素和经济要素。技术要素要求专利权人或者其被许可人对每一个涉案专利实施了至少一项权利要求。经济要素要求针对该专利技术，在美国（i）对工厂和设备进行了有意义的投资；（ii）对劳动力或资本进行了有意义的使用；（iii）为使用该专利，包括设计、研究、发展或许可该专利，进行了实际的投资。❶

（二）337 条款对国内产业这一要求的演变

美国国会在 1988 年修改了 337 条款对国内产业的要求，使它包括了与"为使用该专利"（比如许可）有关的经济行为。1988 年修正案的历史表明，美国国会决定对 337 条款进行修改是因为当时有一系列司法判例认为 ITC 只能被在美国境内生产专利产品的申请人使用。修改后的法律条文大大放宽了保护范围。除在美国实际生产专利产品之外，一个申请人还可以通过一些和使用该专利有关的其他经济行为，比如通过为许可使用专利技术而进行有效投资，来满足 337 条款对国内产业的要求。但是，美国国会和 ITC 都明确说明，仅仅在美国销售一种进口的专利产品不足以满足 337 条款对国内产业的要求。❷

从 1988 年以来，特别是在最近几年，随着美国制造业的进一步外移，ITC 也与时俱进，通过一些判例和法律适用的解释进一步放宽国内产业的要求，以给那些不实际生产专利产品的申请人在 ITC 提出申请提供方便。比如"在同轴电缆接头 337 调查案"（337 – TA – 650）中，ITC 认为，尽管申请人用于专利诉讼的费用本身不能自动或全部用来证明国内产业存在，但其中和涉案专利的许可有关的部分可以用来证明其能够满足国内产业的要求。❸

---

❶ 19 U. S. C. § 1337 (a) (2) and (a) (3) (A), (B), (C).

❷ In the Matter of Certain Stringed Musical Instruments and Components Thereof, Investigation No. 337 – TA – 586, Comm'n Opinion, pages 14 – 15 (May 16, 2008).

❸ In the Matter of Certain Coaxial Cable Connectors and Components Thereof and Products Containing Same, Investigation No. 337 – TA – 650, Comm'n Opinion (April 14, 2010).

（三）确认涉案专利产品是否存在国内产业

尽管对 337 条款的 1988 年修正案以及之后的一系列司法判例降低了国内产业的门槛，但这一必要条件并没有被消除。一个 337 调查的申请人必须要能证明在美国存在一个和涉案知识产权有关的国内产业，否则被申请人可以此为理由申请 ITC 终止调查。在"同轴电缆接头 337 调查案"（337 - TA - 650）中，ITC 行政法官按照 ITC 的最新解释在发回重审的裁决中最后判定与涉案专利有关的国内产业不存在，并由此认定包括已被缺席判决的几家中国公司在内的所有被申请人都没有违反 337 条款，❶ 尽管这一结论在随后申请人向 CAFC 提起的上诉及 ITC 重审程序中被推翻。

因此，当一家中国企业在美国卷入 337 调查时，首先要问的一个问题是申请人在美国到底有没有国内产业。星月公司应诉克莱斯勒公司一案说明，即使申请人是美国的传统制造企业，与涉案专利有关的美国国内产业也不一定存在。来自中国的被申请人不能自己想当然，进而忽视这一条强而有力的抗辩理由，忽视能够化被动为主动且可提早结束 337 调查的好方法。

第四节　长春大成生化公司应诉
日本味之素公司 337 调查案

[导言] 如果专利本身无效，则无所谓侵权，更谈不上违反 337 条款。因此，攻击申请人专利无效是 337 调查应诉中常用的抗辩策略。但如何切入，则各案不同。长春大成生化公司应诉日本味之素公司 337 调查案则提供了一种较新颖的切入点，即专利申请说明书"应该列出发明人用来实施其发明的最佳方式"，否则专利无效。出奇制胜，不仅在于熟知规则，更在于策略决断。

在 ITC 提起的 337 调查案件中，超过 85% 的案件是专利侵权案件，并且其中经常涉及高科技产品，特别是电子、药物、生化产业的产品。从这一点来说，本案非常典型。外国公司（比如味之素）利用他们的美国子公司（比如味之素的子公司 Heartland）使用 337 条款对另一家外国公司（在本案中就是大成生化）提起调查的现象也越来越普遍。

---

❶ In the Matter of Certain Coaxial Cable Connectors and Components Thereof and Products Containing Same, Investigation No. 337 - TA -650, Remand Initial Determination(May 27,2010).

一、本案应对概况

总部位于香港，但生产基地在吉林长春的中国大成生化集团（以下简称"大成生化"）的管理层得知其在ITC被提起337调查之后，决定了公司必须采取最终能够为其赢得胜利的一种策略。而他们迈向胜利的过程则由其集中精力选择合适的律师团队开始。

大成生化发现它被日本味之素公司的美国子公司Heartland公司在ITC被提起337调查。调查申请书称大成生化侵犯Heartland公司两项有关生产包括猪和鸡在内等家畜饲料的必要成分之一的L-赖氨酸的专利。通过和国内律师沟通，大成生化很快了解了ITC的职能以及337调查的快速程序。他们还了解到，如果输掉这个案子，其赖氨酸产品将在18个月之内被排除在美国市场之外，事实上也就是大成生化将被排除出美国市场。对历经艰辛才开拓出美国市场的大成生化来说，这个结果是无法接受的。

从国内律师那里了解到企业遭到337调查的情况后，大成生化决定，他们不仅仅需要美国专利律师帮助他们处理专利侵权方面的指控，还需要专门擅长在ITC进行代理的律师帮助他们筹划一个最后能够取得胜利的整体策略。因为他们在得知Heartland公司提交申请书之后、ITC开始调查之前就立即开始物色律师，这使得他们有充分的时间组建一个理想的律师团队为其服务。

在国内律师的帮助下，大成生化选择了一个位于美国马萨诸塞州波士顿的专长于生化类案件的专利律师事务所以及一个位于美国华盛顿特区专长于337调查案件的律师事务所为其服务。

这两个律师事务所的律师和大成生化的国内律师一起，在ITC正式开始337调查之前就在中国和大成生化的有关人员会面。在第一次会议上，他们就达成了引导最后胜利的策略大纲。此策略在随后的整个案件过程中得以实施和贯彻。

这个策略的第一个要素就是承认美国和中国法律的不同以及承诺遵守ITC规则。这其中最重要的是大成生化承诺在证据交换过程中全力配合律师。证据交换是美国法律系统的一种规则，这种规则规定法律诉讼双方有义务交换所有相关信息——包括提供文件、对书面问题的回答和提供证人作证，也就是证人对对方询问的问题口头进行回答。律师告诉大成生化其取胜的惟一机会是遵守这些规则，而大成生化在案子的整个过程中也做到了这一点。

策略的第二个要素就是大成生化将研究开发一种新的赖氨酸产品。新产品将会在本案的调查范围内，但是会避免使用Heartland公司声称的被大成生化侵犯的两项专利的权限范围，因此不大可能会侵犯 Heartland 公司的专利。换句话说，不管有关大成生化最初被诉的产品结果是什么，大成生化决定通过生产一种新产品的方式来避免可能因为输掉这个 337 调查案而失去美国市场的后果。虽然这个策略要素要求大成生化投入大量的开发新产品的经费，大成生化仍然坚守了这个承诺。结果也证明这个策略是成功的，因为 Heartland 公司最后在向 ITC 的陈述中表示，大成生化设计的新产品没有侵犯其专利，因此大成生化新产品对美国的出口不会被 ITC 对本案的最终裁决所影响。这样的结果是，无论大成生化 337 调查案的结果是什么，他们仍然可以在美国市场上继续销售赖氨酸产品而不用担心受到 Heartland 公司的阻碍。

　　大成生化取胜策略的另外两个要素更为复杂，但是这两个因素对最后的成功至关重要。虽然本案中的美国专利权被独家授权给申请方 Heartland 公司，但这些专利权所涉及的科学技术却是在位于日本的味之素公司研发的。因此，如果要挑战本案美国专利的有效性，从日本味之素公司获得大量证据就十分关键。为了保证在 ITC 的规则下能够从日本味之素公司获得这些证据，大成生化的美国律师建议向 ITC 提交一个动议，要求 ITC 迫使日本味之素公司加入，一起作为本案的申请人。大成生化公司同意了这个策略并授权其律师在规则允许下的最早时间内提交了该动议。该动议非常成功，连味之素公司也承认即使其反对大成公司的该动议也无济于事。结果是日本味之素公司被迫成为本案的申请人，因此大成公司能够从日本味之素公司直接获得证据，包括证人证言。最后，正是从日本味之素公司取得的证据攻破了本案并使大成生化公司获得胜利。

　　大成公司取胜策略的最后一个步骤也许是最冒风险的，但却是大成生化最后能够获得成功的一部分。虽然在最早的律师 - 客户会议上讨论过这个策略，该策略却并没有立即得到实施，而是在案件开始以后一段时间才得以贯彻。具体来说，美国律师建议，因为要证明大成生化生产赖氨酸的过程没有侵犯味之素公司、Heartland 公司的专利很困难，大成生化成功的最好机会是证明味之素公司、Heartland 公司的专利无效。因此，决定要使 ITC 法官的注意力集中在涉案专利权有效性的问题上而不是大成生化是否侵权这个问题上。但为了使侵权问题不再是本案的争议点之一，大成生化必须确认他们用来生产在美国市场上销售的赖氨酸饲料产品的细菌菌株在本案争议的专利权利要求范围之内。虽然律师的这个建议比较不寻常，大成生化仍然同意了这个策略。结果证明了 Heartland 公司的专利是无效的，因此，大成生化以上的确认并没有实际意义。大成生化取得了最后的胜利。

二、证明味之素的涉案专利无效

因为其成功的策略，大成生化在这次 337 调查案件三个阶段都赢得胜利。这三个阶段是：ITC 行政法官、ITC 委员以及 CAFC。对大成生化来说，这是极大的骄傲，证明了在正确的计划安排下，遵守美国国际贸易法的规则可以赢得胜利。当然，能够证实必要的案件事实对获得成功来说也是非常重要的。在本案中，大成生化公司的专利律师们这一点就做得非常出色。在防御的整体策略确定后，他们利用在证据交换过程中获得的案件事实使得行政法官对味之素公司和 Heartland 公司的专利的信誉产生了怀疑。

本案进入 ITC 行政法官庭审阶段的时候，只有两个专利仍然存在争议。这两个专利为美国 6040160 号专利（以下简称"160 专利"）权利要求 15 和美国 5827698 号专利（以下简称"698 专利"）权利要求 15。在庭审结束并且考虑了双方在庭审后提交的法律陈述书之后，审理该案的行政法官认定，这两个专利权利要求不仅仅因为味之素公司对"最佳模式"要求的违反而无效，而且还因为味之素公司在获取专利过程中的"不当行为"而无法执行。ITC 在复审行政法官初裁后，决定采用该法官的绝大多数推理作为他们认定大成生化不存在违反 337 条款的最终裁决的基础。在味之素上诉至 CAFC 之后，CAFC 又肯定了 ITC 的最终裁决。

CAFC 详尽地解释了关于"最佳方式"的法律适用。《美国法典》第 35 编第 112 节第 1 段要求专利申请说明书"应该列出发明人用来实施其发明的最佳方式"。要满足这个要求，发明人必须披露其偏好的发明的体现方式以及其所知的可以实质上影响该发明性质的最好的方式。此要求只需要发明人对专利权限范围内的发明予以披露。

"最佳方式"要求使得处理专利案件的法官必须要理解专利权利要求范围，用专利权利要求来界定一项发明。接下来，法官对于发明人是否遵守"最佳方式"要从两方面来进行探究。首先，法官必须决定，在申请专利的时候，发明人是否拥有一种实施其发明的最佳的或者说发明人偏好的方式。这是一种对发明人在递交专利申请书时是否已经有偏好的体现方式的主观上的探询。如果发明人主观上的确偏好一种方式甚于其他方式，法官则必须再作一个客观的探询，即发明人是否隐瞒这种偏好的方式或专利中所作的披露是否存在可以使得相关领域普遍技术人员实施该发明的"最佳方式"。

ITC 审理该案的行政法官在其裁决的意见中，认定味之素违反美国专利法的"最佳方式"要求，因此其诉称的两个专利无效。在做本案裁决的时候，行政法官首先对味之素公司诉称的专利权利要求进行了界定，认为 160 专利和 698 专利涵盖的发明涉及赖氨酸生产从头到尾的整个过程，包括使用一些人工加工改造过的基因来培养微生物的做法。

（一）160 专利

行政法官发现，味之素的研究人员制作了两种不同的报告，即每个研究人员撰写的单页的月度报告，以及他们在达到某个里程碑的时候所特别准备的研究报告。行政法官认为，月度报告和研究报告表明发明人和研究人员存在使用一种特别的菌种（AE－70）来生产赖氨酸的偏好。行政法官指出，报告里一直称 AE－70 为"最好的"赖氨酸生产菌株。发明人至少两次在将AE－70 和第二种细菌菌株（B－3996）进行比较的时候，称 B－3996 为"第二好的"和与 AE－70 相比更"次"的菌株。该法官还认为，味之素的论据总是非常有选择性，并且认为文件证据表明发明人主观上认为 AE－70 是最佳的培养菌株。

在证实了 AE－70 菌株并没有在 160 专利中披露后，法官发现发明人在160 专利中所作的有关披露不能使得该领域的普通技术人员能够实施该专利发明人所知道的权利要求 15 的最佳体现方式。行政法官认定味之素隐瞒"最佳方式"的行为是对《美国法典》第 35 编第 112 节下"最佳方式"要求的违反，因此，认定 160 专利权利要求 15 无效。

（二）698 专利

有关 698 专利，行政法官认为味之素的发明人再一次没有披露他们拥有的最好的细菌培养菌株。行政法官认定，味之素的发明人在日本提交 698 专利申请的时候，主观上已经有偏好的微生物即利用 WC80－196S 菌种来实施698 专利权利要求。

接下来，行政法官转向分析 698 专利说明书是否能够使该领域的普通技术人员可以实施味之素拥有的"最佳方式"。行政法官断定 698 专利说明书并没有披露发明人真正所做的工作。行政法官还发现味之素发明人员公开存储的菌种并不是他们偏好的菌种，因此判定 698 专利权利要求 15 的披露不足以使该领域的普通技术人员能够实施发明人偏好的体现方式。

根据以上的推理，法官判定味之素隐瞒他们偏好的 698 专利权利要求 15的体现方式是对"最佳方式"要求的违反，因此根据《美国法典》第 35 编第112 节，认定 698 专利权利要求 15 无效。法官还发现味之素对他们偏好的碳源、蔗糖进行隐瞒以及在专利中包含虚假数据的行为也是对"最佳方式"要求的违反。

在复审的时候，ITC 基本上同意行政法官的推理，也肯定了其有利于大成生化的结果。味之素公司随后将 ITC 认定大成生化未违反 337 条款的决定上诉至 CAFC。CAFA 指出，在上诉中，味之素公司并没有挑战行政法官和 ITC 对事实的认定，即专利的发明人对一个特别的事项有主观上的偏好但却故意隐瞒，没有在诉称的专利中披露。味之素公司辩称 ITC 的决定存在法律上的错误。在双方就本案的专利问题提交了大量的法律陈述并进行口头辩论之后，美国联邦巡回上诉法院肯定了 ITC 有关味之素公司 698 专利权利要求 15 和 160 专利权利要求 15 因未披露最佳实施方式而无效的最后决定。

三、小结

如同大成生化表现出来的那样，国内企业也可以在 ITC 成功地使对他们违反 337 条款的指控落空。然而，成功的关键在于与法律团队筹划一个取胜的策略，并且将注意力集中在取得胜利所必需的事实上。大成生化及其代理律师的关系是建立在互相尊重以及达成共识的基础上，因此他们之间的关系非常协调。大成生化理解和接受了 337 调查规则，从而赢得了案件的最后胜利。

第五节　浙江通领集团应诉
美国帕西·西姆公司 337 调查案

[导言] 专利侵权是技术问题，还是法律问题？结论是在 337 调查中，它不仅是技术问题，而且更多的是法律问题。因为对专利侵权的抗辩不仅需要专业技术人员的解释，更需要专业律师的策略。浙江通领集团应诉美国帕西西姆公司 337 调查案，再一次证明了上述结论。同时，该案中申请人与被申请人往返多次的较量还说明：其一，应诉的勇气与决心非常重要；其二，我们距离善用 337 调查规则及其他司法规则还有一段很长的路要走。

一、通领集团应诉案的过程

2007 年 9 月 18 日，美国帕西·西姆公司（以下简称"帕西·西姆"）向 ITC 提起调查申请，请求调查部分接地故障断路器及包含该部件的产品因违反"337 条款"侵犯帕西·西姆的某些专利。❶ 帕西·西姆声称浙江省温州市通

---

❶　参见"部分接地故障断路器及包含该部件的产品调查案"（337 – TA – 615，以下简称"第 615 号调查案"）。

领集团（以下简称"通领集团"）设计生产的接地故障断路器产品侵犯其所有的 US7283340 号（以下简称"340 专利"）、US7212386 号（以下简称"386 专利"）和 US5594398 号（以下简称"398 专利"）美国专利。❶ 接地故障断路器产品通常安装于浴室和厨房的电器插座，旨在检测到接地故障时快速切断电源，防止导电。

立案后，ITC 指派一名行政法官（ALJ）负责调查收集该案证据，并作出初步裁决。ALJ 主持了一个类似于联邦地区法院的听证会，但是该听证会没有陪审团。

随后，ALJ 作出初步裁决，认定通领集团的 2003 年产品和 2006 年产品侵犯帕西·西姆的 340 专利权利要求 14 和 18、386 专利的权利要求 1 和 398 专利的权利要求 1 和 7，且这些权利要求是有效的。❷ ALJ 同时建议 ITC 采取最严厉的救济措施：（1）普遍排除令，禁止所有来源于中国的接地故障断路器产品进口美国，无论该接地故障断路器产品实际生产方是谁；（2）制止令，禁止美国分销商在美国销售可能侵权的产品；（3）若他们在总统审查期间进口上述产品的，需负担 100% 的货物进口担保金。❸

337 调查是准司法调查，ALJ 的决定并非终局裁决，仍可能由 ITC 复审。ITC 的审查分两步行使职权。首先，在各方和 ITC 调查律师参加的听证会后，ITC 决定是否复查初步裁决。ITC 可以选择批准该初步裁决或审查全部或部分初步裁决。其次，ITC 决定审查后会确定部分初步裁决。❹ 最后，ITC 会发出最终裁决。❺

通领集团提请 ITC 审查所有对其不利的调查结果。ITC 只同意了部分复审请求，否决了其他部分的复审请求。❻ 该审查令要求各方针对 ITC 决定审查的事项提交答辩状。ITC 根据"明显错误"标准审查行政法官作出的调查结果事实部分。❼ 若他们存在"错误、不符先例、法律法规未规定或构成自由裁量

---

❶ 帕西·西姆公司基于它的 5 个专利诉及 4 家中国公司，包括通领集团。

❷ 参见第 337 - TA - 615 号调查案初步裁决（2008 年 9 月 24 日）。

❸ 参见 19 C. F. R. § 210. 42（a）（2），第 337 - TA - 615 号调查案的建议性裁决（2008 年 10 月 8 日）。

❹ 参见《不公平竞争》一书的第 6. 15 和 6. 16 节。

❺ 参见《不公平竞争》一书的第 6. 15 和 6. 16 节。

❻ 参见第 337 - TA - 615 号调查的审查通知（2008 年 12 月 8 日）。

❼ 19 C. F. R. § 210. 43（b）（1）（i）.

权滥用"的情况，ITC 会推翻初步裁决。❶ 若 ITC 认定行政法官的初步裁决"影响了 ITC 的政策"，ITC 也会审查该裁决。

在考虑各方的答辩后，ITC 于 2009 年 3 月 9 日作出最终裁决。关于被申请人对 340 专利的权利要求 14 和 18 是否构成侵权，ITC 拒绝审查初始侵权的裁决，结果是初始侵权裁决作为最终裁决。关于 340 专利"并非明显无效"的初步裁决，ITC 批准了审查，但肯定了初步裁决。❷ 关于 398 专利，ITC 批准了审查，并肯定了初步裁决的调查结果，即通领集团的 2006 产品中的磁锁部分侵犯 398 专利的权利要求 1，但是基于其他理由驳回了初步裁决中对通领集团 2003 产品的侵权调查。ITC 也批准了初步裁决关于 398 专利"并非明显无效"的审查，认同了行政法官的裁决并驳回专利权无效的抗辩理由。ITC 批准了审查申请并确认初步裁决的调查结果，即 386 专利的权利要求 1 是有效的。即使 ITC 的最终裁决减少了侵权事项的认定，但是，由于只要存在一项违法侵权行为就可以合法有效地发布排除令。通过各方的说服，ITC 最终放弃发出普遍排除令，而只发出针对通领集团和其他被申请人的有限排除令。此后，通领集团向 CAFC 提出 ITC 最终裁决的上诉，CAFC 最终驳回了 ITC 的侵权调查结果、排除令和制止令。

二、为上诉奠定的基础工作

CAFC 对 ITC 根据《1930 年关税法》第 337 节规定作出的最终决定的复审有专属管辖权。❸ 正如美国联邦法院系统所有的上诉法院一样，CAFC 只审理原审程序中各方提交上诉的那些争议。❹ 基于 337 条款案件的时间压力迫使各方从该案一开始就着重于最核心的争议。为了给 ITC 预留充分的时间审查初步裁决，初步裁决必须在目标日期前 4 个月公布。❺ 通常，听证会时间不超过两个星期，即使是在众多产品被宣称侵犯众多专利的案件中也是如此。❻ 听证会通常在初步裁决发布前大约 3 个月召开，或在最终裁决公布前 7 个月

---

❶　19 C. F. R. § 210. 43（b）（1）（ii）.

❷　19 C. F. R. § 210. 42(h)(2)(2006)；*Genentech, Inc. v. ITC*, 122 F. 3d 1409, 1414 n. 5 (Fed. Cir. 1997).

❸　28 U. S. C. § 1295（a）（6），19 U. S. C. § 1337（c）.

❹　*Frobel v. Meyer*, 217 F. 3d 928 (7th Cir. 2000).

❺　19 C. F. R. § 210. 42（a）.

❻　参见《不公平竞争》一书第 5. 3 节.

召开。❶

　　鉴于这些时间压力，各方非常认真筹划听证会陈述就显得非常重要，以确保在被分配的听证时间内对自己负有举证责任的所有问题进行举证。而且在其听证会后所提交的书面陈述中，他们必须确保已包括所有有法律依据的举证。

　　当请求 ITC 审查初步裁决时，上述原则同样适用，即"未请求审查的任何问题将被视为请求方放弃审查，ITC 也会在审查初步裁决时放弃对其审查（除非 ITC 根据《ITC 操作与程序规则》第 210.44 条主动审查该问题）"。❷ 当各方在初步裁决公布后的相对较短时间（12 日）内请求 ITC 审查时，满足这些条件可能非常具有挑战性。❸ 理想的情况是，像通领集团这样的被申请人在初步裁决公布前就开始筹划审查请求，认真研究听证会的结论，总结 ALJ 在听证会中就证据方面作出的关键决定和被申请人希望 ALJ 解决的其他问题，不管这些问题是基于事实认定错误还是法律适用错误造成的。

三、ITC 裁决上诉案的特别之处❹

　　在 CAFC 的上诉中，通领集团力求反驳 ITC 作出的通领集团产品至少侵犯了一项合法专利的不利调查结果。因为只要发现通领集团侵犯一个专利的一项有效的权利要求，将会遭到排除令和制止令制裁。为能解除该排除令和制止令，通领集团需要反驳 ITC 作出的所有侵权裁决或 ITC 作出的三个被声称侵权的专利是有效的所有裁决，或以上两种皆有。结果是通领集团最终胜诉——CAFC 驳回了 ITC 的所有侵权结论。

　　因为 ITC 调查程序实际上是一个准司法调查程序，所以上诉程序具有不同于联邦一审法院专利侵权案上诉程序的一些特点，ITC 的申请人或被申请人需明白这些区别以便维护其所有的权利。

　　首先，如果 ITC 发布排除令和制止令，美国总统有 60 日的审查期，美国总统能够决定该排除令基于"政策原因"不被执行。❺ 在此期间，排除令和

---

❶　参见《不公平竞争》一书第 5.3 节。

❷　19 C. F. R. § 210.43。

❸　19 C. F. R. § 210.43（a）。

❹　全面探讨上诉使用的所有法律法规超出了本节的讨论范围。要获得更多指导，可以参见美国联邦上诉程序方面的论文，如 Michael Tigar 所著的《联邦上诉：管辖和实践》或 David Knibb 所著的《联邦上诉法院手册》。

❺　19 U. S. C. § 1337（j）和《不公平竞争》一书的第 8.1～8.3 节。

制止令并不是终局决定。但总统采取否决行动是极为罕见的，大多数排除令和制止令在 60 日后自动生效。因为只能针对最终裁决作出的排除令和制止令提出上诉，❶ 若被申请人想对作出排除令和制止令的任何不利裁决提起上诉，只能在 60 日总统审查期满后提起。

在这方面，对那些请求未被全面支持的申请人来说略微有点不同。

第一，针对申请人而言，ITC 作出的最终裁决在公布之日可视为最终裁决。这就允许申请人首先向上诉法院提起上诉。本案中，申请人所采取的办法就是提起上诉。其提交了两份上诉通知书：一份基于最终裁决，一份基于制止令生效日。❷

第二，ITC 是 337 调查结果的任何上诉程序的一方当事人，因此，上诉需遵守《联邦上诉程序法》第 Ⅳ 条"行政机关、董事会或委员会发布的命令的审查或执行"的规定。❸ 该上诉是通过提交"复审请求"给有权审查政府机构命令的上诉法院书记员开始的，并非通过在一审法院提交"上诉通知书"开始的。❹ 同时《联邦上诉程序法》规定的某些最后期限也长于一般民事上诉中各方当事人的最后期限。❺

第三，合并审理与答辩。在类似本案的案件中，若 ITC 作出部分有利于申请人同时部分有利于被申请人的裁决，各方对其败诉的部分可以提起审查上诉。在各方的上诉中，正式被上诉人是 ITC，并非申请人或被申请人。在本案中，3 名被申请人和 1 名申请人共提起了 5 起上诉。因为他们都是利害关系人，法律允许在 ITC 裁决中有关事项中胜诉的当事人加入 ITC 一方参与上诉案件的诉讼。❻ 面对多重上诉，CAFC 通常会合并所有被申请人对 ITC 的上诉

---

❶　28 U. S. C. § 1295（a）（6）.

❷　1369 号案的 PACER 判决摘要［EB/OL］.［2011 – 03 – 15］. http://pacer. login. uscourts. gov/cgi – bin/login. pl? court_id = cafc.

❸　Fed. R. App. p. 15 – 20.

❹　对比 Fed. R. App. p. 15(a) 和 Fed. R. App. p. 3(a)。

❺　Fed. R. App. p. 40(a)。（在民事案件中，若美国政府或其官员或行政机构是一方当事人，则任何一方申请重审的时间为判决登记作出后的 45 日内，而不是所有其他联邦巡回上诉案件中的 30 日。）

❻　Fed. R. App. p. 15(d) 和 Fed. R. App. p. 15 的美国联邦巡回上诉法院的操作规程和操作指引。（因为在这些案件中美国或美国政府机构是惟一被上诉人或被申请人，任何以被上诉人或被申请人身份的其他利害关系人参与诉讼必须在复审请求或上诉通知书提交后 30 日内经动议许可后参与诉讼。）

为一个案件，而申请人的上诉为另一个案件。❶ 在本案中，法院发布了一份时间表，在该时间表中两个案件分别审理，由此导致各方需提交三份书面上诉文件——若一方是上诉人，他须提交上诉状和答辩状；若该方同时是被上诉人或诉讼参与人，他须提交诉讼参与人答辩状以回复上诉状。与此不同的是，在联邦地区法院上诉的类似存在交叉上诉案件中，各方最多可以提交两份书面上诉文件。❷

第四，审理时间。与联邦一审法院上诉案的审理时间相比，ITC 上诉案件的特点是它延长了上诉时间。❸ 申请重新听证的期限是 45 日，比在联邦地区法院上诉案的申请期限 30 日要长。❹ 若 ITC 没有完全裁决支持一方时，会发生双方同时上诉，这将导致更长的提交上诉状和答辩状的时间。

第五，审查标准。审查标准是对 ITC 最终裁决上诉案的另一个特别之处。包括 ITC 最终裁决和制止令的准司法决定，根据《美国行政程序法》（APA）规定的标准审查。❺ 根据 APA，CAFC 需重新审查 ITC 最终裁决的法律部分和 ITC 调查的事实部分的实质证据。❻ 在所有的上诉案件中，专利权利要求解释是法律问题，需重新审查。❼

四、上诉中由于大量记录和材料而导致的挑战

337 调查案通常会导致大量的记录，涉及被申请人生产、进口、分销、出售的多个产品的多个专利。本案也不例外。ITC 的认证清单记录了所有文件、证言、证物和构成记录的其他材料，共有 774 份文件。仅清单本身就有 138 页。

在 CAFC 每件上诉案中，各方必须合作组建一个摘要，列明记录文件的附录。各方必须列明他们想在上诉摘要中讨论的文件，然后这些文件必须汇

---

❶　参见 Fed. R. App. p. 15 的美国联邦巡回上诉法院的操作规程和操作指引。（当不止一方同时提起对同一裁决或命令的审查请求或上诉通知书时，各方应通知书记员，该审查请求或上诉通知书可能会被合并审理，调整后的时间表也会发布。）

❷　Fed. R. App. Proc. 28.1.（上诉人须提交一份上诉状和一份合并的答辩状；被上诉人须提交一份合并的主要的和回应状和一份答辩状。）

❸　参见 19 U. S. C. § 1337(j)；Fed. R. App. p. 15.（审查请求提交前的 60 日等待）；Fed. R. App. p. 4（一审法院最终判决后 30 日内可提起上诉。）

❹　Fed. Cir. R. 40(e).

❺　U. S. C. § 1337 (c).

❻　5 U. S. C. § 706(2)(A),(E)；*Honeywell Int'l, Inc. v. ITC*, 341 F. 3d 1332, 1338(Fed. Cir. 2003).

❼　*Cybor Corp. v. FAS Techs., Inc.*, 138 F. 3d 1448, 1451(Fed. Cir. 1998)(en banc).

总到一起，并排序编码，使上诉摘要可以根据记录页码引用证据。《联邦上诉程序法》和《联邦巡回上诉法院法》非常详细地规定了有关各方在这类程序中的责任。任何首次参与该程序的律师应请教于一名经验丰富的上诉律师来帮助他们处理这种复杂的程序问题。❶

上诉摘要的编写十分复杂，也可能相当昂贵，按照法律规定，上诉人支付这些费用，除非当事人另有约定。如上所述，本上诉案中有两方上诉人，CAFC 的合并审理要求申请人也准备该上诉摘要，即使他是本案的惟一申请人。但是其他各方若想在上诉摘要中增加文件数量且"在上诉摘要中增加不必要的材料从而不合理地增加了诉讼成本"时，也面临承担这些费用的风险。在这种情况下，各方通过支付这些成本平衡负担这些费用和风险。被申请方作为一个集团，负担指定部分的记录编写费用的一半，并发给各方这些编好页码的电子文件一份。作为被申请人支付这些费用的交换，申请方同意在将来不再要求被申请人支付因上诉摘要中指定文件过多而产生的费用。

五、如何向法庭解释复杂的技术问题

为赢得上诉，通领集团必须考虑怎样解释专利中披露的发明和其产品的工作原理，这样才有利于上诉法院作出通领集团的产品使用了一个新的发明设计而没有侵犯申请人专利的结论。通领集团在上诉过程中赢得不侵权裁决的一个主要抗辩就是，当接地故障断路器因发现接地故障或其他运行故障需要打开或阻断通电触点时，通领集团使用的是磁锁而不是机械锁。

首先，通领集团在它的上诉摘要中复述了专利说明书中的各种数据，从而向 CAFC 表明了有关在 398 专利权利要求中已声明的"方法及工能"结构。如上所述，除了调查报告之外没有其他证据可以在上诉中使用。因此，在做庭审准备过程中，各方应考虑什么表格、草图和图解能最好解释专利的发明。通领集团在它的上诉摘要中复述了草图（图 4-1），这些特点正是专利权利要求中所讨论的。

其次通领集团需要说明它的产品的相关构造并解释其工作原理，与涉案专利权利要求做比照。根据相关"方法及功能"专利权利要求侵权证据的法律要求，通领集团必须提供不侵权证据。"'方法及功能字面侵权限制'要求

---

❶ Fed. R. App. p. 30；Fed. Cir. R. 30.

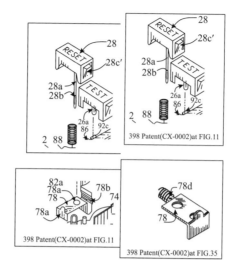

图 4 - 1　通领集团 398 专利草图

涉诉设备的相关构造要执行与权利要求中引证的完全一样的功能，并完全等同于或相似于专利说明中的相关构造"❶。只有涉案设备的构造能执行"方法及功能"构造完全一致的功能时，涉案设备才构成专利中的"方法及功能"相关构造的相似性。

通领集团通过草图对其产品的关键构造及功能"磁力活塞锁机械功能"作了详细说明，并使用不同颜色强调了设备不同的部分。通过此种方法，通领集团提供了不侵权证据。作为不侵权证据的草图还必须得到解释这些产品如何工作的庭审证言支持。这些证言需在上诉状被引用并被附件所涵括。就如专利说明中的草图，通领集团在其上诉状中也复制了这些草图，并运用这些草图讨论专利权利要求的特性与通领集团产品的区别。

例如，这个草图（图 4 - 2）说明了通领集团产品是如何通过简洁的脉冲调节电路来阻断它们的接触。产品通过复位螺线管 72（在绿色下面）而产生磁区，磁区向左推动金属活塞（红色）而接触一个永久磁铁（也是红色的），这个永久磁铁使活塞处于一个位置并使移动线路接触关闭。

在这个设备复位后，复位螺线管 72 断开，永久磁铁 71 通过利用磁力控制金属活塞，因此保持线路、用户负载及设备集装接触处于关闭状态（即重置）而恢复电流（如图 4 - 3 所示）。

---

❶ *Med. Res v. U. S. Surgical Corp.* ,448F. 3d 1324,1332（CAFC,2006）.

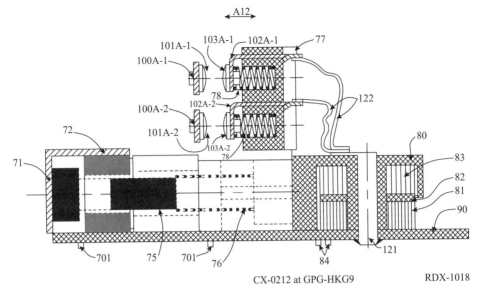

CX-0212 at GPG-HKG9

RDX-1018

图 4－2

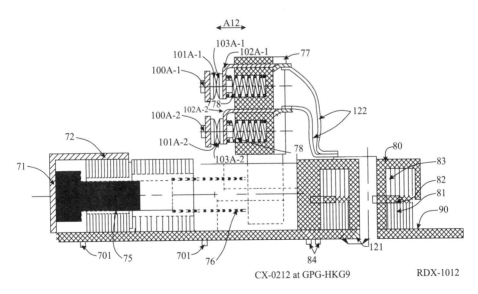

CX-0212 at GPG-HKG9

RDX-1012

图 4－3

　　在判定通领集团的产品是否具有 398 专利中"自动关闭方式"时，CAFC
的多数法官们清楚地知道了通领集团产品是怎样工作的。该理解最终使 CAFC
驳回了 ITC 的侵权裁决。CAFC 的观点是："通领集团产品的结构仅使用了一个磁铁让各导电部分相连。与此不同的是，398 号专利中所公开的结构使用了一个机械方式解决了各分离部件的连接。"❶ 该观点也是根据通领集团上诉摘要中引用和论述的先前判例的法律依据。该判例认为"利用机械实现功能的系统和利用磁力实现同样功能的另一系统是'两个根本不同的方式在工作'"❷ 基于这些证据和判例法，CAFC 裁决 ITC 的侵权调查结果——磁锁装置等同于 398 专利公开的机械结构，该机械结构与被申请的"自动关闭方式"相关——无证据支持。❸

六、小结

本上诉案之所以胜诉，是由于应诉团队从特殊角度对 ITC 的调查提起上诉，全面掌握 ITC 的审判记录，利用出色的辩护技巧明确陈述了通领集团的产品是创新产品，不同于申请人拥有专利的产品。

337 调查案的成败是无人可以预料的，即使是美国的申请人，所以各方应针对独特的 ITC 调查程序和富有挑战性的 CAFC 上诉程序作充分准备，积极应诉、上诉和抗辩。所有被申请人应当清楚他们的上诉权和各种程序要求，以便有效维护其权利。

第六节 中国电池企业应诉
美国劲量公司 337 调查案

[导言]"宜将剩勇追穷寇，不可沽名学霸王。"对于动摇我国国内某一产业生存基础的 337 调查案件，应积极动员，共同应对，抗辩到底。我国电池企业联合应对美国劲量公司 337 调查案，应诉企业之多，经历时间之长，使用程序之繁，花费之巨，前所未有。

一、337 调查的发起

（一）337 调查的申请

2003 年 4 月 28 日，美国劲量公司及永备公司向 ITC 提出 337 调查申请。此次 337 调查涉及中国内地、中国香港、印度尼西亚、新加坡以及日本等国

---

❶ 2009 – 1378, – 1387, – 1434, 2010 WL 3366161, slip op. at 17(Fed. Cir. Aug. 27, 2010).
❷ 参见初步裁决，引自：*Toro Co. v. Deer & Co.*, 355 F. 3d 1313(Fed. Cir. 2004).
❸ 参见 CAFC 判决意见第 18 页。

家（地区）共 24 家企业（2003 年 8 月 20 日，ITC 追加日本日立万胜公司为被申请人），其中被列名的中国企业包括中银（宁波）电池有限公司、福建南平南孚电池有限公司、广州虎头电池集团有限公司、宁波豹王电池有限公司、四川长虹电器股份有限公司、浙江三特电池有限公司等 7 家电池生产企业。申请人劲量公司始建于 1886 年，是美国知名的干电池和便携式照明设备的生产商，产品销往全球 175 个国家。永备公司是其子公司。

（二）337 调查的动因

劲量公司在长达 207 页的申请书中，历数上述 24 家企业的侵权行为，指控他们侵犯劲量公司美国第 5464709 号专利（以下简称"709 专利"），仿冒劲量公司工艺生产碱性电池。并指出，在 2003 年拉斯维加斯消费电子展上，至少有 7 家中国企业在展览上销售有侵权嫌疑的无汞碱性电池；并通过互联网销售价格低廉的电池，对劲量公司和永备公司的销售造成很大冲击。申请书要求 ITC 根据 337 条款尽快展开调查，禁止侵权产品进入美国市场。

2002 年，我国碱性电池的年出口量已达到上亿只，而此次被申请调查的 7 家中国内地企业及 2 家中国香港企业均是电池行业中对美国出口的大户，因此不能排除这是美国企业针对中国电池出口日渐增多、导致其市场份额被瓜分而采取的措施。由于我国及其他涉案国家（地区）拥有着廉价的劳动力成本，使得电池价格有明显的竞争优势。随着中国自主品牌的崛起，劲量公司在中国的市场份额不断缩减，优势市场地位被动摇，劲量公司在天津的生产车间也将原计划投产 10 条生产线缩减为 2 条。不仅在中国国内市场，中国企业的电池出口量也逐年攀升，以价格优势远销他国市场。因此，在整个国际电池市场上给劲量公司也带来挑战。这对于劲量公司的"龙头"地位来说是一种有力的撼动，劲量公司打算利用专利调查阻挠我国低成本产品向美国市场扩张。

（三）涉案专利介绍

多年以来，电池行业一直将锌与汞元素一起使用，以减少发生在锌元素与电池正极的其他成分之间的化学反应，因为这种化学反应可能会导致氢气泄漏，造成电池膨胀和渗漏。但是由于汞对自然环境的危害，因此电池行业一直努力减少电池中汞的含量。

709 专利的名称是"汞含量极大减少的碱性电池"，于 1991 年由劲量公司提出申请，1995 年获得授权，有效期为 20 年。该专利披露了商业化生产的碱性电池，汞含量为零。在美国专利商标局的网站上，这一专利的简要描述是：一种无汞碱锰电池及锌粉可以使电池在放电 161 分钟后，锌极膨胀率仍低于 25%，放电量低于 15%。

二、337 调查过程

1. 立案

ITC 于 5 月 28 日正式立案，对涉案企业展开调查（337 - TA - 493）。

2. 应诉

337 调查不仅可能影响所有被申请企业产品对美国的出口和销售，甚至还会牵连到该国所有同类企业。若该次 337 调查中，中国电池企业被确认存在侵权，ITC 将颁布排除令，这意味着在申请人专利失效日前，中国电池出口企业将不能再向美国出口任何无汞碱性电池，并且对已输入美国和库存的产品将依据 ITC 的制止令销毁。不仅如此，除被申请人以外，整个中国电池生产企业将面临挑战，甚至牵连到电池用锌棒等相关或上下游领域产品，例如配套有电池的电子产品、电动玩具。337 调查的打击面之广，引起我国企业的高度重视，在商务部的指导下，机电商会与中国电池工业协会召集包括涉案企业在内的国内诸多电池工业企业召开紧急会议，决定组织 9 家涉案企业以及行业内 9 家相关企业❶，组成联合应诉团队，并聘请美国律师事务所代理积极应诉。

3. 和解

2003 年 9 月 5 日，自被申请人金山集团（包括香港金山电池有限公司、金山电池国际有限公司、新加坡和北美的金山公司）提出终止 337 调查的联合动议起，除大部分中国涉案企业外，被申请人如日本富士、日立万胜等，都先后以支付数百万美元赔偿的代价与劲量公司达成和解协议，ITC 在此基础上根据联合动议，终止对这部分被申请人的调查。我国的涉案企业中，除香港金山电池有限公司与劲量公司达成和解外，其余企业均继续应诉，其中 9 家企业（南孚、金力、正龙、虎头、高力、豹王、长虹、三特、中银宁波）组成应诉联盟，中国香港松柏电池厂有限公司则单独应诉。

4. ITC 初裁

2004 年 6 月 2 日，ITC 发布初裁，认定 709 专利有效，中国 10 家电池企业生产的无汞碱性电池构成专利侵权，并对中国出口美国的电池发布普遍排

---

❶ 参与联合应诉的 9 家为涉案企业有：厦门三圈电池有限公司、上海天鹅白象电池有公司、宁波野马电池有限公司、浙江嘉兴永高电池有限公司、梧州新华电池有限公司、重庆力达电池有限公司、浙江甬微科技股份有限公司、温州三金电池有限公司以及丹东金丸集团公司。

除令。

5. 请求复审

2004 年 6 月 9 日,中国电池企业在中国机电商会和电池行业协会的积极鼓励和协调下联合,向 ITC 申请对初裁结果进行全面复审。

6. ITC 终裁

2004 年 10 月 4 日,经过我国电池企业强有力的举证、抗辩,ITC 作出终裁,认为 709 专利因不具备确定性而无效,驳回美国劲量公司对中国电池生产企业的侵权指控,裁决中国生产的电池可以正常对美出口,决定终止调查。

7. 劲量公司上诉

随后,美国劲量公司不服 ITC 终裁,于 2004 年 10 月 7 日向 CAFC 提起上诉,要求确认 ITC 裁决有误。

8. 发回重审

2005 年 1 月 25 日,CAFC 驳回美国劲量公司要求,判决 ITC 重新审理此案。

9. ITC 重审

2007 年 2 月 23 日,ITC 对"无汞碱性电池 337 调查案"作出重审裁决,认定劲量公司 709 专利无效,被申请人不侵权。这已经是 ITC 在同一案件中第二次作出确认中国电池企业不侵权的判决。

10. 劲量公司再上诉

2007 年 3 月,因 ITC 裁决劲量公司 709 专利因未能满足《美国专利法》第 112 条有关书面描述的要求而无效,劲量公司上诉至 CAFC。

11. 上诉法院判决

2008 年 4 月 22 日,CAFC 对劲量公司诉中国电池企业无汞碱性电池专利侵权案件作出终审裁决,维持 ITC 的裁决,认定劲量公司 709 专利全部无效。CAFC 院于 8 月 8 日驳回申请人劲量公司要求全体法官审理的重审请求。

12. 劲量最后申诉

2008 年 10 月 30 日,劲量公司就 CAFC 的终审判决向美国联邦最高法院提起请求调查令的申诉。

13. 最终裁决

2009 年 3 月 23 日,美国联邦最高法院驳回劲量公司的申诉。至此,由劲量公司提起的针对中国电池企业的 337 调查以申请人劲量公司 709 号专利被判决无效而告终。历经近 6 年,我国电池行业终于取得无汞碱性电池 337 调查案的最终胜利。

三、ITC 裁决要点分析

（一）权利要求解释

判断专利是否被侵害一般分为两步：第一是确定声称被侵害的专利权利要求的范围；第二是将涉嫌侵权的装置或者方法跟权利要求进行对比。

第一个步骤是法律问题，第二个是事实问题。为了获胜，专利权人必须通过字面侵权或者等同原则建立证据优势证明争讼装置侵害了一项或者多项权利要求。

对于权利要求解释的第一步，首先要注意文件中固有的证据，比如专利本身，包括权利要求、说明书等。在解释权利要求时，分析必须始终保留在权利要求本身所使用的语言，因为这是专利权人选择用来表明其发明的。如果该语言不清晰，那么就要转向其余的固有证据（如说明书），以尽可能地解决欠缺清晰的问题。解释的时候以保持专利有效为原则，但是不能超出权利要求字面意思解释。

（二）侵权认定

本案中，行政法官的初裁认定被申请人的电池至少侵犯 709 专利的一项权利要求。而被申请人反对的理由是：第一，申请人没有证明检测的电池与被申请人有联系，与本次 337 调查有联系的证据无法证明，进行测试的电池就是申请人销售的电池；第二，申请人采用的 BGET 的测试和专利的测试没有实质的相同，BGET 包含很多 709 专利测试中额外的步骤和材料；第三，实质测试采用了 7 种不同的测试方式，因此导致内在的多样性排除了电池测试中的普遍性特征。

通过对文件的审查之后，ITC 作出不侵权的裁决并终止了调查。特别是，ITC 裁决争讼权利要求无效，因为缺乏明确性。ITC 决定不审查调查中提出的其他争议。ITC 在裁决中还否决了一直未决的 2004 年 5 月 21 日被申请人宁波豹王电池有限公司提出的终止调查的动议，以及其提请重开证据记录的动议。

（三）核心抗辩理由

本案的核心抗辩理由在于对权利要求的解释。在有争议的权利要求解释第 4 点中，这项专利指的是发明了一种提炼纯度较高的锌粉的方法，还是发明了一种锌粉，即是方法专利还是产品专利，申请人在这点上没有说明清楚。如果申请人限定是产品专利，那么该项专利的权利要求就是试图囊括所有锌的形态，并且这一产品并不具备非显而易见性，现有技术已经破坏这一专利要求，并且专利也违反了《美国专利法》第 112 条规定的确定性要求。如果申请人限定是方法专利，显然被申请人没有侵权，因为从申请人的检测方法中不能证明被申请人使用的制备锌粉的方法与申请人相同。

四、本案的启示

一场历时6年的电池调查案，穷尽与337调查相关的所有程序，几经周折，美国联邦最高法院最终于2009年3月驳回劲量公司的申诉。本案以我国电池企业大获全胜并可以继续向美国出口无汞碱性电池而告终。本案的胜诉，不仅仅是中国电池企业的胜利，保护了中国电池出口企业的合法权益，同时也为我国其他行业应对337调查提供了宝贵的经验。

（一）成功应诉策略的切入点

本案中，劲量公司709专利的全面无效是中国企业赢得此次337调查的制胜点。劲量公司所主张的专利技术的权利要求书表达不明、概念宽泛、专利权利要求界定模糊。在337调查过程中，为了赢得胜诉，劲量公司随意扩大其专利权利要求保护范围试图证明中国企业侵权的成立。中国电池企业清楚地意识到对方的策略，并着力以权利要求书存在瑕疵进行抗辩，并且得到ITC的最终认可。

涉案专利在申请过程中被驳回了三次。被申请人律师开始试图通过不侵权予以应诉，但行不通，因为对方诉求太详细。初裁之后改变应诉策略，转向提出专利无效，依据的是《美国专利法》第112条提出该专利不具有确定性。申请人专利在申请过程中曾遭数次驳回，当时驳回的理由就是其不具备"确定性"。

具体来说，被申请人律师指出，劲量专利涵盖的是方法，而不是产品——锌粉。而劲量公司对这一专利的权利要求保护范围有不同解释，称其专利涵盖的不仅是方法，还包括所有达到一定低锌极膨胀率的锌粉。如此，该专利的保护范围就大了很多。被申请人律师就此指出，这与劲量申请该专利时的语言描述出现不符，存在解释上的歧义和漏洞，以致造成不同的、宽泛的解释，说明该专利描述的不准确和不确定。被申请人律师还使用了在专利侵权案中很少引用的《美国专利法》第112条。该条要求，对专利的描述要非常准确、精确，不能引起歧义。

因此，应诉337调查可从申请专利无效切入，而无效的理由可以从申请人专利在申请过程中被驳回的理由中去找。

（二）企业联合应诉联盟风险分担机制

在以往的很多337调查中，中国企业因为考虑到需要承担的巨额诉讼费用以及败诉后对企业乃至整个行业在美市场的影响，而采取消极应诉的态度，通常止步于程序完结之前便向美国公司提出和解，得以化解败诉的风险。而这一次，应对美国无汞碱性电池 337 调查，中国企业结成诉讼团队，着眼于长远利益，协同作战，使得中国企业在整个调查过程中拥更多话语权和谈判筹码。

1. 巨额诉讼费用的分担

我国企业面临 337 调查时，之所以消极应诉，最重要、最直观的原因便是诉讼费用高昂。在本次 337 调查案中，我国应诉企业共支付各类费用达 300 多万美元，几乎是当年整个电池行业出口利润的总额。然而，在联合应诉中，实现了诉讼费用的筹集和分摊。在中国电池工业协会的协调下，被申请人按照企业规模和出口量、产能等标准，共同分担了此次 337 调查的费用。其中，除被列名的申请人承担 70% 的费用以外，未被列名的涉案企业分担了 30% 的费用。从而使得无力承担巨额诉讼费用的难题成功化解，这也是本次 337 调查中国企业成功的关键要素。

2. 调查风险的分担

在对中国企业不利的初裁结果公布后，劲量公司提出比较苛刻的和解条款，以阻止中方继续上诉。除了要求一次性支付 100 万美元，还要求我国企业今后每向美国出口一节无汞碱性电池便支付 3 美分的专利费。3 美分的专利远远超过了每节电池 1 美分的利润，而这一要求无疑是要中国企业放弃美国市场。虽然初裁结果给中国涉案企业的信心造成很大的打击，面对劲量公司提出的和解条件，中国企业对于是否上诉的意见上也出现了分歧，但是经过涉案电池企业认真分析该案对我国电池产业和行业的重大影响后，中国企业没有退步。中国电池企业分析认为行政法官并没有对我方提出的证据作出有效解释，并依此对初裁结果提出复审请求。在应诉团队各方的努力和配合下，为了维护中国电池产业和行业的合法权益，中国电池企业诉讼联盟克服困难坚持应诉，取得最终胜利。

（三）政府部门、商协会、企业三方共同应对

为了保护中国电池企业和行业的利益，有关政府部门及商协会积极组织国内涉案企业，动员其他相关企业，带领全行业打响了极其艰苦的、曲折复杂的海外知识产权侵权案的反击战。2003 年 5 月 30 ~ 31 日，商务部进出口公平贸易局、中国机电商会和中国电池工业协会在宁波召开 337 调查应诉协调会，政府部门的指导、行业协会的组织协调和自始至终的支持为我国电池企业成功应对 337 调查奠定了坚实的基础。

为了在最短时间内最大限度地收集证人证据，中国电池工业协会曾组织国内企业与日本、新加坡等涉案企业组成应诉联盟，实现资源共享。劲量公司得知涉案企业组成联盟，采用"拉打结合"的方法，分化瓦解联合应诉联盟，在开庭前1周与日本、新加坡以及中国香港的部分企业达成和解，并与这些企业签订信息资源不能与中方共享的协议，使得国际应诉联盟迅速瓦解。形势的骤变使得中国涉案企业措手不及，对方也认定我国企业将不战而败。在这紧要关头，有关政府部门及行业协会动员各方力量，争取国际支持，"化险为夷"，使该案得以顺利开庭。

（四）重视企业知识产权战略是根本

该案中，双方当事人围绕无汞碱性电池专利技术之间的较量，最终使得劲量公司每年失去数千万美元的专利许可使用费收入。同时，中国企业在这场拉锯战中消耗的人力、物力、财力也是不小的损失。除律师费外，更包括了市场声誉、市场机遇等无法用金钱衡量的损失。

在中国对美出口产品频繁遭遇337调查的今天，中国出口企业正是因为自身存在知识产权维权机制发展不全面的软肋，才频频成为调查对象。应对今后的国际化市场发展的要求，不仅是中国国内电池企业，包括谋求海外市场的企业，都应以此为戒，努力提高企业知识产权意识，加快自主创新，加强知识产权储备，完善知识产权管理模式，扭转被动局面，才是今后应对337调查的根本之道。

第七节　山东圣奥公司应诉
美国富莱克斯公司337调查案

[导言] 方法专利的奇妙在于相同的原料经过不同的生产工艺可制成相同的产品。但以生产相同产品而推断他人的生产工艺侵犯自己专利的事件却经常发生。作为侵权抗辩的出发点主要应尽量放大两种工艺之间的不同，使他人或法官明白两者之差异，从而得出未侵权的结论。山东圣奥公司应诉美国富莱克斯公司337调查案，找对了切入点，但由于在说服行政法官上还欠缺火候，不得不再经过复审以及上诉才达到目的。

一、337调查的发起

（一）337调查的申请

2005年年初，美国富莱克斯公司（Flexsys）对圣奥公司和锦湖公司提出两项专利侵权控告；一项控告向俄亥俄州北区联邦地区法院提起，一项控告向 ITC 提起，控告依据为《1930 年关税法》第 337 条。在两项控告中，富莱克斯公司指称圣奥公司制造橡胶防老剂（4 – ADPA、PPD）的工序侵犯其多项专利。但为防止俄亥俄州的诉讼在 ITC 调查进行期间被中止，富莱克斯公司采取了一项策略，即在俄亥俄州的诉讼中主张的专利比在 ITC 调查中多一项：US5453541（以下简称"541 专利"）。富莱克斯公司还在两起诉讼中控告圣奥公司的客户锦湖公司侵权。在 ITC 的 337 调查中，富莱克斯公司请求发出有限排除令，阻止在美国进口和销售 4 – ADPA、PPD 和轮胎等下游产品，其中包括未指定实体的产品。

2005 年 3 月，ITC 根据富莱克斯公司的申请着手展开"关于特定橡胶防老剂、其成分和含橡胶防老剂的产品"（In re Certain Rubber Antidegradants, Components Thereof, and Products Containing Same，以下简称"防老剂 I"）的 337 调查（337 – TA – 533）。❶ 在 ITC 进行调查时，俄亥俄州的相关诉讼被中止❷。

（二）337 调查原因

1. 富莱克斯公司的专利和技术

在 ITC 的 337 调查中，富莱克斯公司最初坚称圣奥公司制造橡胶防老剂的工序侵犯其三项不同专利，即 US5117063（以下简称"063 专利"）、US5608111（以下简称"111 专利"）和 US6140538（以下简称"538 专利"）❸。063 专利与 111 专利具有相关性。虽然富莱克斯公司的专利针对于制造 4 – ADPA 和 PPD 的工序，但早在富莱克斯公司开始从事专利所述工序很多年以前，人们便已经知晓并使用制造 4 – ADPA 和 PPD 的商业工序。❹

ITC 的调查侧重于 063 专利和 111 专利，这两项专利各描述了一套将 PPD 加工成防老剂的三步工序。这三个步骤包括：（1）使苯胺与硝基苯发生反应，生成 4 – ADPA 中间物；（2）还原 4 – ADPA 中间物，形成 4 – ADPA；（3）烷基化 4 – ADPA，形成橡胶防老剂，即 PPD。063 专利和 111 专利的权利要求侧重于第一步。例如，063 专利的权利要求 30 描述了生成 4 – 氨基二苯胺（4 –

---

❶ 《联邦公报》第 70 卷第 15885 段（2005 年 3 月 29 日）。

❷ 《美国法典》第 28 编第 1659 节。

❸ 如下文所述，为应对圣奥公司和锦湖公司采取的行动（因不公平行为裁定 538 专利不可执行），富莱克斯公司从调查中撤回 538 专利。

❹ 063 专利，col. 5, ll. 53 – 64 and col. 6, ll. 3 – 15.

ADPA）的方法，包括以下几步：

（1）使苯胺与硝基苯在适当的溶剂系统中进行反应接触；

（2）在适当的温度下，使苯胺与硝基苯在有限的区域内进行反应，同时提供适当的碱和"控制量"的质子材料，生成一种或多种4－ADPA中间物；

（3）在适当条件下还原4－ADPA中间物，生成4－ADPA。

其他权利要求中加入了烷基化4－ADPA生成PPD的步骤。在ITC的调查中，富莱克斯公司对圣奥公司主张针对4－ADPA和PPD制造方法的权利要求，而对锦湖公司仅主张针对PPD制造方法的权利要求。对063专利和111专利主张的全部独立权利要求均指出，在苯胺与硝基苯反应期间使用"控制量"的质子材料。因此，权利要求中"控制量"一词便成为争议和专利中所谓新概念的中心问题。

专利说明书中介绍了"控制量"一词，即可通过在碱环境下使苯胺与硝基苯反应制得4－ADPA，生成两种4－ADPA中间物的混合物，而反应条件中的质子材料（例如，水）的量是受到控制的。❶专利还说明"对反应中质子材料的量的控制十分重要"。❷更重要的是，专利界定了该术语的含义："质子材料'控制量'指一定的量，该量的最大值可抑制苯胺与硝基苯反应，例如，在以苯胺为溶剂的反应混合物中，水的比例最高约为4%。"❸据专利所述，使用"控制量"的质子材料是反应的关键。

专利实施例进一步介绍了专利权所有人对"控制量"的定义。实施例3中告诫称，当以苯胺为溶剂时，水含量必须保持在约4%以下，以防抑制苯胺与硝基苯的反应。❹此外，与实施例3（以苯胺为溶剂）相关的表2中的实验数据显示，当水的量为2.2%时，会生成0.83毫摩尔的产物，而当水的量达到3.45%时，仅会生成0.18毫摩尔的产物。而且，在实施例3中当水的量超过4%时，更具体地说，当水的量达到4.7%时，产物的物质量降至0.05毫摩尔，该数值已"低得无法接受"，特别是对商业工序而言。❺虽然专利说明书中部分实例的用水比例为4%或以下，但在其他以苯胺为溶剂的实施例中，用水比例却高于4%。而在用水比例高于约4%的实施例侧重于发明的其他方面

---

❶　063专利，col.1,ll.8－14.

❷　063专利，col.4,ll.30－32 and col.9,ll.20－21.

❸　063专利，col.4,line 48－52.

❹　063专利，col.4,ll.31－60.

❺　511 F.3d.1132,1139（CAFC,2007）.

（如转化），而且，其中未明确披露用水量。

2. 圣奥公司及其制造防老剂的工序

1997 年，圣奥公司开始研发生产 4 – ADPA 和 PPD 的自有工序，并已获得该创新工序的专利。圣奥公司的工序浓缩苯胺和硝基苯，其中使用一种名为四甲基氢氧化铵（TMAH）的碱，并以苯胺为溶剂，以水为质子材料。圣奥公司的工序的用水量至少在 10% ~ 15% 之间。[1]

二、337 调查的过程

（一）ITC 首次调查：防老剂 I

1. 行政法官审理阶段

在 2005 年 3 月 ITC 立案后，该案被提交首席行政法官 Paul J. Luckern 审理。Luckern 法官将听证会日期定为提起申请后约 8 个月以后。由中国和美国律师代表的圣奥公司积极参与调查的各个阶段。圣奥公司的管理层也参与了调查的各个阶段。圣奥公司出示了有关文件，并且该公司几名员工在香港宣誓作证。圣奥公司还聘请资深专家协助应诉，其中包括麻省理工学院和匹兹堡大学的教授。尽管在化工工序类调查程序中经常会进行工厂参观和产品抽样，但富莱克斯公司在防老剂 I 中却未选择参观圣奥公司的工厂，反而依赖专家的实验文件及意见。相反，圣奥公司的专家参加了工厂参观和制造工序。

圣奥公司坚持专利无效和不侵权抗辩。除自我抗辩外，圣奥公司还积极地应对富莱克斯公司的证据开示要求，检查富莱克斯公司的文件，并要求其员工宣誓作证。在整个调查期间，圣奥公司的律师与锦湖公司的律师合作制定了一套统一的策略。

在接近证据开示尾声时，圣奥公司提交了两份简易裁决动议。一份简易裁决动议以专利审查申请期间出现不公平行为为由，指称富莱克斯公司的 538 专利不可执行。在提交动议后，富莱克斯公司从调查中撤回了 538 专利，并仅继续主张 063 专利和 111 专利。当富莱克斯公司获准从 ITC 调查中撤回 538 专利后，此简易裁决动议便失去了实际意义。

圣奥公司的第二份简易裁决动议根据圣奥公司的拟定权利要求解释，力陈圣奥公司的工序（即含水比例超过 4%）并未侵权。圣奥争辩称，"控制量"一词的正确权利要求解释为：当以苯胺为溶剂时，反应混合物中的含水

---

[1] *Sinorgchem*, 511 F. 3d at 1133 – 34.

比例最多约为 4%。据圣奥公司称，这一解释属适当，因为各方已界定该术语的含义，并且专利中曾多次说明当以苯胺为溶剂时，如用水比例超过约 4%，会导致产量降低。圣奥公司的专家提交声明支持此简易裁决动议。ITC 调查律师也支持圣奥公司的动议。

由于主要问题是对 063 专利和 111 专利权利要求中质子材料的"控制量"一词的权利要求解释，富莱克斯公司也请求作出侵权简易裁决。富莱克斯公司的专家提供声明支持侵权简易裁决。在听证会前夕，Luckern 法官否决了富莱克斯公司和圣奥公司的简易裁决动议，认为存在事实问题阻碍就简易裁决作出决定。他未就"控制量"一词的解释作出裁决。❶

2. 听证会阶段

随后，调查于 2005 年 11 月进入为期 6 天的听证会。在听证会期间，富莱克斯公司、圣奥公司和锦湖公司的证人提供了现场证词。富莱克斯公司和圣奥公司的专家都有提供现场证词。听证会后，各方提交了庭审后摘要和事实裁断书。ITC 调查律师认为圣奥公司的工序未侵犯富莱克斯公司的专利，但其专利并非无效。考虑所有证据后，Luckern 法官作出初步裁决，并按照富莱克斯公司观点解释受争议的权利要求术语，裁断圣奥公司的工序确实侵犯 063 专利和 111 专利，并且这些专利并非无效。❷ Luckern 法官还作出结论，由于锦湖公司未实施权利要求工序的所有步骤，因此未侵犯富莱克斯公司的专利。❸

圣奥公司根据 ITC 的程序要求 ITC 复审初步裁决。❹ 圣奥公司争辩称，在法律上，Luckern 法官根据富莱克斯公司的拟定解释作出的权利要求解释不合规范。ITC 决定复审初步裁决，并要求各方就指定问题提供额外书状。❺ 在考虑所提交的文件后，ITC 发表意见，维持 Luckern 法官的决定。但 ITC 采用了不同的权利要求解释。2006 年 7 月，ITC 针对圣奥公司进口美国的 4 - ADPA 和 PPD 发出有限排除令。❻ 因为未裁断锦湖公司侵犯富莱克斯公司的专利，ITC 未对锦湖公司的进口适用排除令。

---

❶ "防老剂 I 调查案"第 29 号命令（2005 年 10 月 17 日）。

❷ "防老剂 I 调查案"初步裁决（2006 年 2 月 17 日）。

❸ "防老剂 I 调查案"初步裁决（2006 年 2 月 17 日）。

❹ 《联邦法规汇编》第 19 编第 210.43 节。

❺ 《联邦公报》第 71 卷第 20131 - 32 段（2006 年 4 月 19 日）。

❻ 在调查期间，富莱克斯公司撤回就轮胎等下游产品发出任何排除令的请求。参见：《联邦公报》第 71 卷第 40733 - 34 段（2006 年 7 月 18 日）。

（二）圣奥公司向 CAFC 提起上诉

圣奥公司向 CAFC 上诉 ITC 的决定。圣奥公司、富莱克斯公司和 ITC 参与了上诉。[1] 在 CAFC 上诉的主要问题与在 ITC 调查的一样，即权利要求术语"控制量"的含义。[2] 富莱克斯公司在此争辩"控制量"并无具体数量的上限或下限，而表示反应中的水量应控制在上限与下限之间，从而获得可接受的产量，实现硝基苯的转化。[3] 圣奥公司也像之前在 ITC 调查一样，争辩专利说明书中已明确界定权利要求术语质子材料的"控制量"的含义，指"该量的最大值可抑制苯胺与硝基苯反应，例如，在以苯胺为溶剂的反应混合物中，水的比例最高约为 4%"。[4] 圣奥公司再次指出富莱克斯公司已将"控制量"一词两边加上引号，并在界定"控制量"时用了"指"（is）一词，这两点都强烈表明这是术语的定义。[5]

CAFC 同意圣奥公司的拟定权利要求解释，并在 2007 年 12 月出具其意见。[6] 由于各方对圣奥公司的工序是在反应时含水比例始终超过 10% 这点并无争议，CAFC 得出结论，圣奥公司的工序并未真正违反质子材料"控制量"。[7] 由于富莱克斯公司和 ITC 均未辩称圣奥公司的工序存在等同理论下的侵权，因此 CAFC 将案件发回 ITC 重审，以确定是否存在等同理论下的侵权。[8]

（三）ITC 重审

发回重审期间，ITC 撤销了从 2006 年起即存在的排除令，并将调查发回 Luckern 法官重审，以确定圣奥公司的工序根据等同理论是否侵犯富莱克斯公司的专利。[9] 富莱克斯公司争辩其应被允许重开记录并提交等同理论下的侵权行为的其他证据和证词。圣奥公司反对重开记录，并争辩富莱克斯公司完全知晓 CAFC 所采纳的圣奥公司的权利要求解释，且完全有机会就该争论点进行证

---

[1]　富莱克斯公司选择不就 ITC 裁断锦湖公司未违反 337 条款的决定上诉。

[2]　*Sinorgchem*, 511 F. 3d at 1135.

[3]　*Sinorgchem*, 511 F. 3d at 1135.

[4]　*Sinorgchem*, 511 F. 3d at 1140.

[5]　*Cultor Corp. v. A. E. Staley Mfg. Co.*, 224 F. 3d 1328, 1331（CAFC, 2000）; *Abbott Labs. v. Andrx Pharms., Inc.* 473 F. 3d 1196, 1210（CAFC, 2007）.

[6]　*Sinorgchem*, 511 F. 3d at 1132.

[7]　*Sinorgchem*, 511 F. 3d at 1140 – 41.

[8]　*Sinorgchem*, 511 F. 3d at 1141.

[9]　《联邦公报》第 73 卷第 32356 段（2008 年 6 月 6 日）；《联邦公报》第 73 卷第 34947 – 48 段（2008 年 6 月 19 日）。

据开示。Luckern 法官同意圣奥公司的意见，拒绝了重启证据开示程序或再举行一次审理。各方对问题进行了说明。等同理论问题以 2005 年审理中提交的证据为基础。ITC 调查律师同意圣奥公司的立场，极力主张 Luckern 法官认定圣奥的工序根据等同理论并未侵犯富莱克斯公司专利。进行大量情况说明后，Luckern 法官基于 5 项独立依据（其中 4 项完全合法）得出结论，圣奥公司的工序并不存在等同理论下的侵权。尽管富莱克斯公司呈请 ITC 复审并推翻 Luckern 法官的裁决，ITC 仍维持 Luckern 法官的判定且最终裁决并无等同理论下的侵权行为，并终止了调查。❶ ITC 作出最终裁决后，富莱克斯公司选择不向 ITC 提起上诉，而是选择在俄亥俄州联邦地区法院继续其诉讼。❷

（四）富莱克斯公司第二次向 ITC 申请 337 调查：防老剂 II

在防老化剂 I 发回重审期间，富莱克斯公司在 2008 年 5 月向 ITC 提起另一项针对圣奥公司和锦湖公司的 337 调查申请，"关于特定橡胶防老剂、其成分和含橡胶防老剂的产品"（337 - TA - 652，以下简称"防老剂 II"）。❸ 富莱克斯公司提出此次申请的目的是另外就 111 专利权利要求提起调查，及重新主张之前已从俄亥俄州联邦地区法院诉讼撤销的 541 专利。❹ 富莱克斯公司在其第二次调查申请中，另行主张 111 专利和之前已从俄亥俄州联邦地区法院诉讼经不可补正撤销的 541 专利的专利权利要求。富莱克斯公司争辩其新提出的申请是恰当的，原因是圣奥公司已在 2005 年建立了新的制造厂，圣奥公司的确是使用了不同的生产工艺。调查启动前，圣奥公司和锦湖公司向 ITC 提交函件，强烈要求 ITC 不要启动调查，因为基于既判力（Res judicata）和请求排除（Claim Preclusion）原则，富莱克斯公司不得在第二次申请中重新就权利要求提起调查。ITC 立案时明确提及了之前的调查，且指出法官希望在调查中尽早考虑该问题。❺

防老剂 II 被派至审理防老剂 I 的同一法官（即 Luckern 法官）。调查之初，在进行任何证据开示程序之前，圣奥公司和锦湖公司提议基于请求排除原则对调查作出简易裁决。圣奥公司争辩富莱克斯公司被禁止提起防老剂 II，除

❶ 《联邦公报》第 74 卷第 6307 - 08 段（2009 年 2 月 2 日）。
❷ 如 富莱克斯公司针对 ITC 的终裁提起上诉，俄亥俄州联邦地区法院的诉讼则会在上诉期间保持搁置状态。
❸ 《联邦公报》第 73 卷第 39719 - 20 段（2008 年 7 月 10 日）。
❹ 富莱克斯公司在俄亥俄州联邦地区法院的诉讼案期间提出有偏见驳回地撤销了 541 专利，这是为了获得早期的听证，富莱克斯公司也选择保留权利补正撤销的 541 专利如圣奥公司改造制造过程。
❺ 《联邦公报》第 73 卷第 39719 段（2008 年 7 月 10 日）。

非圣奥公司的工序从防老剂 I 中讨论的工序进行了重大变动。对于 111 专利（即防老剂 I 的主要争议点），圣奥公司争辩根据"请求分离（Claim Splitting)"原则，富莱克斯公司在此情况下禁止另外主张 111 专利的权利要求，因其之前已在防老剂 I 中主张了 111 专利。换句话说，富莱克斯公司最初就应该坚称圣奥公司侵犯其 111 专利权利要求。对于 541 专利，圣奥公司争辩，基于请求排除原则，富莱克斯公司已从俄亥俄州诉讼经不可补正撤销 541 专利，因此不得在防老剂 II 中重新主张 541 专利。圣奥公司通过一名技术证人的声明，表明其工序未发生变动，对其动议提供了支持。锦湖公司提出了类似论点。ITC 调查律师支持了圣奥公司和锦湖公司的动议。富莱克斯公司反对该动议，并争辩圣奥公司有责任证明其当前的工序与防老剂 I 中讨论的工序相同，但圣奥公司并未能确立该事实。

Luckern 法官在一个初步会议中对简易裁决动议中的论点进行了审理。审理后，Luckern 法官要求各方就特定问题提供额外的情况说明。各方再度提交了情况说明，包括来自技术证人的额外声明。但是，尽管富莱克斯公司一再要求进行进一步证据开示，Luckern 法官并未采取证据开示程序和要求证人作证。

2008 年 9 月 12 日，大约是富莱克斯公司提出调查申请后的 4 个月，Luckern 法官裁决圣奥公司和锦湖公司胜诉。❶ 对于 111 专利，Luckern 法官采纳了圣奥公司所辩称的请求分离原则。对于 541 专利，Luckern 法官采纳了圣奥公司基于请求排除原则的论点。根据这两项法律原则，关键点在于圣奥公司在新工厂制造 4 – ADPA 和 PPD 的工序是否与防老剂 I 中讨论的工序相同或者只涉及微不足道的差异。❷ 彻底审查圣奥和锦湖两家公司和富莱克斯公司证人的声明后，Luckern 法官得出结论，圣奥公司已确立其两家工厂采用的工序和与争议的专利权利要求相关的工序大体相同。

Luckern 法官批准圣奥公司和锦湖公司的简易裁决动议并终止调查后，富莱克斯公司呈请 ITC 复审 Luckern 法官的判定。圣奥公司和锦湖公司提交了情况说明，对 Luckern 法官的判定予以支持。ITC 维持该裁决并终止调查。❸ 富莱克斯公司此后作出了不针对 ITC 的判定向 CAFC 提起上诉的策略性决定。

---

❶ 第 9 号令，ID，2008 年 9 月 12 日。

❷ 第 9 号令第 23 ~ 24 页。也可参见：*Roche Palo Alto LLC v. Apotex, Inc.*，531 F. 3d 1372, 1379（CAFC，2008)；*Acumed LLC v. Stryker Corp.*，525 F. 3d 1319, 1327（CAFC，2008)。

❸ 《联邦公报》第 73 卷第 65880 段（2008 年 11 月 5 日)。

（五）俄亥俄州联邦地区法院诉讼

在两次 ITC 调查不成功之后，富莱克斯公司将诉讼策略转向俄亥俄州联邦地区法院。在富莱克斯公司明确不针对 ITC 的败诉判定提起上诉之后，俄亥俄州联邦地区法院诉讼在 2009 年 4 月继续审理。[1] 俄亥俄州诉讼重开后，鉴于之前的诉讼，圣奥公司和锦湖公司建议法院启动法律程序并先判定侵权问题。Lioi 法官同意圣奥公司和锦湖公司的建议，并允许富莱克斯公司对侵权问题进行几个月的证据开示程序。富莱克斯公司进行了一些与其在 ITC 调查期间相同的证据开示程序，试图改变其之前向 ITC 表达的立场。按与 CAFC 相同的方式对权利要求作出解释后，Lioi 法官在 2010 年 7 月作出判决，圣奥公司和锦湖公司均未侵犯富莱克斯公司的专利[2]。

三、本案的启示

首先，圣奥公司和富莱克斯公司之间的诉讼说明了像富莱克斯公司这样的成熟公司可以如何对竞争对手主张其知识产权。其次，此次调查也证明了 ITC 和美国联邦地区法院会基于各案件的事实，审慎地审查专利侵权争议，而无论涉案当事人所在的国家。最后，更重要的是，此案证明，圣奥公司在与富莱克斯公司的 5 年诉讼期间，始终锲而不舍并且能够在多个关键时候证明其工序并未侵犯富莱克斯公司的专利，有效地维护了企业的合法权益。

第八节　中国复合木地板企业应诉荷兰尤尼林公司 337 调查案

[导言] 应对障碍有两种办法：一是清除障碍，二是绕开障碍。应对 337 调查亦是如此，要么证明没有侵权，要么绕开有争议的专利。很难说明两种办法孰优孰劣，更多情况下是同时采用。但一些案件中，后者起到了根本性的作用。例如，"复合木地板 337 调查案"中深圳燕加隆集团的做法。但规避设计只是一个开始，它还涉及 337 调查救济措施的诸多实施部门，所以，与他们交锋的策略也不容忽视。

---

[1]　DI－184 法令，2009 年 4 月 24 日。

[2]　DI－357 节略意见（Memorandum Opinion），2010 年 7 月 15 日。

一、案件调查过程

根据美国《1930 年税法》第 337 条及其修正案❶的规定，ITC 发起此次关于不正当进口行为的调查。就知识产权的保护而言，《1930 年关税法》第 337 条规定，禁止在美国生产侵犯受有关知识产权法律保护的专利权、版权、商标权及外观设计专有权的产品，同时也禁止在海外制造的上述侵权产品销往美国。❷ 根据现有的案件情况来看，专利侵权指控占 337 调查案件的绝大多数，其次是商标侵权案以及其他形式的不公平竞争行为，如窃取商业秘密、商业外观侵权、假冒产品和虚假广告等。

（一）提出申请

申请人（在本案中为专利权人）向 ITC 提出针对一个或多个侵权人（被申请人）的调查申请。需要注意的是，此处提起 337 调查的申请人不一定是美国公司或者美国公民。事实上，只要专利权人在美国境内投入人力或资金开发（或实施）该专利，并证明被申请人确有在美国进口、为进口到美国而销售或在进口到美国之后销售侵犯申请人受美国法律保护的专利产品，该专利权人就可以向 ITC 提出调查申请。除上述要求外，337 调查的提起还必须提交关于国内行业有效运行以及被申请人实施相应的侵权行为的详细说明，且进行宣誓。❸

2005 年 7 月 1 日，荷兰尤尼林公司、爱尔兰地板业有限责任公司及北卡罗来纳州的尤尼林地板有限责任公司（以下合称"Unilin"）提出 337 调查申请，被申请人公司为 30 家复合地板制造商和设计商，包括中国深圳燕加隆集团。

Unilin 指控被申请人的复合地板的连接技术侵犯其美国专利，编号分别为 US6490836（以下简称"836 专利"）、US6874292（以下简称"292 专利"）、US6928779（以下简称"779 专利"）以及 US6006486（以下简称"486 专利"）。

本案所涉及的产品主要是复合木地板，该产品无须使用黏合剂，只需依靠地板边缘的集成连接部分即可进行组装。

在后来的调查中，Unilin 在其指控中增加了两名被申请人，此项修正请求

---

❶ 19 U. S. C. § 1337.

❷ 19 U. S. C. § 1337 (a) (1) (B - E).

❸ 19 C. F. R. § 210. 12.

于 2005 年 9 月 19 日获得 ITC 的批准。

（二）立案审查

与美国联邦地区法院不同，ITC 不会仅根据一项指控就启动 337 调查。事实上，在收到依据 337 条款提起调查的申请书后，OUII 将对该申请进行审查，以确定该申请是否符合 ITC 的要求，并向 ITC 提交是否启动调查的建议书。❶ ITC 通常会在收到申请书的 30 日内决定是否启动 337 调查。❷

（三）立案

当 ITC 决定启动 337 调查后，将在《联邦公报》上发布立案通知。❸ 除了在《联邦公报》上发布通知之外，ITC 还将向调查涉及的所有被申请人寄送一份调查通知，包括被申请人所在国的美国大使馆。❹ 立案后，ITC 的首席行政法法官将指定一名行政法法官（ALJ）来主持调查活动以探求事实真相并根据案情作出相应的裁决（初步裁决）。ITC 还将从 OUII 中指定调查律师，作为代表美国和公共利益的独立第三方参与 337 调查。作为调查的当事方，调查律师将参与强制性披露、动议提出等活动，并通过出席证据听证会和/或质询证人就有关事实及法律问题提出意见。

2005 年 7 月 9 日，ITC 正式立案（337 - TA - 545）。Paul J. Luckern 被指定为主审此案的行政法官。

（四）调查适用的程序性规定

337 调查将根据程序性规定展开，该程序性规定与《联邦民事程序规则》类似，并在其基础之上修订而来。这些规则通常会由行政法官进行一些补充，补充后的基本规则只适用于该行政法官负责主审的案件。例如，某些行政法官要求在调查活动中召开强制性披露委员会会议，有些要求当事方在提交任何动议之前会见并尽量解决其分歧。在本案中，主审法官 Luckern 提出了 27 页包含附录的基本规则。

1. 目标日期

在调查通知发布之后的 45 日之内，主审行政法官将设立一个目标日期，调查将在该目标日期结束，ITC 也将在该日作出最终裁决。❺ 行政法官的初步

---

❶ 19 C. F. R. §210. 10 (a) (1), 210. 9 (a) and (b).

❷ 19 C. F. R. §210. 10 (a) (1).

❸ 19 C. F. R. §210. 10 (b).

❹ 19 C. F. R. §210. 11.

❺ 19 C. F. R. §210. 51 (a).

裁决必须在目标日期的 4 个月之前作出。❶ 一般来说，主审行政法官会设定 12～16个月的时间以完成调查。如果目标日期为 16 个月，由于行政法官的初步裁决必须在目标日期的 4 个月之前作出，所以实际调查期限通常为 12 个月，而证据听证会一般会安排在调查开始后的第 7 个月到第 9 个月之间。

2005 年 8 月 3 日，Luckern 法官设定了本案的目标日期为 2006 年 10 月 3 日（调查期限约为 14 个月）。

2. 应诉

从 ITC 发出立案通知之日起，被申请人只有 20 天（处于美国境外的被申请人可以有 30 天）的时间以书面形式对该申请和通知作出回应，该回应必须包含被指控的所有内容，并需进行宣誓。❷ 相应地，在得知有人对其提起 337 调查申请后，被申请人应立即开始准备其回应，在应诉或提出反诉❸之前应进行谨慎考虑。总的来说，在联邦地区法院适用的抗辩在 337 调查案件❹中一般都适用。

如果被申请人未能对该调查的指控和通知作出回应，并无法就其未能按时回应提供合理的解释，则被申请人将被认定为"未履行义务"。❺ 未履行义务的当事方将被视为放弃其参与调查活动、接收相关文件和参与辩论的权利❻。

本案中，17 名被申请人未能针对该调查的指控和通知作出回应，根据《ITC 操作与程序规则》第 210. 16 节被认定为未履行义务。

3. 未履行义务的影响

一旦被申请人被认定为未履行义务，则 ITC 不再要求申请人对被申请人履行相关调查义务。❼ 而且，申请人提出的指控事实将被认为是真实的。有时，由于调查程序的高昂成本和对该问题产生结果的不熟悉，ITC 调查涉及的很多被申请人决定不应诉。这些被申请人理所当然地被认定为未履行义务，

---

❶ 19 C. F. R. §210. 42 (a) (1) (i).

❷ 19 C. F. R. §210. 130.

❸ 被申请人可以对 337 调查提出反诉。反诉必须以单独的文件作出并且被申请人必须立即将反诉移送联邦地区法院（19C. F. R. §210. 14 (e)）。

❹ 在 337 调查中不适用的两类应诉包括"急于履行"答辩和"安全港"答辩（35 U. S. C. §271 (g)）。

❺ 19 C. F. R. §210. 16.

❻ 19 C. F. R. §210. 16 (3).

❼ 19 C. F. R. §210. 16 (c).

ITC 最终会作出禁止其产品进入美国的排除令。这些未履行义务的公司就失去其被控告侵权产品进入美国市场的许可。很明显，失去这种许可将是毁灭性的。如果其他被申请人决定聘请律师并进行应诉，这种损失会更大。通过选择作出回应并参与调查，被申请人不仅可以确保其产品进入美国市场，还可以获得那些未履行义务公司的市场份额。

在"打火机 337 调查案"（337 - TA - 575）中，ITC 启动针对 7 家打火机制造商，包括 4 家中国打火机制造商侵犯美国 ZIPPO 打火机制造商的侵权调查。4 家中国公司中只有 1 家作出回应。在调查过程中，被申请公司与 ZIPPO 公司达成和解，因为只有 1 家中国公司免于受到排除令及制止令的影响。所以，只有作出回应的被申请人可以继续向美国出口其打火机。

在本案中，Unilin 提出动议要求 Luckern 法官向未作出回应的被申请人发出命令，解释其未履行义务的原因。在 Unilin 的动议获得批准后，一项要求这些公司解释原因的命令被作出，并且 Luckern 法官作出初步裁决，认定这些被申请人未履行义务。2006 年 4 月 6 日，ITC 确认了该初步裁决。

作为未履行义务的结果，Unilin 针对未履行义务公司的指控被认为是真实的，他们被认定进行了违反《1930 年关税法》第 337 条规定的"不公平贸易活动"，国内的未履行义务被申请人被推定为在美国存有大量侵权产品。❶ 最终，Luckern 法官对所有未履行义务公司发出排除令和制止令，这些被申请人的复合木地板不再被允许进入美国市场，这些国内公司也不得再在美国境内销售任何此类产品。

二、应对策略选择

（一）常用的应对策略

一般来讲，企业在获悉遭遇 337 调查后（被申请人通常可以在申请提出后很快获知该情况）应该采取以下几项关键措施。

（1）聘请有经验的律师。聘请精于 337 调查的律师很重要，因为 337 调查涉及的领域与一般律师熟悉的法庭程序截然不同。

（2）考虑和解选择。被申请人需要考虑是否要将早期和解（包括许可）作为选择。相对于将很多钱花在事实真相调查活动之前，在调查早期进行和解是有利的。

---

❶ "电子游戏系统公司案"（337 - TA - 473，Comm'n Op. 2，2002 年 12 月 2 日）；"农用拖拉机公司案"（337 - TA - 380，USITC Pub. 3026，32，n. 124，1997 年 3 月）。

（3）考虑与其他被申请人合作。被申请人应评估是否有可能与其他被申请人达成联合应诉协议或共同安排支出，以及这种做法是否有利。例如，虽然未侵权的答辩意见一般事实证据浩繁且因不同被申请人而异，但通常这些被申请人可以共用一名无效论证的专家证人。尽管由被申请人共同进行应诉很有效，但是有些时候这种做法也存在困难，因为被申请人之间通常为竞争关系，对于彼此一般都怀敌意，其合作比较困难，而且联合应诉可能不适用于所有被申请人。

（4）为对抗申请人的指控准备事实证据。被申请人需要开始准备其自己的事实证据以对抗申请人。需要记住的是，申请人有的是时间来准备其案件材料，并通常遥遥领先于被申请人。准备充分的申请人会在合适的时间提交大量的针对被申请人的事实证据。如果被申请人在前期就提供大量证据，这将向申请人表示，被申请人在严肃地对待此次调查。

（5）任命内部调查协调人与外部律师合作。被申请人需要在公司内部任命一位协调人与外部律师进行互动。协调人必须具备相关知识并可以迅速作出决策的联系人。如果被申请人所在地和美国的时区有较大差异时，这一点尤为重要。

（6）对强弱项进行评估。被申请人需要对自己及申请人的强项和弱项进行评估。在 337 调查中，这显然是一个必要步骤，并且，在 337 案件中，由于时间的紧迫性，尽早进行评估就显得尤为重要。早期的评估会帮助被申请人将注意力集中在最有效的答辩内容上。

（二）燕加隆公司的应对策略

燕加隆公司在得知其成为 337 调查的被申请人之后立即聘用有经验的律师。因为燕加隆公司的复合木地板产品在美国拥有大量客户，其必须应诉并为自己辩护。律师立即开始准备燕加隆公司的回应。该公司也尝试与 Unilin 公司达成和解，但未成功。

幸运的是，本案中的其他被申请人也决定参与调查并进行答辩。这些被申请人中的一些为较大的公司，并成为 Unilin 强制性披露程序中的主要目标。由于其应诉预算较大，这些被申请人中的一部分公司首先针对 Unilin 的指控提出反对意见，并与 Unilin 就国内行业的陈述进行抗辩。

由于某些原因，燕加隆公司决定抗辩其产品不存在侵权之外，规避设计 Unilin 专利以外的产品。这样，即使针对该产品的最终裁决使得燕加隆公司无法继续在美国销售该产品，那么，至少新开发出的替代产品仍然可以继续在美国销售。根据法律规定，如果在调查期内有新的设计出现，并且新产品开始进口到美国，新产品可以正式成为 337 调查的一部分。通过选择出口新产品到美国，燕加隆公司可以集中力量从 ITC 处获得不侵权认定。如果该产品被认定为不侵权，则该产品将免于 ITC 作出的排除令和制止令。这将确保燕加隆公司在美国的市场份额。

本案调查过程中，燕加隆公司使用新设计的连接技术制作复合木地板，成功开发出自认为不存在侵权问题的新产品，并将这些产品出口到美国。Unilin 拒绝将新产品纳入调查范围。燕加隆公司坚称将新产品纳入调查可以提高司法效率并节约司法资源。Luckern 法官批准了调查新产品的动议。随后，燕加隆公司向 Unilin 提交了样品以供某专家进行测试和评估。最终，Luckern 法官允许燕加隆公司的新产品证据出现在听证会上。

（三）证据开示

337 调查启动后，即进入证据开示程序。[1] 和 337 调查的其他程序一样，证据开示程序是逐步展开的。任何当事方都可以在调查通知于《联邦公报》上发布之后随时提出要求。[2] 与其他美国联邦地区法院的较长期限相比，ITC 的证据开示和动议回应期只有 10 天。同时，对于要求披露的内容或数量的限制也较少。因此，律师通常会要求比其他美国联邦地方法院更多的强制性披露内容。整个证据开示期大概为 6 个月，其时间紧迫，并且通常是调查中成本最高的部分。

《ITC 操作与程序规则》规定的披露文件范围比较广，针对任一当事方的请求和抗辩的所有文件必须都必须披露，除非属于保密文件。未能提供相关文件的行为可能导致惩罚性措施。[3] 惩罚性措施可以包括对未提供方的不利证据推定。[4]

书面证词是 337 调查中很重要的证据开示方式之一。[5] 与美国其他联邦地区法院的传票约束力不同的是，ITC 的传票约束力在全国范围内有效，因此该传票可以更快地到达被传唤的证人以要求证词和第三方文件。对于中国被申请人来说，确定何时提交雇员书面证词存在困难。当前，我国不允许外国人

---

[1] 19 C. F. R. §210. 270.

[2] 19 C. F. R. §210. 29（b）.

[3] 19 C. F. R. §210. 33.

[4] 尤其重要的是，在调查期内，被申请人任何涉及与调查活动相关的日常文件销毁活动都应暂停。被申请人应在接到调查通知之后向其所有雇员发出"暂停令"。

[5] 19 C. F. R. §210. 28.

（比如美国律师）在国内提取证词，即使涉案公司愿意合作。解决此类问题的通常做法是在另一个国家或司法管辖区内提取证词，比如香港。在香港地区取证，可以帮助中国证人减少差旅费。

本案中，当事方在早期达成协议以安排证人在最方便的国家（地区）提交证词。因此，除了在美国提取的之外，很多证词在德国和比利时提取。至少一名中国被申请人同意在香港进行作证，但最终安排在美国。

ITC 宽泛管辖权的另一个极其重要的好处是，ITC 可以向外国工厂要求信息披露。例如，针对很多正处于生产过程中的侵权产品的调查。因此，申请人通常需要检查被申请人的生产设施以确定其是否侵犯申请人的专利权。被申请人一般会遵守 ITC 关于证据开示的规定，包括工厂检查，以免遭受严重不利的惩罚性措施，或更糟糕的是，引发未履行义务的裁决以及随之而来的排除令。❶

（四）听证会

在所有的证据开示和审前听证会后，主审行政法官将召开正式的证据听证会。该听证会将根据《行政程序法》（U. S. C. §551~556）进行，该法授予当事方为进行一次公平的听证会所需的所有权利——交叉询问权、提出证据权、提出反对权、提出动议权和进行辩论权。❷ 本案听证会开始于 2006 年 4 月 3 日，结束于 2006 年 4 月 11 日。在听证会期间，Unilin 只坚持了其原来提交的申请书中的 4 项专利，并缩小其索赔范围。至少 11 名被申请人的代理律师出席听证会，2 名被申请人在听证会主前与 Unilin 达成和解协议，因此没有出席。

在听证会上，燕加隆公司的事实证人未出席，但是燕加隆公司雇员的证词在听证会上被出示作为证据，并且燕加隆公司的复合木地板专家在听证会上作出证词。燕加隆公司的代理律师对申请人的专家证人进行了交叉询问。

（五）初裁决定

在听证会之后的 3~4 个月内，行政法官将根据案情作出初步裁决。初步裁决与证据记录一起由 ITC 进行确认。ITC 可以批准或拒绝批准初步裁决。❸ 如果 ITC 决定不予批准某初裁决定，其决定具有终局性。如果 ITC 决定批准某初步裁决，则 ITC 可以采用、修改或推翻初步裁决。如果 ITC 采用或修改某初步裁决，则其决定具有终局性。如果 ITC 推翻了行政法官的初步裁决，

---

❶ 19 C. F. R. §210. 33.

❷ 19 C. F. R. §210. 36（d）.

❸ 19 C. F. R. §210. 66（f）.

其将作出一份新的决定作为最终裁决。

2006 年 7 月 3 日，Luckern 法官作出初步裁决。Luckern 法官认为大多数的被指控产品存在侵权，确定 836 专利和 292 专利的部分权利请求没有受到侵犯，779 专利的 2 项权利要求无效。Luckern 法官建议针对侵权产品发出排除令，并对未履行义务的国内被申请人发布制止令，但允许非侵权产品继续在美国销售。他还建议，在总统审查期内允许进口产品提交其价格 100% 的保证金以继续进口。在批准之后，ITC 采用了 Luckern 法官的所有救济途径建议。

燕加隆公司的规避设计策略获得成功。在初步裁决中，Luckern 法官认定燕加隆公司新设计的复合木地板产品没有侵犯 Unilin 的专利权。虽然 ITC 原则上决定对初裁进行复审，但批准了 Luckem 法官关于燕加隆公司新设计产品没有侵犯 Unilin 专利权的认定。

（六）总统审查

最终裁决和 ITC 的命令在发出的 60 日之后生效，除非由美国总统因政策原因否决。❶ 总统否决 ITC 决定的情况是十分罕见的。一旦 60 日的期间届满，败诉方可以向 CAFC 提起上诉。本案在总统审查期过后，总统没有否决 ITC 的决定。

在总统审查期内，根据 ITC 决定，被禁止进口到美国的产品有权在接受海关约束的情况下有限制地进口到美国，其数量由 ITC 决定，以足以保护申请人免受损失为限。在总统审查期过后，且裁决具有终局效力后，该排除令及制止令针对的货物将不再被允许继续进口到美国。很明显，获取 ITC 制止令是一项强有力的武器。即使侵权决定和制止令最终被 CAFC 驳回，那也是几个月之后的事，被申请人的市场份额可能已经被其他未侵权产品抢占殆尽。

（七）ITC 的救济措施：排除令和制止令

337 调查最独特和有力的部分就是其提供的救济措施。虽然不会给申请人带来金钱补偿，但是，ITC 有权采取两类救济措施：（1）有限排除令或者普遍排除令，（2）制止令。❷ 如果确认无侵权行为，ITC 必须撤销其基于侵权行为的命令。ITC 还可以根据动议自行修改或搁置一项由任何人发出的命令，❸ 以及在某项命令作出的基础和前提不再存在的情况下修改或废除某项命令。

---

❶　19 U. S. C § 1337(j).

❷　19 C. F . R. § 1337(d)(f).

❸　19 C. F. R. § 210. 76.

1. 排除令

有限排除令比普遍排除令更常见，其范围也更窄。有限排除令要求海关排除所有其认定为违反 337 条款的当事方的侵权产品进口的可能性。相反，更少见和更宽泛的普遍排除令要求海关禁止所有违反 337 条款的侵权产品的进口，无论其制造商或进口商是否属于该调查的当事人。

因为普遍排除令提供比有限排除令更宽的救济范围，所以申请人必须满足《ITC 操作与程序规则》中两项较严格的要求才能从 ITC 处获得普遍排除令。"具体来说，根据规则 d（2）（A），如果确属防止侵权产品危害权利人利益之必要，则 ITC 可以发出普遍排除令"，或者根据规则 d（2）（B），"如果确实存在侵权产品，且难以确定其制造商是否为调查当事方的情况下。"❶如果未满足这些规定，申请人将只收到有限排除令。

需要注意的是，在"京瓷案"作出决定之前，ITC 按惯例发出了有限排除令，只限制被申请人的侵权产品进口，同时也包括包含了这些侵权产品的下游产品。但是，在该案中，CAFC 认为，ITC 无权发布有限排除令限制第三方的下游产品，即"只有权以有限排除令排除指定被申请人的侵权产品"。

排除令是对物的命令，由美国海关负责执行。❷海关可以在无须申请人的协助下执行该命令，即使当时申请人可能协助海关来确定产品是否侵权。当然，申请人也可以参与执行程序，如果他们认为海关适用 ITC 的排除令时存在错误，比如使用范围过窄。

2. 制止令

由 ITC 提供的另一种救济方式是制止令。制止令要求调查中的被申请人停止其在美国境内的所有不当行为，禁止其后的销售、批发、营销和其他与销售该产品相关的行为。申请人有权在获取排除令之后再申请制止令，或者申请制止令代替排除令——如果申请人可以证明这些侵权商品在美国市场确有"重大商业影响力"。

相对于排除令来说，制止令由 ITC 实施。违反制止令者，将被处以每天 10 万美元的罚金或者货物价值的两倍，选择其中最高者。❸

---

❶　545 F. 3d 1340，1356（Fed. Cir. 2008）（该案援引了 19 U. S. C. §1337（d）（2）（A）－（B）的规定）。

❷　19 C. F. R. §12. 39.

❸　19 U. S. C. §337（f）.

本案中，ITC 采用制止令来对付有些美国国内的被申请人。尽管燕加隆公司的一些产品被确认为侵权，但因为燕加隆公司并非美国公司，而且在美国没有办事处，所有没有对燕加隆公司实施制止令。

三、在排除令发出之后有关当事方应采取的对策

（一）海关在排除令中扮演的角色

ITC 发布的排除令由美国海关条例和裁决办公室知识产权和受限商业处（以下简称"IPR Branch"）负责解释和实施，即最终由海关来决定哪些进口到美国的货物属于排除令的范围并在边境予以阻拦。

当海关从 ITC 处接到排除令之后，IPR Branch 将：（1）分析调查的过程，包括行政法官的初裁以及 ITC 的决定；（2）单独与申请人、被申请人和其他相关方进行会晤；（3）向涉及该排除令的美国港口发出指示；（4）正式建议相关机构执行所需的行动。由海关发出用以帮助相关官员了解情况的信息，包括：已知进口商的身份、遭到排除的货物优先进入港、排除令涉及的货物样品、问题所涉及的技术以及用以确定侵权的检测方法等。

（二）被申请人应采取的措施

正如前文所述，海关将解释和执行排除令。当事方必须说服海关，某些具体产品或设计是包含或不包含在排除令范围之内的。很明显，当事方在海关的信赖程度和信誉情况是极为重要的。

一旦排除令发出，被申请人和/或进口商的代理律师应立即要求与海关正式会见。在会见中，代理律师应讨论排除令将如何适用，以及哪些不侵权产品可以进入美国。代理律师还应就海关总部将如何起草排除令适用指南进行磋商，以便各执行港口不会出现混乱。不涉及侵权产品的被申请人和/或进口商还应确保其产品能够被清楚地分辨出来，以及相关发票收据等清晰容易辨识，以避免海关出现混淆。

本案中，燕加隆公司的律师在排除令发出后很快就与海关正式会见，以确保燕加隆公司的新设计的不涉及侵权问题的产品可以被允许进入美国。迄今为止，海关已经允许燕加隆公司的所有新设计的非侵权产品进入美国，没有出现任何问题和延误。

（三）进口商可以采取的措施

即使 ITC 已发出排除令，进口商和/或被申请人仍然有办法继续维持其产品进口到美国。这些办法包括：认证条款、规避设计以及顾问意见。

1. 认证条款

通常，排除令都包含认证条款。认证条款允许进口商在执行进口时，证明其已充分熟悉 ITC 的命令，并尽最大努力采取适当措施以确保进口产品不存在侵权或违反命令的情形。即进口商可以通过改变进口货物的来源来使其符合规定，这样，他们就不再属于从被申请人处进口被指控产品，也就不会违反 ITC 命令。

进口商进行认证在排除令实施过程中很常见。对于是否接受认证条款，海关可以自行决定。并且，如果进口产品确有违反排除令规定的侵权情况，进口商将被海关认定为进行虚假声明。❶

本案中，当排除令发出后，燕加隆公司声明其新设计的产品不存在侵权的情况。

2. 规避设计

为了遵守排除令并避免在美国边境遭到拒绝进口，被申请人或进口商可以重新设计其产品，这样他们就不会再被认为是侵权。当已经被确认为侵权的产品在调查结束之后进行重新设计，最明智的做法是在进口前向海关征求意见，要求 IPR Branch 确认该重新设计的产品是否属于排除令的管辖范围，或者这些产品的进口是否属于违反排除令的行为。❷

对于 IPR Branch 的请求应以信函的形式作出。请求信函必须包含一份与所有交易和请求的命令类型相关的完整、详细的说明文件。此外，该请求还应配有必要的图片、图纸或产品的其他介绍。如可能，最好能附有该产品的样品。如果已经对此类产品进行实验室分析，则该请求应包含这些分析结果。该请求还应包含排除令和 ITC 最终决定的复印件。最后，如果请求人希望有机会与海关人员进行面对面的讨论，则请求文件中还应包含对于会见或当面协商的请求。

如果得到许可，海关将以裁决信函或信息信函的形式对上述请求作出回应。此裁定代表海关对于请求事项的正式立场，并对海关所有人员有约束力。❸ 裁定函在海关作出之日开始生效并适用于所有相关产品及海关尚未作出

---

❶ 19 U. S. C. § 1592.

❷ 19 C. F. R. § 177.

❸ 很重要的一点是，海关的裁定对 ITC 没有约束力，且遵守了海关规定的进口商仍然可能遭到 ITC 的强制性措施和罚金惩罚。这种冲突起于海关裁定和 ITC 的决定或命令之间存在的差异，参见："伊顿公司诉美利坚合众国案"（395 F. Supp. 2d 1314（Ct. Int'l Trade 2005）.）。

最终认定的交易。在作出此类裁定的 90 日内，海关应在《海关简报》上发布此决定或者使其为公众所知晓。海关的决定可以由美国国际贸易法院（CIT）根据《美国法典》第 28 编第 1581（a），（h）或（i）条的规定予以撤销。

如果 IPR Branch 就该请求作出回应并决定根据排除令排除重新设计的产品，则被申请人/进口商可以向海关提出抗议，理由如前所述。如果抗议被驳回，则被申请人/进口商可以向 CIT 寻求撤销该请求驳回。

另一方面，如果 IPR Branch 确定重新设计的产品没有侵权并允许其进入美国，专利权人常常会提出反对意见。但是，专利权人无法依据《美国法典》第 28 编第 1581（a）条的规定向 CIT 寻求撤销裁决，但可以依据第 1581（h）和/或（i）条的规定向 CIT 寻求撤销裁决。

3. 顾问意见

"任何人"，即进口商、被申请人或者申请人都可以向 ITC 请求提供顾问意见以确定某人与进口相关的特定行为是否违反 ITC 已发布的救济措施。❶ 该行为不能只是假设性、尚未发生的计划或准备设计方案。该请求必须为顾问意见提供足够的现实证据，且证明必须为顾问意见提供有说服力的商业需要。在考虑是否要作出顾问意见时，ITC 将评估顾问意见是否会：（1）使 337 条款的执行更容易；（2）是否对公共利益有利；（3）对美国的消费者和竞争环境有利。

出于效率的考虑，如果在作出决定之前需要对事实进行调查，则调查程序通常由之前 337 调查的主审行政法官进行。任何情况下，在考虑案件的具体情况以及排除令的实施可能性情况下，该决定应根据 ITC 在调查中发现的事实作出。

当 ITC 发出顾问意见之后，海关应当予以确认。顾问意见不得上诉，因为这些意见并非最终决定，并可以由 ITC 在任何时候予以撤回。❷

值得注意的是，《ITC 操作与程序规则》规定，ITC 可以在任何时候重新考虑其顾问意见，如果该意见违反公共利益，则 ITC 应撤销该意见。此外，只要违反 ITC 救济措施的行为是出于善意并是基于顾问意见作出的，即当事方的所有要求都在意见中有准确反映，那么，ITC 就不会起诉违反 ITC 赔偿决定的任何人。

---

❶ 19 C. F. R. § 210. 79.
❷ 参见 "联盟诉 ITC 案"（850 F. 2d 1573 , 1578（Fed. Cir. 1988））。

四、强制执行程序

对于违反排除令或制止令的强制执行程序可以由申请人向 OUII 提出，或者由 ITC 自行启动。[1] 在正式强制执行程序的基础之上，ITC 可以：

（1）修改排除令或制止令以防止原来就是此类命令针对的主要对象的不当行为继续发生；

（2）在美国联邦地区法院启动民事诉讼程序以执行美国财政部或违反命令的民事赔偿，并要求法院发出强制执行令以对此类命令进行强制执行；和/或

（3）撤销停止令并要求海关禁止侵权产品进入美国；和/或

（4）对侵权产品进行扣押和没收。[2]

ITC 也可以根据《ITC 操作与程序规则》第 210.75（a）条的规定通过 OUII 采取非正式的措施。

对于违反 ITC 所发布救济措施的行为，违法人将遭受的罚金最高为每天 10 万美元或进口货物价值的两倍。例如，"墨盒案"（337 - TA - 565，提交日期 2009 年 4 月 17 日）中，行政法官发现存在违反救济措施的墨盒进口行为。ITC 在 2009 年 8 月 24 日实施了实质性的惩罚措施，对两个违反规定的被申请人分别处以每天 10 万美元的罚金，总额分别为 70 万美元和 970 万美元；对第三个被申请人，罚金为每天 5.5 万美元，总计 1 110 万美元。

五、本案当前状态

自本案结束调查时起，燕加隆公司一直在美国境内稳定地销售新设计的未侵犯专利权的复合木地板产品。在遵守 ITC 的决定和赔偿令的情况下，美国海关没有排除燕加隆公司的任何新设计产品。最近，燕加隆公司向其客户推荐某新设计产品的最新版本。燕加隆公司的非侵权新产品新的更新版本已经进入美国市场，未受到美国海关的阻拦。

---

[1] 19 . F. R. §10.75(b).

[2] 19 U. S. C. §1337(f)(2);19 C. F. R. §210.75(b)(4),210.75(c).

第九节　东莞富美康公司应诉
美国 FSI 公司 337 调查案

[导言] 明知侵权，应诉还是不应诉？这个问题看起来比较纠结。但在 337 调查中其实为然。不应诉，视为缺席，裁决毫无疑问是侵权，结果是被处以排除令。应诉，可以选择通过和解或签署同意令的方式解决，承诺不再出口侵权产品，不涉及侵权的定性问题，也可能不影响继续出口。在 337 调查中，采取"鸵鸟政策"是最差的结果。

一、本案的调查过程

2008 年年初，一家位于得克萨斯州的美国公司 Farouk Systems，Inc. （以下简称"FSI 公司"）根据《1930 年关税法》第 337 节提出申请，要求 ITC 就向美国非法出口和转口和/或在进口之后在美国销售某种烫发器及其包装（合称"烫发器"）一案进行调查。在申请书中，FSI 公司称被申请人（包括 3 家中国公司、1 家新加坡公司以及 1 家美国公司）销售的烫发器侵犯 FSI 公司的联邦注册商标"CHI"（注册编号为 US2660257），违反了《美国法典》第 15 编第 114 节和《兰哈姆法》第 32 节。

FSI 公司指控被申请人以不当方式销售带有 FSI 公司拥有的"CHI"商标的烫发器，这些被申请人还通过 eBay 及其自己的网站向美国客户销售这些产品，在相关市场内，特别在美国国内造成混淆。此外，除被申请人之外，还有许多其他公司从事侵权烫发器的进口与销售。尤其是无论这些公司本身位于哪一个国家，其网站均采用英文，且网站上销售侵权产品的价格均以美元显示。❶ FSI 公司请求 ITC 发起调查，并签发普遍排除令，禁止侵犯"CHI"商标的烫发器出口到美国和在美国销售。

在 FSI 公司申请书列名的 5 个被申请人中，有 3 家是中国公司，2 家位于中国内地，1 家位于中国香港。其中两家被申请人，东莞富美康电器科技有限公司（中国）和 Princess Silk LLC（美国）自愿接受同意令，表示他们未经 FSI 公司同意或获得 FSI 公司授权，不再在美国销售有"CHI"商标的烫发器。由于该调查案涉及商标侵权，而非专利侵权，如果被申请人的产品不再标有

---

❶ In the Matter of Certain Hair Irons and Packaging Thereof，Inv. No. 337 – TA – 637，根据《1930 年关税法》（2008 年 3 月 4 日修订）第 337 节提交的申请书（"烫发器案"）。

"CHI"商标，他们仍然可以继续在美国进口和销售相同的烫发器。

其他3位被申请人对申请书未作答复。因此，FSI公司提交一项动议，要求这些被申请人解释为何不能因他们未答复申请书或未参与调查并作出对他们不利的缺席裁决。ITC批准了FSI公司的动议，并发布命令，要求其余被申请人作出解释。其余被申请人仍未答复ITC的命令，于是ITC作出初步裁决，判定被申请人缺席。

在案件启动调查后，FSI公司提交一项动议，要求就侵权问题以及国内产业的经济问题作出简易裁决。行政法官作出初步裁决，批准FSI公司的动议，裁决被申请人违反337条款。ITC裁决认为行政法官关于违反337条款的裁决不需复审，并要求对行政法官的建议裁决和公共利益进行评论。评论仅由ITC调查律师和行政法官提交。在考虑评论意见之后，ITC发布普遍排除令，禁止向美国进口和在美国销售所有侵犯"CHI"商标的烫发器和相关包装。

二、申请人为何提起337调查

美国商标法禁止未经授权而在"可能引起混淆、误解和欺骗"的情况下使用注册商标。❶ 这种混淆是指在商品来源或商品是否获得授权和/或批准方面可能引起混淆。在"烫发器案"中，FSI公司称商标"CHI"是FSI公司的独家商标，用于各种烫发器及其他护发产品。FSI公司主张，由于FSI公司广泛的营销和广告工作，该商标已经成为美国驰名商标，并明确指向FSI公司的产品。❷ 如果竞争对手可以在自己的烫发器产品贴上"CHI"商标，消费者可能会产生混淆，误以为竞争对手的产品是由FSI公司销售或获得FSI公司的授权，因此，保护该商标对于FSI公司非常重要。

FSI公司称被申请人未经授权使用"CHI"商标销售烫发器，在美国国内烫发器市场上造成混淆，因为"购买侵权产品的消费者向FSI公司退货，基于他们对烫发器的质量不满意，或在购买之后才发现烫发器并非正品。"❸ 这说明通过eBay或被申请人网站购买带有"CHI"商标的烫发器的消费者对产品来源产生混淆，相信它们是有"CHI"商标权的FSI公司产品。此外，侵权烫发器因质量缺陷或故障而被退还的事实损害了FSI公司商标的声誉，因为

❶ 《美国法典》第15编第1114节第（1）条。

❷ 申请书第12～14节。

❸ 申请书第20节。

这些烫发器带有"CHI"商标，但并非由 FSI 公司生产，而对质量不满的消费者误以为这些烫发器是 FSI 公司正品烫发器，并可能因此宣扬"CHI"产品是劣质产品。因此，虽然本身没有过失，但由于这种混淆，FSI 公司努力为其商标产品在美国国内开创市场的工作可能受到严重损害。

FSI 公司在 ITC 提起 337 调查，以制止商标侵权对其品牌和国内市场造成的损害。FSI 公司选择 ITC，其原因是 ITC 能提供比美国联邦法院更全面、更迅速的救济措施。

三、被申请人为何同意签署同意令

在 ITC 调查开始后，当事人有时可以达成和解，被申请人同意停止被指控的侵权活动。这种和解很有用，因为它既能为申请人提供其所寻求的救济，同时又不会对被申请人造成诉讼负担。达成这种协议时，当事人可申请同意令，终止 337 调查（至少与某些被申请人有关的调查）。

在提交申请书之后，任意一方当事人都可以随时根据《联邦法规汇编》第 19 编第 210.21 节申请同意令。特别是，必须向行政法官提交包含拟议同意令的动议和协议。该协议必须包含下列内容：（1）承认所有管辖权事实；（2）明确放弃所有寻求司法复审或其他途径质疑同意令有效性的权利；（3）声明签署协议的当事人将与 ITC 合作，并且不会通过诉讼或其他方式阻碍 ITC 收集信息的工作；（4）声明同意令的执行、修改和撤销将获得实施。

此外，在 337 调查案中，例如该商标调查案中，必须提供额外的协议。这些协议的内容包括：（1）声明同意令不适用于任何已过期的知识产权，或被 ITC、主管法院或其他机构裁决或判决为无效/不可执行的知识产权，但此类裁决或判决必须是不可复审的最终裁决或判决；（2）声明每位签署协议的被申请人不会在任何执行同意令的行政或司法程序中质疑知识产权的有效性。如果行政法官批准动议，必须将初步裁决提交至 ITC。而且，如果行政法官和 ITC 律师认为对公共利益没有不利影响，ITC 可能不会对同意令进行复审。在批准动议和复审完成之后，双方当事人可以共同请求对同意令的签署人终止调查。

在"烫发器案"中，两位被申请人同意通过动议和协议与 FSI 公司达成和解，其中一位被申请人是东莞富美康电器科技有限公司。行政法官批准动议，ITC 拒绝对同意令进行复审。因此，这两位被申请人在同意令生效之后被停止调查。在同意令中，被申请人同意除非获得 FSI 公司的同意或授权，不再向美国出口、在美国进口或在美国进口并销售任何侵犯"CHI"商标的烫发器。由于这些被申请人选择与 FSI 公司达成和解，他们的调查也被结案。虽然 ITC 必须对提前结案进行评估，以确定对公共利益没有不利影响，但涉案当事人仍然可以采取这种方式来终止 337 调查，在 ITC 取得有利的结果。

四、其他被申请人不答复申请书的后果

大多数被申请人会对不正当贸易的指控据理力争，拒绝达成和解。这些被申请人通常会提起反诉，以期通过案情有利点取得胜诉，例如证明自己没有侵犯商标权、商标权无效，或产品在美国国内没有形成产业。

在"烫发器案"调查中，三位被申请人，即使在申请书正确送达并给予充足的通知和答复时间后，也对 FSI 公司的申请书完全置之不理。如果当事人对申请书不予答复，或未能回答申请书/通知的问题，申请人可要求行政法官发出命令，强制要求被申请人解释他们为何不应被判为缺席。行政法官也可以主动采取这种措施。在本案中，FSI 公司申请理由陈述令并获得批准。

如果被申请人仍然对申请书未作答复，亦未参与调查。因此，根据《联邦法规汇编》第 19 编第 210.16 节，他们将被判定为缺席。

一旦当事人被判缺席，则丧失出庭、被送达文件或就指控提出质疑的权利。作为 337 调查的内容之一，缺席裁决对于滥用程序或在证据开示过程中不予配合的当事人是一种有效的处罚。任何被判缺席的被申请人将自动丧失参与调查或就裁决提出质疑的权利，但同时又会受到 ITC 下达的任何裁决措施的约束。当至少一位被申请人被判缺席时，申请人可向 ITC 提交一份声明，请求就缺席当事人的侵权提供临时救济措施。在本案中，FSI 公司在简易裁决申请中请求针对缺席被申请人下达临时的普遍排除令或有限排除令。❶

五、ITC 为何签发普遍排除令

（一）有限排除令与普遍排除令

ITC 裁决违反 337 条款的行为成立后，可以提供几种类型的救济令。

如果 ITC 相信至少一位被申请人违反《1930 年关税法》第 337 节，通常

---

❶ ITC 的简易裁决与美国联邦法院的简易判决类似。简易裁决申请可根据《联邦法规汇编》第 19 编第 210.18 节提出，该节规定"如果答辩、证言、对质询的问答、确认入档材料以及宣誓书（如有）显示重要事实不存在实际争议，并且动议方有权依法申请简易判决，则应批准动议方申请的判决。"批准动议判决后，不必对争议问题进行审查。

会下达有限排除令。有限排除令之所以"有限"，因为它明确针对被指控的被申请人，以及被申请人用于进口、已经进口或销售的产品。有限排除令不适用于并未受调查的当事人或产品。

但是，申请人有时认为有限排除令不能提供充分救济。例如，被申请人可选择关闭其企业，再开一家新公司，以规避有限排除令。为解决这个问题，ITC 有权下达普遍排除令。普遍排除令的范围和救济力度均高于有限排除令，因为普遍排除令并不限于被指控的被申请人，而是针对任何侵权产品，无论其制造商或进口商是谁。如果所有被申请人就申请书达成和解，ITC 则不会下达普遍排除令。❶

（二）FSI 的普遍排除令

根据《美国法典》第 19 编第 1337 节（d）条或（g）条第（2）款，如果案件中同时存在缺席被申请人及和解被申请人，ITC 有权下达普遍排除令作为可能的救济方式。在"烫发器案"中，公司在原始申请书中请求 ITC 下达普遍排除令。在几位被申请人对行政法官的理由陈述令未作答复之后，FSI 重申了该请求，在简易裁决申请中请求提供这种救济（或者对未作答复的被申请人下达有限排除令）。经审查，行政法官裁决该案应当下达普遍排除令，而非有限排除令。

在作出该裁决结论时，行政法官遵循联邦巡回上诉法院在"京瓷案"❷中确定的原则，并考虑了"第 337 节（d）条第（2）款（A）项或（d）条第（2）款（B）项的严格要求"，以确定 ITC 是否有权对并非由被申请人的产品下达普遍排除令。在"烫发器案"中，行政法官根据该原则裁决存在违法行为模式，依据是三名被申请人被判缺席，两名被申请人因达成同意令而

---

❶　虽然在本案中没有明确争议，但在以前的调查中，ITC 必须判定在所有应诉人达成和解之后自己是否有权下达普遍排除令。Tom M. Schaumberg 和 Michael L. Doane，"*White Paper – Section* 337 *Remedy Updates*"第 5 页［EB/OL］.［2011 – 03 – 23］. http://www. ipo. org/AM/Template. cfm? Section = Home&Template = /CM/ContentDisplay. cfm&ContentID = 22930.（2010 年 10 月 6 日最后审核。）ITC 认为，《美国法典》第 19 编第 1337 节（g）条第（2）款并未赋在此类情况下下达普遍排除令的权力。此外，"ITC 进一步声明，在所有应诉人达成和解之后，不必考虑自己是否有根据《行政程序法》和《美国法典》第 19 编第 1337 节（c）条就违法行为作出裁决的权力，'因为我们在本案中坚持我们长期奉行的政策，即在根据和解协议终止调查之后不必考虑违法问题。'"（引自：Certain Plastic Molding Machines With Control Systems Having Programmable Operator Interfaces Incorporating General Purpose Computers, and Components Thereof II, Inv. No. 337 – TA – 462, Comm'n Op. at 18（Apr. 2, 2003）.）

❷　*Kyocera Wireless Corp. v. ITC*, 545 F. 3d 1340, 1358（CAFA, 2008）.

停止调查的事实。❶

　　行政法官还裁决，FSI 公司已采取额外的措施，试图保护其商标产品在美国国内的市场，包括聘用一家公司监控可能销售侵权产品的网站，并试图与 eBay 合作停止侵权产品的拍卖。❷ 此外，行政法官认为，由于销售侵权产品的公司"故意声称自己的产品与 FSI 公司一样"，并且对烫发器产品的来源国进行不正当的标识，在市场上引起和维持混淆，因此很难区分侵权产品的来源。❸ 最后，由于这些产品在互联网上营销（"以一种便于隐匿的方法"），因此行政法官裁决难于确认产品的来源。❹

　　根据上述考虑，行政法官裁决本案符合第 337 节（d）条第（2）款（B）项关于普遍排除令的法定要求。在签发普遍排除令时，ITC 还考虑了 FSI 公司在美国联邦地区法院寻求救济，至少在国内法院提起了 21 起诉讼，但仍然无法制止侵权烫发器通过这种方法进行销售和进口的事实。❺ ITC 同意行政法官的裁决。此外，在考虑下达普遍排除令对公共利益的影响时，ITC 认为，由于本案为商标侵权案，被申请人只要停止使用"CHI"商标，则仍然可以进口烫发器。❻

六、本案的启示

　　随着世界市场日益全球化，如同本案的情况一样，利用网站及其他更为隐蔽的手段向美国国内市场进口商品可能遭到普遍排除令的制裁。由于普遍排除令可能对整个行业产品的进口产生普遍影响，在涉及知识产权的 337 调查案件中更是如此，因此公司必须懂得怎样针对贸易限制保护自己的权利和利益。

　　首先，公司应当积极关注 ITC 的最新调查。在这方面可以阅读《联邦公报》发布的"调查通告"，其中会列出申请人、每位被申请人、争议产品的类

---

❶ "烫发器调查案"第 14 号令——初步裁决批准 FSI 公司的动议/补救和保证金建议（2009 年 3 月 10 日）（"ID/RD"），第 27～28 页。

❷ "烫发器调查案"第 14 号令——初步裁决批准 FSI 公司的动议/补救和保证金建议（2009 年 3 月 10 日）（"ID/RD"），第 28 页。

❸❹ "烫发器调查案"第 14 号令——初步裁决批准 FSI 公司的动议/补救和保证金建议（2009 年 3 月 10 日）（"ID/RD"），第 29 页。

❺ "烫发器调查案"第 14 号令——初步裁决批准 FSI 公司的动议/补救和保证金建议（2009 年 3 月 10 日）（"ID/RD"），第 27 页。

❻ "烫发器调查案"ITC 关于补救、公共利益和保证金的意见（2009 年 6 月 20 日），第 6 页。

型以及所主张的知识产权（专利权、商标权等）。通常，申请人会在申请书中声明自己是否申请普遍排除令。此外，也可以聘请具有在 ITC 办案经验的律师审阅提交至 ITC 的答辩及命令，包括特定的知识产权问题，然后对非当事人的产品进行评估，确定是否存在被签发普遍排除令的风险。

其次，如果确实存在这种风险，非当事人可以在 ITC 调查期间采取几种方法来保护自己的权利。在调查过程中，ITC 非常关注救济令对公共利益的影响，并与各种美国机构进行沟通。为了处理这类风险，非当事人可以向美国海关提交材料进行说明，因为 ITC 经常就公共利益问题与美国海关商量。此外，根据 ITC 自身的规则，它应当直接接收被申请人以及其他非当事人就拟议救济措施提交的材料。这使非当事人可以向 ITC 解释为什么自己的产品不应当被列入普遍排除令的范围之内。提交的材料中可以对非当事人的产品以及目前调查所涉及的知识产权问题进行详细比较，讨论市场问题，并提供证据证明为什么非当事人的产品不应被排除在国内市场之外。最后，在总统复审期间，非当事人可以向美国贸易代表办公室（USTR）或其他政府机构提交信息，主张自己的产品不应当被排除在国内市场之外。

第三，非当事人在 ITC 的另一个选择是他们也可以正式介入调查。通过介入，非当事人通常可以参与调查过程，也可以查阅一般受保护令保护的保密信息，并且可以在知情的情况下为非当事人建立更为周密的答辩，防止其产品被排除在国内市场之外。这包括参与证据开示和动议程序。非当事人也可以在 ITC 的听证会上提供证人和证据。因此，从保护产品的角度，介入是非当事人在 337 调查中主张权利的最周密的方法。但是，选择正式介入策略也有缺点，其费用高昂，而且会受到很多关注。

总之，随着全球化趋势加强，任何公司在美国市场销售、购买、生产或进口商品，其产品均有可能面临 ITC 调查和救济令的风险。如果在 ITC 调查完成和命令下达之后才知情，有可能摧毁公司的市场，特别是产品较为单一的公司。因此，公司需要聘请精通 ITC 调查程序和规则的律师，关注最新的调查以保护其权利，这在调查中对非当事人尤其重要，因为这能帮助其及时了解自己的权利可能受到哪些影响，并决定如何应对。如果公司对可能影响其产品和市场的 ITC 调查毫不知情，特别是涉及普遍排除令的案件，那么，在总统审查期过后，即使他们获悉此类调查，通常也无法挽回。

第十节　江铃等公司应诉
美国迪尔公司 337 调查案

[导言] "知己知彼，百战不殆。"胜利的前提之一是充分了解自己与对手，其次还得有胆识和策略。策略不同，结果迥然。本案是早期的一个 337 调查案，可能是国内企业对 337 调查陌生或急于了断的考虑，涉案各企业采取了不同的对策。同时，暴露了国内企业在"走出去"过程中对商标保护重视不够而引发的贸易纠纷。

一、本案的调查过程

（一）337 调查的申请

2003 年 1 月 8 日，约翰·迪尔公司（John Deere/Deere & Company，以下简称"迪尔公司"）向 ITC 提起 337 调查申请，指控 5 个国家的 24 家公司对向美国出口或在美国销售的农用机械侵犯其黄绿色"跳跃鹿"商标或造成该颜色商标淡化❶，请求对侵权的外国涉案公司签发永久普遍排除令和永久制止令。这些颜色商标中，一类是由黄色和绿色构成的颜色组合及特定的组合方式，另一类是由"JOHN DEERE"组成的文字商标。此外，还有一项正在申请中的商标，主要是"跳跃鹿"图案。我国的 3 家涉案企业——江苏悦达集团有限公司、东风农机集团公司和江铃拖拉机有限公司被指控存在对第二类商标存在侵权行为。

（二）申请人及争议商标

迪尔公司成立于 1837 年，位于美国特拉华州，是全球最大的农业机械生产商。自 20 世纪初，该公司开始使用绿色和黄色作为其制造的农业机械的基本色，前者用于机械主色，后者主要用于车轮色。该公司通过授权分销商网络销售其产品，被授权的分销商可以使用该公司的商标进行广告宣传和销售。2003 年，其在美国拥有超过 3 000 个授权分销商，其中约 1 400 个分销商销售农用机械。迪尔公司在申请书中提及了 3 项美国注册商标：

第 1 项是迪尔公司统称为黄绿色的颜色商标，包括美国注册商标号为

---

❶　淡化是指在非类似商品或服务上使用他人驰名商标，虽然不会引起混淆，但是冲淡了驰名商标的显著性，导致驰名商标区分商品或服务来源的能力被削弱的行为。

US1254339、US1502103 以及 US1503576 的三项注册商标❶。

第 2 项是 1913 年 6 月 3 日经美国专利局注册的由 "JOHN DEERE" 组成的文字商标，商标号为 91860。该商标主要用于犁、耕耘机、耙路机、割草机、谷物收割机、搂草机、压草机、玉米和棉花条播机、播种机、撒肥机、分肥机、喷雾机、秸秆切割机、平整机、玉米收割机、青饲料切割机、草坪割草机和松土机。

第 3 项是申请人正在申请中的商标，主要是 "跳跃鹿" 图案。该商标的申请序列号是 76/095395。美国专利商标局已对该申请授予了许可通知，注册即将公布。

（三） 立案

2003 年 2 月 6 日，ITC 决定正式立案，并确定调查范围和主审法官。2 月 7 日，ITC 向当事人及当事人所在国驻美大使馆送达调查通知书并就立案决定发布新闻稿。2 月 27 日，中国三家涉案企业向 ITC 递交了应诉通知。

（四） 和解

在美国进口商的建议下，中方单独应诉的涉案企业于 8 月与迪尔公司达成和解，同意退出美国市场。在形势极为严峻的情况下，另外两家联合应诉的国内企业坚持继续应诉。在认真分析案情的基础上，认为自己并未侵犯申请人的注册商标。两公司准备了大量的文字资料和物证，提交了专家意见及证人证言，并针对迪尔公司的材料提出强有力的抗辩。通过积极应诉，两企业的主要观点逐步得到 ITC 的认同。

9 月 12 日，OUII 的调查律师向本案行政法官提交了听证前报告，明确提出中国企业对美出口的拖拉机并没有侵犯迪尔公司的颜色商标，也没有造成该颜色商标的淡化。随后，申请方表示愿与中方应诉企业继续进行和解谈判。

9 月 21 日，联合应诉的中方两家企业与迪尔公司就和解协议达成一致意见。和解协议同意联合应诉的两家中国企业继续对美出口涉案拖拉机，并规

---

❶ 1254339 号注册商标是于 1983 年 10 月 18 日经美国专利局注册的一个商标。该商标被描述为：在绿色机罩或面板上的水平黄色条纹，主要被用于农用机械和草坪养护机械——如打包机、割晒机、割草机调节器、饲料收获机、播种机、联合收割机、喷雾机、甜菜收割机、棉花收割机、堆草机和割草机；1502103 号注册商标是于 1988 年 8 月 30 日经美国专利商标局注册的一个商标。该商标被描述为：配有亮黄色轮胎的亮绿色机身，主要被用于农用拖拉机、草坪园艺拖拉机、拖车、货车和手推车；1503576 号注册商标是于 1988 年 9 月 13 日经美国专利商标局注册的一个商标。该商标被描述为：亮绿色机身以及亮黄色轮胎，主要被用于带轮的农用机械、草坪及园艺机械以及原料处理机械——如耕整机、割草机、切割机、碾碎机、喷雾机、装载机、延碾机、种植机以及铲雪机。

定了有利于中国企业对美稳定出口的其他条件。和解协议对两公司非常有利。

9 月 22 日起，ITC 召开本案听证会，联合应诉的中方两家企业也派员参加。其间，迪尔公司和两企业于 9 月 23 日正式签署了和解协议，并请求行政法官允许双方在此基础上终止调查。经审查，行政法官于 9 月 26 日宣布同意该和解协议，并于 10 月 22 日签发同意令。根据有关程序要求，ITC 最终宣布结束对上述两企业的调查。

二、本案的启示

（一）中国企业必须要积极应诉

337 调查成为美国企业的一种竞争手段，其目的在于借知识产权保护之名，打击国外竞争者，维护其在美国市场的竞争优势。受制于知识、资金及资源上的缺乏，我国企业往往不进行积极应诉。由于 337 调查不同于反倾销调查，案件结果主要依赖于涉案双方提交的证据材料，被申请人的积极应诉行为对于案件结果将起到至关重要的作用。此案中，中国涉案企业分成了两个应诉团队。一个依附进口商进行应诉，致使其合理利益未能得到有效保护，退出了美国市场；另一个通过积极抗辩，在美国市场上站稳了脚，赢得了竞争对手的尊重。此案说明，成为 337 调查的被申请人并不一定就构成侵权。337 调查的历史也告诉我们，申请人的知识产权也未必一定有效。面对 337 调查，中国企业应排除畏惧心理，深入细致、客观地分析案情，根据自身实力，选择合理的应诉策略，本着"有理、有利、有节"的原则，维护自身的合法权益。

（二）337 调查有的时候只是谈判的筹码

在本案中，由于中国企业的积极应诉，迪尔公司并没有在 ITC 那里得到支持，因此转而与中国企业进行谈判。因此，我们不要畏惧 337 调查，在调查中积极行动争取有利地位。

谈判达成和解是一种双赢的局面，双方可以在市场上和平共存还不用消耗大量的调查甚至诉讼成本。所以和解是中国企业可以在 337 调查中争取的一种化解方式，这种方式相对柔和与灵活。所以，并不是所有的调查都伴随大成本与绝对的胜负。

在本案中，中方联合企业已经在 337 调查中取得初步成效。但是，由于过于畏惧美国企业的雄厚资金与市场规模，两企业在和解协议中又作出了大范围的让步。可见，我国企业没有能够把握有利地位，乘胜追击，这也从侧面反映出我国企业的不自信。

（三）中国企业应未雨绸缪

近几年来，中国已成为 337 条款最大的受害者。究其原因，主要是中国对美国出口产品技术含量上升，一些工业制成品大部分缺乏自主知识产权，很容易被知识产权权利人以侵犯知识产权、进行不公平竞争为由向 ITC 提起 337 调查。

中国企业要增强知识产权、专利权和商标权等方面的意识，尤其是要注意知识产权保护的地域性。也就是说，如果产品出口量较大，最好能在对方的市场申请知识产权保护，一旦碰到涉及知识产权的官司，我们也有与对手进行交换的筹码，在知识产权中"交叉许可"，和解的代价可以低一些。

在本案中，我国的三个企业均未积极地向美国等主要的出口国家注册商标，轻易地就使美国找到了要挟我国企业的借口，但是实际上，事实清楚地显示我国的三个企业并为侵犯迪尔公司的商标权。其实商标的注册并不像专利那样复杂，我国企业完全可以在主要的出口国积极注册而不用耗费太多成本。

（四）密切关注商标法上的新发展

本案的争议商标是我国企业在注册与使用上不太重视的颜色商标❶。颜色商标在我国并不多见，但是在国外却有广泛的应用。对于这种颜色商标提起的诉讼，我国目前是应对不充分的。一方面，这显示了我国的知识产权发展水平的问题，另一方面反映了我国对知识产权的最新发展跟进不够。2006 年 12 月 4 日，美国专利商标局颁布了关于包含颜色因素的商标审查修正案，进一步明确了颜色商标实质性修改的有关规定。与此形成鲜明对比的是，我国 2001 年修改《商标法》时虽然增加了关于颜色商标的规定，但国家工商行政管理总局制定的《商标审查与审理标准》关于颜色商标的规定仍比较简单。

三、商标侵权案应诉策略

同专利侵权相比，商标侵权案中的技术标准和要求相对较低，这就相应地减少了专家证人的工作量，但对于代理律师而言，此类案件仍然要求其具有丰富的经验。此案中，律师对中国商标和美国商标的颜色对比做了大量的分析比对工作，包括从颜色本身进行界定到制作色板并随机抽取消费者进行

---

❶ 颜色商标，指单一颜色商标和颜色组合商标，不包括由颜色与除颜色以外的其他因素组合而成的商标。我国商标法所规定的颜色商标仅指颜色组合商标。

识别等，从多方面论证中国产品与美国产品不会造成混淆。律师的大量且缜密、细致的工作是迫使迪尔公司和中国企业达成和解的基础。其中值得一提的是，同其他 337 调查案件中动辄数百万美元的律师费相比，此案所花费的律师并不高，但结果对中国企业而言比较有利。因此，此案应诉经验也值得其他国内企业参考借鉴。

附　　录

附录一　美国 337 调查及应诉常见问题系列问答

（2011 年修订版）

1. 什么是 337 调查？

根据美国《1930 年关税法》，美国国际贸易委员会（United States International Trade Commission，ITC）可以对进口贸易中的不公平行为发起调查并采取制裁措施。由于其所依据的是《1930 年关税法》第 337 节的规定，因此，此类调查一般称为"337 调查"。

2. 337 调查的对象是什么？

根据美国《1930 年关税法》第 337 节的规定，337 调查的对象为进口产品侵犯美国知识产权的行为以及进口贸易中的其他不公平竞争。实践中，涉及侵犯美国知识产权的 337 调查大部分都是针对专利或商标侵权行为，少数调查还涉及版权、工业设计以及集成电路布图设计的侵权行为等。其他形式的不公平竞争包括侵犯商业秘密、假冒经营、虚假广告、违反《反垄断法》等。

3. 337 调查的调查机构是谁？

ITC 负责进行 337 调查。

ITC 是美国国内一个独立的准司法联邦机构，拥有对与贸易有关事务的广泛调查权。其职能主要包括：以知识产权为基础的进口调查，并采取制裁措施；产业及经济分析；反倾销和反补贴调查中的国内产业损害调查；保障措施调查；贸易信息服务；贸易政策支持；维护美国海关税则。

ITC 共设 6 名委员，每届任期 9 年。

4. 337 调查的法律依据是什么？

在实体法方面，337 调查主要适用美国《1930 年关税法》第 337 节的有关规定、美国联邦和各州关于知识产权侵权认定的各种法律以及其他关于不公平竞争的法律等。

在程序法方面，337 调查主要适用美国《联邦法规汇编》关于 ITC 调查的有关规定、《ITC 操作与程序规则》、《联邦证据规则》中关于民事证据的规定以及《行政程序法》中关于行政调查的有关规定等。

5. 337 调查和美国法院知识产权诉讼的区别是什么？

二者的主要区别在于：

从管辖权看，337 调查不要求 ITC 具有属人管辖权，因此外国公司即使没有在美国直接设立分公司，而是通过中间商将产品销售到美国，其也可能因为进口产品涉嫌侵权而成为 337 调查的被申请人；美国国内法院由于受到属人管辖权的严格限制，要求被告必须能够以法律规定的方式被送达，并且在美国境内有可执行的资产。

从审理时限看，337 调查的程序比较快捷，一般在 12～18 个月内结束；法院诉讼则一般需要耗时 3～4 年。

从救济措施看，337 调查可以针对特定被申请人发布有限排除令，也可以不针对特定被申请人，不区分产品来源地而发布普遍排除令；法院诉讼中只能禁止特定被告停止侵权行为。另外，337 调查中，败诉的被申请人不会被处以金钱制裁；而法院诉讼中，败诉的被告可能会被要求向原告支付因侵权行为造成的损害赔偿，以及支付原告的律师费用。

从程序看，337 调查程序中设置了为期 60 日的总统审查期，如美国总统未在 ITC 裁决作出后 60 日内基于政策因素予以否决，则 ITC 的裁决将成为终局裁决；法院诉讼中没有这一程序。

此外，二者在立案标准、调查程序、反诉等方面也存在一些区别。

6. 337 调查和反倾销调查的区别是什么？

在美国，虽然 337 调查和反倾销调查中的产业损害调查均由 ITC 负责，但两类调查存在明显区别。337 调查属于准司法调查，而反倾销调查属于行政调查。

二者的区别主要在于：

从调查对象看，337 调查是针对进口贸易中的不公平行为实施的调查，实践中主要针对进口产品侵犯美国知识产权的行为；反倾销调查中的产业损害调查则是针对被调查产品的倾销进口是否对美国国内产业造成实质损害、实质损害的威胁或实质阻碍。

从申请人资格看，涉及知识产权的 337 调查的申请人是美国知识产权权利人，无论其是美国企业（自然人）还是外国企业（自然人），申请时只需证明美国国内相关产业存在，无须证明损害；反倾销调查的申请人则必须是代表美国国内产业的国内利害关系方，提交申请时应提供倾销、损害以及二者因果关系的初步证据。

从调查机构看，337 调查仅由 ITC 负责；在反倾销调查中，ITC 负责产业损害调查的裁决，美国商务部（DOC）负责调查和裁决是否存在倾销并确定倾销幅度。

从制裁措施看，337 调查的制裁措施主要是排除令、制止令、扣押和没收令，这些措施在涉案知识产权的有效期内将一直生效；反倾销调查的制裁措施一般包括反倾销税和价格承诺，反倾销税的征收期限一般为 5 年。

从制裁措施对贸易的影响看，在 337 调查中，被实施排除令制裁的外国产品将不能进入美国；在反倾销调查中，如果缴纳了反倾销税，理论上外国产品仍能进入美国。

从程序看，337 调查程序中设置了为期 60 日的总统审查期；反倾销调查没有这一程序。

此外，二者在调查程序、司法审查等方面均有显著区别。

7. 如何提起 337 调查申请？

申请人可以亲自或以邮寄方式向 ITC 提交申请书，包括 12 份非保密文本及 6 份证据材料、12 份保密文本及 6 份证据材料。非保密文本的申请书也可以以电子版方式提交。ITC 不接受以传真方式提交的申请书。

8. 非美国企业可以提起 337 调查申请吗？

可以。在涉及知识产权的 337 调查中，无论美国企业（自然人）还是非美国企业（自然人），只要其认为进口产品侵犯其在美国登记或注册的专利权、商标权、版权或集成电路布图设计权，并能够证明美国国内已经存在或正在形成相应的国内产业，都可以依法向 ITC 提起 337 调查申请。在确定美国是否存在国内产业这一问题上，ITC 应考虑申请人：是否在厂房和设备方面进行了重要投资；是否雇用了大量劳动力或筹措了大量资金；是否对涉案其知识产权的开发进行了设计、研发、许可等重大投资活动。

9. 申请书应包括哪些内容？

在 337 调查中，如果申请人指控进口产品侵犯知识产权，申请书的主要内容应包括：对涉案知识产权的描述；对涉嫌侵权的进口产品的描述；涉嫌侵权产品的生产商、进口商或经销商的相关信息；涉案知识产权正在进行的其他法院诉讼或行政程序；国内产业情况及申请人在该产业中的利益；调查请求。在涉及专利的 337 调查案件中，申请人还必须提供证明侵权的专利权利要求对照表。

10. 申请人可以申请临时救济措施吗？

可以。在 337 调查中，申请人可以在提交立案申请书的同时，或者在 ITC 正式立案调查之前，向 ITC 提出临时救济措施的申请。此类申请必须以动议（Motion）的方式提交，并同时提交相应的书面证词及证据。此外，申请还必须附带以下详细陈述：作为批准临时救济措施的前提条件，申请人是否需要缴纳保证金；如需缴纳，保证金的金额应为多少。

实践中，337 调查申请人申请临时救济措施的情况并不常见。

11. 从哪里可以了解到申请书的相关信息？

任何人都可以通过 ITC 的官方网站（http://info. usitc. gov/sec/dockets. nsf）查询申请书的相关内容，包括申请人、被申请人以及案由等信息。此外，还可以通过 ITC 的 EDIS 系统（http://edis. usitc. gov）查询非保密版的申请书、所附证据及其他相关调查文件。除上述途径外，中国商务部进出口公平贸易局在其官方网站上专门设置"美国 337 调查"专题栏目（http://gpj. mofcom. gov. cn/column/cp. shtml），提供最新的 337 调查案件信息及详情查询。

12. ITC 何时决定立案？在哪里可以查询立案公告？

ITC 应在收到申请书之日起 30 日内决定是否立案。立案公告将公布在美国政府官方刊物《联邦公告》（Federal Register）上，并可以在 ITC 的网站上查询。

13. 337 调查的主要程序包括哪些？

337 调查的主要程序包括：申请、立案、应诉、听证前会议、证据开示、听证会、行政法官初裁、委员会复审并终裁、总统审查。如果任何一方当事人对 ITC 的裁决结果不服，可以向美国联邦巡回上诉法院提起上诉。

14. 一起 337 调查可能持续多久？

根据美国《1930 年关税法》第 337 节的规定，ITC 应在"可实现的最短时间"完成一起 337 调查并作出裁决。实践中，ITC 一般在 12～15 个月内结束调查，复杂案件可能会延长至 18 个月。

15. 337 调查程序的主要参与方有哪些？

申请人和被申请人是一起 337 调查的当事人。认为调查结果会对其利益产生影响的其他企业可以以第三方的名义或者要求增加为被申请人的方式申请参与到 337 调查程序中。立案后，ITC 的首席行政法官将指定一名行政法官负责案件的审理和发布初裁，并指定一名内部调查律师（Investigative Attorney/Staff Attorney）作为代表公共利益的独立第三方参与 337 调查。ITC 委员负责对行政法官的初裁进行复审并作出终裁。根据美国《1930 年关税法》第 337 节的规定，ITC 作出的任何违反 337 条款的终裁均应提交总统进行审查。实践中，该总统审查实际由美国贸易代表（USTR）办公室进行。

16. 行政法官在 337 调查中起什么作用？

行政法官（ALJ）在 337 调查中的职责主要包括：公布取证的具体程序和规则、召集听证会、作出初裁以及对救济措施的建议。当一起 337 调查案件正式立案后，ITC 的首席行政法官将指定一名行政法官主持案件的法庭审理。行政法官应在立案后 45 日内确定调查结束的目标日期（Target Date），并公布一系列的调查规则（Ground Rules）。调查规则规定了调查程序的具体指南，例如答复动议的时限、所需证据附件的副本数量、翻译的使用、电话会议的程序等。行政法官将在举行听证会后作出进口行为是否违反 337 条款的初裁（Initial Determination）。

2011 年，ITC 共设有 6 名行政法官，包括 1 名首席行政法官。

17. ITC 调查律师在 337 调查中起什么作用？

在每一起 337 调查中，ITC 均指定其下属的不公平进口调查办公室（OUII）的一名律师，作为独立的第三方代表公共利益全面参与调查。该律师在 337 调查程序中，完全独立于行政法官，可以就案件发表独立意见，包括对当事人的主张表示支持或反对。

18. 337 调查中的文件送达要求是什么？

一般来说，所有向 ITC 提交的文件均应送达 337 调查的其他当事人。

就申请书而言，如果 ITC 决定发起调查，ITC 可以自行将申请书送达所有列名的被申请人，以及外国被申请人所属国驻美国大使馆。如果申请人在提交申请书的同时提交了临时救济的动议，ITC 不仅在发起调查时将申请书和临时救济动议送达被申请人，同时要求申请人通过邮寄、快递等方式将上述文件送达被申请人以及外国被申请人所属国驻美国大使馆。

就申请书以外的调查文件而言，行政法官会在其负责的调查案件中公布特定的调查规则，对该类调查文件的送达方式等作出具体规定。

19. 在调查过程中如何保护双方当事人的商业秘密？

立案后，行政法官会立即签发保护令（Protective Order），具体规定含有商业秘密的文件如何被标记、保密文件可以被谁使用及如何使用。保护令通常允许当事人的外部律师在调查中接触商业秘密，但不允许当事人的内部律师接触商业秘密。保护令不仅保护调查当事人的商业秘密，也保护应传票要求向 ITC 提供信息的非当事人的商业秘密。因此，如果当事人要求非当事人提供保密信息，其应向该非当事人提供行政法官签发的保护令的副本。

在行政法官签发保护令之前，如果当事人要求保密，当事人提交的文件将被视为保密文件。

20. 证据开示如何进行？

根据《ITC 操作与程序规则》，337 调查的双方当事人均有权就任何与其申请或抗辩有关的非保密问题进行证据开示（Discovery），具体包括：书籍、文件或其他有形物是否存在、（如存在）具体描述、性质、保管情况、具体情况及位置；任何知道可取证事项的人员的身份和位置；合适的救济措施；被调查方合理的保证金。证据开示一般包括以下形式：承认要求（Request for Admission）、质询（Interrogatory）、传票（Subpoena）、书面证词（Deposition）、进入工作场所和提交文件（Entry upon Property and Document Production）。

证据开示程序一般持续 5 个月（临时救济措施的取证程序大约需要 3~5 周）。为避免不必要的负担，行政法官可以根据时间表对证据开示的类型和数量作出限制，但不会强制执行任何在证据开示截止日期后的取证行为。如果对方当事人同意，当事人可以在证据开示截止日期后继续取证。

21. 听证会何时何地举行？可以对公众公开吗？

在一起 337 调查启动 6 个月后，行政法官可以在 ITC 主持召开听证会，全面听取双方当事人的质证和答辩意见。在听证会上，双方当事人均有权进行询问、提供证据、反对、动议、辩论等。听证会一般持续 1~2 周时间。

听证会原则上可以向公众公开，但涉及保密信息的部分除外，此时一般公众及其他不允许接触保密信息的人不能进入会议室。

听证会的非保密记录可以在 ITC 查询或者购买。

22. 行政法官何时发布初裁？

如果一起 337 调查期限少于 15 个月，行政法官应至少在目标日期结束前的 3 个月发布初裁。如果调查期限长于 15 个月，行政法官应于目标日期结束前的 4 个月发布初裁。初裁的内容应包括：说明是否存在违反 337 条款的行为，并对救济措施提出建议等。

23. 行政法官的初裁会被 ITC 复审吗？

是的。当事人可以向 ITC 提出申请，要求对行政法官的初裁进行复审，只要当事人认为初裁：（1）在事实裁决方面存在明显错误；（2）存在明显错误的法律结论；或（3）影响 ITC 的政策。ITC 也可以自行决定对初裁进行复审。ITC 将在初裁发布后 45 日内决定是否对初裁进行复审。ITC 可以决定不对初裁的部分或全部内容进行复审，也可以决定对初裁的部分或全部内容进行复审，并维持、驳回或修改初裁。

24. ITC 的裁决是最终裁决吗？

ITC 作出的违反 337 条款的裁决，应在《联邦公告》上公布，并提交美国总统审查。如美国总统在收到 ITC 裁决后 60 日内未基于政策因素予以否决，则该裁决将成为最终裁决。实践中，美国总统极少否决 ITC 的终裁。

ITC 作出的未违反 337 条款的终裁无须经过总统审查，自发布之日起成为最终裁决。

25. 对 ITC 作出的裁决可以上诉吗？

337 调查的任何一方当事人如不服 ITC 的裁决，均可提起上诉，将 ITC 上诉至美国联邦巡回上诉法院（CAFC）。另一方当事人可以介入上诉程序，支持被上诉方的答辩。任何上诉应在 ITC 的裁决成为最终裁决后 60 日内提出。

上诉期间不影响救济措施的执行。

26. 委员会可以采取哪些救济措施？

如果 ITC 经调查认定进口产品在美国市场上侵犯了知识产权，其有权采取以下救济措施：

（1）有限排除令，即禁止列名被申请人企业的侵权产品进入美国市场。

（2）普遍排除令，即不分来源地禁止所有同类侵权产品进入美国市场。

（3）制止令，即禁止侵权企业从事与侵权行为有关的行为，包括停止侵权产品在美国市场上的销售、库存、宣传、广告等。

（4）扣押和没收令，如果 ITC 曾就某一产品发布过排除令，而有关企业试图再次将其出口到美国市场，则美国海关可以根据 ITC 发布的扣押和没收令，扣押并没收所有试图出口到美国市场的侵权产品。

27. ITC 的临时救济措施何时生效？

337 调查中，如果申请人提出临时救济措施的请求，行政法官应在立案后 70 日内（较复杂的案件可以延长至 120 日）作出是否同意采取临时救济措施的初裁。如 ITC 在作出初裁后 20 日内（较复杂的案件可以延长为 30 日）决定不对初裁进行修改，则该裁决自动成为终裁并生效。ITC 可以要求申请临时救济措施的申请人提供保证金。

ITC 同意采取临时救济措施的理由包括：初步认定存在违反 337 条款的行为，且如果不采取临时救济措施，国内产业有可能受到立即发生的、实质的损害，或者国内产业的设立有可能受到威胁。

在实施临时救济措施期间，如果进口商想继续进口涉案产品，必须提供保证金。保证金的数额由 ITC 决定，必须足以抵消不公平行为所带来的利益。ITC 在决定保证金数额时，可以依据申请人在美国的销售价与进口产品的到岸价之间的差额。

28. ITC 的永久救济措施何时生效？

一旦 ITC 作出终裁决定并签发救济措施，并登载于《联邦纪事》上，则终裁和救济措施均已生效。

29. 总统审议期内涉案产品还能进入美国市场吗？

在一起 337 调查中，如 ITC 作出终裁并发布排除令，在总统审查期内，涉案产品仍可以进入美国市场，但进口商必须提供保证金。

30. 上诉期间影响委员会已发布救济措施的效力吗？

上诉期间不影响 ITC 已生效的救济措施的执行。

31. 委员会的救济措施永久有效吗？

一般来说，ITC 裁决的救济措施的有效期取决于涉案知识产权的有效期。除非 ITC 认为导致排除令的情形已不存在，否则排除令和制止令可一直执行。

32. 排除令由谁执行？

排除令由美国海关执行。实践中，一旦 ITC 发布一项排除令，其将立即通知美国财政部和海关。海关将立即通知其下属地区及口岸，停止进口排除令所包含的侵权产品，除非该侵权产品从专利权人那里已获得授权，或进口产品已缴纳保证金（仅适用于总统审查期内进口侵权产品）。在执行排除令的过程中，海关将与 ITC 以及 337 调查的申请人保持联系，以明确排除令的范围。ITC 将向海关提供侵权产品的描述、海关编码、专利的有效期限以及 337 调查申请人的代理律师的联系方式等。

33. 制止令由谁执行？

制止令由 ITC 执行。部分案件中，ITC 可以要求被申请人向其定期报告侵权产品的销售记录或其他信息等。

34. 扣押和没收令由谁执行？

扣押和没收令由美国海关执行。

35. 违反已生效的救济措施，会有什么后果？

任何违反已生效的救济措施的企业将会受到每天 10 万美元，或相当于所涉商品价值两倍的罚金，两者中取高者。

36. 如果对排除令涉及的产品范围有争议，应如何解决？

当事人可以向海关说明主张并提供相应的证据。当事人也可以向 ITC 提交申请，要求其就将来进口的产品是否违反排除令发布咨询意见（Advisory Opinion）。

37. 目前美国海关仍在执行的排除令有多少？主要涉及哪些产品？

截至 2011 年 10 月，美国海关仍在执行的排除令约有 88 项，主要涉及机电、轻工、化工、生物医药等产品。关于这些排除令的具体信息及最新情况，可以在 ITC 的网站上查询。

38. 谁会成为 337 调查的被申请人？

涉案产品的制造商（无论其是否直接对美出口产品）、将涉案产品进口至美国的进口商以及在美国销售已进口涉案产品的销售商或零售商，都可能成为 337 调查的被申请人。

39. 外国企业可能成为 337 调查的被申请人吗？

337 调查是针对进口产品发起的调查，不要求 ITC 具有属人管辖权。因此，即使外国企业没有在美国直接设立分公司，而是通过中间商将产品销售到美国，也可能因为进口产品涉嫌侵权而成为 337 调查的被申请人。

40. 337 调查是否仅与申请书中列名的被申请人相关？

如果申请人在 337 调查申请中要求 ITC 发布普遍排除令，则 ITC 一旦发布普遍排除令，受该措施影响的不仅包括申请书中列名的被申请人，还包括其他未在申请书中列名，但可能向美国出口同类涉案产品的企业。因此，从广义上讲，此类企业也与 337 调查相关。

41. 企业如何确定自己是否涉案？

获知 337 调查案件的预警信息后，企业可以迅速通过有关进出口商会、行业协会、律师或商务部进出口公平贸易局了解并核实申请书及相关附件的内容，结合申请书中的涉案产品描述及涉案知识产权的说明，与本企业对美出口产品进行分析对比，从而确认本企业是否涉案。

42. 被申请人如果决定应诉，首先该做什么？

337 调查多涉及专利侵权问题，应诉工作的专业性和技术性因素很强。被申请人企业如果决定应诉，首先应迅速在企业内部选择了解涉案产品技术、销售情况并具有一定决策能力的人员组成内部管理团队，同时聘请律师，结合企业自身情况，确定应诉策略，开展应诉工作。此外，在部分案件中，申请人可能利用广泛的渠道公开被申请人正在面临 337 调查这一情况，从而影响涉案产品的现有或潜在的使用者或购买方，暂缓或停止使用或购买被申请人的产品。因此，决定应诉后，被申请人还应迅速向外界或有关购买方发表声明，表明自己的立场和相应行动。

43. 企业应诉为什么要聘请律师？

337 调查属于准司法程序，程序快捷、复杂，技术性和专业性强。此外，中美关于知识产权保护的立法规定也存在一定差异。聘请既懂得 337 调查程序，又熟悉中美知识产权差异的专业律师代理企业参与案件应诉工作，可以帮助企业确定有效的应诉策略，全面保护企业的合法权益。

44. 被申请人可以不聘请律师，直接提交证据材料吗？

337 调查程序适用的法规未禁止被申请人不通过律师直接向行政法官和 ITC 提交应诉材料的做法。但是，由于被申请人不具备专业资格，往往无法接触对方当事人提交的保密材料，且被申请人提交的证据材料可能因缺乏专业性而难以得到行政法官或 ITC 的认可，从而影响抗辩效果。

45. 聘请律师应考虑哪些因素？

企业在决定聘请律师时可以考虑以下因素：是否具有丰富的 337 调查案件代理经验；在所代理的 337 调查案中是否是主办律师；是否曾代理过与本起 337 调查案涉案产品同类或类似产品的 337 调查案；是否熟悉专利法和相关技术；以往代理案件胜诉的比例及经验；资深律师能否亲自参与案件代理工作；对于国内外企业没有偏见，理解中国企业文化；代理费用定价合理或可接受。

46. 律师的工作内容主要包括哪些？

与企业有关技术人员进行探讨，了解涉案产品及知识产权的所有信息；帮助企业收集描述涉案产品的技术的所有文件；进行侵权分析，帮助企业寻找抗辩点；对专利有效性进行分析，找出所有在先技术；帮助企业获得其他当事人提交的法律文件；帮助企业提交法律文件；帮助企业寻找和聘请专家证人；帮助企业分析应诉风险并确定最佳应诉策略等。

47. 代理 337 调查案件的律师费用一般包括哪些？

实践中，代理 337 调查案件的律师费用可能包括：律师服务费、业务开销费（差旅、电话、传真、复印等）、专家证人费、法律服务费（翻译、电子版文件证据制作、图表制作等）、会议费或接待费、其他。以上费用的构成及总额视案件进展的程度而不同。

48. 如何合理降低律师费用的支出？

一般来说，337调查案件的律师费用总体较高。企业可以从以下几个方面控制律师费用的总体支出：

（1）合理搭配律师团队的构成，如选择一名专利律师、一名337调查案件律师及数名初级律师组成律师团队。

（2）选择中国律师事务所参与应诉团队，或选择在中国设有办事处的外国律师事务所，减少与外方的沟通和翻译成本。

（3）与其他立场相同的涉案企业联合应诉，或分享信息、分摊工作。

（4）限定案件的答辩范围。但此种做法存在一定风险，可能导致不利的诉讼后果。

（5）定期与律师团队沟通，讨论预算及策略，控制总体费用支出。

49. 从哪里可以查询代理律师事务所的相关信息？

企业可以从以下渠道查询代理337调查案件的中外律师事务所的相关信息：

（1）商务部进出口公平贸易局网站（http://gpj.mofcom.gov.cn）；

（2）美国ITC庭审律师协会网站（www.itctla.org）；

（3）美国知识产权商业杂志网站（www.iplawandbusiness.com）；

（4）各律师事务所网站。

50. 提交答辩状的期限是多久？

被申请人应在收到申请书之日起20日内针对立案通知提交书面答辩状，决定是否应诉。被申请人在美国境外的，上述期限可以延长至30日。如果申请人同时申请了临时救济措施，被申请人还必须在收到申请书之日起10日内（较为复杂的案件为20日）提交对临时救济措施的答辩状。被申请人没有作出反应的，视为缺席。

51. 答辩状应包含什么内容？

根据337调查程序的有关规定，答辩状必须包括以下内容：

（1）对申请书和立案公告中所指控的每项事实予以承认、否认或声明对某项事实并不知情；

（2）对申请书和立案公告中每项指控进行抗辩所依据的有关事实；

（3）关于涉案产品对美出口量、出口金额及被申请人生产能力的数据，以及关于美国市场对该被申请人的重要性的陈述；

（4）其他任何积极抗辩。

52. 被申请人的抗辩理由一般包括什么？

在337调查中，被申请人可以提出的抗辩理由一般包括：

（1）被申请人未对美出口涉案产品；

（2）被申请人对美出口的产品未侵犯涉案知识产权；

（3）由于存在在先技术或专利不可实施等原因导致涉案专利无效；

（4）申请人未能证明其在美国存在国内产业；

（5）申请人主张的救济措施不合理或范围过于广泛；

（6）其他。

53. 利害关系方如何参与337调查？

在申请书中列名的被申请人可以通过提交答辩状参与337调查。其他任何愿意参与调查程序的企业可以向行政法官或者 ITC 提交希望参与调查程序的书面动议，并同时提交其已向每个当事方送达该动议的证明。在决定是否允许其他非被申请人企业参与调查时，调查机关通常依据以下 4 项标准进行审查：动议及时提出；对作为调查标的的财产或交易具有利益；调查结果可能在事实上损害或妨碍动议提出方保护自身利益的能力；现有参与方未能充分代表动议提出方。

54. 联合应诉的利弊有哪些？

337 调查中，如果多家涉案企业选择联合应诉，可以整合资源、共享信息、分担应诉工作，一定程度上能够分摊应诉费用，使单个企业的应诉负担降低。此外，通过联合应诉企业间的协作，可以形成合力，共同与申请人抗衡。

实践中，一些涉案企业出于以下担心，不愿选择联合应诉策略：需与其他企业协商，无法快速作出决策；可能泄露本企业的商业秘密；其他企业搭便车；企业自身情况不同导致无法形成统一的应诉策略等。

55. 可以对涉案产品进行规避设计吗？

规避设计（Design Around）是指被控侵权的企业研究设计一种不同于涉案产品的新产品，来规避申请人的专利权。337 调查中，规避设计产品一旦获行政法官或者 ITC 的认可，将不受 ITC 最终发布的排除令等救济措施的影响，企业仍能继续对美出口此类产品。因此，规避设计是 337 调查程序中常见的一种应诉策略。

56. 双方当事人可以通过和解而终止 337 调查吗？

337 调查中，双方当事人可以通过签订和解协议（Settlement）解决争议，终止调查。一项和解协议的内容通常包括：被申请人停止进口或销售侵权产品；申请人放弃对被申请人的指控；允许被申请人在一定时间内处理库存的侵权产品；申请人授权被申请人使用专利或进口涉案产品等。签订和解协议的当事人应向行政法官提交一份协议文本供审查。行政法官从公共利益角度出发，审查和解协议是否存在反竞争因素以及是否违背公共利益。如未发现上述情况，行政法官可以裁决依据该和解协议而终止调查。该裁决将被提交 ITC 进行复审。ITC 有权最终决定是否终止调查。

57. 双方当事人可以通过其他方式终止 337 调查吗？

337 调查中，除和解方式外，双方当事人还可以同意令（Consent Order）的方式终止调查。同意令与和解协议类似，但保留了 ITC 的管辖权。一项同意令的内容可能包括：对所指控事实管辖权的承认；放弃以司法和其他方式对同意令有效性的质疑；声明愿意配合或不妨碍 ITC 就同意令的实施收集有关信息；声明愿意根据 ITC 的有关规则实施、修改或撤回。

58. 被申请人如果不应诉，会有什么后果？

337 调查程序中，被申请人如果不应诉，可能会被认定为缺席。一旦 ITC 就某一被申请人作出缺席裁决，申请人在申请书中对缺席被申请人的指控将被认定是真实的，其可以向 ITC 提出对缺席被申请人立即采取救济措施。ITC 可以在认为不影响公共利益的情况下，对缺席被申请人采取排除令、制止令或两者并用。

59. 其他利害关系方如果不参与调查，会有什么后果？

337 调查中，其他利害关系方如果不参与调查，将丧失利用调查程序收集信息、表达主张的机会，最终可能会受到 ITC 作出的是否违反 337 条款的裁决以及有关救济措施的影响。

60. 如何避免成为 337 调查的被申请人？

337 调查的立法目的是为了限制进口贸易中的不公平行为。许多企业由于不知情或缺乏知识产权保护意识而成为 337 调查的被申请人。在生产经营和对外贸易活动中，对美出口企业可以采取以下预防性措施，避免成为 337 调查的被申请人：

（1）在生产对美出口产品时，先初步调查美国同类产品中是否适用相同或类似技术、外观设计及商标；

（2）在接受进口商委托生产对美出口产品的订单时，在委托加工合同中加入关于知识产权侵权纠纷的免责条款；

（3）生产或出口前委托有关中介组织进行专利或商标检索，预做调整，减少侵权的可能性；

（4）委托律师出具出口产品不构成知识产权侵权的法律意见书。

附录二　美国《1930 年关税法》[1]第 337 节（英文）

(19 U.S.C. 1337—UNFAIR PRACTICES IN IMPORT TRADE[2])

(a) **Unlawful activities; covered industries; definitions**

(1) Subject to paragraph (2), the following are unlawful, and when found by the Commission to exist shall be dealt with, in addition to any other provision of law, as provided in this section:

(A) Unfair methods of competition and unfair acts in the importation of articles (other than articles provided for in subparagraphs (B), (C), (D), and (E)) into theUnited States, or in the sale of such articles by the owner, importer, or consignee, the threat or effect of which is—

(i) to destroy or substantially injure an industry in theUnited States;

(ii) to prevent the establishment of such an industry; or

(iii) to restrain or monopolize trade and commerce in theUnited States.

(B) The importation into theUnited States, the sale for importation, or the sale within the United States after importation by the owner, importer, or consignee, of articles that—

(i) infringe a valid and enforceableUnited States patent or a valid and enforceable United States copyright registered under title 17; or

(ii) are made, produced, processed, or mined under, or by means of, a process covered by the claims of a valid and enforceableUnited States patent.

(C) The importation into the United States, the sale for importation, or the sale within the United States after importation by the owner, importer, or consignee, of articles that infringe a valid and enforceable United States trademark registered under the Trademark Act of 1946 [15 U.S.C. 1051 et seq.].

(D) The importation into theUnited States, the sale for importation, or the sale within the United States after importation by the owner, importer, or consignee, of a semiconductor chip product in a manner that constitutes infringement of a mask work registered under chapter 9 of title 17.

(E) The importation into theUnited States, the sale for importation, or the sale within the United States after importation by the owner, importer, or consigner, of an article that constitutes infringement of the exclusive rights in a design protected under chapter 13 of title 17.

(2) Subparagraphs (B), (C), (D), and (E) of paragraph (1) apply only if an industry in the United States, relating to the articles protected by the patent, copyright, trademark, mask work, or design concerned, exists or is in the process of being established.

(3) For purposes of paragraph (2), an industry in theUnited States shall be considered to exist if there is in the United States, with respect to the articles protected by the patent, copyright, trademark, mask work, or design concerned—

(A) significant investment in plant and equipment;

(B) significant employment of labor or capital; or

(C) substantial investment in its exploitation, including engineering, research and development, or licensing.

---

[1]　2012 年 3 月 13 日，美国总统奥巴马签署了美国国会于 3 月 6 日通过的《1930 年关税法》的修订法案(To apple countervailing duty provisions of the Tariff Act of 1930 to nonmarket economy countries, and for other purposes, H.R. 4105, 12th Congress 2D Session, available at:http://www.gpo.gov/fdsys/pkg/BILLS‐112hr4105eh/pdf/BILLS‐112hr4105eh.pdf)，修订后的关税法明确规定美国贸易执法机构有权针对来自中国等"非市场经济国家"的商品征收反补贴税。——编者注

[2]　[EB/OL].[2012‐04‐25]. http://www.gpo.gov/fdsys/pkg/USCODE‐2010‐title19/pdf/USCODE‐2010‐title19‐chap4‐subtitleⅡ‐partⅡ‐sec1337.pdf.

(4)For the purposes of this section,the phrase "owner, importer, or consignee" includes any agent of the owner,importer, or consignee.

(b) Investigation of violations by Commission

(1)The Commission shall investigate any alleged violation of this section on complaint under oath or upon its initiative. Upon commencing any such investigation, the Commission shall publish notice thereof in the Federal Register. The Commission shall conclude any such investigation and make its determination under this section at the earliest practicable time after the date of publication of notice of such investigation. To promote expeditious adjudication, the Commission shall, within 45 days after an investigation is initiated, establish a target date for its final determination.

(2)During the course of each investigation under this section, the Commission shall consult with,and seek advice and information from, the Department of Health and Human Services, the Department of Justice, the Federal Trade Commission, and such other departments and agencies as it considers appropriate.

(3)Whenever,in the course of an investigation under this section,the Commission has reason to believe,based on information before it,that a matter,in whole or in part,may come within the purview of part II of subtitle IV of this chapter, it shall promptly notify the Secretary of Commerce so that such action may be taken as is otherwise authorized by such part II. If the Commission has reason to believe that the matter before it (A)is based solely on alleged acts and effects which are within the purview of section 1671 or 1673 of this title,or (B)relates to an alleged copyright infringement with respect to which action is prohibited by section 1008 of title 17,the Commission shall terminate,or not institute,any investigation into the matter. If the Commission has reason to believe the matter before it is based in part on alleged acts and effects which are within the purview of section 1671 or 1673 of this title,and in part on alleged acts and effects which may, independently from or in conjunction with

those within the purview of such section, establish a basis for relief under this section,then it may institute or continue an investigation into the matter. If the Commissionnotifies the Secretary or the administering authority (as defined in section 1677(1)of this title)with respect to a matter under this paragraph,the Commission may suspend its investigation during the time the matter is before the Secretary or administering authority for final decision. Any final decision by the administering authority under section 1671 or 1673 of this title with respect to the matter within such section 1671 or 1673 of this title of which the Commission has notified the Secretary or administering authority shall be conclusive upon the Commission with respect to the issue of less－than－fair－value sales or subsidization and the matters necessary for such decision.

(c)Determinations;review

The Commission shall determine,with respect to each investigation conducted by it under this section, whether or not there is a violation of this section,except that the Commission may, by issuing a consent order or on the basis of an agreement between the private parties to the investigation, including an agreement to present the matter for arbitration,terminate any such investigation,in whole or in part, without making such a determination. Each determination under subsection (d)or (e)of this section shall be made on the record after notice and opportunity for a hearing in conformity with the provisions of subchapter II of chapter 5 of title 5. All legal and equitable defenses may be presented in all cases. A respondent may raise any counterclaim in a manner prescribed by the Commission. Immediately after a counterclaim is received by the Commission, the respondent raising such counterclaim shall file a notice of removal with aUnited States district court in which venue for any of the counterclaims raised by the party would exist under section 1391 of title 28. Any counterclaim raised pursuant to this section shall relate back to the date of the original complaint in the proceeding before the Commission. Action on such counterclaim shall not delay or affect the proceeding under this section, including the legal and equitable defenses that may be raised under this subsection. Any person adversely affected by a final determination of the Commission under subsection (d),(e),(f),or (g)of this section may appeal such determination, within 60 days after the determination becomes final,to the United States Court of Appeals for the Federal Circuit for review in accordance with chapter 7 of title 5. Notwithstanding the foregoing provisions of this subsection,Commission determinations under subsections (d),(e), (f),and (g)of this section with respect to its findings on the public health and welfare,competitive conditions in the United States economy,the production of like or directly competitive articles in the United States,and United States consumers,the amount and nature of bond,or the appropriate remedy shall be reviewable in accordance with section 706 of title 5. Determinations by the Commission under subsections (e),(f),and (j)of this section with respect to forfeiture of bonds and under subsection (h)of this section with respect to the imposition of sanctions for abuse of discovery or abuse of process shall also be re‐viewable in accordance with section 706 of title 5.

(d)Exclusion of articles from entry

(1)If the Commission determines,as a result of an investigation under this section,that there is a violation of this section, it shall direct that the articles concerned, imported by any person violating the provision of this section, be excluded from entry into the United States, unless, after considering the effect of such exclusion upon the public health and welfare,competitive conditions in the United States economy,the production of like or directly competitive articles in the United States, and United States consumers,it finds that such articles should not be excluded from entry. The Commission shall notify the Secretary of the Treasury of its action under this subsection directing such exclusion from entry,and upon receipt of such notice, the Secretary shall, through the

proper officers,refuse such entry.

(2)The authority of the Commission to order an exclusion from entry of articles shall be limited to persons determined by the Commission to be violating this section unless the Commission determines that—

(A)a general exclusion from entry of articles is necessary to prevent circumvention of an exclusion order limited to products of named persons;or

(B)there is a pattern of violation of this section and it is difficult to identify the source of infringing products.

(e)Exclusion of articles from entry during investigation except under bond; procedures applicable;preliminary relief

(1)If,during the course of an investigation under this section,the Commission determines that there is reason to believe that there is a violation of this section,it may direct that the articles concerned,imported by any person with respect to whom there is reason to believe that such person is violating this section,be excluded from entry into the United States, unless, after considering the effect of such exclusion upon the public health and welfare, competitive conditions in the United States economy,the production of like or directly competitive articles in the United States, and United States consumers, it finds that such articles should not be excluded from entry. The Commission shall notify the Secretary of the Treasury of its action under this subsection directing such exclusion from entry,and upon receipt of such notice,the Secretary shall, through the proper officers,refuse such entry,except that such articles shall be entitled to entry under bond prescribed by the Secretary in an amount determined by the Commission to be sufficient to protect the complainant from any injury.If the Commission later determines that the respondent has violated the provisions of this section,the bond may be forfeited to the complainant.

(2)A complainant may petition the Commission for the issuance of an order under this subsection. The Commission shall make a determination with regard to such petition by no later than the 90th day after the date on which the Commission's notice of investigation is published in the Federal Register. The Commission may extend the 90 – day period for an additional 60 days in a case it designates as a more complicated case. The Commission shall publish in the Federal Register its reasons why it designated the case as being more complicated. The Commission may require the complainant to post a bond as a prerequisite to the issuance of an order under this subsection. If the Commission later determines that the respondent has not violated the provisions of this section, the bond may be forfeited to the respondent.

(3) The Commission may grant preliminary relief under this subsection or subsection (f)of this section to the same extent as preliminary injunctions and temporary restraining orders may be granted under the Federal Rules of Civil Procedure.

(4)The Commission shall prescribe the terms and conditions under which bonds may be forfeited under paragraphs (1)and (2).

(f) Cease and desist orders; civil penalty for violation of orders

(1)In addition to,or in lieu of,taking action under subsection (d)or (e)of this section, the Commission may issue and cause to be served on any person violating this section, or believed to be violating this section,as the case may be,an order directing such person to cease and desist from engaging in the unfair methods or acts involved,unless after considering the effect of such order upon the public health and welfare,competitive conditions in the United States economy,the production of like or directly competitive articles in the United States,and United States consumers,it finds that such order should not be issued. The Commission may at any time, upon such notice and in such manner as it deems proper,modify or revoke any such order,and,in the case of a revocation,may take action under subsection (d)or (e)of this section,as the case may be. If a temporary cease and desist order is issued in addition to,or in lieu of,an exclusion order under subsection (e)of this section, the Commission may require the com-

plainant to post a bond,in an amount determined by the Commission to be sufficient to protect the respondent from any injury, as a prerequisite to the issuance of an order under this subsection. If the Commission later determines that the respondent has not violated the provisions of this section,the bond may be forfeited to the respondent. The Commission shall prescribe the terms and conditions under which the bonds may be forfeited under this paragraph.

(2)Any person who violates an order issued by the Commission under paragraph (1) after it has become final shall forfeit and pay to the United States a civil penalty for each day on which an importation of articles,or their sale,occurs in violation of the order of not more than the greater of $100,000 or twice the domestic value of the articles entered or sold on such day in violation of the order. Such penalty shall accrue to the United States and may be recovered for the United States in a civil action brought by the Commission in the Federal District Court for the District of Columbia or for the district in which the violation occurs. In such actions,the United States district courts may issue mandatory injunctions incorporating the relief sought by the Commission as they deem appropriate in the enforcement of such final orders of the Commission.

(g) Exclusionfrom entry or cease and desist order; conditions and procedures applicable

(1)If—

(A)a complaint is filed against a person under this section;

(B)the complaint and a notice of investigation are served on the person;

(C) the person fails to respond to the complaint and notice or otherwise fails to appear to answer the complaint and notice;

(D)the person fails to show good cause why the person should not be found in default;and

(E) the complainant seeks relief limited solely to that person;

the Commission shall presume the facts alleged in the complaint to be true and shall, upon request, issue an exclusion from entry or a cease and desist order,or both, limited to that person unless, after considering the effect of such exclusion or order upon the public health and welfare, competitive conditions in the United States economy, the production of like or directly competitive articles in the United States, and United States consumers, the Commission finds that such exclusion or order should not be issued.

(2) In addition to the authority of the Commission to issue a general exclusion from entry of articles when a respondent appears to contest an investigation concerning a violation of the provisions of this section, a general exclusion from entry of articles, regardless of the source or importer of the articles, may be issued if—

(A) no person appears to contest an investigation concerning a violation of the provisions of this section,

(B) such a violation is established by substantial, reliable, and probative evidence, and

(C) the requirements of subsection (d)(2) of this section are met.

(h) Sanctions for abuse of discovery and abuse of process

The Commission may by rule prescribe sanctions for abuse of discovery and abuse of process to the extent authorized by Rule 11 and Rule 37 of the Federal Rules of Civil Procedure.

(i) Forfeiture

(1) In addition to taking action under subsection (d) of this section, the Commission may issue an order providing that any article imported in violation of the provisions of this section be seized and forfeited to the United States if—

(A) the owner, importer, or consignee of the article previously attempted to import the article into the United States;

(B) the article was previously denied entry into the United States by reason of an order issued under subsection (d) of this section; and

(C) upon such previous denial of entry, the Secretary of the Treasury provided the owner, importer, or consignee of the article written notice of—

(i) such order, and

(ii) the seizure and forfeiture that would result from any further attempt to import

the article into the United States.

(2) The Commission shall notify the Secretary of the Treasury of any order issued under this subsection and, upon receipt of such notice, the Secretary of the Treasury shall enforce such order in accordance with the provisions of this section.

(3) Upon the attempted entry of articles subject to an order issued under this subsection, the Secretary of the Treasury shall immediately notify all ports of entry of the attempted importation and shall identify the persons notified under paragraph (1)(C).

(4) The Secretary of the Treasury shall provide—

(A) the written notice described in paragraph (1)(C) to the owner, importer, or consignee of any article that is denied entry into the United States by reason of an order issued under subsection (d) of this section; and

(B) a copy of such written notice to the Commission.

(j) Referral to President

(1) If the Commission determines that there is a violation of this section, or that, for purposes of subsection (e) of this section, there is reason to believe that there is such a violation, it shall—

(A) publish such determination in the Federal Register, and

(B) transmit to the President a copy of such determination and the action taken under subsection (d), (e), (f), (g), or (i) of this section, with respect thereto, together with the record upon which such determination is based.

(2) If, before the close of the 60 - day period beginning on the day after the day on which he receives a copy of such determination, the President, for policy reasons, disapproves such determination and notifies the Commission of his disapproval, then, effective on the date of such notice, such determination and the action taken under subsection (d), (e), (f), (g), or (i) of this section with respect thereto shall have no force or effect.

(3) Subject to the provisions of paragraph (2), such determination shall, except for purposes of subsection (c) of this section, be effective upon publication thereof in the Federal Register, and the ac-

tion taken under subsection (d),(e),(f),(g), or (i)of this section,with respect thereto shall be effective as provided in such subsections,except that articles directed to be excluded from entry under subsection (d)of this section or subject to a cease and desist order under subsection (f)of this section shall,until such determination becomes final,be entitled to entry under bond prescribed by the Secretary in an amount determined by the Commission to be sufficient to protect the complainant from any injury. If the determination becomes final,the bond may be forfeited to the complainant. The Commission shall prescribe the terms and conditions under which bonds may be forfeited under this paragraph.

(4)If the President does not disapprove such determination within such 60 – day period, or if he notifies the Commission before the close of such period that he approves such determination,then,for purposes of paragraph (3)and subsection (c) of this section such determination shall become final on the day after the close of such period or the day on which the President notifies the Commission of his approval,as the case may be.

(k)Period of effectiveness;termination of violation or modification or rescission of exclusion or order

(1)Except as provided in subsections (f)and (j)of this section,any exclusion fromentry or order under this section shall continue in effect until the Commission finds, and in the case of exclusion from entry notifies the Secretary of the Treasury,that the conditions which led to such exclusion from entry or order no longer exist.

(2) If any person who has previously been found by the Commission to be in violation of this section petitions the Commission for a determination that the petitioner is no longer in violation of this section or for a modification or rescission of an exclusion from entry or order under subsection (d),(e),(f),(g),or (i)of this section—

(A)the burden ofproof in any proceeding before the Commission regarding such petition shall be on the petitioner;and

(B)relief may be granted by the Commission with respect to such petition—

(i)on the basis of new evidence or evidence that could not have been presented at the prior proceeding,or

(ii)on grounds which would permit relief from a judgment or order under the Federal Rules of Civil Procedure.

(1)Importation by or forUnited States

Any exclusion from entry or order under subsection (d),(e),(f),(g),or (i)of this section,in cases based on a proceeding involving a patent,copyright,mask work,or design under subsection (a)(1)of this section,shall not apply to any articles imported by and for the use of the United States,or imported for,and to be used for, the United States with the authorization or consent of the Government. Whenever any article would have been excluded from entry or would not have been entered pursuant to the provisions of such subsections but for the operation of this subsection, an owner of the patent, copyright, mask work, or design adversely affected shall be entitled to reasonable and entire compensation in an action before the United States Court of Federal Claims pursuant to the procedures of section 1498 of title 28.

(m)"United States" defined

For purposes ofthis section and sections 1338 and 1340❶ of this title,the term "United States" means the customs territory of the United States as defined in general note 2 of the Harmonized Tariff Schedule of the United States.

(n)Disclosure of confidential information

(1)Information submitted to the Commission or exchanged among the parties in connection with proceedings under this section which is properly designated as confidential pursuant to Commission rules may not be disclosed (except under a protective order issued under regulations of the Commission which authorizes limited disclosure of such information)to any

---

❶ See References in Text note below.

person (other than a person described in paragraph (2)) without the consent of the person submitting it.

(2) Notwithstanding the prohibition contained in paragraph (1), information referred to in that paragraph may be disclosed to—

(A) an officer or employee of the Commission who is directly concerned with—

(i) carrying out the investigation or related proceeding in connection with which the information is submitted,

(ii) the administration ofa bond posted pursuant to subsection (e),(f),or (j) of this section,

(iii) the administration or enforcement of an exclusion order issued pursuant to subsection (d),(e),or (g) of this section, a cease and desist order issued pursuant to subsection (f) of this section, or a consent order issued pursuant to subsection (c) of this section,

(iv) proceedings forthe modification or rescission of a temporary or permanent order issued under subsection (d),(e),(f), (g),or (i) of this section, or a consent order issued under this section, or

(v) maintaining the administrative record of the investigation or related proceeding,

(B) an officer or employee of the United States Government who is directly involved in the review under subsection (j) of this section, or

(C) an officer or employee of the United States Customs Service who is directly involved in administering an exclusion from entry under subsection (d),(e),or (g) of this section resulting from the investigation or related proceeding in connection with which the information is submitted.

(June 17, 1930, ch. 497, title III, § 337, 46 Stat. 703; Proc. No. 2695, July 4, 1946, 11 F. R. 7517,60 Stat. 1352; Pub. L. 85 – 686, § 9 (c) (1), Aug. 20,1958,72 Stat. 679; Pub. L. 93 – 618, title III, § 341 (a), Jan. 3, 1975, 88 Stat. 2053; Pub. L. 96 – 39, title I, § 106(b)(1), title XI, § 1105,July 26,1979,93 Stat. 193,310; Pub. L. 96 – 417,title VI, § 604, Oct. 10, 1980, 94 Stat. 1744; Pub. L. 97 – 164,title I, § § 160(a)(5),163(a) (4), Apr. 2, 1982, 96 Stat. 48, 49; Pub. L. 98 – 620,title IV, § 413, Nov. 8,1984,98 Stat. 3362; Pub. L. 100 –418,title I, § § 1214(h)(3),1342 (a),(b), Aug. 23, 1988, 102 Stat. 1157, 1212, 1215;Pub. L. 100 –647,title IX, § 9001(a)(7), (12),Nov. 10,1988,102 Stat. 3807; Pub. L. 102 –

563, § 3 (d), Oct. 28, 1992, 106 Stat. 4248; Pub. L. 103 – 465, title II, § 261 (d)(1)(B) (ii), title III, § 321 (a), Dec. 8, 1994, 108 Stat. 4909, 4943; Pub. L. 104 – 295, § 20 (b) (11), (12), (c)(2), Oct. 11, 1996, 110 Stat. 3527,3528; Pub. L. 106 – 113, div. B, § 1000 (a)(9)[title V, § 5005(b)], Nov. 29,1999,113 Stat. 1536,1501A – 594; Pub. L. 108 –429,title II, § 2004(d)(5),Dec. 3,2004,118 Stat. 2592.)

REFERENCES IN TEXT

The Trademark Act of 1946, referred to in subsec. (a)(1)(C), is act July 5,1946,ch. 540,60 Stat. 427,as amended, also popularly known as the Lanham Act,which is classified generally to chapter 22 (§ 1051 et seq.) of Title 15, Commerce and Trade. For complete classification of this Act to the Code,see Short Title note set out under section 1051 of Title 15 and Tables.

The Federal Rules of Civil Procedure, referred to in subsecs. (e)(3),(h),and (k)(2)(B)(ii), are set out in the Appendix to Title 28,Judiciary and Judicial Procedure.

Section 1340 of this title,referred to in subsec. (m),was omitted from the Code.

The Harmonized Tariff Schedule of theUnited States,referred to in subsec. (m),is not set out in the Code. See Publication of Harmonized Tariff Schedule note set out under section 1202 of this title.

CODIFICATION

The reference to the PhilippineIslands, formerly contained in subsec. (k),was omitted because of independence of the Philippines proclaimed by the President of the United States in Proc. No. 2695,issued pursuant to section 1394 of Title 22, Foreign Relations and Intercourse, and set out as a note thereunder.

PRIOR PROVISIONS

Provisions similar to those in this section were contained in act Sept. 21,1922,ch. 356,title III, § 316,42 Stat. 943. That section was superseded by section 337 of act June 17,1930,comprising this section, and repealed by section 651(a)(1) of the 1930 act.

AMENDMENTS

2004—Subsec. (a)(1)(E). Pub. L. 108 – 429, § 2004(d)(5)(A),realigned margins.

Subsec. (a)(2). Pub. L. 108 – 429, § 2004(d)(5) (B),substituted "(D),and (E)" for "and (D)".

1999—Subsec. (a)(1)(A). Pub. L. 106 – 113, § 1000(a)(9)[title V, § 5005(b)(1)(A)(i)],substituted "(D),and (E)" for "and (D)".

Subsec. (a)(1)(E). Pub. L. 106 – 113, § 1000(a) (9)[title V, § 5005(b)(1)(A)(ii)],added subpar. (E).

Subsec. (a)(2),(3). Pub. L 106 – 113, § 1000 (a)(9)[title V, § 5005(b)(1)(B)],substituted "mask work,or design" for "or mask work".

Subsec. (l). Pub. L 106 – 113, § 1000(a)(9)[title V, § 5005(b)(2)],substituted "mask work,or design" for "or mask work" in two places.

1996—Subsec. (b)(3). Pub. L 104 – 295, § 20 (c)(2),amended Pub. L 103 – 465, § 321(a)(1) (C)(i). See 1994 Amendment note below.

Pub. L 104 – 295, § 20(b)(12), struck out "such section and" before "such part II" in first sentence.

Pub. L 104 – 295, § 20(b)(11), amended Pub. L 103 –465, § 261(d)(1)(B)(ii)(I). See 1994 Amendment note below.

1994—Subsec. (b). Pub. L 103 – 465, § 321(a)(1)(A),struck out ";time limits" after "Commission" in heading.

Subsec. (b)(1). Pub. L 103 – 465, § 321(a)(1)(B),substituted third and fourth sentences for "The Commission shall conclude any such investigation, and make its determination under this section,at the earliest practicable time,but not later than one year (18 months in more complicated cases)after the date of publication of notice of such investigation. The Commission shall publish in the Federal Register its reasons for designating any investigation as a more complicated investigation. For purposes of the one – year and 18 – month periods prescribed by this subsection, there shall be excluded any period of time during which such investigation is suspended because of proceedings in a court or agency of the United States involving similar questions concerning the subject matter of such investigation."

Subsec. (b)(3). Pub. L 103 – 465, § 321(a)(1)(C)(ii), struck out after fourth sentence "For purposes of computing the 1 – year or 18 – month periods prescribed by this subsection, there shall be excluded such period of suspension."

Pub. L 103 – 465, § 321(a)(1)(C)(i),as amended by Pub. L 104 – 295, § 20(c)(2),in first sentence,made technical amendment to reference in original act which appears in text as reference to "such part II".

Pub. L 103 – 465, § 261(d)(1)(B)(ii)(II) – (V),in second sentence, struck out "1303," after "purview of section" and comma after "1671" and made technical amendment to references to sections 1671 and 1673 of this title to correct references to corresponding sections of original act,in third sentence,substituted "1671" for "1303,1671,", and in last sentence,struck out "of the Secretary under section 1303 of this title or" after "Any final decision" and substituted "1671 or" for "1303,1671,or".

Pub. L 103 – 465, § 261(d)(1)(B)(ii)(I),as amended by

Pub. L 104 – 295, § 20(b)(11), in first sentence,struck out reference to section 1303 of

this title after "within the purview" and made technical amendment to reference to part II of subtitle IV of this chapter by substituting in the original "of subtitle B of title VII of this Act" for "of section 303 or of subtitle B of title VII of the Tariff Act of1930".

Subsec. (c). Pub. L 103 – 465, § 321(a)(2),in first sentence, substituted "an agreement between the private parties to the investigation,including an agreement to present the matter for arbitration" for "a settlement agreement", inserted after third sentence "A respondent may raise any counterclaim in a manner prescribed by the Commission. Immediately after a counterclaim is received by the Commission,the respondent raising such counterclaim shall file a notice of removal with aUnited States district court in which venue for any of the counterclaims raised by the party would exist under section 1391 of title 28. Any counterclaim raised pursuant to this section shall relate back to the date of the original complaint in the proceeding before the Commission. Action on such counterclaim shall not delay or affect the proceeding under this section,including the legal and equitable defenses that may be raised under this subsection.",and inserted at end "Determinations by the Commission under subsections (e),(f),and (j)of this section with respect to forfeiture of bonds and under subsection (h)of this section with respect to the imposition of sanctions for abuse of discovery or abuse of process shall also be reviewable in accordance with section 706 of title 5."

Subsec. (d). Pub. L 103 – 465, § 321(a)(5)(A), designated existing provisions as par. (1),substituted "there is a violation" for "there is violation" in first sentence,and added par. (2).

Subsec. (e)(1). Pub. L 103 – 465, § 321(a)(3)(A),in last sentence,substituted "prescribed by the Secretary in an amount determined by the Commission to be sufficient to protect complainant from any injury. If the Commission later determines that the respondent has violated the provisions of this section,the bond may be forfeited to the complainant." for "determined by the Commission and prescribed by the Secretary."

Subsec. (e)(2). Pub. L 103 – 465, § 321(a)(3)(B),inserted at end "If the Commission later determines that the respondent has not violated the provisions of this section,the bond may be forfeited to the respondent."

Subsec. (e)(4). Pub. L 103 – 465, § 321(a)(3)(C),added par. (4).

Subsec. (f)(1). Pub. L 103 – 465, § 321(a)(4), inserted at end "If a temporary cease and desist order is issued in addition to,or in lieu of,an exclusion order under subsection (e)of this section,the Commission may require the complainant to post a bond,in an amount determined by the Commission to be sufficient to protect the respondent from any injury, as a prerequisite to the issuance of an order under this subsection. If the Commission later determines that the respondent has not violated the provisions of this section, the bond may be forfeited to the respondent. The Commission shall prescribe the terms and conditions under which the bonds may be forfeited under this paragraph."

Subsec. (g)(2)(C). Pub. L. 103 − 465, § 321(a)(5)(B), added subpar. (C).

Subsec. (j)(3). Pub. L. 103 − 465, § 321(a)(6), substituted "shall, until such determination becomes final, be entitled to entry under bond prescribed by the Secretary in an amount determined by the Commission to be sufficient to protect the complainant from any injury. If the determination becomes final, the bond may be forfeited to the complainant. The Commission shall prescribe the terms and conditions under which bonds may be forfeited under this paragraph." for "shall be entitled to entry under bond determined by the Commission and prescribed by the Secretary until such determination becomes final."

Subsec. (l). Pub. L. 103 − 465, § 321(a)(8), substituted "Court of Federal Claims" for "Claims Court".

Subsec. (n)(2)(A). Pub. L. 103 − 465, § 321(a)(7)(A), amended subpar. (A) generally. Prior to amendment, subpar. (A) read as follows: "an officer or employee of the Commission who is directly concerned with carrying out the investigation in connection with which the information is submitted,".

Subsec. (n)(2)(C). Pub. L. 103 − 465, § 321(a)(7)(B), amended subpar. (C) generally. Prior to amendment, subpar. (C) read as follows: "an officer or employee of the United States Customs Service who is directly involved in administering an exclusion from entry under this section resulting from the investigation in connection with which the information is submitted."

1992—Subsec. (b)(3). Pub. L. 102 − 563 amended second sentence generally. Prior to amendment, second sentence read as follows: "If the Commission has reason to believe the matter before it is based solely on alleged acts and effects which are within the purview of section 1303, 1671, or 1673 of this title, it shall terminate, or not institute, any investigation into the matter."

1988—Subsec. (a). Pub. L. 100 − 418, § 1342(a)(1), amended subsec. (a) generally. Prior to amendment, subsec. (a) read as follows: "Unfair methods of competition and unfair acts in the importation of articles into the United States, or in their sale by the owner, importer, consignee, or agent of either, the effect or tendency of which is to destroy or substantially injure an industry, efficiently and economically operated, in the United States, or to prevent the establishment of such an industry, or to restrain or monopolize trade and commerce in the United States, are declared unlawful, and when found by the Commission to exist shall be dealt with, in addition to any other provisions of law, as provided in this section."

Subsec. (b)(2). Pub. L. 100 − 418, § 1342(b)(1)(A), substituted "Department of Health and Human Services" for "Department of Health, Education, and Welfare".

Subsec. (b)(3). Pub. L. 100 − 418, § 1342(b)(1)(B), substituted "Secretary of Commerce" for "Secretary of the Treasury".

Subsec. (c). Pub. L. 100 − 418, § 1342(a)(2), inserted before period at end of first sentence ", except that the Commission may, by issuing a consent order or on the basis of a settlement agreement, terminate any such investigation, in whole or in part, without making such a determination".

Pub. L. 100 − 418, § 1342(b)(2), inserted reference to subsec. (g) in two places.

Subsec. (e). Pub. L. 100 − 418, § 1342(a)(3), designated existing provisions as par. (1) and added pars. (2) and (3).

Subsec. (f)(1). Pub. L. 100 − 418, § 1342(a)(4)(A), substituted "In addition to, or in lieu of," for "In lieu of".

Subsec. (f)(2). Pub. L. 100 − 418, § 1342(a)(4)(B), substituted "$100,000 or twice" for "$10,000 or".

Subsecs. (g) to (i). Pub. L. 100 − 418, § 1342(a)(5), added subsecs. (g) to (i). Former subsecs. (g) to (i) redesignated (j) to (l), respectively.

Subsec. (j). Pub. L. 100 − 418, § 1342(b)(5)(A), redesignated former subsec. (g) as (j). Former subsec. (j) redesignated (m).

Subsec. (j)(1)(B), (2), (3). Pub. L. 100 − 418, § 1342(b)(3), inserted reference to subsecs. (g) and (i).

Subsec. (k). Pub. L. 100 − 418, § 1342(b)(4), which directed the substitution "(j)" for "(g)" was executed by making that substitution in par. (1) and not in par. (2), as added by Pub. L. 100 − 418, § 1342(a)(6), to reflect the probable intent of Congress.

Pub. L. 100 − 418, § 1342(a)(6), as amended by Pub. L. 100 − 647, § 9001(a)(7), designated existing provisions as par. (1) and added par. (2).

Pub. L. 100 − 418, § 1342(a)(5)(A), redesignated former subsec. (h) as (k).

Subsec. (l). Pub. L. 100 − 418, § 1342(b)(5), inserted reference to subsecs. (g) and (i).

Pub. L. 100 − 418, § 1342(a)(7), substituted "a proceeding involving a patent, copyright, or mask work under subsection (a)(1)" for "claims of United States letters patent" and "an owner of the patent, copyright, or mask work" for "a patent owner".

Pub. L. 100 − 418, § 1342(a)(5)(A), redesignated former subsec. (i) as (l).

Subsec. (m). Pub. L. 100 − 418, § 1342(a)(5)

(A),redesignated former subsec. (j)as (m).

Pub. L 100 – 418, § 1214 (h)(3), substituted "general note 2 of the Harmonized Tariff Schedule of theUnited States" for "general headnote 2 of the Tariff Schedules of the United States".

Subsec. (n). Pub. L 100 – 418, § 1342 (a)(8), added subsec. (n).

Subsec. (n)(2)(B). Pub. L 100 – 647, § 9001(a)(12),substituted "subsection (j)" for "subsection (h)".

1984—Subsec. (c). Pub. L 98 – 620 inserted ", within 60 days after the determination becomes final," after "appeal such determination".

1982—Subsec. (c). Pub. L 97 – 164, § 163(a)(4),substituted "Court of Appeals for the Federal Circuit" for "Court of Customs and Patent Appeals".

Subsec. (i). Pub. L 97 – 164, § 160(a)(5),substituted "United States Claims Court" for "Court of Claims".

1980—Subsec. (c). Pub. L 96 – 417 provided that the appeal of determinations to the United States Court of Customs and Patent Appeals be reviewed in accordance with chapter 7 of title 5 and substituted provision that review of findings concerning the public health and welfare,competitive conditions in the United States economy,the production of like or directly competitive articles in the United States,and United States consumers, the amount and nature of bond,or the appropriate remedy,be in accordance with section 706 of title 5 for provision givingsuch court jurisdiction to review determinations in same manner and subject to same limitations and conditions as in case of appeals from decisions of the United States Customs Court.

1979—Subsec. (b)(3). Pub. L 96 – 39, § 1105 (a),substituted "a matter,in whole or in part," for "the matter" and inserted provisions relating to matters based solely or in part on alleged acts and effects within the purview of section 1303,1671,or 1673 of this title.

Pub. L 96 – 39, § 106(b)(1),substituted "part II of subtitle IV of this chapter" for "the Antidumping Act,1921".

Subsec. (c). Pub. L 96 – 39, § 1105(c),substituted "Any person adversely affected by a final determination of the Commission under subsection (d),(e),or (f)of this section" for "Any person adversely affected by a final determination of the Commission under subsection (d)or (e)of this section".

Subsec. (f). Pub. L 96 – 39, § 1105(b),designated existing provisions as par. (1)and added par. (2).

1975—Subsec. (a)Pub. L 93 – 618 substituted "Commission" for "President" and "as provided in this section" for "as hereinafter provided".

Subsec. (b). Pub. L 93 – 618 designated existing provisions as first sentence of par. (1), substituted "The Commission shall investigate any alleged violation of this section" for "To assist the President in making any decisions under this section the commission is authorized to investigate any alleged violation hereof" in first sentence of par. (1)as so designated, and added remainder of par. (1)and pars. (2)and (3).

Subsec. (c). Pub. L 93 – 618 substituted provisions covering determinations by the Commission and appeals to the United States Court of Customs and Patent Appeals for provisions covering all aspects of hearings and review as part of investigations of unfair practices in import trade.

Subsec. (d). Pub. L 93 – 618 substituted provisions covering the exclusion of articles from entry,formerly covered in subsec. (e),for provisions directing that final findings of the Commission be transmitted with the record to the President,covered by subsec. (g).

Subsec. (e). Pub. L 93 – 618 substituted provisions covering the entry of articles under bond during investigation, formerly covered in subsec. (f),for provisions covering the exclusion of articles from entry,covered by subsec. (d).

Subsec. (f). Pub. L 93 – 618 added subsec. (f). Provisions of former subsec. (f)covering entry of articles under bond are covered by subsec. (e).

Subsec. (g). Pub. L 93 – 618 substituted provisions covering referral to the President,formerly covered by subsec. (d),for provisions covering the continuance of exclusion,covered by subsec. (h).

Subsec. (h). Pub. L 93 – 618 substituted provisions covering the period of effectiveness, formerly covered by subsec. (g),for provisions defining "United States",covered by subsec. (j).

Subsec. (i). Pub. L 93 – 618 added subsec. (i).

Subsec. (j). Pub. L 93 – 618 added subsec. (j)defining "United States",formerly covered by subsec. (h).

1958—Subsec. (c). Pub. L 85 – 686 struck out "under and in accordance with such rules as it may promulgate" after "commission shall make such investigation". See section 1335 of this title.

EFFECTIVE DATE OF 1994 AMENDMENT

Amendment by section 261 (d)(1)(B)(ii)of Pub. L 103 – 465 effective on effective date of title II of Pub. L 103 – 465,Jan. 1,1995,see section 261(d)(2)of Pub. L 103 – 465,set out as a note under section 1315 of this title.

Section 322 of title III of Pub. L 103 – 465 provided that: "The amendments made by this subtitle [subtitle C (§ § 321,322) of title III of Pub. L. 103 – 465, enacting sections 1368 and 1659 of Title 28, Judiciary and Judicial Procedure, and amending this section and section 1446 of Title 28] apply—

"(1) with respect to complaints filed under section 337 of the Tariff Act of 1930 [19 U.S. C. 1337] on or after the date on which the WTO Agreement enters into force with respect to the United States [Jan. 1,1995], or

"(2) in cases under such section 337 in which no complaint is filed, with respect to investigations initiated under such section on or after such date."

EFFECTIVE DATE OF 1988 AMENDMENTS

Amendment by Pub. L. 100 – 647 applicable as if such amendment took effect on Aug. 23, 1988, see section 9001(b) of Pub. L. 100 – 647, set out as an Effective and Termination Dates of 1988 Amendments note under section 58c of this title.

Amendment by section 1214 (h)(3) of Pub. L. 100 – 418 effective Jan. 1,1989, and applicable with respect to articles entered on or after such date, see section 1217 (b)(1) of Pub. L. 100 – 418, set out as an Effective Date note under section 3001 of this title.

Section 1342(d) of Pub. L. 100 – 418 provided that:

"(1)(A) Subject to subparagraph (B), the amendments made by this section [amending this section and repealing section 1337a of this title] shall take effect on the date of the enactment of this Act [Aug. 23,1988].

"(B) The United States International Trade Commission is not required to apply the provision in section 337(e)(2) of the Tariff Act of 1930 [19 U.S.C. 1337(e)(2)] (as amended by subsection (a)(3) of this section) relating to the posting of bonds until the earlier of—

"(i) the 90th day after such date of enactment; or

"(ii) the day on which the Commission issues interim regulations setting forth the procedures relating to such posting.

"(2) Notwithstanding any provision of section 337 of the Tariff Act of 1930, the United States International Trade Commission may extend, by not more than 90 days, the period within which the Commission is required to make a determination in an investigation conducted under such section 337 if—

"(A) the Commission would, but for this paragraph, be required to make such determination before the 180th day after the date of enactment of this Act; and

"(B) the Commission finds that the investigation is complicated."

EFFECTIVE DATE OF 1982 AMENDMENT

Amendment by Pub. L. 97 – 164 effective Oct. 1,1982, see section 402 of Pub. L. 97 – 164, set out as a note under section 171 of Title 28, Judiciary and Judicial Procedure.

EFFECTIVE DATE OF 1980 AMENDMENT

Amendment by Pub. L. 96 – 417 applicable with respect to civil actions commenced on or after Nov. 1, 1980, see section 701 (b)(2) of Pub. L. 96 –417, set out as a note under section 251 of Title 28, Judiciary and Judicial Procedure.

EFFECTIVE DATE OF 1979 AMENDMENT

Amendment by section 106(b)(1) of Pub. L. 96 – 39 effective Jan. 1,1980, see section 107 of Pub. L. 96 – 39, set out as an Effective Date note under section 1671 of this title.

Amendment by section 1105 of Pub. L. 96 – 39 effective July 26, 1979, see section 1114 of Pub. L. 96 – 39, set out as an Effective Date note under section 2581 of this title.

EFFECTIVE DATE OF 1975 AMENDMENT

Section 341(c) of Pub. L. 93 – 618 provided that: "The amendments made by this section [amending this section and section 1337 of this title] shall take effect on the 90th day after the date of the enactment of this Act [Jan. 3,1975], except that, for purposes of issuing regulations under section 337 of the Tariff Act of 1930 [this section], such amendments shall take effect on the date of the enactment of this Act [Jan. 3, 1975]. For purposes of applying section 337(b) of the Tariff Act of 1930 [subsec. (b) of this section] (as amended by subsection (a)[as amended by section 341(a) of Pub. L. 93 – 618]) with respect to investigations being conducted by the International Trade Commission under section 337 of the Tariff Act [this section] on the day prior to the 90th day after the date of the enactment of this Act [Jan. 3,1975], such investigations shall be considered as having been commenced on such 90th day."

TRANSFER OF FUNCTIONS

For transfer of functions, personnel, assets, and liabilities of the United States Customs Service of the Department of the Treasury, including functions of the Secretary of the Treasury relating thereto, to the Secretary of Homeland Security, and for treatment of related references, see sections 203(1),551(d),552(d), and 557 of Title 6, Domestic Security, and the Department of Homeland Security Reorganization Plan of November 25,2002, as modified, set out as a note under section 542 of Title 6.

CONGRESSIONAL FINDINGS AND PURPOSES RESPECTING PART 3 OF PUB. L. 100－418

Section 1341 of Pub. L. 100－418 provided that:

"(a)FINDINGS.—The Congress finds that—

"(1)United States persons that rely on protection of intellectual property rights are among the most advanced and competitive in the world;and

"(2) the existing protection under section 337 of the Tariff Act of 1930 [this section] against unfair trade practices is cumbersome and costly and has not provided United States owners of intellectual property rights with adequate protection against foreign companies violating such rights.

"(b) PURPOSE.—The purpose of this part [part 3 (§ § 1341,1342)of subtitle C of title I of Pub. L. 100－418,amending this section,repealing section1337a of this title,and enacting provisions set out as a note above] is to amend section 337 of the Tariff Act of 1930 to make it a more effective remedy for the protection of United States intellectual property rights."

ASSIGNMENT OF CERTAIN FUNCTIONS

Memorandum of President of theUnited States,July 21,2005,70 F.R. 43251,provided:

Memorandum for the United States Trade Representative

By the authority vested in me by the Constitution and the laws of the United States of America,including section 301 of title 3,United States Code,I hereby assign to you the functions of the President under section 337(j)(1)(B),section 337(j)(2),and section 337(j)(4)of the Tariff Act of 1930,as amended (19 U.S.C. 1337(j)(1), (j)(2),and (j)(4)).

You are authorized and directed to publish this memorandum in the Federal Register.

GEORGE W. BUSH.

§ 1337a. Repealed. Pub. L. 100－418,title I, § 1342(c),Aug. 23,1988,102 Stat. 1215

Section,act July 2,1940,ch. 515,54 Stat. 724,related to importation of products produced under process covered by claims of unexpired patent.

EFFECTIVE DATE OF REPEAL

Repeal effective Aug. 23, 1988, see section 1342(d)of Pub. L. 100－418,set out as an Effective Date of 1988 Amendment note under section 1337 of this title.

附录三 《ITC 操作与程序规则》(英文)
(19 C.F.R. PART 210—ADJUDICATION AND ENFORCEMENT❶)

Authority: 19 U. S. C. 1333,1335,and 1337.
Source: 59 FR 39039,Aug. 1,1994,unless otherwise noted.

Subpart A—Rules of General Applicability

§ 210.1 Applicability of part.

The rules in this part apply to investigations under section 337 of the Tariff Act of 1930 and related proceedings. These rules are authorized by sections 333,335, or 337 of the Tariff Act of 1930(19 U.S.C. § § 1333,1335, and 1337) and sections 2 and 1342(d)(1)(B) of the Omnibus Trade and Competitiveness Act of 1988,Pub. L. No. 100‒418,102 Stat. 1107(1988).

§ 210.2 General policy.

It is the policy of the Commission that,to the extent practicable and consistent with requirements of law,all investigations and related proceedings under this part shall be conducted expeditiously. The parties, their attorneys or other representatives, and the presiding administrative law judge shall make every effort at each stage of the investigation or related proceeding to avoid delay.

§ 210.3 Definitions.

As used in this part—

Administrative law judge means the person appointed under section 3105 of title 5 of the United States Code who presides over the taking of evidence in an investigation under this part. If the Commission so orders or a section of this part so provides, an administrative law judge also may preside over stages of a related proceeding under this part.

Commission investigative attorney means a Commission attorney designated to engage in investigatory activities in an investigation or a related proceeding under this part.

Complainant means a person who has filed a complaint with the Commission under this part,alleging a violation of section 337 of the Tariff Act of 1930.

Intervenor means a person who has been granted leave by the Commission to intervene as a party to an investigation or a related proceeding under this part.

Investigation means a formal Commission inquiry instituted to determine whether there is a violation of section 337 of the Tariff Act of 1930. An investigation is instituted upon publication of a notice in the Federal Register. The investigation entails postinstitution adjudication of the complaint. An investigation can also involve the processing of one or more of the following: A motion to amend the complaint and notice of investigation; a motion for temporary relief; a motion to designate "more complicated" the temporary relief stage of the investigation; an interlocutory appeal of an administrative law judge's decision on a particular matter; a motion for sanctions for abuse of process,abuse of discovery,or failure to make or cooperate in discovery,which if granted,would have an impact on the adjudication of the merits of the complaint; a petition for reconsideration of a final Commission determination; a motion for termination of the investigation in whole or part; and procedures undertaken in response to a judgment or judicial order issued in an appeal of a Commission determination or remedial order issued under section 337 of the Tariff Act of 1930.

Party means each complainant,respondent, intervenor, or Commission investigative attorney.

---

❶ [EB/OL]. [2012 = 04.25]. http://www.gpo.gov/fdsys/pkg/CFR‒2011‒title19‒vol3/pdf/CFR‒2011‒title19‒vol3‒chapⅡ.pdf.

294

Proposed intervenor means any person who has filed a motion to intervene in an investigation or a related proceeding under this part.

Proposed respondent means any person named in a complaint filed under this part as allegedly violating section 337 of the Tariff Act of 1930.

Related proceeding means preinstitution proceedings, sanction proceedings (for the possible issuance of sanctions that would not have a bearing on the adjudication of the merits of a complaint or a motion under this part), bond forfeiture proceedings, proceedings to enforce, modify, or revoke a remedial or consent order, or advisory opinion proceedings.

Respondent means any person named in a notice of investigation issued under this part as allegedly violating section 337 of the Tariff Act of 1930. *U. S. Customs Service* means U.S. Customs and Border Protection.

[59 FR 39039, Aug. 1,1994, as amended at 59 FR 67626, Dec. 30,1994; 73 FR 38320, July 7,2008]

§ 210. 4   Written submissions; representations; sanctions.

(a) *Caption*; *names of parties*. The front page of every written submission filed by a party or a proposed party to an investigation or a related proceeding under this part shall contain a caption setting forth the name of the Commission, the title of the investigation or related proceeding, the docket number or investigation number, if any, assigned to the investigation or related proceeding, and in the case of a complaint, the names of the complainant and all proposed respondents.

(b) *Signature*. Every pleading, written motion, and other paper of a party or proposed party who is represented by an attorney in an investigation or a related proceeding under this part shall be signed by at least one attorney of record in the attorney's individual name. A party or proposed party who is not represented by an attorney shall sign, or his duly authorized officer or agent shall sign, the pleading, written motion, or other paper. Each paper shall state the signer's address and telephone number, if any. Pleadings, written motions, and other papers need not be un-

der oath or accompanied by an affidavit, except as provided in § 210.12 (a) (1), § 210.13(b), § 210.18, § 210.52(d), § 210. 59(b), or another section of this part or by order of the administrative law judge or the Commission. If a pleading, motion, or other paper is not signed, it shall be stricken unless it is signed promptly after omission of the signature is called to the attention of the submitter.

(c) *Representations*. By presenting to the presiding administrative law judge or the Commission (whether by signing, filing, submitting, or later advocating) a pleading, written motion, or other paper, an attorney or unrepresented party or proposed party is certifying that to the best of the person's knowledge, information, and belief, formed after an inquiry reasonable under the circumstances—

(1) It is not being presented for any improper purpose, such as to harass or to cause unnecessary delay or needless increase in the cost of the investigation or related proceeding;

(2) The claims, defenses, and other legal contentions therein are warranted by existing law or by a nonfrivolous argument for the extension, modification, or reversal of existing law or the establishment of new law;

(3) The allegations and other factual contentions have evidentiary support or, if specifically so identified, are likely to have evidentiary support after a reasonable opportunity for further investigation or discovery; and

(4) The denials of factual contentions are warranted on the evidence or, if specifically so identified, are reasonably based on a lack of information or belief.

(d) *Sanctions*. If, after notice and a reasonable opportunity to respond (see paragraphs (d) (1) (i) and (ii) of this section and § 210.25), the presiding administrative law judge or the Commission determines that paragraph(c) of this section has been violated, the administrative law judge or the Commission may, subject to the conditions stated below and in § 210.25, impose an appropriate sanction upon the attorneys, law firms, or parties that have violated paragraph(c) or are responsible for the violation. A representation need not be frivolous in its entirety in order for the administrative law judge or the Commission to determine that paragraph(c) has been violated. If any portion of a representation is found to be false, frivolous, misleading, or otherwise in violation of paragraph(c), a sanction may be imposed. In determining whether paragraph(c) has been violated, the administrative law judge or the Commission will consider whether the representation or disputed portion thereof was objectively reasonable under the circumstances.

(1) *How initiated* —(i) *By motion.* A motion for sanctions under this section shall be made separately from other motions or requests and shall describe the specific conduct alleged to violate paragraph(c). It shall be served as provided in paragraph(g) of this section, but shall not be filed with or presented to the presiding administrative law judge or the Commission unless, within seven days after service of the motion(or such other period as the administrative law judge or the Commission may prescribe), the challenged paper, claim, defense, contention, allegation, or denial is not withdrawn or appropriately corrected. See also §210.25(a) through (c). If warranted, the administrative law judge or the Commission may award to the party or proposed party prevailing on the motion the reasonable expenses and attorney's fees incurred in presenting or opposing the motion. Absent exceptional circumstances, a law firm shall be held jointly responsible for violations committed by its partners, associates, and employees.

(ii) *On the administrative law judge's or the Commission's initiative.* The administrative law judge or the Commission may enter an order sua sponte describing the specific conduct that appears to violate paragraph(c) of this section and directing an attorney, law firm, party, or proposed party to show cause why it has not violated paragraph(c) with respect thereto.

(2) *Nature of sanctions; limitations.* A sanction imposed for violation of paragraph(c) of this section shall be limited to what is sufficient to deter repetition of such conduct or comparable conduct by others similarly situated. Subject to the limitations in paragraphs(d)(2)(i) through (iv) of this section, the sanction may consist of, or include, directives of a nonmonetary nature, an order to pay a penalty, or, if imposed on motion and warranted for effective deterrence, an order directing payment to the movant of some or all of the reasonable attorney's fees and other expenses incurred as a direct result of the violation.

(i) Monetary sanctions shall not be imposed under this section against the United States, the Commission, or a Commission investigative attorney.

(ii) Monetary sanctions may not be awarded against a represented party or proposed party for a violation of paragraph(c)(2) of this section.

(iii) Monetary sanctions may not be imposed on the administrative law judge's or the Commission's initiative unless—

(A) The Commission or the administrative law judge issues an order to show cause before the investigation or related proceeding is terminated, in whole or in relevant part, as to the party or proposed party which is, or whose attorneys are, to be sanctioned; and

(B) Such termination is the result of—

(*1*) A motion to withdraw the complaint, motion, or petition that was the basis for the investigation or related proceeding;

(*2*) A settlement agreement;

(*3*) A consent order agreement; or

(*4*) An arbitration agreement.

(iv) Monetary sanctions imposed to compensate the Commission for expenses incurred by a Commission investigative attorney or the Commission's Office of Unfair Import Investigations will include reimbursement for some or all costs reasonably incurred as a direct result of the violation, but will not include attorney's fees.

(3) *Order.* When imposing sanctions, the administrative law judge or the Commission shall describe the conduct determined to constitute a violation of this rule and explain the basis for the sanction imposed. See also §210.25(d) - (f).

(e) *Inapplicability to discovery.* Paragraphs (c) and(d) of this section do not apply to discovery requests, responses, objections, and motions that are subject to provisions of §§210.27 through 210.34.

(f) *Specifications*; *filing of documents*. (1) (i) Written submissions that are addressed to the Commission during an investigation or a related proceeding shall comply with § 201.8 of this chapter, except for the provisions regarding the number of copies to be submitted. The required number of copies shall be governed by paragraph(f)(2) of this section. Written submissions may be produced by any process which produces a clear black image on white paper. Typed matter shall not exceed 61/2 by 91/2 inches using 11 - point or larger type and shall be double - spaced between each line of text using the standard of 6 lines of type per inch. Text and footnotes shall be in the same size type. Quotations more than two lines long in the text or footnotes may be indented and single - spaced. Headings and footnotes may be single - spaced.

(ii) The administrative law judge may impose any specifications he deems appropriate for submissions that are addressed to the administrative law judge.

(2) Unless the Commission or this part specifically states otherwise,

(i) The original and 6 true copies of each submission shall be filed if the investigation or related proceeding is before an administrative law judge, and

(ii) The original and 12 true copies of each submission shall be filed if the investigation or related proceeding is before the Commission, except that a submitter shall file the original and 6 copies of any exhibits filed with a request or petition for related proceedings.

(3)(i) If a complaint, a supplement to a complaint, a motion for temporary relief, or the documentation supporting a motion for temporary relief contains confidential business information as defined in § 201.6(a) of this chapter, the complainant shall file nonconfidentialcopies of the complaint, the supplement to the complaint, the motion for temporary relief, or the documentation supporting the motion for temporary relief concurrently with the requisite confidential copies, as provided in § 210.8(a) of this part.

(ii) Persons who file the following submissions that contain confidential business information covered by an administrative protective order, or that are the subject of a request for confidential treatment must file nonconfidential copies and serve them on the other parties to the investigation or related proceeding within 10 calendar days after filing the confidential version with the Commission:

(A) A response to a complaint and all supplements and exhibits thereto;

(B) All submissions relating to a motion to amend the complaint or notice of investigation; and

(C) All submissions addressed to the Commission.

Other sections of this part may require, or the Commission or the administrative law judge may order, the filing and service of nonconfidential copies of other kinds of confidential submissions. If the submitter's ability to prepare a nonconfidential copy is dependent upon receipt of the nonconfidential version of an initial determination, or a Commission order or opinion, or a ruling by the administrative law judge or the Commission as to whether some or all of the information at issue is entitled to confidential treatment, the nonconfidential copies of the submission must be filed within 10 calendar days after service of the Commission or administrative law judge document in question. The time periods for filing specified in this paragraph apply unless the Commission, the administrative law judge, or another section of this part specifically provides otherwise.

(g) *Service.* Unless the Commission, the administrative law judge, or another section of this part specifically provides otherwise, every written submission filed by a party or proposed party shall be served on all other parties in the manner specified in § 201.16(b) of this chapter.

[59 FR 39039, Aug. 1, 1994; 59 FR 64286, Dec. 14, 1994, as amended at 59 FR 67626, Dec. 30, 1994; 60 FR 32443, June 22, 1995; 68 FR 32978, June 3, 2003; 73 FR 38320, July 7, 2008]

§ 210.5　Confidential business information.

(a) *Definition and submission.* Confidential business information shall be defined and identified in accordance with § 201.6(a) and (c) of this chapter. Unless the Commission, the administrative law judge, or another section of this part states otherwise, confidential business information shall be submitted in accordance with § 201.6(b) of this chapter. In the case of a complaint, any supplement to the complaint, and a motion for temporary relief filed under this part, the number of nonconfidential copies shall be prescribed by § 210.8(a) of this part.

(b) *Restrictions on disclosure.* Information submitted to the Commission or exchanged among the parties in connection with an investigation or a related proceeding under this part, which is properly designated confidential under paragraph(a) of this section and § 201.6 (a) of this chapter, may not be disclosed to anyone other than the following persons without the consent of the submitter:

(1)Persons who are granted access to confidential information under § 210.39(a) or a protective order issued pursuant to § 210.34(a);

(2)An officer or employee of the Commission who is directly concerned with—

(i) Carrying out or maintaining the records of the investigation or related proceeding for which the information was submitted;

(ii) The administration of a bond posted pursuant to subsection(e),(f), or(j) of section 337 of the Tariff Act of 1930;

(iii) The administration or enforcement of an exclusion order issued pursuant to subsection(d),(e), or(g), a cease and desist order issued pursuant to subsection(f), or a consent order issued pursuant to subsection(c) of section 337 of the Tariff Act of 1930; or

(iv)Proceedings for the modification or rescission of a temporary or permanent order issued under subsection(d),(e), (f),(g), or(i) of section 337 of the Tariff Act of 1930, or a consent order issued under section 337 of the Tariff Act of 1930;

(3)An officer or employee of the United States Government who is directly involved in a review conducted pursuant to section 337(j) of the Tariff Act of 1930; or

(4)An officer or employee of the United States Customs Service who is directly involved in administering an exclusion from entry under section 337(d),(e), or(g) of the Tariff Act of 1930 resulting from the investigation or related proceeding in connection with which the information was submitted.

(c) *Transmission of certain records to district court.* Notwithstanding paragraph (b) of this section, confidential business information may be transmitted to a district court and be admissible in a civil action, subject to such protective order as the district court determines necessary, pursuant to 28 U.S.C. 1659.

(d) *Confidentiality determinations in preinstitution proceedings.* After a complaint is filed under section 337 of the Tariff Act of 1930 and before an investigation is instituted by the Commission, confidential business information designated confidential by the supplier shall be submitted in accordance with § 201.6(b) of this chapter. The Secretary shall decide, in accordance with § 201.6(d) of this chapter, whether the information is entitled to confidential treatment. Appeals from the ruling of the Secretary shall be made to the Commission as set forth in § 201.6 (e) and(f) of this chapter.

(e) *Confidentiality determinations in investigations and other related proceedings.* (1) If an investigation is instituted or if a related proceeding is assigned to an administrative law judge, the administrative law judge shall set the ground rules for the designation, submission, and handling of information designated confidential by the submitter. When requested to do so, the administrative law judge shall decide whether information in a document addressed to the administrative law judge, or to be exchanged among the parties while the administrative law judge is presiding, is entitled to confidential treatment. The administrative law judge shall also decide, with respect to all orders, initial determinations, or other documents issued by the administrative law judge, whether information designated confidential by the supplier is entitled to confidential treatment. The supplier of the information or the person seeking the information may, with leave of the administrative law judge, request an appeal to the Commission of the administrative law judge's unfavorable ruling on this issue, under § 210.24(b)(2).

(2) The Commission may continue protective orders issued by the administrative law judge, amend or revoke those orders, or issue new ones. All submissions addressed to the Commission that contain information covered by an existing protective order will be given confidential treatment. (See also § 210. 72.) New information that is submitted to the Commission, designated confidential by the supplier, and not covered by an existing protective order must be submitted to the Secretary with a request for confidential treatment in accordance with § 201.6(b) and (c) of this chapter. The Secretary shall decide, in accordance with § 201.6(d) of this chapter, whether the information is entitled to confidential treatment. Appeals from the ruling of the Secretary shall be made to the Commission as provided in § 201.6 (e) and (f) of this chapter. The Commission shall decide, with respect to all orders, notices, opinions, and other documents issued by or on behalf of the Commission, whether information designated confidential by the supplier is entitled to confidential treatment.

[59 FR 39039, Aug. 1,1994, as amended at 59 FR 67626,Dec. 30,1994; 60 FR 32444,June 22,1995]

§ 210. 6　Computation of time , additional hearings, postponements, continuances, and extensions of time.

(a) Unless the Commission, the administrative law judge, or this or another section of this part specifically provides otherwise, the computation of time and the granting of additional hearings, postponements, continuances, and extensions of time shall be in accordance with § § 210. 14 and 210.16(d) of this chapter.

(b) Whenever a party has the right or is required to perform some act or to take some action within a prescribed period after service of a document upon it, and the document was served by mail, the deadline shall be computed by adding to the end of the prescribed period the additional time allotted under § 210.16(d), unless the Commission, the administrative law judge, or another section of this part specifically provides otherwise.

(c) Whenever a party has the right or is required to perform some act or to take some action within a prescribed period after service of a Commission document upon it, and the document was served by overnight delivery, the deadline shall be computed by adding one day to the end of the prescribed period, unless the Commission, the administrative law judge, or another section of this part specifically provides otherwise.

(d) " Overnight delivery" is defined as delivery by the next business day.

[72 FR 13689,Mar. 23,2007]

§ 210. 7　Service of process and other documents ; publication of notices.

(a) *Manner of service.* (1) The service of process and all documents issued by or on behalf of the Commission or the administrative law judge—and the service of all documents issued by parties under § § 210. 27 through 210. 34 of this part— shall be in accordance with § 201. 16 of this chapter, unless the Commission, the administrative law judge,or this or another section of this part specifically provides otherwise.

(2) The service of all initial determinations as defined in § 210.42 and all documents containing confidential business information—issued by or on behalf of the Commission or the administrative law judge—on a private party shall be effected by serving a copy of the document by overnight delivery—as defined in § 210. 6 (d)—on the person to be served, on a member of the partnership to be served, on the president, secretary, other executive officer, or member of the board of directors of the corporation, association, or other organization to be served, or, if an attorney represents any of the above before the Commission, by serving a copy by overnight delivery on such attorney.

(3) Whenever the Commission effects service of documents issued by or on behalf of the Commission or the administrative law judge upon the private parties by overnight delivery, service upon the Office of Unfair Import Investigations shall also be deemed to have occurred by overnight delivery.

(b) *Designation of a single attorney or representative for service of process.* The service list prepared by the Secretary for each investigation will contain the name and address of no more than one attorney or other representative for each party to the investigation. In the event that two or more attorneys or other persons represent one party to the investigation, the party must select one of their number to be the lead attorney or representative for service of process. The lead attorney or representative for service of process shall state, at the time of the filing of its entry of appearance with the Secretary, that it has been so designated by the party it represents. (Only those persons authorized to receive confidential business information under a protective order issued pursuant to § 210.34(a) are eligible to be included on the service list for documents containing confidential business information.)

(c) *Publication of notices.* (1) Notice of

action by the Commission or an administrative law judge will be published in the Federal Register only as specifically provided in paragraph(b)(2) of this section, by another section in this chapter, or by order of an administrative law judge or the Commission.

(2) When an administrative law judge or the Commission determines to amend or supplement a notice published in accordance with paragraph(b)(1) of this section, notice of the amendment will be published in the Federal Register.

[60 FR 53119, Oct. 12, 1995, as amended at 72 FR 13960, Mar. 23, 2007; 73 FR 38320, July 7, 2008]

Subpart B—Commencement of Preinstitution Proceedings and Investigations

§ 210. 8   Commencement of preinstitution proceedings.

A preinstitution proceeding is commenced by filing with the Secretary a signed original complaint and the requisite number of true copies.

(a)(1) Unless complainant requests temporary relief, the complainant shall file with the Secretary:

(i) Twelve(12) copies of the nonconfidential version of the complaint along with 6 copies of the nonconfidential exhibits, and 6 copies of the confidential exhibits;

(ii) Twelve(12) copies of the confidential version of the complaint, if any;

(iii) For each proposed respondent, one copy of the nonconfidential version of the complaint and one copy of the confidential version of the complaint, if any, along with one copy of the nonconfidential exhibits and one copy of the confidential exhibits, and

(iv) For the government of the foreign country in which each proposed respondent is located as indicated in the Complaint, one copy of the nonconfidential version of the complaint.

Note to paragraph(a)(1): The same requirements apply for the filing of a supplement to the complaint.

(2) If the complainant is seeking temporary relief, the complainant shall file with the Secretary:

(i) Twelve(12) copies of the nonconfidential version of the complaint along with 6 copies of the nonconfidential exhibits,

and 6 copies of the confidential exhibits;

(ii) Twelve(12) copies of the confidential version of the complaint, if any;

(iii) For each proposed respondent, one copy of the nonconfidential version of the complaint and one copy of the confidential version of the complaint, if any, along with one copy of the confidential exhibits;

(iv) Twelve(12) copies of the nonconfidential version of the motion for temporary relief along with 6 copies of any nonconfidential exhibits filed with the motion and 6 copies of the confidential exhibits, if any, filed with the motion;

(v) Twelve(12) copies of the confidential version of the motion for temporary relief, if any; and

(vi) For each proposed respondent, one copy of the confidential version of the motion along with one copy of the confidential exhibits filed with the motion.

Note to paragraph(a)(2): The same requirements apply for the filing of a supplement to the complaint or a supplement to the motion for temporary relief.

(b) *Upon the initiative of the Commission.* The Commission may upon its initiative commence a preinstitution proceeding based upon any alleged violation of section 337 of the Tariff Act of 1930.

[59 FR 39039, Aug. 1, 1994, as amended at 60 FR 32444, June 22, 1995; 68 FR 32978, June 3, 2003; 73 FR 38320, July 7, 2008]

§ 210. 9　Action of Commission upon receipt of complaint.

Upon receipt of a complaint alleging violation of section 337 of the Tariff Act of 1930,the Commission shall take the following actions:

(a) *Examination of complaint.* The Commission shall examine the complaint for sufficiency and compliance with the applicable sections of this chapter.

(b) *Informal investigatory activity.* The Commission shall identify sources of relevant information,assure itself of the availability thereof, and, if deemed necessary, prepare subpoenas therefore,and give attention to other preliminary matters.

210. 10　Institution of investigation.

(a) (1) The Commission shall determine whether the complaint is properly filed and whether an investigation should be instituted on the basis of the complaint. That determination shall be made within 30 days after the complaint is filed,unless—

(i) Exceptional circumstances preclude adherence to a 30 – day deadline;

(ii) Additional time is allotted under other sections of this part in connection with the preinstitution processing of a motion by the complainant for temporary relief;

(iii) The complainant requests that the Commission postpone the determination on whether to institute an investigation; or

(iv) The complainant withdraws the complaint.

(2) If exceptional circumstances preclude Commission adherence to the 30 – day deadline for determining whether to institute an investigation on the basis of the complaint, the determination will be made as soon after that deadline as possible.

(3) If additional time is allotted in connection with the preinstitution processing of a motion by the complainant for temporary relief, the Commission will determine whether to institute an investigation and provisionally accept the motion within 35 days after the filing of the complaint or by a subsequent deadline computed in accordance with § 210. 53 (a), § 210. 54, § 210.55(b), § 210.57,or § 210.58 as applicable.

(4) If the complainant desires to have the Commission postpone making a determination on whether to institute an investigation in response to the complaint, the complainant must file a written request with the Secretary. If the request is granted,the determination will be rescheduled for whatever date is appropriate in light of the facts.

(5) (i) The complainant may withdraw the complaint as a matter of right at any time before the Commission votes on whether to institute an investigation. To effect such withdrawal, the complainant must file a written notice with the Commission.

(ii) If a motion for temporary relief was filed in addition to the complaint,the motion must be withdrawn along with the complaint, and the complainant must serve copies of the notice of withdrawal on all proposed respondents and on the embassies that were served with copies of the complaint and motion pursuant to § 210.54.

(b) An investigation shall be instituted by the publication of a notice in theFederal Register. The notice will define the scope of the investigation and may be amended as provided in § 210.14(b) and(c).

(c) If the Commission determines not to institute an investigation on the basis of the complaint, the complaint shall be dismissed, and the complainant and all proposed respondents will receive written notice of the Commission's action and the reason(s) therefor.

[59 FR 39039,Aug. 1,1994,as amended at 73 FR 38321,July 7,2008]

§ 210. 11　Service of complaint and notice of investigation.

(a) (1) Unless the Commission institutes temporary relief proceedings, upon institution of an investigation, the Commission shall serve:

(i) Copies of the nonconfidential version of the complaint,the nonconfidential exhibits, and the notice of investigation upon each respondent; and

(ii) Copies of the nonconfidential version of the complaint and the notice of investigation upon the embassy inWashington,DC of the country in which each proposed respondent is located as indicated in the Complaint.

(2) If the Commission institutes temporary relief proceedings, upon institution of an investigation, the Commission shall serve:

(i) Copies of the nonconfidential version of the complaint and the notice of investigation upon each respondent; and

(ii) A copy of the notice of investigation upon the embassy in Washington, DC of the country in which each proposed respondent is located as indicated in the Complaint.

(3) All respondents named after an investigation has been instituted and the governments of the foreign countries in which they are located as indicated in the complaint shall be served as soon as possible after the respondents are named.

(4) The Commission shall serve copies of the notice of investigation upon the U.S. Department of Health and Human Services, the U.S. Department of Justice, the Federal Trade Commission, the U.S. Customs Service, and such other agencies and departments as the Commission considers appropriate.

(b) With leave from the presiding administrative law judge, a complainant may attempt to effect personal service of the complaint and notice of investigation upon a respondent, if the Secretary's efforts to serve the respondent have been unsuccessful. If the complainant succeeds in serving the respondent by personal service, the complainant must notify the administrative law judge and file proof of such service with the Secretary.

[73 FR 38321, July 7, 2008]

Subpart C—Pleadings

§ 210. 12 The complaint.

(a) *Contents of the complaint.* In addition to conforming with the requirements of § 201.8 of this chapter and § § 210.4 and 210.5 of this part, the complaint shall—

(1) Be under oath and signed by the complainant or his duly authorized officer, attorney, or agent, with the name, address, and telephone number of the complainant and any such officer, attorney, or agent given on the first page of the complaint, and include a statement attesting to the representations in § 210.4(c)(1) through(3);

(2) Include a statement of the facts constituting the alleged unfair methods of competition and unfair acts;

(3) Describe specific instances of alleged unlawful importations or sales, and shall provide the Tariff Schedules of the United States item number(s) for importations occurring prior to January 1, 1989, and the Harmonized Tariff Schedule of the United States item number(s) for importations occurring on or after January 1, 1989;

(4) State the name, address, and nature of the business (when such nature is known) of each person alleged to be violating section 337 of the Tariff Act of 1930;

(5) Include a statement as to whether the alleged unfair methods of competition and unfair acts, or the subject matter thereof, are or have been the subject of any court or agency litigation, and, if so, include a brief summary of such litigation;

(6)(i) If the complaint alleges a violation of section 337 based on infringement of a U.S. patent, or a federally registered copyright, trademark, mask work, or vessel hull design, under section 337(a)(1)(B),(C),(D),or(E) of the Tariff Act of 1930, include a description of the relevant domestic industry as defined in section 337(a)(3) that allegedly exists or is in the process of being established, including the relevant operations of any licensees. Relevant information includes but is not limited to:

(A) Significant investment in plant and equipment;

(B) Significant employment of labor or capital; or

(C) Substantial investment in the exploitation of the subject patent, copyright, trademark, mask work, or vessel hull design, including engineering, research and development, or licensing; or

(ii) If the complaint alleges a violation of section 337 of the Tariff Act of 1930 based on unfair methods of competition and unfair acts that have the threat or effect of destroying or substantially injuring an industry in the United States or preventing the establishment of such an industry under section 337(a)(1)(A)(i) or(ii), include a description of the domestic industry affected, including the relevant operations of any licensees; or

(iii) If the complaint alleges a violation of section 337 of the Tariff Act of 1930 based on unfair methods of competition or unfair acts that have the threat or effect of restraining or monopolizing trade and commerce in the United States under section 337(a)(1)(A)(iii), include a description of the trade and commerce affected.

(7) Include a description of the complainant's business and its interests in the relevant domestic industry or the relevant trade and commerce. For every intellectual property based complaint (regardless of the type of intellectual property right involved), include a showing that at least one complainant is the owner or exclusive licensee of the subject intellectual property; and

(8) If the alleged violation involves an unfair method of competition or an unfair act other than those listed in paragraph (a)(6)(i) of this section, state a specific theory and provide corroborating data to support the allegation(s) in the complaint concerning the existence of a threat or effect to destroy or substantially injure a domestic industry, to prevent the establishment of a domestic industry, or to restrain or monopolize trade and commerce in the United States. The information that should ordinarily be provided includes the volume and trend of production, sales, and inventories of the involved domestic article; a description of the facilities and number and type of workers employed in the production of the involved domestic article; profit - and - loss information covering overall operations and operations concerning the involved domestic article; pricing information with respect to the involved domestic article; when available, volume and sales of imports; and other pertinent data.

(9) Include, when a complaint is based upon the infringement of a valid and enforceable U.S. patent—

(i) The identification of each U.S. patent and a certified copy thereof (a legible copy of each such patent will suffice for each required copy of the complaint);

(ii) The identification of the ownership of each involved U.S. patent and a certified copy of each assignment of each such patent (a legible copy thereof will suffice for each required copy of the complaint);

(iii) The identification of each licensee under each involved U.S. patent;

(iv) A copy of each license agreement (if any) for each involved U.S. patent that complainant relies upon to establish its standing to bring the complaint or to support its contention that a domestic industry as defined in section 337(a)(3) exists or is in the process of being established as a result of the domestic activities of one or more licensees;

(v) When known, a list of each foreign patent, each foreign patent application (not already issued as a patent) and each foreign patent application that has been denied, abandoned or withdrawn corresponding to each involved U.S. patent, with an indication of the prosecution status of each such patent application;

(vi) A nontechnical description of the invention of each involved U.S. patent;

(vii) A reference to the specific claims in each involved U.S. patent that allegedly cover the article imported or sold by each person named as violating section 337 of the Tariff Act of 1930, or the process under which such article was produced;

(viii) A showing that each person named as violating section 337 of the Tariff Act of 1930 is importing or selling the article covered by, or produced under the involved process covered by, the above specific claims of each involved U.S. patent. The complainant shall make such showing by appropriate allegations, and when practicable, by a chart that applies each asserted independent claim of each involved U.S. patent to a representative involved article of each person named as violating section 337 of the Tariff Act or to the process under which such article was produced;

(ix) A showing that an industry in the United States, relating to the articles protected by the patent exists or is in the process of being established. The complainant shall make such showing by appropriate allegations, and when practicable, by a chart that applies an exemplary claim of each involved U.S. patent to a representative involved domestic article or to the process under which such article was produced; and (x)Drawings,photographs,or other visual representations of both the involved domestic article or process and the involved article of each person named as violating section 337 of the Tariff Act of 1930,or of the process utilized in producing the imported article,and,when a chart is furnished under paragraphs(a)(9)(vii)and(a)(9)(ix)of this section,the parts of such drawings, photographs, or other visual representations should be labeled so that they can be read in conjunction with such chart; and

(10)Include,when a complaint is based upon the infringement of a federally registered copyright, trademark, mask work, or vessel hull design—

(i)The identification of each licensee under each involved copyright,trademark, mask work,and vessel hull design;

(ii)A copy of each license agreement (if any)that complainant relies upon to establish its standing to bring the complaint or to support its contention that a domestic industry as defined in section 337(a) (3)exists or is in the process of being established as a result of the domestic activities of one or more licensees.

(11)Contain a request for relief,and if temporary relief is requested under section 337(e)and/or(f)of the Tariff Act of 1930,a motion for such relief shall accompany the complaint as provided in §210.52(a)or may follow the complaint as provided in §210.53(a).

(b)*Submissions of articles as exhibits.* At the time the complaint is filed, if practicable, the complainant shall submit both the domestic article and all imported articles that are the subject of the complaint.

(c)*Additional material to accompany each patent - based complaint.* There shall accompany the submission of the original of each complaint based upon the alleged unauthorized importation or sale of an article covered by, or produced under a process covered by,the claims of a valid U.S. patent the following:

(1)One certified copy of the U.S. Patent and Trademark Office prosecution history for each involvedU.S. patent, plus three additional copies thereof; and

(2)Four copies of each patent and applicable pages of each technical reference mentioned in the prosecution history of each involvedU.S. patent.

(d)*Additional material to accompany each registered trademark - based complaint.* There shall accompany the submission of the original of each complaint based upon the alleged unauthorized importation or sale of an article covered by a federally registered trademark,one certified copy of the Federal registration and three additional copies, and one certified copy of the prosecution history for each federally registered trademark.

(e)*Additional material to accompany each complaint based on a non - Federally registered trademark.* There shall accompany the submission of the original of each complaint based upon the alleged unauthorized importation or sale of an article covered by a non - Federally registered trademark the following:

(1)A detailed and specific description of the alleged trademark;

(2)Information concerning prior attempts to register the alleged trademark; and

(3)Information on the status of current attempts to register the alleged trademark.

(f)*Additional material to accompany each copyright - based complaint.* There shall accompany the submission of the original of each complaint based upon the alleged unauthorized importation or sale of an article covered by a copyright one certified copy of the Federal registration and three additional copies;

(g)*Additional material to accompany each registered mask work - based complaint.* There shall accompany the submission of the original of each complaint based upon the alleged unauthorized importation or sale of a semiconductor chip in a manner that constitutes infringement of a Federally registered mask work,one certified copy of the Federal registration and three additional copies;

(h)*Additional material to accompany each vessel hull design - based complaint.* There shall accompany the submission of the original of each complaint based upon the alleged unauthorized importation or sale of an article covered by a vessel hull design,one certified copy of the Federal registration (including all deposited drawings, photographs, or other pictorial representations of the design),and three additional copies;

(i) *Initial disclosures.* Complainant shall serve on each respondent represented by counsel who has agreed to be bound by the terms of the protective order one copy of each document submitted with the complaint pursuant to § 210. 12 (c) through(h) within five days of service of a notice of appearance and agreement to be bound by the terms of the protective order; and

(j) *Duty to supplement complaint.* Complainant shall supplement the complaint prior to institution of an investigation if complainant obtains information upon the basis of which he knows or reasonably should know that a material legal or factual assertion in the complaint is false or misleading.

[59 FR 39039,Aug. 1,1994; 59 FR 64286,Dec. 14, 1994; 73 FR 38321,July 7,2008]

§ 210. 13　The response.

(a) *Time for response.* Except as provided in § 210.59 (a) and unless otherwise ordered in the notice of investigation or by the administrative law judge,respondents shall have 20 days from the date of service of the complaint and notice of investigation,by the Commission under § 210.11 (a) or by a party under § 210.11(b),within which to file a written response to the complaint and the notice of investigation. When the investigation involves a motion for temporary relief and has not been declared " more complicated," the response to the complaint and notice of investigation must be filed along with the response to the motion for temporary relief—i. e., within 10 days after service of the complaint, notice of investigation, and the motion for temporary relief by the Commission under § 210. 11 (a) or by a party under § 210.11(b).(See § 210.59.)

(b) *Content of the response.* In addition to conforming to the requirements of § 201.8 of this chapter and § § 210.4 and 210.5 of this part, each response shall be under oath and signed by respondent or his duly authorized officer, attorney, or agent with the name,address,and telephone number of the respondent and any such officer,attorney,or agent given on the first page of the response. Each respondent shall re-

spond to each allegation in the complaint and in the notice of investigation,and shall set forth a concise statement of the facts constituting each ground of defense. There shall be a specific admission,denial,or explanation of each fact alleged in the complaint and notice,or if the respondent is without knowledge of any such fact, a statement to that effect. Allegations of a complaint and notice not thus answered may be deemed to have been admitted. Each response shall include,when available,statistical data on the quantity and value of imports of the involved article. Respondents who are importers must also provide the Harmonized Tariff Schedule item number(s) for importations of the accused imports occurring on or after January 1,1989,and the Tariff Schedules of the United States item number(s) for importations occurring before January 1, 1989. Each response shall also include a statement concerning the respondent's capacity to produce the subject article and the relative significance of the United States market to its operations. Respondents who are not manufacturing their accused imports shall state the name and address of the supplier (s) of those imports. Affirmative defenses shall be pleaded with as much specificity as possible in the response. When the alleged unfair methods of competition and unfair acts are based upon the claims of a valid U.S. patent,the respondent is encouraged to make the following showing when appropriate:

(1) If it is asserted in defense that the article imported or sold by respondents is not covered by, or produced under a process covered by, the claims of each involved U. S. patent, a showing of such noncoverage for each involved claim in each U. S. patent in question shall be made,which showing may be made by appropriate allegations and, when practicable, by a chart that applies the involved claims of each U.S. patent in question to a representative involved imported article of the respondent or to the process under which such article was produced;

(2) Drawings,photographs,or other visual representations of the involved imported article of respondent or the process utilized in producing such article,and,when a chart is furnished under paragraph(b)(1) of this section,the parts of such drawings, photographs, or other visual representations,should be labeled so that they can be read in conjunction with such chart; and

(3)If the claims of any involvedU.S. patent are asserted to be invalid or unenforceable,the basis for such assertion,including,when prior art is relied on,a showing of how the prior art renders each claim invalid or unenforceable and a copy of such prior art. For good cause,the presiding administrative law judge may waive any of the substantive requirements imposed under this paragraph or may impose additional requirements.

(c) *Submission of article as exhibit.* At the time the response is filed, if practicable, the respondent shall submit the accused article imported or sold by that respondent, unless the article has already been submitted by the complainant.

[59 FR 39039,Aug. 1,1994,as amended at 73 FR 38322,July 7,2008]

§ 210. 14 Amendments to pleadings and notice; supplemental submissions; counterclaims.

(a) *Preinstitution amendments.* The complaint may be amended at any time prior to the institution of the investigation.

(b) *Postinstitution amendments generally.* (1)After an investigation has been instituted,the complaint or notice of investigation may be amended only by leave of the Commission for good cause shown and upon such conditions as are necessary to avoid prejudicing the public interest and the rights of the parties to the investigation. A motion for amendment must be made to the presiding administrative law judge. If the proposed amendment of the complaint would require amending the notice of investigation,the presiding administrative law judge may grant the motion only by filing with the Commission an initial determination. All other dispositions of such motions shall be by order.

(2)If disposition of the issues in an in-

vestigation on the merits will be facilitated, or for other good cause shown, the presiding administrative law judge may allow appropriate amendments to pleadings other than complaints upon such conditions as are necessary to avoid prejudicing the public interest and the rights of the parties to the investigation.

(c) *Postinstitution amendments to conform to evidence.* When issues not raised by the pleadings or notice of investigation, but reasonably within the scope of the pleadings and notice,are considered during the taking of evidence by express or implied consent of the parties,they shall be treated in all respects as if they had been raised in the pleadings and notice. Such amendments of the pleadings and notice as may be necessary to make them conform to the evidence and to raise such issues shall be allowed at any time,and shall be effective with respect to all parties who have expressly or impliedly consented.

(d) *Supplemental submissions.* The administrative law judge may,upon reasonable notice and on such terms as are just,permit service of a supplemental submission setting forth transactions,occurrences,or events that have taken place since the date of the submission sought to be supplemented and that are relevant to any of the issues involved.

(e) *Counterclaims.* At any time after institution of the investigation,but not later than ten business days before the commencement of the evidentiary hearing,a respondent may file a counterclaim at the Commission in accordance with section 337(c)of the Tariff Act of 1930. Counterclaims shall be filed in a separate document. A respondent who files such a counterclaim shall immediately file a notice of removal with a United States district court in which venue for any of the counterclaims raised by the respondent would exist under 28 U. S.C. 1391.

[59 FR 39039,Aug. 1,1994,as amended at 59 FR 67627,Dec. 30,1994]

Subpart D—Motions

§ 210. 15 Motions.

(a)*Presentation and disposition.* (1)During

the period between the institution of an investigation and the assignment of the investigation to a presiding administrative law judge,all motions shall be addressed to the chief administrative law judge. During the time that an investigation or related proceeding is before an administrative law judge, all motions therein shall be addressed to the administrative law judge.

(2) When an investigation or related proceeding is before the Commission, all motions shall be addressed to the Chairman of the Commission. A motion to amend the complaint and notice of investigation to name an additional respondent after institution shall be served on the proposed respondent. All motions shall be filed with the Secretary and shall be served upon each party. (b) *Content.* All written motions shall state the particular order, ruling, or action desired and the grounds therefor.

(c) *Responses to motions.* Within 10 days after service of any written motions, or within such longer or shorter time as may be designated by the administrative law judge or the Commission, a nonmoving party, or in the instance of a motion to amend the complaint or notice of investigation to name an additional respondent after institution, the proposed respondent, shall respond or he may be deemed to have consented to the granting of the relief asked for in the motion. The moving party shall have no right to reply, except as permitted by the administrative law judge or the Commission.

(d) *Motions for extensions.* As a matter of discretion, the administrative law judge or the Commission may waive the requirements of this section as to motions for extension of time, and may rule upon such motions ex parte.

§ 210. 16　Default.

(a) *Definition of default.* (1) A party shall be found in default if it fails to respond to the complaint and notice of investigation in the manner prescribed in § 210. 13 or § 210.59(c), or otherwise fails to answer the complaint and notice, and fails to show cause why it should not be found in default. (2) A party may be found in default as a sanction for abuse of process, under § 210.4(c), or failure to make or cooperate in discovery, under § 210.33(b).

(b) *Procedure for determining default.* (1) If a respondent has failed to respond or ap-

pear in the manner described in paragraph (a) (1) of this section, a party may file a motion for, or the administrative law judge may issue upon his own initiative, an order directing that respondent to show cause why it should not be found in default. If the respondent fails to make the necessary showing, the administrative law judge shall issue an initial determination finding the respondent in default. An administrative law judge's decision denying a motion for a finding of default under paragraph(a) (1) of this section shall be in the form of an order.

(2) Any party may file a motion for issuance of, or the administrative law judge may issue on his own initiative, an initial determination finding a party in default for abuse of process under § 210. 4 (c) or failure to make or cooperate in discovery. A motion for a finding of default as a sanction for abuse of process or failure to make or cooperate in discovery shall be granted by initial determination or denied by order.

(3) A party found in default shall be deemed to have waived its right to appear, to be served with documents, and to contest the allegations at issue in the investigation.

(c) *Relief against a respondent in default.* (1) After a respondent has been found in default by the Commission, the complainant may file with the Commission a declaration that it is seeking immediate entry of relief against the respondent in default. The facts alleged in the complaint will be presumed to be true with respect to the defaulting respondent. The Commission may issue an exclusion order, a cease and desist order, or both, affecting the defaulting respondent only after considering the effect of such order(s) upon the public health and welfare, competitive conditions in the U.S. economy, the production of like or directly competitive articles in the United States, and U.S. consumers, and concluding that the order(s) should still be issued in light of the aforementioned public interest factors.

(2) In any motion requesting the entry of default or the termination of the investigation with respect to the last remaining respondent in the investigation, the complainant shall declare whether it is seeking a general exclusion order. The Commission may issue a general exclusion order pursuant to section 337(g)(2) of the Tariff Act of 1930,regardless of the source or importer of the articles concerned,provided that a violation of section 337 of the Tariff Act of 1930 is established by substantial, reliable, and probative evidence, and only after considering the aforementioned public interest factors and the requirements of § 210.50(c).

[59 FR 39039,Aug. 1,1994,as amended at 59 FR 67627,Dec. 30,1994]

§ 210. 17　Failures to act other than the statutory forms of default.

Failures to act other than the defaults listed in § 210.16 may provide a basis for the presiding administrative law judge or the Commission to draw adverse inferences and to issue findings of fact, conclusions of law,determinations(including a determination on violation of section 337 of the Tariff Act of 1930),and orders that are adverse to the party who fails to act. Such failures include,but are not limited to:

(a) Failure to respond to a motion that materially alters the scope of the investigation or a related proceeding;

(b) Failure to respond to a motion for temporary relief pursuant to § 210.59;

(c) Failure to respond to a motion for summary determination under § 210.18;

(d) Failure to appear at a hearing before the administrative law judge after filing a written response to the complaint or motion for temporary relief, or failure to appear at a hearing before the Commission;

(e) Failure to file a brief or other written submission requested by the administrative law judge or the Commission during an investigation or a related proceeding;

(f) Failure to respond to a petition for review of an initial determination,a petition for reconsideration of an initial determination,or an application for interlocutory review of an administrative law judge's order;

(g) Failure to file a brief or other written submission requested by the administrative law judge or the Commission; and

(h) Failure to participate in temporary relief bond forfeiture proceedings under § 210.70.

The presiding administrative law judge or the Commission may take action under this rule sua sponte or in response to the motion of a party.

§ 210. 18　Summary determinations.

(a) *Motions for summary determinations.* Any party may move with any necessary supporting affidavits for a summary determination in its favor upon all or any part of the issues to be determined in the investigation. Counsel or other representatives in support of the complaint may so move at any time after 20 days following the date of service of the complaint and notice instituting the investigation. Any other party or a respondent may so move at any time after the date of publication of the notice of investigation in the Federal Register. Any such motion by any party in connection with the issue of permanent relief, however,must be filed at least 60 days before the date fixed for any hearing provided for in § 210. 36 (a) (1). Notwithstanding any other rule,the deadline for filing summary determinations shall be computed by counting backward at least 60 days including the first calendar day prior to the date the hearing is scheduled to commence. If the end of the 60 day period falls on a weekend or holiday, the period extends until the end of the next business day. Under exceptional circumstances and upon motion,the presiding administrative law judge may determine that good cause exists to permit a summary determination motion to be filed out of time.

(b) *Opposing affidavits; oral argument; time and basis for determination.* Any nonmoving party may file opposing affidavits within 10 days after service of the motion for summary determination. The administrative law judge may, in his discretion or at the request of any party,set the matter for oral argument and call for the submission of briefs or memoranda. The determination sought by the moving party shall be rendered if pleadings and any depositions, answers to interrogatories, and admissions on file,together with the affidavits,if any,show that there is no genuine issue as to any material fact and that the moving party is entitled to a summary determination as a matter of law.

(c) *Affidavits.* Supporting and opposing

affidavits shall be made on personal knowledge, shall set forth such facts as would be admissible in evidence, and shall show affirmatively that the affiant is competent to testify to the matters stated therein. Sworn or certified copies of all papers or parts thereof referred to in an affidavit shall be attached thereto or served therewith. The administrative law judge may permit affidavits to be supplemented or opposed by depositions, answers to interrogatories, or further affidavits. When a motion for summary determination is made and supported as provided in this section, a party opposing the motion may not rest upon the mere allegations or denials of the opposing party's pleading, but the opposing party's response, by affidavits, answers to interrogatories, or as otherwise provided in this section, must set forth specific facts showing that there is a genuine issue of fact for the evidentiary hearing under § 210.36(a)(1)or(2). If the opposing party does not so respond, a summary determination, if appropriate, shall be rendered against the opposing party.

(d) *Refusal of application for summary determination; continuances and other orders.* Should it appear from the affidavits of a party opposing the motion that the party cannot, for reasons stated, present by affidavit facts essential to justify the party's opposition, the administrative law judge may refuse the application for summary determination, or may order a continuance to permit affidavits to be obtained or depositions to be taken or discovery to be had or may make such other order as is appropriate, and a ruling to that effect shall be made a matter of record.

(e) *Order establishing facts.* If on motion under this section a summary determination is not rendered upon the whole case or for all the relief asked and a hearing is necessary, the administrative law judge, by examining the pleadings and the evidence and by interrogating counsel if necessary, shall if practicable ascertain what material facts exist without substantial controversy and what material facts are actually and in good faith controverted. The administrative law judge shall thereupon make an order specifying the facts that appear without substantial controversy and directing

such further proceedings in the investigation as are warranted. The facts so specified shall be deemed established.

(f) *Order of summary determination.* An order of summary determination shall constitute an initial determination of the administrative law judge.

[59 FR 39039, Aug. 1, 1994, as amended at 73 FR 38322, July 7, 2008]

§ 210.19 Intervention.

Any person desiring to intervene in an investigation or a related proceeding under this part shall make a written motion. The motion shall have attached to it a certificate showing that the motion has been served upon each party to the investigation or related proceeding in the manner described in § 201.16(b) of this chapter. Any party may file a response to the motion in accordance with § 210.15(c) of this part, provided that the response is accompanied by a certificate confirming that the response was served on the proposed intervenor and all other parties. The Commission, or the administrative law judge by initial determination, may grant the motion to the extent and upon such terms as may be proper under the circumstances.

§ 210.20 Declassification of confidential information.

(a) Any party may move to declassify documents(or portions thereof) that have been designated confidential by the submitter but that do not satisfy the confidentiality criteria set forth in § 201.6(a) of this chapter. All such motions, whether brought at any time during the investigation or after conclusion of the investigation shall be addressed to and ruled upon by the presiding administrative law judge, or if the investigation is not before a presiding administrative law judge, by the chief administrative law judge or such administrative law judge as he may designate.

(b) Following issuance of a public version of the initial determination on whether there is a violation of section 337 of the Tariff Act of 1930 or an initial determination that would otherwise terminate the investigation(if adopted by the Commission), the granting of a motion, in whole or part, to declassify information designated confidential shall constitute an initial determination, except as to that information for which no submissions in opposition to declassification have been filed.

§ 210. 21 Termination of investigations.

(a) *Motions for termination.* (1) Any party may move at any time prior to the issuance of an initial determination on violation of section 337 of the Tariff Act of 1930 to terminate an investigation in whole or in part as to any or all respondents, on the basis of withdrawal of the complaint or certain allegations contained therein, or for good cause other than the grounds listed in paragraph(a)(2) of this section. A motion for termination of an investigation based on withdrawal of the complaint shall contain a statement that there are no agreements, written or oral, express or implied between the parties concerning the subject matter of the investigation, or if there are any agreements concerning the subject matter of the investigation, all such agreements shall be identified, and if written, a copy shall be filed with the Commission along with the motion. If the agreement contains confidential business information within the meaning of § 201.6(a) of this chapter, at least one copy of the agreement with such information deleted shall accompany the motion, in addition to a copy of the confidential version. The presiding administrative law judge may grant the motion in an initial determination upon such terms and conditions as he deems proper.

(2) Any party may move at any time to terminate an investigation in whole or in part as to any or all respondents on the basis of a settlement, a licensing or other agreement, including an agreement to present the matter for arbitration, or a consent order, as provided in paragraphs(b), (c) and(d) of this section.

(b) *Termination by settlement.* (1) An investigation before the Commission may be terminated as to one or more respondents pursuant to section 337 (c) of the Tariff Act of 1930 on the basis of a licensing or other settlement agreement. A motion for termination by settlement shall contain copies of the licensing or other settlement agreement, any supplemental agreements, and a statement that there are no other agreements, written or oral, express or implied between the parties concerning the subject matter of the investigation. If the licensing or other settlement agreement contains confidential business information within the meaning of § 201.6(a) of this chapter, a copy of the agreement with such information deleted shall accompany the motion.

(2) The motion and agreement(s) shall be certified by the administrative law judge to the Commission with an initial determination if the motion for termination is granted. If the licensing or other agreement or the initial determination contains confidential business information, copies of the agreement and initial determination with confidential business information deleted shall be certified to the Commission simultaneously with the confidential versions of such documents. Notice of the initial determination and the agreement shall be provided to the U.S. Department of Health and Human Services, the U. S. Department of Justice, the Federal Trade Commission, the U. S. Customs Service, and such other departments and agencies as the Commission deems appropriate. If the Commission's final disposition of the initial determination results in termination of the investigation in its entirety, a notice will be published in the Federal Register. Termination by settlement need not constitute a determination as to violation of section 337 of the Tariff Act of 1930.

(c) *Termination by entry of consent order.* An investigation before the Commission may be terminated pursuant to section 337(c) of the Tariff Act of 1930 on the basis of a consent order. Termination by consent order need not constitute a determination as to violation of section 337.

(1) *Opportunity to submit proposed consent order* —(i) *Prior to institution of an investigation.* Where time, the nature of the proceeding, and the public interest permit, any person being investigated pursuant to section 603 of the Trade Act of 1974 (19 U. S. C. § 2482) shall be afforded the opportunity to submit to the Commission a proposal for disposition of the matter under investigation in the form of a consent order stipulation that incorporates a proposed consent order executed by or on behalf of such person and that complies with the requirements of paragraph(c)(3) of this section.

(ii) *Subsequent to institution of an investigation.* In investigations under section 337 of the Tariff Act of 1930,a proposal to terminate by consent order shall be submitted as a motion to the administrative law judge with a stipulation that incorporates a proposed consent order. If the stipulation contains confidential business information within the meaning of §201.6(a) of this chapter,a copy of the stipulation with such information deleted shall accompany the motion. The stipulation shall comply with the requirements of paragraph(c)(3)(i) of this section. At any time prior to commencement of the hearing,the motion may be filed by one or more respondents,and may be filed jointly with other parties to the investigation. Upon request and for good cause shown,the administrative law judge may consider such a motion during or after a hearing. The filing of the motion shall not stay proceedings before the administrative law judge unless the administrative law judge so orders. The administrative law judge shall promptly file with the Commission an initial determination regarding the motion for termination if the motion is granted. If the initial determination contains confidential business information,a copy of the initial determination with such information deleted shall be filed with the Commission simultaneously with the filing of the confidential version of the initial determination. Pending disposition by the Commission of a consent order stipulation,a party may not,absent good cause shown,withdraw from the stipulation once it has been submitted pursuant to this section.

(2) *Commission disposition of consent order.*
(i) If an initial determination granting the motion for termination based on a consent order stipulation is filed with the Commission,notice of the initial determination and the consent order stipulation shall be provided to the U.S. Department of Health and Human Services, the U.S. Department of Justice,the Federal Trade Commission,the U.S. Customs Service,and such other departments and agencies as the Commission deems appropriate.

(ii) The Commission, after considering the effect of the settlement by consent order upon the public health and welfare, competitive conditions in the U.S. economy,the production of like or directly competitive articles in the United States,and U. S. consumers, shall dispose of the initial determination according to the procedures of §§210.42 through 210.45. If the Commission's final disposition of the initial determination results in termination of the investigation in its entirety,a notice will be published in the Federal Register. Termination by consent order need not constitute a determination as to violation of section 337. Should the Commission reverse the initial determination,the parties are in no way bound by their proposal in later actions before the Commission.

(3) *Contents of consent order stipulation —*
(i) *Contents.* (A)Every consent order stipulation shall contain,in addition to the proposed consent order,the following:

(*1*) An admission of all jurisdictional facts;

(*2*)An express waiver of all rights to seek judicial review or otherwise challenge or contest the validity of the consent order;

(*3*)A statement that the signatories to the consent order stipulation will cooperate with and will not seek to impede by litigation or other means the Commission's efforts to gather information under subpart I of this part; and

(*4*)A statement that the enforcement, modification,and revocation of the consent order will be carried out pursuant to subpart I of this part,incorporating by reference the Commission's Rules of Practice and Procedure.

(B)In the case of an intellectual property-based investigation,the consent order stipulation shall also contain—

(*1*)A statement that the consent order shall not apply with respect to any claim of any intellectual property right that has expired or been found or adjudicated invalid or unenforceable by the Commission or a court or agency of competent jurisdiction,provided that such finding or judgment has become final and nonreviewable; and

(*2*)A statement that each signatory to the stipulation who was a respondent in the investigation will not seek to challenge the validity of the intellectual property right (s), in any administrative or judicial proceeding to enforce the consent order.

(C) The consent order stipulation may contain a statement that the signing thereof is for settlement purposes only and does not constitute admission by any respondent that an unfair act has been committed.

(ii) *Effect, interpretation, and reporting.* The consent order shall have the same force and effect and may be enforced, modified, or revoked in the same manner as is provided in section 337 of the Tariff Act of 1930 and this part for other Commission actions. The Commission may require periodic compliance reports pursuant to subpart I of this part to be submitted by the person entering into the consent order stipulation.

(d) *Termination based upon arbitration agreement.* Upon filing of a motion for termination with the administrative law judge or the Commission, a section 337 investigation may be terminated as to one or more respondents pursuant to section 337(c) of the Tariff Act of 1930 on the basis of an agreement between complainant and one or more of the respondents to present the matter for arbitration. The motion and a copy of the arbitration agreement shall be certified by the administrative law judge to the Commission with an initial determination if the motion for termination is granted. If the agreement or the initial determination contains confidential business information, copies of the agreement and initial determination with confidential business information deleted shall be certified to the Commission with the confidential versions of such documents. A notice will be published in the Federal Register if the Commission's final disposition of the initial determination results in termination of the investigation in its entirety. Termination based on an arbitration agreement does not constitute a determination as to violation of section 337 of the Tariff Act of 1930.

(e) *Effect of termination.* Termination issued by the administrative law judge shall constitute an initial determination.

[59 FR 39039, Aug. 1, 1994, as amended at 59 FR 67627, Dec. 30, 1994; 60 FR 53120, Oct. 12, 1995; 73 FR 38322, July 7, 2008]

§ 210. 22 [Reserved]

§ 210. 23 Suspension of investigation.

Any party may move to suspend an investigation under this part, because of the pendency of proceedings before the Secretary of Commerce or the administering authority pursuant to section 337(b)(3) of the Tariff Act of 1930. The administrative law judge or the Commission also may raise the issue sua sponte. An administrative law judge's decision granting a motion for suspension shall be in the form of an initial determination.

[59 FR 39039, Aug. 1, 1994, as amended at 59 FR 67627, Dec. 30, 1994]

§ 210. 24 Interlocutory appeals.

Rulings by the administrative law judge on motions may not be appealed to the Commission prior to the administrative law judge's issuance of an initial determination, except in the following circumstances:

(a) *Appeals without leave of the administrative law judge.* The Commission may in its discretion entertain interlocutory appeals, except as provided in § 210.64, when a ruling of the administrative law judge:

(1) Requires the disclosure of Commission records or requires the appearance of Government officials pursuant to § 210. 32(c)(2); or

(2) Denies an application for intervention under § 210. 19. Appeals from such rulings may be sought by filing an application for review, not to exceed 15 pages, with the Commission within five days after service of the administrative law judge's ruling. An answer to the application for review may be filed within five days after service of the application. The application for review should specify the person or party taking the appeal, designate the ruling or part thereof from which appeal is being taken, and specify the reasons and present arguments as to why review is being sought. The Commission may, upon its own motion, enter an order staying the return date of an order issued by the ad-

ministrative law judge pursuant to § 210. 32(c)(2) or may enter an order placing the matter on the Commission's docket for review. Any order placing the matter on the Commission's docket for review will set forth the scope of the review and the issues that will be considered and will make provision for the filing of briefs if deemed appropriate by the Commission.

(b) *Appeals with leave of the administrative law judge.* (1) Except as otherwise provided in paragraph(a) of this section, § 210. 64,and paragraph(b)(2) of this section, applications for review of a ruling by an administrative law judge may be allowed only upon request made to the administrative law judge and upon determination by the administrative law judge in writing,with justification in support thereof,that the ruling involves a controlling question of law or policy as to which there is substantial ground for difference of opinion, and that either an immediate appeal from the ruling may materially advance the ultimate completion of the investigation or subsequent review will be an inadequate remedy.

(2) Applications for review of a ruling by an administrative law judge under § 210.5(e)(1) as to whether information designated confidential by the supplier is entitled to confidential treatment under § 210.5(b) may be allowed only upon request made to the administrative law judge and upon determination by the administrative law judge in writing,with justification in support thereof.

(3) A written application for review under paragraph(b)(1) or (b)(2) of this section shall not exceed 15 pages and may be filed within five days after service of the administrative law judge's determination. An answer to the application for review may be filed within five days after service of the application for review. Thereupon,the Commission may,in its discretion, permit an appeal. Unless otherwise ordered by the Commission, Commission review,if permitted, shall be confined to the application for review and answer thereto,without oral argument or further briefs.

(c) *Investigation not stayed.* Application for review under this section shall not stay the investigation before the administrative law judge unless the administrative law

judge or the Commission shall so order.

[59 FR 39039,Aug. 1,1994,as amended at 59 FR 67627,Dec. 30,1994]

§ 210. 25　Sanctions.

(a)(1) Any party may file a motion for sanctions for abuse of process under § 210.4(d)(1),abuse of discovery under § 210.27(d)(3),failure to make or cooperate in discovery under § 210.33(b) or (c),or violation of a protective order under § 210.34(c). A motion alleging abuse of process should be filed promptly after the requirements of § 210.4 (d)(1)(i) have been satisfied. A motion alleging abuse of discovery,failure to make or cooperate in discovery,or violation of a protective order should be filed promptly after the allegedly sanctionable conduct is discovered.

(2) The administrative law judge(when the investigation or related proceeding is before him) or the Commission(when the investigation or related proceeding is before it) also may raise the sanction issue sua sponte.(See also § § 210.4(d)(1) (ii),210.27(d)(3),210.33(c),and 210.34 (c).)

(b) A motion for sanctions shall be addressed to the presiding administrative law judge, if the allegedly sanctionable conduct occurred and is discovered while the administrative law judge is presiding in an investigation or in a related proceeding. During an investigation, the administrative law judge's ruling on the motion shall be in the form of an order,if it is issued before or concurrently with the initial determination concerning violation of section 337 of the Tariff Act of 1930 or termination of the investigation. In a related proceeding,the administrative law judge's ruling shall be in the form of an order,regardless of the point in time at which the order is issued.

(c) A motion for sanctions shall be addressed to the Commission,if the allegedly sanctionable conduct occurred while the Commission is presiding or is filed after the subject investigation or related proceeding is terminated. The Commission may assign the motion to an administrative law judge for issuance of a recommended determination. The deadlines and procedures that will be followed in processing the recommended determination will be set forth in the Commission order assigning the motion to an administrative law judge.

(d) If an administrative law judge's order concerning sanctions is issued before the initial determination concerning violation of section 337 of the Tariff Act of 1930 or termination of the investigation, it may be appealed under § 210.24(b)(1) with leave from the administrative law judge, if the requirements of that section are satisfied. If the order is issued concurrently with the initial determination, the order may be appealed by filing a petition meeting the requirements of § 210.43(b). The periods for filing such petitions and responding to the petitions will be specified in the Commission notice issued pursuant to § 210.42(i), if the initial determination has granted a motion for termination of the investigation, or in the Commission notice issued pursuant to § 210.46(a), if the initial determination concerns violation of section 337. The Commission will determine whether to adopt the order after disposition of the initial determination concerning violation of section 337 or termination of the investigation.

(e) If the administrative law judge's ruling on the motion for sanctions is in the form of a recommended determination pursuant to paragraph(c) of this section, the deadlines and procedures for parties to contest the recommended determination will be set forth in the Commission order assigning the motion to an administrative law judge.

(f) If a motion for sanctions is filed with the administrative law judge during an investigation, he may defer his adjudication of the motion until after he has issued a final initial determination concerning violation of section 337 of the Tariff Act of 1930 or termination of investigation. If the administrative law judge defers his adjudication in such a manner, his ruling on the motion for sanctions must be in the form of a recommended determination and shall be issued no later than 30 days after issuance of the Commission's final determination on violation of section 337 or termination of the investigation. To aid the Commission in determining whether to adopt a recommended determination, any party may file written comments with the Commission 14 days after service of the recommended determination. Replies to such comments may be filed within seven days after service of the comments. The Commission will determine whether to adopt the recommended determination after reviewing the parties' arguments and taking any other steps the Commission deems appropriate.

[59 FR 39039, Aug. 1, 1994, as amended at 73 FR 38323, July 7, 2008]

§ 210.26　Other motions.

Motions pertaining to discovery shall be filed in accordance with § 210.15 and the pertinent provisions of subpart E of this part(§§ 210.27 through 210.34). Motions pertaining to evidentiary hearings and prehearing conferences shall be filed in accordance with § 210.15 and the pertinent provisions of subpart F of this part (§§ 210.35 through 210.40). Motions for temporary relief shall be filed as provided in subpart H of this part(see §§ 210.52 through 210.57).

Subpart E—Discovery and Compulsory Process

§ 210.27　General provisions governing discovery.

(a) *Discovery methods.* The parties to an investigation may obtain discovery by one or more of the following methods: depositions upon oral examination or written questions; written interrogatories; production of documents or things or permission to enter upon land or other property for inspection or other purposes; and requests for admissions.

(b) *Scope of discovery.* Regarding the scope of discovery for the temporary relief phase of an investigation, see § 210.61. For the permanent relief phase of an investigation, unless otherwise ordered by the administrative law judge, a party may obtain discovery regarding any matter, not privileged, that is relevant to the following:

(1) The claim or defense of the party seeking discovery or to the claim or de-

fense of any other party, including the existence, description, nature, custody, condition, and location of any books, documents, or other tangible things;

(2) The identity and location of persons having knowledge of any discoverable matter;

(3) The appropriate remedy for a violation of section 337 of the Tariff Act of 1930 (see § 210.42(a)(1)(ii)(A)); or

(4) The appropriate bond for the respondents, under section 337(j)(3) of the Tariff Act of 1930, during Presidential review of the remedial order (if any) issued by the Commission (see § 210.42(a)(1)(ii)(B)).

It is not grounds for objection that the information sought will be inadmissible at the hearing if the information sought appears reasonably calculated to lead to the discovery of admissible evidence.

(c) *Supplementation of Responses.* (1) A party who has responded to a request for discovery with a response is under a duty to supplement or correct the response to include information thereafter acquired if ordered by the administrative law judge or the Commission or in the following circumstances: A party is under a duty seasonably to amend a prior response to an interrogatory, request for production, or request for admission if the party learns that the response is in some material respect incomplete or incorrect and if the additional or corrective information has not otherwise been made known to the other parties during the discovery process or in writing.

(2) A duty to supplement responses also may be imposed by agreement of the parties, or at any time prior to a hearing through new requests for supplementation of prior responses.

(d) *Signing of Discovery Requests, Responses, and Objections.* (1) The front page of every request for discovery or response or objection thereto shall contain a caption setting forth the name of the Commission, the title of the investigation or related proceeding, and the docket number or investigation number, if any, assigned to the investigation or related proceeding.

(2) Every request for discovery or response or objection thereto made by a party represented by an attorney shall be signed by at least one attorney of record in the attorney's individual name, whose address shall be stated. A party who is not represented by an attorney shall sign the request, response, or objection and shall state the party's address. The signature of the attorney or party constitutes a certification that to the best of the signer's knowledge, information, and belief formed after a reasonable inquiry, the request, objection, or response is:

(i) Consistent with § 210.5(a) (if applicable) and other relevant provisions of this chapter, and warranted by existing law or a good faith argument for the extension, modification, or reversal of existing law;

(ii) Not interposed for any improper purpose, such as to harass or to cause unnecessary delay or needless increase in the cost of litigation; and

(iii) Not unreasonable or unduly burdensome or expensive, given the needs of the case, the discovery already had in the case, and the importance of the issues at stake in the litigation.

If a request, response, or objection is not signed, it shall be stricken unless it is signed promptly after the omission is called to the attention of the party making the request, response, or objection, and a party shall not be obligated to take any action with respect to it until it is signed.

(3) If without substantial justification a request, response, or objection is certified in violation of paragraph (d)(2) of this section, the administrative law judge or the Commission, upon motion or sua sponte under § 210.25 of this part, may impose an appropriate sanction upon the person who made the certification, the party on whose behalf the request, response, or objection was made, or both.

(4) An appropriate sanction may include an order to pay to the other parties the amount of reasonable expenses incurred because of the violation, including a reasonable attorney's fee, to the extent authorized by Rule 26(g) of the Federal Rules of Civil Procedure. Monetary sanctions shall not be imposed under this section against the United States, the Commission, or a Commission investigative attorney.

(5) Monetary sanctions may be imposed under this section to reimburse the

Commission for expenses incurred by a Commission investigative attorney or the Commission's Office of Unfair Import Investigations. Monetary sanctions will not be imposed under this section to reimburse the Commission for attorney's fees.

§ 210. 28 Depositions.

(a) *When depositions may be taken.* Following publication in the Federal Register of a Commission notice instituting the investigation, any party may take the testimony of any person, including a party, by deposition upon oral examination or written questions. The presiding administrative law judge will determine the permissible dates or deadlines for taking such depositions.

(b) *Persons before whom depositions may be taken.* Depositions may be taken before a person having power to administer oaths by the laws of the United States or of the place where the examination is held.

(c) *Notice of examination.* A party desiring to take the deposition of a person shall give notice in writing to every other party to the investigation. The administrative law judge shall determine the appropriate period for providing such notice. The notice shall state the time and place for taking the deposition and the name and address of each person to be examined, if known, and, if the name is not known, a general description sufficient to identify him or the particular class or group to which he belongs. A notice may provide for the taking of testimony by telephone, but the administrative law judge may, on motion of any party, require that the deposition be taken in the presence of the deponent. The parties may stipulate in writing, or the administrative law judge may upon motion order, that the testimony at a deposition be recorded by other than stenographic means. If a subpoena duces tecum is to be served on the person to be examined, the designation of the materials to be produced as set forth in the subpoena shall be attached to or included in the notice.

(d) *Taking of deposition.* Each deponent shall be duly sworn, and any adverse party shall have the right to cross-examine. Objections to questions or documents shall be in short form, stating the grounds of objections relied upon. Evidence objected to shall be taken subject to the objections, except that privileged communications and subject matter need not be disclosed. The questions propounded and the answers thereto, together with all objections made, shall be reduced to writing, after which the deposition shall be subscribed by the deponent (unless the parties by stipulation waive signing or the deponent is ill or cannot be found or refuses to sign) and certified by the person before whom the deposition was taken. If the deposition is not subscribed by the deponent, the person administering the oath shall state on the record such fact and the reason therefor. When a deposition is recorded by stenographic means, the stenographer shall certify on the transcript that the witness was sworn in the stenographer's presence and that the transcript is a true record of the testimony of the witness. When a deposition is recorded by other than stenographic means and is thereafter transcribed, the person transcribing it shall certify that the person heard the witness sworn on the recording and that the transcript is a correct writing of the recording. Thereafter, upon payment of reasonable charges therefor, that person shall furnish a copy of the transcript or other recording of the deposition to any party or to the deponent. See paragraph (i) of this section concerning the effect of errors and irregularities in depositions.

(e) *Depositions of nonparty officers or employees of the Commission or of other Government agencies.* A party desiring to take the deposition of an officer or employee of the Commission other than the Commission investigative attorney, or of an officer or employee of another Government agency, or to obtain documents or other physical exhibits in the custody, control, and possession of such officer or employee, shall proceed by written motion to the administrative law judge for leave to apply for a subpoena under § 210.32(c). Such a motion shall be granted only upon a showing that the information expected to be obtained thereby is within the scope of discovery permitted by § 210.27(b) or § 210. 61 and cannot be obtained without undue hardship by alternative means.

(f) *Service of deposition transcripts on the*

Commission staff. The party taking the deposition shall promptly serve one copy of the deposition transcript on the Commission investigative attorney.

(g) *Admissibility of depositions.* The fact that a deposition is taken and served upon the Commission investigative attorney as provided in this section does not constitute a determination that it is admissible in evidence or that it may be used in the investigation. Only such part of a deposition as is received in evidence at a hearing shall constitute a part of the record in such investigation upon which a determination may be based. Objections may be made at the hearing to receiving in evidence any deposition or part thereof for any reason that would require exclusion of the evidence if the witness were then present and testifying.

(h) *Use of depositions.* A deposition may be used as evidence against any party who was present or represented at the taking of the deposition or who had reasonable notice thereof, in accordance with any of the following provisions:

(1) Any deposition may be used by any party for the purpose of contradicting or impeaching the testimony of a deponent as a witness;

(2) The deposition of a party may be used by an adverse party for any purpose;

(3) The deposition of a witness, whether or not a party, may be used by any party for any purposes if the administrative law judge finds—

(i) That the witness is dead; or

(ii) That the witness is out of the United States, unless it appears that the absence of the witness was procured by the party offering the deposition; or

(iii) That the witness is unable to attend or testify because of age, illness, infirmity, or imprisonment; or

(iv) That the party offering the deposition has been unable to procure the attendance of the witness by subpoena; or

(v) Upon application and notice, that such exceptional circumstances exist as to make it desirable in the interest of justice and with due regard to the importance of presenting the oral testimony of witnesses at a hearing, to allow the deposition to be used.

(4) If only part of a deposition is offered in evidence by a party, an adverse party may require him to introduce any other part that ought in fairness to be considered with the part introduced, and any party may introduce any other parts.

(i) *Effect of errors and irregularities in depositions* —(1) *As to notice.* All errors and irregularities in the notice for taking a deposition are waived unless written objection is promptly served upon the party giving notice.

(2) *As to disqualification of person before whom the deposition is to be taken.* Objection to taking a deposition because of disqualification of the person before whom it is to be taken is waived unless made before the taking of the deposition begins or as soon thereafter as the disqualification becomes known or could be discovered with reasonable diligence.

(3) *As to taking of depositions.* (i) Objections to the competency of a witness or the competency, relevancy, or materiality of testimony are not waived by failure to make them before or during the deposition, unless the ground of the objection is one which might have been obviated or removed if presented at that time.

(ii) Errors and irregularities occurring at the oral examination in the manner of taking the deposition, in the form of the questions or answers, in the oath or affirmation, or in the conduct of parties, and errors of any kind which might be obviated, removed, or cured if promptly presented, are waived unless seasonable objection thereto is made at the taking of the deposition.

(iii) Objections to the form of written questions submitted under this section are waived unless served in writing upon the party propounding them. The presiding administrative law judge shall set the deadline for service of such objections.

(4) *As to completion and return of deposition.* Errors and irregularities in the manner in which the testimony is transcribed or the deposition is prepared, signed, certified, sealed, indorsed, transmitted, served, or otherwise dealt with by the person before whom it is taken are waived unless a motion to suppress the deposition or some part thereof is made with reasonable promptness after such defect is, or with

due diligence might have been, ascertained.

[59 FR 39039, Aug. 1, 1994, as amended at 73 FR 38323, July 7, 2008]

§ 210.29 Interrogatories.

(a) *Scope; use at hearing.* Any party may serve upon any other party written interrogatories to be answered by the party served. Interrogatories may relate to any matters that can be inquired into under § 210.27(b) or § 210.61, and the answers may be used to the extent permitted by the rules of evidence.

(b) *Procedure.* (1) Interrogatories may be served upon any party after the date of publication in the Federal Register of the notice of investigation.

(2) Parties answering interrogatories shall repeat the interrogatories being answered immediately preceding the answers. Each interrogatory shall be answered separately and fully in writing under oath, unless it is objected to, in which event the reasons for objection shall be stated in lieu of an answer. The answers are to be signed by the person making them, and the objections are to be signed by the attorney making them. The party upon whom the interrogatories have been served shall serve a copy of the answers and objections, if any, within ten days of service of the interrogatories or within the time specified by the administrative law judge. The party submitting the interrogatories may move for an order under § 210.33(a) with respect to any objection to or other failure to answer an interrogatory.

(3) An interrogatory otherwise proper is not necessarily objectionable merely because an answer to the interrogatory involves an opinion or contention that relates to fact or the application of law to fact, but the administrative law judge may order that such an interrogatory need not be answered until after designated discovery has been completed or until a prehearing conference or a later time.

(c) *Option to produce records.* When the answer to an interrogatory may be derived or ascertained from the records of the party upon whom the interrogatory has been served or from an examination, audit, or inspection of such records, or from a compilation, abstract, or summary based thereon, and the burden of deriving or ascertaining the answer is substantially the same for the party serving the interrogatory as for the party served, it is a sufficient answer to such interrogatory to specify the records from which the answer may be derived or ascertained and to afford to the party serving the interrogatory reasonable opportunity to examine, audit, or inspect such records and to make copies, compilations, abstracts, or summaries. The specifications provided shall include sufficient detail to permit the interrogating party to locate and to identify, as readily as can the party served, the documents from which the answer may be ascertained.

[59 FR 39039, Aug. 1, 1994, as amended at 73 FR 38323, July 7, 2008]

§ 210.30 Requests for production of documents and things and entry upon land.

(a) *Scope.* Any party may serve on any other party a request:

(1) To produce and permit the party making the request, or someone acting on his behalf, to inspect and copy any designated documents (including writings, drawings, graphs, charts, photographs, and other data compilations from which information can be obtained), or to inspect and copy, test, or sample any tangible things that are in the possession, custody, or control of the party upon whom the request is served; or

(2) To permit entry upon designated land or other property in the possession or control of the party upon whom the request is served for the purpose of inspecting and measuring, surveying, photographing, testing, or sampling the property or any designated object or operation thereon, within the scope of § 210.27(b).

(b) *Procedure.* (1) The request may be served upon any party after the date of publication in the Federal Register of the notice of investigation. The request shall set forth the items to be inspected, either by individual item or by category, and describe each item and category with reasonable particularity. The request shall specify a reasonable time, place, and manner of making the inspection and performing the related acts.

(2) The party upon whom the request is served shall serve a written response within 10 days or the time specified by the administrative law judge. The response shall state, with respect to each item or category, that inspection and related activities will be permitted as requested, unless the request is objected to, in which event the reasons for objection shall be stated. If objection is made to part of any item or category, the part shall be specified. The party submitting the request may move for an order under § 210.33(a) with respect to any objection to or other failure to respond to the request or any part thereof, or any failure to permit inspection as requested. A party who produces documents for inspection shall produce them as they are kept in the usual course of business or shall organize and label them to correspond to the categories in the request.

(c) *Persons not parties.* This section does not preclude issuance of an order against a person not a party to permit entry upon land.

[59 FR 39039, Aug. 1, 1994, as amended at 73 FR 38323, July 7, 2008]

§ 210.31　Requests for admission.

(a) *Form, content, and service of request for admission.* Any party may serve on any other party a written request for admission of the truth of any matters relevant to the investigation and set forth in the request that relate to statements or opinions of fact or of the application of law to fact, including the genuineness of any documents described in the request. Copies of documents shall be served with the request unless they have been otherwise furnished or are known to be, and in the request are stated as being, in the possession of the other party. Each matter as to which an admission is requested shall be separately set forth. The request may be served upon a party whose complaint is the basis for the investigation after the date of publication in the Federal Register of the notice of investigation. The administrative law judge will determine the period within which a party may serve a request upon other parties.

(b) *Answers and objections to requests for admissions.* A party answering a request for admission shall repeat the request for admission immediately preceding his answer. The matter may be deemed admitted unless, within 10 days or the period specified by the administrative law judge, the party to whom the request is directed serves upon the party requesting the admission a sworn written answer or objection addressed to the matter. If objection is made, the reason therefor shall be stated. The answer shall specifically deny the matter or set forth in detail the reasons why the answering party cannot truthfully admit or deny the matter. A denial shall fairly meet the substance of the requested admission, and when good faith requires that a party qualify his answer or deny only a part of the matter as to which an admission is requested, he shall specify so much of it as is true and qualify or deny the remainder. An answering party may not give lack of information or knowledge as a reason for failure to admit or deny unless he states that he has made reasonable inquiry and that the information known to or readily obtainable by him is insufficient to enable him to admit or deny. A party who considers that a matter as to which an admission has been requested presents a genuine issue for a hearing may not object to the request on that ground alone; he may deny the matter or set forth reasons why he cannot admit or deny it.

(c) *Sufficiency of answers.* The party who has requested the admissions may move to determine the sufficiency of the answers or objections. Unless the objecting party sustains his burden of showing that the objection is justified, the administrative law judge shall order that an answer be served. If the administrative law judge determines that an answer does not comply with the requirements of this section, he may order either that the matter is admitted or that an amended answer be served. The administrative law judge may, in lieu of these orders, determine that final disposition of the request be made at a prehearing conference or at a designated time prior to a hearing under this part.

(d) *Effect of admissions; withdrawal or amendment of admission.* Any matter admitted under this section may be conclusively established unless the administrative law judge on motion permits withdrawal or amendment of the admission. The administrative law judge may permit withdrawal or amendment when the presentation of the issues of the investigation will be subserved thereby and the party who obtained the admission fails to satisfy the administrative law judge that withdrawal or amendment will prejudice him in maintaining his position on the issue of the investigation. Any admission made by a party under this section is for the purpose of the pending investigation and any related proceeding as defined in § 210.3 of this chapter.

[59 FR 39039, Aug. 1, 1994, as amended at 73 FR 38323, July 7, 2008]

§ 210.32 Subpoenas.

(a) *Application for issuance of a subpoena* —
(1) *Subpoena ad testificandum.* An application for issuance of a subpoena requiring a person to appear and depose or testify at the taking of a deposition or at a hearing shall be made to the administrative law judge.
(2) *Subpoena duces tecum.* An application for issuance of a subpoena requiring a person to appear and depose or testify and to produce specified documents, papers, books, or other physical exhibits at the taking of a deposition, at a prehearing conference, at a hearing, or under any other circumstances, shall be made in writing to the administrative law judge and shall specify the material to be produced as precisely as possible, showing the general relevancy of the material and the reasonableness of the scope of the subpoena.
(3) The administrative law judge shall rule on all applications filed under paragraph (a)(1) or (a)(2) of this section and may issue subpoenas when warranted.
(b) *Use of subpoena for discovery.* Subpoenas may be used by any party for purposes of discovery or for obtaining documents, papers, books or other physical exhibits for use in evidence, or for both purposes. When used for discovery purposes, a subpoena may require a person to produce and permit the inspection and copying of nonprivileged documents, papers, books, or other physical exhibits that constitute or contain evidence relevant to the subject matter involved and that are in the possession, custody, or control of such person.
(c) *Application for subpoenas for nonparty Commission records or personnel or for records and personnel of other Government agencies* —
(1) *Procedure.* An application for issuance of a subpoena requiring the production of nonparty documents, papers, books, physical exhibits, or other material in the records of the Commission, or requiring the production of records or personnel of other Government agencies shall specify as precisely as possible the material to be produced, the nature of the information to be disclosed, or the expected testimony of the official or employee, and shall contain a statement showing the general relevancy of the material, information, or testimony and the reasonableness of the scope of the application, together with a showing that such material, information, or testimony or their substantial equivalent could not be obtained without undue hardship or by alternative means.
(2) *Ruling.* Such applications shall be ruled upon by the administrative law judge, and he may issue such subpoenas when warranted. To the extent that the motion is granted, the administrative law judge shall provide such terms and conditions for the production of the material, the disclosure of the information, or the appearance of the official or employee as may appear necessary and appropriate for the protection of the public interest.
(3) *Application for subpoena grounded upon the Freedom of Information Act.* No application for a subpoena for production of documents grounded upon the Freedom of Information Act (5 U.S.C. § 552) shall be entertained by the administrative law judge.
(d) *Motion to limit or quash.* Any motion to limit or quash a subpoena shall be filed within such time as the administrative law judge may allow.
(e) *Ex parte rulings on applications for subpoenas.* Applications for the issuance of the subpoenas pursuant to the provisions of this section may be made ex parte, and, if so made, such applications and rulings thereon shall remain ex parte unless oth-

erwise ordered by the administrative law judge.

(f) *Witness Fees* —(1) *Deponents and witnesses.* Any person compelled to appear in person to depose or testify in response to a subpoena shall be paid the same mileage as are paid witnesses with respect to proceedings in the courts of the United States; provided, that salaried employees of the United States summoned to depose or testify as to matters related to their public employment, irrespective of the party at whose instance they are summoned, shall be paid in accordance with the applicable Federal regulations.

(2) *Responsibility.* The fees and mileage referred to in paragraph (f) (1) of this section shall be paid by the party at whose instance deponents or witnesses appear. Fees due under this paragraph shall be tendered no later than the date for compliance with the subpoena issued under this section. Failure to timely tender fees under this paragraph shall not invalidate any subpoena issued under this section.

(g) *Obtaining judicial enforcement.* In order to obtain judicial enforcement of a subpoena issued under paragraphs (a) (3) or (c) (2) of this section, the administrative law judge shall certify to the Commission, on motion or sua sponte, a request for such enforcement. The request shall be accompanied by copies of relevant papers and a written report from the administrative law judge concerning the purpose, relevance, and reasonableness of the subpoena. If the request, relevant papers, or written report contain confidential business information, the administrative law judge shall certify nonconfidential copies along with the confidential versions. The Commission will subsequently issue a notice stating whether it has granted the request and authorized its Office of the General Counsel to seek such enforcement.

[59 FR 39039, Aug. 1, 1994, as amended at 73 FR 38233, July 7, 2008]

§ 210. 33　Failure to make or cooperate in discovery; sanctions.

(a) *Motion for order compelling discovery.* A party may apply to the administrative law judge for an order compelling discovery upon reasonable notice to other parties and all persons affected thereby.

(b) *Non – monetary sanctions for failure to comply with an order compelling discovery.* If a party or an officer or agent of a party fails to comply with an order including, but not limited to, an order for the taking of a deposition or the production of documents, an order to answer interrogatories, an order issued pursuant to a request for admissions, or an order to comply with a subpoena, the administrative law judge, for the purpose of permitting resolution of relevant issues and disposition of the investigation without unnecessary delay despite the failure to comply, may take such action in regard thereto as is just, including, but not limited to the following:

(1) Infer that the admission, testimony, documents, or other evidence would have been adverse to the party;

(2) Rule that for the purposes of the investigation the matter or matters concerning the order or subpoena issued be taken as established adversely to the party;

(3) Rule that the party may not introduce into evidence or otherwise rely upon testimony by the party, officer, or agent, or documents, or other material in support of his position in the investigation;

(4) Rule that the party may not be heard to object to introduction and use of secondary evidence to show what the withheld admission, testimony, documents, or other evidence would have shown;

(5) Rule that a motion or other submission by the party concerning the order or subpoena issued be stricken or rule by initial determination that a determination in the investigation be rendered against the party, or both; or

(6) Order any other non – monetary sanction available under Rule 37 (b) of the Federal Rules of Civil Procedure. Any such action may be taken by written or oral order issued in the course of the investigation or by inclusion in the initial determination of the administrative law judge. It shall be the duty of the parties to seek, and that of the administrative law judge to grant, such of the foregoing means of relief or other appropriate relief as may be sufficient to compensate for the lack of withheld testimony,documents, or other evidence. If,in the administrative law judge's opinion such relief would not be sufficient,the administrative law judge shall certify to the Commission a request that court enforcement of the subpoena or other discovery order be sought.

(c)*Monetary sanctions for failure to make or cooperate in discovery.* (1)If a party or an officer, director, or managing agent of the party or person designated to testify on behalf of a party fails to obey an order to provide or permit discovery,the administrative law judge or the Commission may make such orders in regard to the failure as are just. In lieu of or in addition to taking action listed in paragraph (b) of this section and to the extent provided in Rule 37(b)(2)of the Federal Rules of Civil Procedure,the administrative law judge or the Commission,upon motion or sua sponte under § 210.25,may require the party failing to obey the order or the attorney advising that party or both to pay reasonable expenses, including attorney's fees, caused by the failure,unless the administrative law judge or the Commission finds that the failure was substantially justified or that other circumstances make an award of expenses unjust. Monetary sanctions shall not be imposed under this section against the United States,the Commission,or a Commission investigative attorney.

(2) Monetary sanctions may be imposed under this section to reimburse the Commission for expenses incurred by a Commission investigative attorney or the Commission's Office of Unfair Import Investigations. Monetary sanctions will not be imposed under this section to reimburse the Commission for attorney's fees.

§ 210. 34　Protective orders; reporting requirement; sanctions and other actions.

(a)*Issuance of protective order.* Upon motion by a party or by the person from whom discovery is sought or by the administrative law judge on his own initiative, and for good cause shown,the administrative law judge may make any order that may appear necessary and appropriate for the protection of the public interest or that justice requires to protect a party or

person from annoyance, embarrassment, oppression,or undue burden or expense, including one or more of the following:

(1)That discovery not be had;

(2)That the discovery may be had only on specified terms and conditions, including a designation of the time or place;

(3)That discovery may be had only by a method of discovery other than that selected by the party seeking discovery;

(4)That certain matters not be inquired into,or that the scope of discovery be limited to certain matters;

(5) That discovery be conducted with no one present except persons designated by the administrative law judge;

(6) That a deposition, after being sealed,be opened only by order of the Commission or the administrative law judge;

(7)That a trade secret or other confidential research,development,or commercial information not be disclosed or be disclosed only in a designated way; and

(8)That the parties simultaneously file specified documents or information enclosed in sealed envelopes to be opened as directed by the Commission or the administrative law judge. If the motion for a protective order is denied, in whole or in part,the Commission or the administrative law judge may,on such terms and conditions as are just,order that any party or person provide or permit discovery. The Commission also may,upon motion or sua sponte, issue protective orders or may continue or amend a protective order issued by the administrative law judge.

(b)*Unauthorized disclosure of information.* If confidential business information submitted in accordance with the terms of a protective order is disclosed to any person other than in a manner authorized by the protective order,the party responsible for the disclosure must immediately bring all pertinent facts relating to such disclosure to the attention of the submitter of the information and the administrative law judge or the Commission,and, without prejudice to other rights and remedies of the submitter of the information,make every effort to prevent further disclosure of such information by the party or the recipient of such information.

(c)*Violation of protective order.* Any individual who has agreed to be bound by the terms of a protective order issued pursuant to paragraph（a）of this section, and who is determined to have violated the terms of the protective order, may be subject to one or more of the following:

（1）An official reprimand by the Commission;

（2）Disqualification from or limitation of further participation in a pending investigation;

（3）Temporary or permanent disqualification from practicing in any capacity before the Commission pursuant to §201.15（a）of this chapter;

（4）Referral of the facts underlying the violation to the appropriate licensing authority in the jurisdiction in which the individual is licensed to practice;

（5）Sanctions of the sort enumerated in §210.33（b）, or such other action as may be appropriate.

Note to paragraph（c）: The issue of whether sanctions should be imposed may be raised on a motion by a party, the administrative law judge's own motion, or the Commission's own initiative in accordance with §210.25（a）（2）. Parties, including the party that identifies an alleged breach or makes a motion for sanctions, and the Commission shall treat the identity of the alleged breacher as confidential business information unless the Commission issues a public sanction. The identity of the alleged breacher means the name of any individual against whom allegations are made. The Commission or administrative law judge shall allow the parties to make written submissions and, if warranted, to present oral argument bearing on the issues of violation of a protective order and sanctions therefor. If before an administrative law judge, any determination on sanctions of the type enumerated in

paragraphs（c）（1）through（4）of this section shall be in the form of a recommended determination. When the motion is addressed to the administrative law judge, he shall grant or deny a motion for sanctions under paragraph（c）（5）of this section by issuing an order.

（d）*Reporting requirement.* Each person who is subject to a protective order issued pursuant to paragraph（a）of this section shall report in writing to the Commission immediately upon learning that confidential business information disclosed to him or her pursuant to the protective order is the subject of:

（1）A subpoena;

（2）A court or an administrative order（other than an order of a court reviewing a Commission decision）;

（3）A discovery request;

（4）An agreement; or

（5）Any other written request, if the request or order seeks disclosure, by him or any other person, of the subject confidential business information to a person who is not, or may not be, permitted access to that information pursuant to either a Commission protective order or §210.5（b）.

Note to paragraph（d）: This reporting requirement applies only to requests and orders for disclosure made for use of confidential business information in non-Commission proceedings.

（e）*Sanctions and other actions.* After providing notice and an opportunity to comment, the Commission may impose a sanction upon any person who willfully fails to comply with paragraph（d）of this section, or it may take other action.

[59 FR 39039, Aug. 1, 1994, as amended at 73 FR 38323, July 7, 2008]

Subpart F—Prehearing Conferences and Hearings

§210.35　Prehearing conferences.

（a）*When appropriate.* The administrative law judge in any investigation may direct counsel or other representatives for all parties to meet with him for one or more conferences to consider any or all of the following:

（1）Simplification and clarification of the

issues;

（2）Negotiation, compromise, or settlement of the case, in whole or in part;

（3）Scope of the hearing;

（4）Necessity or desirability of amendments to pleadings subject, however, to the provisions of §210.14（b）and（c）;

（5）Stipulations and admissions of either fact or the content and authenticity of documents;

(6) Expedition in the discovery and presentation of evidence including, but not limited to, restriction of the number of expert, economic, or technical witnesses; and

(7) Such other matters as may aid in the orderly and expeditious disposition of the investigation including disclosure of the names of witnesses and the exchange of documents or other physical exhibits that will be introduced in evidence in the course of the hearing.

(b) *Subpoenas.* Prehearing conferences may be convened for the purpose of accepting returns on subpoenas duces tecum issued pursuant to § 210.32 (a) (3).

(c) *Reporting.* In the discretion of the administrative law judge, prehearing conferences may or may not be stenographically reported and may or may not be public.

(d) *Order.* The administrative law judge may enter in the record an order that recites the results of the conference. Such order shall include the administrative law judge's rulings upon matters considered at the conference, together with appropriate direction to the parties. The administrative law judge's order shall control the subsequent course of the hearing, unless the administrative law judge modifies the order.

[59 FR 39039, Aug. 1, 1994, as amended at 73 FR 38324, July 7, 2008]

§ 210.36   General provisions for hearings.

(a) *Purpose of hearings.* (1) An opportunity for a hearing shall be provided in each investigation under this part, in accordance with the Administrative Procedure Act. At the hearing, the presiding administrative law judge will take evidence and hear argument for the purpose of determining whether there is a violation of section 337 of the Tariff Act of 1930, and for the purpose of making findings and recommendations, as described in § 210.42 (a) (1) (ii), concerning the appropriate remedy and the amount of the bond to be posted by respondents during Presidential review of the Commission's action, under section 337 (j) of the Tariff Act.

(2) An opportunity for a hearing in accordance with the Administrative Procedure Act shall also be provided in connection with every motion for temporary relief filed under this part.

(b) *Public hearings.* All hearings in investigations under this part shall be public unless otherwise ordered by the administrative law judge.

(c) *Expedition.* Hearings shall proceed with all reasonable expedition, and, insofar as practicable, shall be held at one place, continuing until completed unless otherwise ordered by the administrative law judge.

(d) *Rights of the parties.* Every hearing under this section shall be conducted in accordance with the Administrative Procedure Act (i. e., 5 U. S. C. § § 554 through 556). Hence, every party shall have the right of adequate notice, cross - examination, presentation of evidence, objection, motion, argument, and all other rights essential to a fair hearing.

(e) *Presiding official.* An administrative law judge shall preside over each hearing unless the Commission shall otherwise order.

§ 210.37   Evidence.

(a) *Burden of proof.* The proponent of any factual proposition shall be required to sustain the burden of proof with respect thereto.

(b) *Admissibility.* Relevant, material, and reliable evidence shall be admitted. Irrelevant, immaterial, unreliable, or unduly repetitious evidence shall be excluded. Immaterial or irrelevant parts of an admissible document shall be segregated and excluded as far as practicable.

(c) *Information obtained in investigations.* Any documents, papers, books, physical exhibits, or other materials or information obtained by the Commission under any of its powers may be disclosed by the Commission investigative attorney when necessary in connection with investigations and may be offered in evidence by the Commission investigative attorney.

(d) *Official notice.* When any decision of the administrative law judge rests, in whole or in part, upon the taking of official notice of a material fact not appearing in evidence of record, opportunity to disprove such noticed fact shall be granted any party making timely motion therefor.

(e) *Objections.* Objections to evidence

shall be made in timely fashion and shall briefly state the grounds relied upon. Rulings on all objections shall appear on the record.

(f) *Exceptions.* Formal exception to an adverse ruling is not required.

(g) *Excluded evidence.* When an objection to a question propounded to a witness is sustained, the examining party may make a specific offer of what he expects to prove by the answer of the witness, or the administrative law judge may in his discretion receive and report the evidence in full. Rejected exhibits, adequately marked for identification, shall be retained with the record so as to be available for consideration by any reviewing authority.

§ 210. 38　Record.

(a) *Definition of the record.* The record shall consist of all pleadings, the notice of investigation, motions and responses, all briefs and written statements, and other documents and things properly filed with the Secretary, in addition to all orders, notices, and initial determinations of the administrative law judge, orders and notices of the Commission, hearing and conference transcripts, evidence admitted into the record (including physical exhibits), and any other items certified into the record by the administrative law judge or the Commission.

(b) *Reporting and transcription.* Hearings shall be reported and transcribed by the official reporter of the Commission under the supervision of the administrative law judge, and the transcript shall be a part of the record.

(c) *Corrections.* Changes in the official transcript may be made only when they involve errors affecting substance. A motion to correct a transcript shall be addressed to the administrative law judge, who may order that the transcript be changed to reflect such corrections as are warranted, after consideration of any objections that may be made. Such corrections shall be made by the official reporter by furnishing substitute typed pages, under the usual certificate of the reporter, for insertion in the transcript. The original uncorrected pages shall be retained in the files of the Commission.

(d) *Certification of record.* The record, in-

cluding all physical exhibits entered into evidence or such photographic reproductions thereof as the administrative law judge approves, shall be certified to the Commission by the administrative law judge upon his filing of an initial determination or at such earlier time as the Commission may order.

[59 FR 39039, Aug. 1, 1994, as amended at 73 FR 38324, July 7, 2008]

§ 210. 39　In camera treatment of confidential information.

(a) *Definition.* Except as hereinafter provided and consistent with § § 210.5 and 210.34, confidential documents and testimony made subject to protective orders or orders granting in camera treatment are not made part of the public record and are kept confidential in an in camera record. Only the persons identified in a protective order, persons identified in § 210.5 (b), and court personnel concerned with judicial review shall have access to confidential information in the in camera record. The right of the administrative law judge and the Commission to disclose confidential data under a protective order (pursuant to § 210.34) to the extent necessary for the proper disposition of each proceeding is specifically reserved.

(b) *Transmission of certain Commission records to district court.* (1) In a civil action involving parties that are also parties to a proceeding before the Commission under section 337 of the Tariff Act of 1930, at the request of a party to a civil action that is also a respondent in the proceeding before the Commission, the district court may stay, until the determination of the Commission becomes final, proceedings in the civil action with respect to any claim that involves the same issues involved in the proceeding before the Commission under certain conditions. If such a stay is ordered by the district court, after the determination of the Commission becomes final and the stay is dissolved, the Commission shall certify to the district court such portions of the record of its proceeding as the district court may request. Notwithstanding paragraph (a) of this section, the in camera record may be transmitted to a district court and be admissible in a civil action, subject to such protective order as the district court determines necessary, pursuant to 28 U. S. C. 1659.

(2) To facilitate timely compliance with any court order requiring the Commission to transmit all or part of the record of its section 337 proceedings to the court, as described in paragraph (b)(1) of this section, a party that requests the court to issue an order staying the civil action or an order dissolving the stay and directing the Commission to transmit all or part of the record to the court must file written notice of the issuance or dissolution of a stay with the Commission Secretary within 10 days of the issuance or dissolution of a stay by the district court.

(c) *In camera treatment of documents and testimony.* The administrative law judge shall have authority to order documents or oral testimony offered in evidence, whether admitted or rejected, to be placed in camera.

(d) *Part of confidential record.* In camera documents and testimony shall constitute a part of the confidential record of the Commission.

(e) *References to in camera information.* In submitting proposed findings, briefs, or other papers, counsel for all parties shall make an attempt in good faith to refrain from disclosing the specific details of in camera documents and testimony. This shall not preclude references in such proposed findings, briefs, or other papers to such documents or testimony including generalized statements based on their contents. To the extent that counsel consider it necessary to include specific details of in camera data in their presentations, such data shall be incorporated in separate proposed findings, briefs, or other papers marked "Business Confidential," which shall be placed in camera and become a part of the confidential record.

[59 FR 39039, Aug. 1, 1994, as amended at 59 FR 67627, Dec. 30, 1994; 73 FR 38324, July 7, 2008]

§ 210. 40　Proposed findings and conclusions and briefs.

At the time a motion for summary determination under § 210.18(a) or a motion for termination under § 210.21(a) is made, or when it is found that a party is in default under § 210.16, or at the close of the reception of evidence in any hearing held pursuant to this part (except as provided in § 210.63), or within a reasonable time thereafter fixed by the administrative law judge, any party may file proposed findings of fact and conclusions of law, together with reasons therefor. When appropriate, briefs in support of the proposed findings of fact and conclusions of law may be filed with the administrative law judge for his consideration. Such proposals and briefs shall be in writing, shall be served upon all parties in accordance with § 210.4(g), and shall contain adequate references to the record and the authorities on which the submitter is relying.

Subpart G—Determinations and Actions Taken

§ 210. 41　Termination of investigation.

Except as provided in § 210.21(b)(2), (c), and (d), an order of termination issued by the Commission shall constitute a determination of the Commission under § 210.45(c). The Commission shall publish in the Federal Register notice of each Commission order that terminates an investigation in its entirety.

§ 210. 42　Initial determinations.

(a)(1)(i) *On issues concerning violation of section 337.* Unless otherwise ordered by the Commission, the administrative law judge shall certify the record to the Commission and shall file an initial determination on whether there is a violation of section 337 of the Tariff Act of 1930 no later than four(4) months before the target date set pursuant to § 210.51(a).

(ii) *Recommended determination on issues concerning permanent relief and bonding.* Unless the Commission orders otherwise, within 14 days after issuance of the initial determination on violation of section 337 of the Tariff Act of 1930, the administrative law judge shall issue a recommended determination containing findings of fact and recommendations concerning—

(A) The appropriate remedy in the event that the Commission finds a violation of section 337,and

(B) The amount of the bond to be posted by the respondents during Presidential review of Commission action under section 337(j)of the Tariff Act.

(2) *On certain motions to declassify information.* The decision of the administrative law judge granting a motion to declassify information,in whole or in part,shall be in the form of an initial determination as provided in § 210.20(b).

(b) *On issues concerning temporary relief or forfeiture of temporary relief bonds.* Certification of the record and the disposition of an initial determination concerning a motion for temporary relief are governed by § § 210.65 and 210.66. The disposition of an initial determination concerning possible forfeiture or return of a complainant's temporary relief bond,in whole or in part, is governed by § 210.70.

(c) *On other matters.* The administrative law judge shall grant the following types of motions by issuing an initial determination or shall deny them by issuing an order: a motion to amend the complaint or notice of investigation pursuant to § 210. 14(b); a motion for a finding of default pursuant to § 210.16; a motion for summary determination pursuant to § 210. 18; a motion for intervention pursuant to § 210. 19; a motion for termination pursuant to § 210.21; a motion to suspend an investigation pursuant to § 210.23; a motion for forfeiture or return of respondents' bonds pursuant to § 210.50(d); a motion to set a target date exceeding 15 months pursuant to § 210.51(a); or a motion for forfeiture or return of a complainant's temporary relief bond pursuant to § 210.70.

(d) *Contents.* The initial determination shall include: an opinion stating findings (with specific page references to principal supporting items of evidence in the record)and conclusions and the reasons or bases therefor necessary for the disposition of all material issues of fact, law, or discretion presented in the record; and a statement that, pursuant to § 210. 42 (h), the initial determination shall become the determination of the Commission unless a party files a petition for review of the initial

determination pursuant to § 210.43(a)or the Commission,pursuant to § 210.44,orders on its own motion a review of the initial determination or certain issues therein.

(e) *Notice to and advice from other departments and agencies.* Notice of each initial determination granting a motion for termination of an investigation in whole or part on the basis of a consent order or a settlement,licensing,or other agreement pursuant to § 210.21 of this part,and notice of such other initial determinations as the Commission may order,shall be provided to the U.S. Department of Health and Human Services,the U.S. Department of Justice,the Federal Trade Commission,the U. S. Customs Service,and such other departments and agencies as the Commission deems appropriate. The Commission shall consider comments,limited to issues raised by the record,the initial determination,and the petitions for review,received from such agencies when deciding whether to initiate review or the scope of review. The Commission shall allow such agencies 10 days after the service of an initial determination to submit their comments.

(f) *Initial determination made by the administrative law judge.* An initial determination under this section shall be made and filed by the administrative law judge who presided over the investigation, except when that person is unavailable to the Commission and except as provided in § 210.20(a).

(g) *Reopening of proceedings by the administrative law judge.* At any time prior to the filing of the initial determination,the administrative law judge may reopen the proceedings for the reception of additional evidence.

(h) *Effect.* (1) An initial determination filed pursuant to § 210.42(a)(2)shall become the determination of the Commission 45 days after the date of service of the initial determination, unless the Commission has ordered review of the initial determination or certain issues therein,or by order has changed the effective date of the initial determination.

(2)An initial determination under § 210. 42(a)(1)(i)shall become the determination of the Commission 60 days after the date of service of the initial determination, unless the Commission within 60 days after the date of such service shall have ordered review of the initial determination or certain issues therein or by order has changed the effective date of the initial determination. The findings and recommendations made by the administrative law judge in the recommended determination issued pursuant to § 210.42 (a) (1) (ii) will be considered by the Commission in reaching determinations on remedy and bonding by the respondents pursuant to § 210.50(a).

(3) An initial determination filed pursuant to § 210.42(c) shall become the determination of the Commission 30 days after the date of service of the initial determination, except as provided for in paragraph (h) (5) and paragraph (h) (6) of this section, § 210.50(d) (3), and § 210.70(c), unless the Commission, within 30 days after the date of such service shall have ordered review of the initial determination or certain issues therein or by order has changed the effective date of the initial determination.

(4) The disposition of an initial determination granting or denying a motion for temporary relief is governed by § 210.66.

(5) The disposition of an initial determination concerning possible forfeiture of a complainant's temporary relief bond is governed by § 210.70(c).

(6) The disposition of an initial determination filed pursuant to § 210.42(c) which grants a motion for summary determination that would terminate the investigation in its entirety if it were to become the Commission's final determination, shall become the final determination of the Commission 45 days after the date of service of the initial determination, unless the Commission has ordered review of the initial determination or certain issues therein, or by order has changed the effective date of the initial determination.

(i) *Notice of determination.* A notice stating that the Commission's decision on whether to review an initial determination will be issued by the Secretary and served on the parties. Notice of the Commission's decision will be published in the Federal Register if the decision results in termination of the investigation in its entirety, if the Commission deems publication of the notice to be appropriate under § 201.10 of

subpart B of this part, or if publication of the notice is required under § 210.49(b) of this subpart or § 210.66(f) of subpart H of this part.

[59 FR 39039, Aug. 1, 1994, as amended at 59 FR 67628, Dec. 30, 1994; 60 FR 53120, Oct. 12, 1995; 73 FR 38324, July 7, 2008]

§ 210. 43　Petitions for review of initial determinations on matters other than temporary relief.

(a) *Filing of the petition.* (1) Except as provided in paragraph (a) (2) of this section, any party to an investigation may request Commission review of an initial determination issued under § 210.42(a) (1) or (c), § 210.50(d) (3) or § 210.70(c) by filing a petition with the Secretary. A petition for review of an initial determination issued under § 210. 42 (a) (1) must be filed within 12 days after service of the initial determination. A petition for review of an initial determination issued under § 210. 42(c) that terminates the investigation in its entirety on summary determination must be filed within 10 business days after service of the initial determination. Petitions for review of all other initial determinations under § 210.42 (c) must be filed within five (5) business days after service of the initial determination. A petition for review of an initial determination issued under § 210. 50 (d) (3) or § 210.70 (c) must be filed within 10 days after service of the initial determination.

(2) A party may not petition for review of any issue as to which the party has been found to be in default. Similarly, a party or proposed respondent who did not file a response to the motion addressed in the initial determination may be deemed to have consented to the relief requested and may not petition for review of the issues raised in the motion.

(b) *Content of the petition.* (1) A petition for review filed under this section shall identify the party seeking review and shall specify the issues upon which review of the initial determination is sought, and shall, with respect to each such issue, specify one or more of the following grounds upon which review is sought:

(i) That a finding or conclusion of material fact is clearly erroneous;

(ii) That a legal conclusion is erroneous, without governing precedent, rule or law, or constitutes an abuse of discretion; or

(iii) That the determination is one affecting Commission policy.

Note to paragraph(b)(1): The petition for review must set forth a concise statement of the facts material to the consideration of the stated issues, and must present a concise argument providing the reasons that review by the Commission is necessary or appropriate to resolve an important issue of fact, law, or policy. If a petition filed under this paragraph exceeds 50 pages in length, it must be accompanied by a summary of the petition not to exceed ten pages. Petitions for review may not exceed 100 pages in length, exclusive of the summary and any exhibits.

(2) Any issue not raised in a petition for review will be deemed to have been abandoned by the petitioning party and may be disregarded by the Commission in reviewing the initial determination (unless the Commission chooses to review the issue on its own initiative under § 210.44).

(3) Any petition designated by the petitioner as a "contingent" petition for review shall be deemed to be a petition under paragraph(a)(1) of this section and shall be processed accordingly. In order to preserve an issue for review by the Commission or the U.S. Court of Appeals for the Federal Circuit that was decided adversely to a party, the issue must be raised in a petition for review, whether or not the Commission's determination on the ultimate issue, such as a violation of section 337, was decided adversely to the party.

(4) A party's failure to file a petition for review of an initial determination shall constitute abandonment of all issues decided adversely to that party in the initial determination.

(5) *Service of petition.* All petitions for review of an initial determination shall be served on the other parties by messenger, overnight delivery, or equivalent means.

(c) *Responses to the petition.* Any party may file a response within eight(8) days after service of a petition of a final initial deter-

mination under § 210.42(a)(1), and within five(5) business days after service of all other types of petitions, except that a party who has been found to be in default may not file a response to any issue as to which the party has defaulted. If a response to a petition for review filed under this paragraph exceeds 50 pages in length, it must be accompanied by a summary of the response not to exceed ten pages. Responses to petitions for review may not exceed 100 pages in length, exclusive of the summary and any exhibits.

(d) *Grant or denial of review.* (1) The Commission shall decide whether to grant, in whole or in part, a petition for review of an initial determination filed pursuant to § 210.42(a)(1) within 60 days of the service of the initial determination on the parties, or by such other time as the Commission may order. The Commission shall decide whether to grant, in whole or in part, a petition for review of an initial determination filed pursuant to § 210.42(a)(2) or § 210.42(c), which grants a motion for summary determination that would terminate the investigation in its entirety if it becomes the final determination of the Commission, § 210.50(d)(3), or § 210.70(c) within 45 days after the service of the initial determination on the parties, or by such other time as the Commission may order. The Commission shall decide whether to grant, in whole or in part, a petition for review of an initial determination filed pursuant to § 210.42(c), except as noted above, within 30 days after the service of the initial determination on the parties, or by such other time as the Commission may order.

(2) The Commission shall decide whether to grant a petition for review, based upon the petition and response thereto, without oral argument or further written submissions unless the Commission shall order otherwise. A petition will be granted and review will be ordered if it appears that an error or abuse of the type described in paragraph(b)(1) of this section is present or if the petition raises a policy matter connected with the initial determination, which the Commission thinks it necessary or appropriate to address.

(3) The Commission shall grant a peti-

tion for review and order review of an initial determination or certain issues therein when at least one of the participating Commissioners votes for ordering review. In its notice, the Commission shall establish the scope of the review and the issues that will be considered and make provisions for filing of briefs and oral argument if deemed appropriate by the Commission. If the notice solicits written submissions from interested persons on the issues of remedy, the public interest, and bonding in addition to announcing the Commission's decision to grant a petition for review of the initial determination, the notice shall be served by the Secretary on all parties, the U. S. Department of Health and Human Services, the U. S. Department of Justice, the Federal Trade Commission, the U. S. Customs Service, and such other departments and agencies as the Commission deems appropriate.

[59 FR 39039, Aug. 1, 1994, as amended at 59 FR 67628, Dec. 30, 1994; 60 FR 53120, Oct. 12, 1995; 73 FR 38325, July 7, 2008]

§ 210. 44 Commission review on its own motion of initial determinations on matters other than temporary relief.

Within the time provided in § 210.43(d)(1), the Commission on its own initiative may order review of an initial determination, or certain issues in the initial determination, when at least one of the participating Commissioners votes for ordering review. A self‑initiated Commission review of an initial determination will be ordered if it appears that an error or abuse of the kind described in § 210.43(b)(1) is present or the initial determination raises a policy matter which the Commission thinks is necessary or appropriate to address.

§ 210. 45 Review of initial determinations on matters other than temporary relief.

(a) *Briefs and oral argument*. In the event the Commission orders review of an initial determination pertaining to issues other than temporary relief, the parties may be requested to file briefs on the issues under review at a time and of a size and nature specified in the notice of review. The parties, within the time provided for filing the review briefs, may submit a written request for a hearing to present oral argument before the Commission, which the Commission in its discretion may grant or deny. The Commission shall grant the request when at least one of the participating Commissioners votes in favor of granting the request.

(b) *Scope of review*. Only the issues set forth in the notice of review, and all subsidiary issues therein, will be considered by the Commission.

(c) *Determination on review*. On review, the Commission may affirm, reverse, modify, set aside or remand for further proceedings, in whole or in part, the initial determination of the administrative law judge. In addition, the Commission may take no position on specific issues or portions of the initial determination of the administrative law judge. The Commission also may make any findings or conclusions that in its judgment are proper based on the record in the proceeding. If the Commission's determination on review terminates the investigation in its entirety, a notice will be published in the Federal Register.

[59 FR 39039, Aug. 1, 1994, as amended at 60 FR 53120, Oct. 12, 1995; 73 FR 38235, July 7, 2008]

§ 210. 46 Petitions for and sua sponte review of initial determinations on violation of section 337 or temporary relief.

(a) *Violation of section 337*. An initial determination issued under § 210.42(a)(1)(i) on whether respondents have violated section 337 of the Tariff Act of 1930 will be processed as provided in § 210.42(e), (h)(2), and (i) and § § 210. 43 through 210.45. The Commission will issue a notice setting deadlines for written submissions from the parties, other Federal agencies, and interested members of the public on the issues of remedy, the public interest, and bonding by the respondents. In those submissions, the parties may assert their arguments concerning the recommended determination issued by the administrative law judge pursuant to § 210. 42(a)(ii) on the issues of remedy and bonding by respondents.

(b) *Temporary relief.* Commission action on an initial determination concerning temporary relief is governed by § 210.66.

§ 210. 47　Petitions for reconsideration.

Within 14 days after service of a Commission determination, any party may file with the Commission a petition for reconsideration of such determination or any action ordered to be taken thereunder, setting forth the relief desired and the grounds in support thereof. Any petition filed under this section must be confined to new questions raised by the determination or action ordered to be taken thereunder and upon which the petitioner had no opportunity to submit arguments. Any party desiring to oppose such a petition shall file an answer thereto within five days after service of the petition upon such party. The filing of a petition for reconsideration shall not stay the effective date of the determination or action ordered to be taken thereunder or toll the running of any statutory time period affecting such determination or action ordered to be taken thereunder unless specifically so ordered by the Commission.

§ 210. 48　Disposition of petitions for reconsideration.

The Commission may affirm, set aside, or modify its determination, including any action ordered by it to be taken thereunder. When appropriate, the Commission may order the administrative law judge to take additional evidence.

§ 210. 49　Implementation of Commission action.

(a) *Service of Commission determination upon the parties.* A Commission determination pursuant to § 210.45 (c) or a termination on the basis of a licensing or other agreement, a consent order or an arbitration agreement pursuant to § 210.21 (b), (c) or (d), respectively, shall be served upon each party to the investigation.

(b) *Publication and transmittal to the President.* A Commission determination that there is a violation of section 337 of the Tariff Act of 1930 or that there is reason to believe that there is a violation, together with the action taken relative to such determination under § 210.50 (a) or § 210.50 (d) of this part, or the modification or rescission in whole or in part of an action taken under § 210.50 (a), shall promptly be published in the Federal Register. It shall also be promptly transmitted to the President or an officer assigned the functions of the President under 19 U.S.C. 1337 (j) (1) (B), 1337 (j) (2), and 1337 (j) (4), together with the record upon which the determination and the action are based.

(c) *Enforceability of Commission action.* Unless otherwise specified, any Commission action other than an exclusion order or an order directing seizure and forfeiture of articles imported in violation of an outstanding exclusion order shall be enforceable upon receipt by the affected party of notice of such action. Exclusion orders and seizure and forfeiture orders shall be enforceable upon receipt of notice thereof by the Secretary of the Treasury.

(d) *Finality of affirmative Commission action.* If the President does not disapprove the Commission's action within a 60 – day period beginning the day after a copy of the Commission's action is delivered to the President, or if the President notifies the Commission before the close of the 60 – day period that he approves the Commission's action, such action shall become final the day after the close of the 60 – day period or the day the President notifies the Commission of his approval, as the case may be.

(e) *Duration.* Final Commission action shall remain in effect as provided in subpart I of this part.

[59 FR 39039, Aug. 1, 1994, as amended at 59 FR 67628, Dec. 30, 1994; 73 FR 38325, July 7, 2008]

§ 210. 50　Commission action, the public interest, and bonding by respondents.

(a) During the course of each investigation under this part, the Commission shall—

(1) Consider what action (general or limited exclusion of articles from entry or a cease and desist order, or exclusion of articles from entry under bond or a temporary cease and desist order), if any, it should take, and, when appropriate, take such action;

(2) Consult with and seek advice and information from the U. S. Department of Health and Human Services, the U. S. Department of Justice, the Federal Trade Commission, the U. S. Customs Service, and such other departments and agencies as it considers appropriate, concerning the subject matter of the complaint and the effect its actions (general or limited exclusion of articles from entry or a cease and desist order, or exclusion of articles from entry under bond or a temporary cease and desist order) under section 337 of the Tariff Act of 1930 shall have upon the public health and welfare, competitive conditions in the U.S. economy, the production of like or directly competitive articles in the United States, and U. S. consumers;

(3) Determine the amount of the bond to be posted by a respondent pursuant to section 337(j)(3) of the Tariff Act of 1930 following the issuance of temporary or permanent relief under section 337 (d), (e), (f), or (g) of the Tariff Act of 1930, taking into account the requirement of section 337(e) and (j)(3) that the amount of the bond be sufficient to protect the complainant from any injury.

(4) Receive submissions from the parties, interested persons, and other Government agencies and departments with respect to the subject matter of paragraphs (a)(1), (a)(2), and (a)(3), of this section.

When the matter under consideration pursuant to paragraph (a)(1) of this section is whether to grant some form of permanent relief, the submissions described in paragraph (a)(4) of this section shall be filed by the deadlines specified in the Commission notice issued pursuant to § 210.46(a). When the matter under consideration is whether to grant some form of temporary relief, such submissions shall be filed by the deadlines specified in § 210.67(b), unless the Commission orders otherwise. Any submission from a party shall be served upon the other parties in accordance with § 210.4(g). The parties' submissions, as well as any filed by interested persons or other agencies shall be available for public inspection in the Office of the Secretary. The Commission will consider motions for oral argument or, when necessary, a hearing with respect to the subject matter of this section, except that no hearing or oral argument will be permitted in connection with a motion for temporary relief.

(b)(1) With respect to an administrative law judge's ability to take evidence or other information and to hear arguments from the parties and other interested persons on the issues of appropriate Commission action, the public interest, and bonding by the respondents for purposes of an initial determination on temporary relief, see § § 210.61, 210.62, and 210.66(a). For purposes of the recommended determination required by § 210.42(a)(1)(ii), an administrative law judge shall take evidence or other information and hear arguments from the parties and other interested persons on the issues of appropriate Commission action and bonding by the respondents. Unless the Commission orders otherwise, and except as provided in paragraph (b)(2) of this section, an administrative law judge shall not address the issue of the public interest for purposes of an initial determination on violation of section 337 of the Tariff Act under § 210. 42(a)(1)(i).

(2) Regarding terminations by settlement agreement, consent order, or arbitration agreement under § 210.21(b), (c) or (d), the parties may file statements regarding the impact of the proposed termination on the public interest, and the administrative law judge may hear argument, although no discovery may be compelled with respect to issues relating solely to the public interest. Thereafter, the administrative law judge shall consider and make appropriate findings in the initial determination regarding the effect of the proposed settlement on the public health and welfare, competitive conditions in the U. S. economy, the production of like or directly competitive articles in the United States, and U.S. consumers.

(c) No general exclusion from entry of articles shall be ordered under paragraph (a)(1) of this section unless the Commission determines that—

(1) Such exclusion is necessary to prevent circumvention of an exclusion order limited to products of named persons; or

(2) There is a pattern of violation of

section 337 of the Tariff Act of 1930 and it is difficult to identify the source of infringing products.

(d) *Forfeiture or return of respondents' bonds.* (1)(i) If one or more respondents posts a bond pursuant to 19 U.S.C. 1337(e)(1) or 1337(j)(3),proceedings to determine whether a respondent's bond should be forfeited to a complainant in whole or part may be initiated upon the filing of a motion, addressed to the administrative law judge who last presided over the investigation, by a complainant within 90 days after the expiration of the period of Presidential review under 19 U.S.C. 1337(j). If that administrative law judge is no longer employed by the Commission, the motion shall be addressed to the Commission.

(ii) A respondent may file a motion addressed to the administrative law judge who last presided over the investigation for the return of its bond within 90 days after the expiration of the Presidential review period under 19 U.S.C. 1337(j). If that administrative law judge is no longer employed by the Commission, the motion shall be addressed to the Commission.

(2) Any nonmoving party may file a response to a motion filed under paragraph (d)(1) of this section within 15 days after filing of the motion, unless otherwise ordered by the administrative law judge.

(3) A motion for forfeiture or return of a respondent's bond in whole or part will be adjudicated by the administrative law judge in an initial determination with a 45 - day effective date, which shall be subject to review under the provisions of § § 210. 42 through 210.45. In determining whether to grant the motion, the administrative law judge and the Commission will be guided by practice under Rule 65 of the Federal Rules of Civil Procedure (taking into account that the roles of the parties are reversed in this instance).

(4) If the Commission determines that a respondent's bond should be forfeited to a complainant, and if the bond is being held by the Secretary of the Treasury, the Commission Secretary shall promptly notify Secretary of the Treasury of the Commission's determination.

[59 FR 39039,Aug. 1,1994,as amended at 59 FR 67628,Dec. 30,1994; 73 FR 38326,July 7,2008]

210.51　Period for concluding investigation.

(a) *Permanent relief.* Within 45 days after institution of the investigation, the administrative law judge shall issue an order setting a target date for completion of the investigation. If the target date does not exceed 16 months from the date of institution of the investigation, the order of the administrative law judge shall be final and not subject to interlocutory review. If the target date exceeds 16 months, the order of the administrative law judge shall constitute an initial determination. After the target date has been set, it can be modified by the administrative law judge for good cause shown before the investigation is certified to the Commission or by the Commission after the investigation is certified to the Commission. Any extension of the target date beyond 16 months, before the investigation is certified to the Commission, shall be by initial determination.

(b) *Temporary relief.* The temporary relief phase of an investigation shall be concluded and a final order issued no later than 90 days after publication of the notice of investigation in the Federal Register, unless the temporary relief phase of the investigation has been designated "more complicated" by the Commission or the presiding administrative law judge pursuant to § 210. 22 (c) and § 210. 60. If that designation has been made, the temporary relief phase of the investigation shall be concluded and a final order issued no later than 150 days after publication of the notice of investigation in the Federal Register.

(c) *Computation of time.* In computing the deadlines imposed in paragraph (b) of this section, there shall be excluded any period during which the investigation is suspended pursuant to § 210.23.

[59 FR 39039,Aug. 1,1994,as amended at 59 FR 67629,Dec. 30,1994; 61 FR 43432,Aug. 23,1996; 73 FR 38326,July 7,2008]

Subpart H—Temporary Relief

210.52 Motions for temporary relief.

Requests for temporary relief under section 337(e)or(f) of the Tariff Act of 1930 shall be made through a motion filed in accordance with the following provisions:

(a) A complaint requesting temporary relief shall be accompanied by a motion setting forth the complainant's request for such relief. In determining whether to grant temporary relief, the Commission will apply the standards the U.S. Court of Appeals for the Federal Circuit uses in determining whether to affirm lower court decisions granting preliminary injunctions. The motion for temporary relief accordingly must contain a detailed statement of specific facts bearing on the factors the Federal Circuit has stated that a U.S. District Court must consider in granting a preliminary injunction.

(b) The motion must also contain a detailed statement of facts bearing on:

(1) Whether the complainant should be required to post a bond as a prerequisite to the issuance of temporary relief; and

(2) The appropriate amount of the bond, if the Commission determines that a bond will be required.

(c) In determining whether to require a bond as a prerequisite to the issuance of temporary relief, the Commission will be guided by practice under Rule 65 of the Federal Rules of Civil Procedure.

(d) The following documents and information also shall be filed along with the motion for temporary relief:

(1) A memorandum of points and authorities in support of the motion;

(2) Affidavits executed by persons with knowledge of the facts asserted in the motion; and

(3) All documents, information, and other evidence in complainant's possession that complainant intends to submit in support of the motion.

(e) If the complaint, the motion for temporary relief, or the documentation supporting the motion for temporary relief contains confidential business information as defined in § 201.6(a) of this chapter, the complainant must follow the procedure outlined in §§ 210.4(a), 210.5(a), 201.6(a) and (c), 210.8(a), and 210.55 of

this part.

[59 FR 39039, Aug. 1, 1994, as amended at 59 FR 67629, Dec. 30, 1994; 60 FR 32444, June 22, 1995]

210.53 Motion filed after complaint.

(a) A motion for temporary relief may be filed after the complaint, but must be filed prior to the Commission determination under § 210.10 on whether to institute an investigation. A motion filed after the complaint shall contain the information, documents, and evidence described in § 210.52 and must also make a showing that extraordinary circumstances exist that warrant temporary relief and that the moving party was not aware, and with due diligence could not have been aware, of those circumstances at the time the complaint was filed. When a motion for temporary relief is filed after the complaint but before the Commission has determined whether to institute an investigation based on the complaint, the 35 - day period allotted under § 210.58 for review of the complaint and informal investigatory activity will begin to run anew from the date on which the motion was filed.

(b) A motion for temporary relief may not be filed after an investigation has been instituted.

210.54 Service of motion by the complainant.

Notwithstanding the provisions of § 210.11 regarding service of the complaint by the Commission upon institution of an investigation, on the day the complainant files a complaint with the Commission (see § 210.8(a)(1) and § 210.8(a)(2) of subpart B of this part), the complainant must serve non - confidential copies of both documents (as well as non - confidential copies of all materials or documents attached thereto) on all proposed respondents and on the embassy in Washington, DC of the country in which each proposed respondent is located as indicated in the Complaint. If a complainant files any supplemental information with the Commission prior to institution, nonconfidential copies of that supplemental information must be served on all proposed respondents and on the embassy in

Washington, DC of the country in which each proposed respondent is located as indicated in the complaint. The complaint, motion, and supplemental information, if any, shall be served by messenger, overnight delivery, or equivalent means. A signed certificate of service must accompany the complaint and motion for temporary relief. If the certificate does not accompany the complaint and the motion, the Secretary shall not accept the complaint or the motion and shall promptly notify the submitter. Actual proof of service on each respondent and embassy (e. g., certified mail return receipts, messenger, or overnight delivery receipts, or other proof of delivery)—or proof of a serious but unsuccessful effort to make such service— must be filed within 10 days after the filing of the complaint and motion. If the requirements of this section are not satisfied, the Commission may extend its 35 – day deadline under § 210. 58 for determining whether to provisionally accept the motion for temporary relief and institute an investigation on the basis of the complaint.

[73 FR 38326, July 7,2008]

210. 55　Content of service copies.

(a) Any purported confidential business information that is deleted from the nonconfidential service copies of the complaint and motion for temporary relief must satisfy the requirements of § 201.6(a) of this chapter(which defines confidential information for purposes of Commission proceedings). For attachments to the complaint or motion that are confidential in their entirety, the complainant must provide a nonconfidential summary of what each attachment contains. Despite the redaction of confidential material from the complaint and motion for temporary relief, the nonconfidential service copies must contain enough factual information about each element of the violation alleged in the complaint and the motion to enable each proposed respondent to comprehend the allegations against it.

(b) If the Commission determines that the complaint, motion for temporary relief, or any exhibits or attachments thereto contain excessive designations of confidentiality that are not warranted under

§ 201.6(a) of this chapter, the Commission may require the complainant to file and serve new non – confidential versions of the aforesaid submissions in accordance with § 210.54 and may determine that the 35 – day period under § 210.58 for deciding whether to institute an investigation and to provisionally accept the motion for temporary relief for further processing shall begin to run anew from the date the new non – confidential versions are filed with the Commission and served on the proposed respondents in accordance with § 210.54.

[59 FR 39039, Aug. 1,1994, as amended at 73 FR 38326, July 7,2008]

210. 56　Notice accompanying service copies.

(a) Each service copy of the complaint and motion for temporary relief shall be accompanied by a notice containing the following text:

Notice is hereby given that the attached complaint and motion for temporary relief will be filed with the U. S. International Trade Commission in Washington, DC on ＿＿,20＿. The filing of the complaint and motion will not institute an investigation on that date, however, nor will it begin the period for filing responses to the complaint and motion pursuant to 19 CFR 210.13 and 210.59.

Upon receipt of the complaint, the Commission will examine the complaint for sufficiency and compliance with 19 CFR 201. 8, 210. 4, 210. 5, 210. 8, and 210. 12. The Commission's Office of Unfair Import Investigations will conduct informal investigatory activity pursuant to 19 CFR 210.9 to identify sources of relevant information and to assure itself of the availability thereof. The motion for temporary relief will be examined for sufficiency and compliance with 19 CFR 201.8,210.4,210.5,210. 52,210.53(a)(if applicable),210.54,210.55, and 210. 56, and will be subject to the same type of preliminary investigative activity as the complaint.

The Commission generally will determine whether to institute an investigation on the basis of the complaint and whether to provisionally accept the motion for temporary relief within 35 days after the complaint and motion are filed or, if the motion is filed after the complaint, within 35 days after the motion is filed—unless the 35 - day deadline is extended pursuant to 19 CFR 210.53, 210.54, 210.55 (b), 210.57, or 210.58.

If the Commission determines to institute an investigation and provisionally accept the motion, the motion will be assigned to a Commission administrative law judge for issuance of an initial determination in accordance with 19 CFR 210. 66. See 19 CFR 210.10 and 210.58. If the Commission determines to conduct an investigation of the complaint and motion for temporary relief, the investigation will be formally instituted on the date the Commission publishes a notice of investigation in theFederal Register pursuant to 19 CFR 210.10(b). If an investigation is instituted, copies of the complaint, the notice of investigation,and the Commission's Rules of Practice and Procedure(19 CFR Part 210) will be served on each respondent by the Commission pursuant to 19 CFR 210. 11 (a). Responses to the complaint, the notice of investigation, and the motion for temporary relief must be filed within 10 days after Commission service thereof, and must comply with 19 CFR 201.8, 210.4, 210.5, 210.13, and 210.59. See also 19 CFR 201.14 and 210.6 regarding computation of the 10 - day response period.

If, after reviewing the complaint and motion for temporary relief, the Commission determines not to institute an investigation, the complaint and motion will be dismissed and the Commission will provide written notice of that decision and the reasons therefor to the complainant and all proposed respondents pursuant to 19 CFR 210.10.

For information concerning the filing and processing of the complaint and its treatment, and to ask general questions concerning section 337 practice and procedure, contact the Office of Unfair Import Investigations, U.S. International Trade Commission, 500 E Street SW., Room 401, Washington, DC 20436, telephone 202 - 205 - 2560. Such inquiries will be referred to the Commission investigative attorney assigned to the complaint. (See also the Commission's Rules of Practice and Procedure set forth in 19 CFR Part 210.)

To learn the date that the Commission will vote on whether to institute an investigation and the publication date of the notice of investigation (if the Commission decides to institute an investigation), contact the Office of the Secretary, U.S. International Trade Commission, 500 E Street SW., Room 112, Washington, DC 20436, telephone 202 - 205 - 2000. This notice is being provided pursuant to 19 CFR 210.56.

(b) In the event that the complaint and motion for temporary relief are filed after the date specified in the above notice, the complainant must serve a supplementary notice to all proposed respondents and embassies stating the correct filing date. The supplementary notice shall be served by messenger, overnight delivery, or equivalent means. The complainant shall file a certificate of service and a copy of the supplementary notice with the Commission.

[59 FR 39039, Aug. 1, 1994, as amended at 73 FR 38326, July 7, 2008]

210.57 Amendment of the motion.

A motion for temporary relief may be amended at any time prior to the institution of an investigation. All material filed to amend the motion(or the complaint) must be served on all proposed respondents and on the embassies inWashington, DC, of the foreign governments that they represent, in accordance with § 210.54. If the amendment expands the scope of the motion or changes the complainant's assertions on the issue of whether a bond is to be required as a prerequisite to the issuance of temporary relief or the appropriate amount of the bond, the 35 - day period under § 210.58 for determining whether to institute an investigation and provisionally accept the motion for temporary relief shall begin to run anew from the date the amendment is filed with the Commission. A motion for temporary relief may not be amended to expand the scope of the temporary relief inquiry after an investigation is instituted.

210. 58 Provisional acceptance of the motion.

The Commission shall determine whether to accept a motion for temporary relief at the same time it determines whether to institute an investigation on the basis of the complaint. That determination shall be made within 35 days after the complaint and motion for temporary relief are filed, unless the 35 - day period is restarted pursuant to §210.53(a),210.54,210.55,or 210.57,or exceptional circumstances exist which preclude adherence to the pre-scribed deadline.(See §210.10(a)(1).) Before the Commission determines whether to provisionally accept a motion for temporary relief,the motion will be exa-mined for sufficiency and compliance with §§210.52,210.53(a)(if applicable),210. 54 through 210.56,as well as §§201.8, 210.4,and 210.5. The motion will be sub-ject to the same type of preliminary inves-tigatory activity as the complaint. (See §210.9(b).)Acceptance of a motion pur-suant to this paragraph constitutes provi-sional acceptance for referral of the mo-tion to the chief administrative law judge, who will assign the motion to a presiding administrative law judge for issuance of an initial determination under §210.66(a). Commission rejection of an insufficient or improperly filed complaint will preclude acceptance of a motion for temporary re-lief. Commission rejection of a motion for temporary relief will not preclude institu-tion of an investigation of the complaint.

210.59　Responses to the motion and the complaint.

(a)Any party may file a response to a motion for temporary relief. Unless other-wise ordered by the administrative law judge,a response to a motion for tempo-rary relief in an ordinary investigation must be filed not later than 10 days after serv-ice of the motion by the Commission. In a "more complicated" investigation,the re-sponse shall be due within 20 days after such service,unless otherwise ordered by the presiding administrative law judge.

(b)The response must comply with the requirements of §201.8 of this chapter,as well as §§210.4 and 210.5 of this part, and shall contain the following information:

(1)A statement that sets forth with par-ticularity any objection to the motion for temporary relief;

(2)A statement of specific facts con-cerning the factors the U.S. Court of Ap-peals for the Federal Circuit would con-sider in determining whether to affirm low-er court decisions granting or denying preliminary injunctions;

(3)A memorandum of points and au-thorities in support of the respondent's response to the motion;

(4)Affidavits,where possible,executed by persons with knowledge of the facts specified in the response. Each response to the motion must address,to the extent possible,the complainant's assertions re-garding whether a bond should be re-quired and the appropriate amount of the bond. Responses to the motion for tem-porary relief also may contain counter - proposals concerning the amount of the bond or the manner in which the bond a-mount should be calculated.

(c)Each response to the motion for temporary relief must also be accompa-nied by a response to the complaint and notice of investigation. Responses to the complaint and notice of investigation must comply with §201.8 of this chapter, §§210.4 and 210.5 of this part,and any protective order issued by the administra-tive law judge under §210.34 of this part.

210.60　Designating an investigation "more complicated" for the purpose of ad-judicating a motion for temporary relief.

At the time the Commission determines to institute an investigation and provision-ally accepts a motion for temporary relief pursuant to §210.58,the Commission may designate the investigation "more compli-cated" pursuant to §210.22(c) for the purpose of obtaining up to 60 additional days to adjudicate the motion for tempo-rary relief. In the alternative,after the mo-tion for temporary relief is referred to the administrative law judge for an initial de-termination under §210.66(a),the admin-istrative law judge may issue an order,sua sponte or on motion,designating the in-vestigation "more complicated" for the purpose of obtaining additional time to ad-judicate the motion for temporary relief. Such order shall constitute a final determi-nation of the Commission,and notice of the order shall be published in theFederal Register. As required by section 337(e)

(2) of the Tariff Act of 1930, the notice shall state the reasons that the temporary relief phase of the investigation was designated "more complicated." The "more complicated" designation may be conferred by the Commission or the presiding administrative law judge pursuant to this paragraph on the basis of the complexity of the issues raised in the motion for temporary relief or the responses thereto, or for other good cause shown.

210.61   Discovery and compulsory process.

The presiding administrative law judge shall set all discovery deadlines. The administrative law judge's authority to compel discovery includes discovery relating to the following issues:(a) Any matter relevant to the motion for temporary relief and the responses thereto, including the issues of bonding by the complainant; and (b) The issues the Commission considers pursuant to sections 337(e)(1),(f)(1),and(j)(3) of the Tariff Act of 1930, viz.,(1) The appropriate form of relief (notwithstanding the form requested in the motion for temporary relief),(2) Whether the public interest precludes that form of relief, and (3) The amount of the bond to be posted by the respondents to secure importations or sales of the subject imported merchandise while the temporary relief order is in effect. The administrative law judge may, but is not required to, make findings on the issues specified in sections 337(e)(1),(f)(1),or(j)(3) of the Tariff Act of 1930. Evidence and information obtained through discovery on those issues will be used by the parties and considered by the Commission in the context of the parties' written submissions on remedy, the public interest, and bonding by respondents, which are filed with the Commission pursuant to §210.67 (b).

210.62   Evidentiary hearing.

An opportunity for a hearing in accordance with the Administrative Procedure Act and §210.36 of this part will be provided in connection with every motion for temporary relief. If a hearing is conducted, the presiding administrative law judge may, but is not required to, take evidence

concerning the issues of remedy, the public interest, and bonding by respondents under section 337(e)(1),(f)(1),and(j)(3) of the Tariff Act of 1930.

210.63   Proposed findings and conclusions and briefs.

The administrative law judge shall determine whether and, if so, to what extent the parties shall be permitted to file proposed findings of fact, proposed conclusions of law, or briefs under §210.40 concerning the issues involved in adjudication of the motion for temporary relief.

210.64   Interlocutory appeals.

There will be no interlocutory appeals to the Commission under §210.24 on any matter connected with a motion for temporary relief that is decided by an administrative law judge prior to the issuance of the initial determination on the motion for temporary relief.

210.65   Certification of the record.

When the administrative law judge issues an initial determination concerning temporary relief pursuant to §210.66(a), he shall also certify to the Commission the record upon which the initial determination is based.

210.66   Initial determination concerning temporary relief; Commission action thereon.

(a) On or before the 70th day after publication of the notice of investigation in an ordinary investigation, or on or before the 120th day after such publication in a "more complicated" investigation, the administrative law judge will issue an initial determination concerning the issues listed in §§210.52 and 210.59. If the 70th day or the 120th day is a Saturday, Sunday, or Federal holiday, the initial determination must be received in the Office of the Secretary no later than 12:00 noon on the first business day after the 70-day or 120-day deadline. The initial determination may, but is not required to, address the issues of remedy, the public interest, and bonding by the respondents pursuant under sections 337(e)(1),(f)(1),and(j)(3)of the Tariff Act of 1930.

(b)If the initial determination on temporary relief is issued on the 70‐day or 120‐day deadline imposed in paragraph(a) of this section,the initial determination will become the Commission's determination 20 calendar days after issuance thereof in an ordinary case,and 30 calendar days after issuance in a "more complicated" investigation,unless the Commission modifies,reverses,or sets aside the initial determination in whole or part within that period. If the initial determination on temporary relief is issued before the 70‐day or 120‐day deadline imposed in paragraph (a) of this section, the Commission will add the extra time to the 20‐day or 30‐day deadline to which it would otherwise have been held. In computing the deadlines imposed by this paragraph,intermediary Saturdays,Sundays,and Federal holidays shall be included. If the last day of the period is a Saturday,Sunday,or Federal holiday as defined in §201.14(a)of this chapter,the effective date of the initial determination shall be extended to the next business day.

(c)The Commission will not modify,reverse,or set aside an initial determination concerning temporary relief unless the Commission finds that a finding of material fact is clearly erroneous,that the initial determination contains an error of law,or that there is a policy matter warranting discussion by the Commission. All parties may file written comments concerning any clear error of material fact,error of law,or policy matter warranting such action by the Commission. Such comments must be limited to 35 pages in an ordinary investigation and 45 pages in a "more complicated" investigation. The comments must be filed no later than seven calendar days after issuance of the initial determination in an ordinary case and 10 calendar days after issuance of the initial determination in a "more complicated" investigation. In computing the aforesaid 7‐day and 10‐day deadlines,intermediary Saturdays,Sundays,and Federal holidays shall be included. If the initial determination is issued on a Friday, however, the filing deadline for comments shall be measured from the first business day after issuance. If the last day of the filing period is a Saturday, Sunday, or Federal holiday as defined in §201.14(a)of this chapter,the filing deadline shall be extended to the next business day. The parties shall serve their comments on other parties by messenger, overnight delivery, or equivalent means.

(d) Notice of the initial determination shall be served on the other agencies listed in §210.50(a)(2). Those agencies will be given 10 calendar days from the date of service of the notice to file comments on the initial determination.

(e)(1)Each party may file a response to each set of comments filed by another party. All such reply comments must be filed within 10 calendar days after issuance of the initial determination in an ordinary case and within 14 calendar days after issuance of an initial determination in a "more complicated" investigation. The deadlines for filing reply comments shall be computed in the manner described in paragraph(c)of this section,except that in no case shall a party have fewer than two calendar days to file reply comments.

(2)Each set of reply comments will be limited to 20 pages in an ordinary investigation and 30 pages in a "more complicated" case.

(f) If the Commission determines to modify,reverse,or set aside the initial determination, the Commission will issue a notice and,if appropriate,a Commission opinion. If the Commission does not modify, reverse, or set aside the administrative law judge's initial determination within the time provided under paragraph(b)of this section,the initial determination will automatically become the determination of the Commission. Notice of the Commission's determination concerning the initial determination will be issued on the statutory deadline for determining whether to grant temporary relief, or as soon as possible thereafter,and will be served on the parties. Notice of the determination will be published in the Federal Register if the Commission's disposition of the initial determination has resulted in a determination that there is reason to believe that section 337 has been violated and a temporary remedial order is to be issued. If the Commission determines (either by reversing or modifying the administrative law judge's initial determination, or by adopting the initial determination) that the complainant must post a bond as a prerequisite to the issuance of temporary relief, the Commission may issue a supplemental notice setting forth conditions for the bond if any (in addition to those outlined in the initial determination) and the deadline for filing the bond with the Commission.

[59 FR 39039, Aug. 1, 1994, as amended at 60 FR 53121, Oct. 12, 1995; 73 FR 38326, July 7, 2008]

210. 67 Remedy, the public interest, and bonding.

The procedure for arriving at the Commission's determination of the issues of the appropriate form of temporary relief, whether the public interest factors enumerated in the statute preclude such relief, and the amount of the bond under which respondents' merchandise will be permitted to enter the United States during the pendency of any temporary relief order issued by the Commission, is as follows:

(a) While the motion for temporary relief is before the administrative law judge, he may compel discovery on matters relating to remedy, the public interest and bonding (as provided in §210.61). The administrative law judge also is authorized to make findings pertaining to the public interest, as provided in §210.66(a). Such findings may be superseded, however, by Commission findings on that issue as provided in paragraph(c) of this section.

(b) On the 65th day after institution in an ordinary case or on the 110th day after institution in a "more complicated" investigation, all parties shall file written submissions with the Commission addressing those issues. The submissions shall refer to information and evidence already on the record, but additional information and evidence germane to the issues of appropriate relief, the statutory public interest factors, and bonding by respondents may be provided along with the parties' submissions. Pursuant to §210.50(a)(4), interested persons may also file written comments, on the aforesaid dates, concerning the issues of remedy, the public interest, and bonding by the respondents.

(c) On or before the 90 – day or 150 – day statutory deadline for determining whether to order temporary relief under section 337(e)(1) and/or(f)(1) of the Tariff Act of 1930, the Commission will determine what relief is appropriate in light of any violation that appears to exist, whether the public interest factors enumerated in the statute preclude the issuance of such relief, and the amount of the bond under which the respondents' merchandise will be permitted to enter the United States during the pendency of any temporary relief order issued by the Commission. In the event that Commission's findings on the public interest pursuant to this paragraph are inconsistent with findings made by the administrative law judge in the initial determination pursuant to §210.66(a), the Commission's findings are controlling.

[59 FR 39039, Aug. 1, 1994, as amended at 73 FR 38326, July 7, 2008]

210. 68 Complainant's temporary relief bond.

(a) In every investigation under this part involving a motion for temporary relief, the question of whether the complainant shall be required to post a bond as a prerequisite to the issuance of such relief shall be addressed by the parties, the presiding administrative law judge, and the Commission in the manner described in §§210. 52, 210.59, 210.61, 210.62, and 210.66. If the Commission determines that a bond should be required, the bond may consist of one or more of the following:

(1) The surety bond of a surety or guarantee corporation that is licensed to do business with the United States in accordance with 31 U.S.C. 9304 – 9306 and 31 CFR parts 223 and 224;

(2) The surety bond of an individual, a trust, an estate, or a partnership, or a corporation, whose solvency and financial responsibility will be investigated and verified by the Commission; or

(3) A certified check, a bank draft, a post office money order, cash, a United States bond, a Treasury note, or other Government obligation within the meaning of 31 U.S.C. 9301 and 31 CFR part 225,

which is owned by the complainant and tendered in lieu of a surety bond,pursuant to 31 U.S.C. 9303(c)and 31 CFR part 225.

The same restrictions and requirements applicable to individual and corporate sureties on Customs bonds, which are set forth in 19 CFR part 113,shall apply with respect to sureties on bonds filed with the Commission by complainants as a prerequisite to a temporary relief under section 337 of the Tariff Act of 1930. If the surety is an individual, the individual must file an affidavit of the type shown in appendix A to § 210.68. Unless otherwise ordered by the Commission, while the bond of the individual surety is in effect,an updated affidavit must be filed every four months(computed from the date on which the bond was approved by the Secretary or the Commission).

(b)The bond and accompanying documentation must be submitted to the Commission within the time specified in the Commission notice,order,determination,or opinion requiring the posting of a bond,or within such other time as the Commission may order. If the bond is not submitted within the specified period(and an extension of time has not been granted),temporary relief will not be issued.

(c) The corporate or individual surety on a bond or the person posting a certified check,a bank draft,a post office money order, cash, a United States bond, a Treasury note,or other Government obligation in lieu of a surety bond must provide the following information on the face of the bond or in the instrument authorizing the Government to collect or sell the bond,certified check, bank draft, post office money order, cash, United States bond,Treasury note,or other Government obligation in response to a Commission order requiring forfeiture of the bond pursuant to § 210.70:

(1)The investigation caption and docket number;

(2)The names,addresses,and seals(if appropriate)of the principal,the surety,the obligee,as well as the "attorney in fact" and the registered process agent(if applicable)(see Customs Service regulations in 19 CFR part 113 and Treasury Department regulations in 31 CFR parts 223,224, and 225);

(3) The terms and conditions of the bond obligation, including the reason the bond is being posted,the amount of the bond,the effective date and duration of the bond(as prescribed by the Commission order,notice, determination, or opinion requiring the complainant to post a bond);and

(4)A section at the bottom of the bond or other instrument for the date and authorized signature of the Secretary to reflect Commission approval of the bond.

(d)Complainants who wish to post a certified check,a bank draft,a post office money order,cash,a United States bond,a Treasury note,or other Government obligation in lieu of a surety bond must notify the Commission in writing immediately upon receipt of the Commission document requiring the posting of a bond,and must contact the Secretary to make arrangements for Commission receipt, handling, management,and deposit of the certified check,bank draft,post office money order, cash,United States bond,Treasury note,or other Government obligation tendered in lieu of a surety bond, in accordance with 31 U.S.C. § 9303,31 CFR parts 202,206,and 225 and other governing Treasury regulations and circular(s). If required by the governing Treasury regulations and circular,a certified check,a bank draft,a post office money order, cash, aUnited States bond, a Treasury note, or other government obligation tendered in lieu of a surety bond may have to be collateralized. See, e.g., 31 CFR 202.6 and the appropriate Treasury Circular.

Appendix A to § 210.68—Affidavit by Individual Surety

United States International Trade Commission Affidavit by Individual Surety 19 *CFR* 210.68

State of

County
SS:

I, the undersigned, being duly sworn,depose and say that I am a citizen of the United States, and of full age and legally competent; that I am not a partner in any business of the principal on the bond or bonds on which I appear as surety; and that the information herein below furnished is true and complete to the best of my knowledge. This affidavit is made to induce the United States International Trade Commission to accept me as surety on the bond(s) filed or to be filed with the United States International Trade Commission pursuant to 19 CFR 210.68. I agree to notify the Commission of any transfer or change in any of the assets herein e-numerated.

1. Name(First, Middle, Last)

2. Home Address

3. Type & Duration of Occupation

4. Name of Employer(If Self - Employed)

5. Business Address

6. Telephone No.
Home _____
Business _____

7. The following is a true representation of my assets, liabilities, and net worth and does not include any financial interest I have in the assets of the principal on the bond(s) on which I appear as surety.

a. Fair value of solely owned real estate*

b. All mortgages or other encumbrances on the real estate included in Line a

c. Real estate equity(subtract Line b from Line a)

d. Fair value of all solely owned property other than real estate

e. Total of the amounts on Lines c and d

f. All other liabilities owing or incurred not included in Line b

g. Net worth(subtract Line f from Line e)

* Do not include property exempt from execution and sale for any reason. Surety's interest in community property may be included if not so exempt.

8. LOCATION AND DESCRIPTION OF REAL ESTATE OF WHICH I AM SOLE OWNER, THE VALUE OF WHICH IS IN LINE a, ITEM 7 ABOVE[1]
Amount of assessed value of above real estate for taxation purposes:

9. DESCRIPTION OF PROPERTY INCLUDED IN LINE d, ITEM 7 ABOVE(List the value of each category of property separately)[2]

10. ALL OTHER BONDS ON WHICH I AM SURETY(State character and amount of each bond; if none, so state)[3]

11. SIGNATURE

12. BOND AND COMMISSION INVESTIGATION TO WHICH THIS AFFIDAVIT RELATESSUBSCRIBED AND SWORN TO BEFORE ME AS FOLLOWS:
DATE OATH ADMINISTERED
MONTH   DAY   YEAR
CITY _____

STATE(Or Other Jurisdiction) _____

NAME & TITLE OF OFFICIAL ADMINISTERING OATH _____
SIGNATURE _____

MY COMMISSION EXPIRES _____

INSTRUCTIONS
1. Here describe the property by giving the number of the lot and square or block, and addition or subdivision, if in a city, and, if in the country, after showing state, county, and township, locate the property by metes and bounds, or by part of section, township, and range, so that it may be identified.

2. Here describe the property by name so that it can be identified—for example "Fifteen shares of the stock of the "National Metropolitan Bank, New York City," or "Am. T. & T. s. f.5's 60."

3. Here state what other bonds the affiant has already signed as surety, giving the name and address of the principal, the date, and the amount and character of the bond.

[59 FR 39039, Aug. 1, 1994; 59 FR 64286, Dec. 14, 1994]

210. 69 Approval of complainant's temporary relief bond.

(a) In accordance with 31 U.S.C. § 9304 (b), all bonds posted by complainants must be approved by the Commission before the temporary relief sought by the complainant will be issued. See also 31 U.S.C. § 9303(a) and 31 CFR 225.1 and 225.20. The Commission's bond approval officer for purposes of those provisions shall be the Secretary.

(b) The bond approval process may entail investigation by the Secretary or the Commission's Office of Investigations to determine the veracity of all factual information set forth in the bond and the accompanying documentation (e.g., powers of attorney), as well as any additional verification required by 31 CFR parts 223, 224, or 225. The Secretary may reject a bond on one or more of the following grounds:

(1) Failure to comply with the instructions in the Commission determination, order, or notice directing the complainant to post a bond;

(2) Failure of the surety or the bond to provide information or supporting documentation required by the Commission, the Secretary, § 210.68 of this part, 31 CFR parts 223 or 224, or other governing statutes, regulations, or Treasury circulars, or because of a limitation prescribed in a governing statute, regulation, or circular;

(3) Failure of an individual surety to execute and file with the bond, an affidavit of the type shown in appendix A to § 210.68, which sets forth information about the surety's assets, liabilities, net worth, real estate and other property of which the initial surety is the sole owner, other bonds on which the individual surety is a surety

(and which must be updated at 4-month intervals while the bond is in effect, measured from the date on which the bond is approved by the Secretary on behalf of the Commission or by the Commission);

(4) Any question about the solvency or financial responsibility of the surety, or any question of fraud, misrepresentation, or perjury which comes to light as a result of the verification inquiry during the bond approval process; and

(5) Any other reason deemed appropriate by the Secretary.

(c) If the complainant believes that the Secretary's rejection of the bond was erroneous as a matter of law, the complainant may appeal the Secretary's rejection of the bond by filing a petition with the Commission in the form of a letter to the Chairman, within 10 days after service of the rejection letter.

(d) After the bond is approved and temporary relief is issued, if any question concerning the continued solvency of the individual or the legality or enforceability of the bond or undertaking develops, the Commission may take the following action (s), sua sponte or on motion:

(1) Revoke the Commission approval of the bond and require complainant to post a new bond; or

(2) Revoke or vacate the temporary remedial order for public interest reasons or changed conditions of law or fact (criteria that are the basis for modification or rescission of final Commission action pursuant to § 210.76(a)(1) and (b)); or

(3) Notify the Treasury Department if the problem involves a corporate surety licensed to do business with the United States under 31 U.S.C. § § 9303-9306 and 31 CFR parts 223 and 224; or

(4) Refer the matter to the U.S. Department of Justice if there is a suggestion of fraud, perjury, or related conduct.

210. 70 Forfeiture or return of complainant's temporary relief bond.

(a)(1) If the Commission determines that one or more of the respondents whose merchandise was covered by the temporary relief order has not violated section 337 of the Tariff Act of 1930 to the extent alleged in the motion for temporary relief and provided for in the temporary relief order, proceedings to determine whether the complainant's bond should be forfeited to one or more respondents in whole or part may be initiated upon the filing of a motion by a respondent within 30 days after filing of the aforesaid Commission determination on violation.

(2) A complainant may file a motion for the return of its bond.

(b) Any nonmoving party may file a response to a motion filed under paragraph (a) of this section within 15 days after filing of the motion, unless otherwise ordered by the administrative law judge.

(c) A motion for forfeiture or return of a complainant's temporary relief bond in whole or part will be adjudicated by the administrative law judge in an initial determination with a 45 – day effective date, which shall be subject to review under the provisions of § §210.42 through 210. 45. In determining whether to grant the motion, the administrative law judge and the Commission will be guided by practice under Rule 65 of the Federal Rules of Civil Procedure.

[59 FR 67629, Dec. 30,1994]

Subpart I—Enforcement Procedures and Advisory Opinions

210.71   Information gathering.

(a) *Power to require information.* (1) Whenever the Commission issues an exclusion order, the Commission may require any person to report facts available to that person that will help the Commission assist the U.S. Customs Service in determining whether and to what extent there is compliance with the order. Similarly, whenever the Commission issues a cease and desist order or a consent order, it may require any person to report facts available to that person that will aid the Commission in determining whether and to what extent there is compliance with the order or whether and to what extent the conditions that led to the order are changed.

(2) The Commission may also include provisions that exercise any other information – gathering power available to the Commission by law, regardless of whether the order at issue is an exclusion order, a cease and desist order, or a consent order. The Commission may at any time request the cooperation of any person or agency in supplying it with information that will aid the Commission or the U. S. Customs Service in making the determinations described in paragraph (a) (1) of this section.

(b) *Form and detail of reports.* Reports under paragraph (a) of this section are to be in writing, under oath, and in such detail and in such form as the Commission prescribes.

(c) *Power to enforce informational requirements.* Terms and conditions of exclusion orders, cease and desist orders, and consent orders for reporting and information gathering shall be enforceable by the Commission by a civil action under 19 U.S. C. 1333, or, at the Commission's discretion, in the same manner as any other provision of the exclusion order, cease and desist order, or consent order is enforced.

(d) *Term of reporting requirement.* An exclusion order, cease and desist order, or consent order may provide for the frequency of reporting or information gathering and the date on which these activities are to terminate. If no date for termination is provided, reporting and information gathering shall terminate when the exclusion order, cease and desist order, or consent order or any amendment to it expires by its own terms or is terminated.

[59 FR 39039, Aug. 1,1994, as amended at 73 FR 38327, July 7,2008]

210.72   Confidentiality of information.

Confidential information (as defined in § 201.6(a) of this chapter) that is provided to the Commission pursuant to exclusion order, cease and desist order, or consent order will be received by the Commission in confidence. Requests for confidential treatment shall comply with § 201.6 of this chapter. The restrictions on disclosure and the procedures for handling such information (which are set out in § §210.5 and 210.39) shall apply and, in a proceeding under §210.75 or §210.76, the Commission or the presiding administrative law judge may, upon motion or sua sponte,issue or continue appropriate protective orders.

210.73　Review of reports.

(a) *Review to insure compliance.* The Commission,through the Office of Unfair Import Investigations,will review reports submitted pursuant to any exclusion order, cease and desist order,or consent order and conduct such further investigation as it deems necessary to insure compliance with its orders.

(b) *Extension of time.* The Director of the Office of Unfair Import Investigations may, for good cause shown,extend the time in which reports required by exclusion orders, cease and desist orders, and consent orders may be filed. An extension of time within which a report may be filed,or the filing of a report that does not evidence full compliance with the order,does not in any circumstances suspend or relieve a respondent from its obligation under the law with respect to compliance with such order.

210.74　Modification of reporting requirements.

(a) *Exclusion and cease and desist orders.* The Commission may modify reporting requirements of exclusion and cease and desist orders as necessary:

(1) To help the Commission assist the U.S. Customs Service in ascertaining that there has been compliance with an outstanding exclusion order;

(2) To help the Commission ascertain that there has been compliance with a cease and desist order;

(3) To take account of changed circumstances; or

(4) To minimize the burden of reporting or informational access.

An order to modify reporting requirements shall identify the reports involved and state the reason or reasons for modification. No reporting requirement will be suspended during the pendency of such a modification unless the Commission so orders. The Commission may,if the public interest warrants,announce that a modification of reporting is under consideration and ask for comment,but it may also modify any reporting requirement at any time

without notice,consistent with the standards of this section.

(b) *Consent orders.* Consistent with the standards set forth in paragraph(a)of this section,the Commission may modify reporting requirements of consent orders. The Commission shall serve notice of any proposed change,together with the reporting requirements to be modified and the reasons therefor,on each party subject to the consent order. Such parties shall be given the opportunity to submit briefs to the Commission,and the Commission may hold a hearing on the matter. Notice of any proposed change in the reporting requirements will be published in the Federal Register if the Commission determines to solicit public comment on the proposed change.

[59 FR 39039,Aug. 1,1994,as amended at 60 FR 53121,Oct. 12,1995]

210.75　Proceedings to enforce exclusion orders, cease and desist orders, consent orders, and other Commission orders.

(a) *Informal enforcement proceedings.* Informal enforcement proceedings may be conducted by the Commission,through the Office of Unfair Import Investigations,with respect to any act or omission by any person in possible violation of any provision of an exclusion order,cease and desist order,or consent order. Such matters may be handled by the Commission through correspondence or conference or in any other way that the Commission deems appropriate. The Commission may issue such orders as it deems appropriate to implement and insure compliance with the terms of an exclusion order, cease and desist order,or consent order, or any part thereof. Any matter not disposed of informally may be made the subject of a formal proceeding pursuant to this subpart.

(b) *Formal enforcement proceedings.* (1) The Commission may institute an enforcement proceeding at the Commission level upon the filing by the complainant in the original investigation or his successor in interest,by the Office of Unfair Import Investigations,or by the Commission of a complaint setting forth alleged violations of any

345

exclusion order, cease and desist order, or consent order. If a proceeding is instituted, the complaint shall be served upon the alleged violator and a notice of institution published in the Federal Register. Within 15 days after the date of service of such a complaint, the named respondent shall file a response to it. Responses shall fully advise the Commission as to the nature of any defense and shall admit or deny each allegation of the complaint specifically and in detail unless the respondent is without knowledge, in which case its answer shall so state and the statement shall operate as a denial. Allegations of fact not denied or controverted may be deemed admitted. Matters alleged as affirmative defenses shall be separately stated and numbered.

(2) Upon the failure of a respondent to file and serve a response within the time and in the manner prescribed herein the Commission, in its discretion, may find the facts alleged in the complaint to be true and take such action as may be appropriate without notice or hearing, or, in its discretion, proceed without notice to take evidence on the allegations set forth in the complaint, provided that the Commission (or administrative law judge, if one is appointed) may permit late filings of an answer for good cause shown.

(3) The Commission, in the course of a formal enforcement proceeding under this section may hold a public hearing and afford the parties to the enforcement proceeding the opportunity to appear and be heard. The hearing will not be subject to sections 554, 555, 556, 557, and 702 of title 5 of the United States Code. The Commission may delegate the hearing to the chief administrative law judge for designation of a presiding administrative law judge, who shall certify an initial determination to the Commission. That initial determination shall become the determination of the Commission 90 days after the date of service of the initial determination, unless the Commission, within 90 days after the date of such service shall have ordered review of the initial determination on certain issues therein, or by order shall have changed the effective date of the initial determination.

(4) Upon conclusion of a formal enforcement proceeding under this section, the Commission may:

(i) Modify a cease and desist order, consent order, and/or exclusion order in any manner necessary to prevent the unfair practices that were originally the basis for issuing such order;

(ii) Bring civil actions in a United States district court pursuant to paragraph (c) of this section(and section 337(f)(2) of the Tariff Act of 1930) to recover for the United States the civil penalty accruing to the United States under that section for the breach of a cease and desist order or a consent order, and to obtain a mandatory injunction incorporating the relief the Commission deems appropriate for enforcement of the cease and desist order or consent order; or

(iii) Revoke the cease and desist order or consent order and direct that the articles concerned be excluded from entry into the United States.

(5) Prior to effecting any modification, revocation, or exclusion under this section, the Commission shall consider the effect of such action upon the public health and welfare, competitive conditions in the U.S. economy, the production of like or directly competitive articles in the United States, and U.S. consumers.

(6) In lieu of or in addition to taking the action provided for in paragraph(b)(1) of this section, the Commission may issue, pursuant to section 337(i) of the Tariff Act of 1930, an order providing that any article imported in violation of the provisions of section 337 of the Tariff Act of 1930 and an outstanding final exclusion order issued pursuant to section 337(d) of the Tariff Act of 1930 be seized and forfeited to the United States, if the following conditions are satisfied:

(i) The owner, importer, or consignee of the article (or the agent of such person) previously attempted to import the article into the United States;

(ii) The article previously was denied entry into the United States by reason of a final exclusion order; and

(iii) Upon such previous denial of entry, the Secretary of the Treasury provided the owner, importer, or consignee of the article (or the agent of such person) with written notice of the aforesaid exclusion order and the fact that seizure and forfeiture would result from any further attempt to import the article into the United States.

(c) *Court enforcement.* To obtain judicial enforcement of an exclusion order, a cease and desist order, a consent order, or a sanctions order, the Commission may initiate a civil action in the U.S. district court. In a civil action under section 337(f) (2) of the Tariff Act of 1930, the Commission may seek to recover for the United States the civil penalty accruing to the United States under that section for the breach of a cease and desist order or a consent order, and may ask the court to issue a mandatory injunction incorporating the relief the Commission deems appropriate for enforcement of the cease and desist order or consent order. The Commission may initiate a proceeding to obtain judicial enforcement without any other type of proceeding otherwise available under section 337 or this subpart or without prior notice to any person, except as required by the court in which the civil action is initiated.

[59 FR 39039, Aug. 1, 1994, as amended at 73 FR 38327, July 7, 2008]

210. 76 Modification or rescission of exclusion orders, cease and desist orders, and consent orders.

(a) *Petitions for modification or rescission of exclusion orders, cease and desist orders, and consent orders.* (1) Whenever any person believes that changed conditions of fact or law, or the public interest, require that an exclusion order, cease and desist order, or consent order be modified or set aside, in whole or in part, such person may file with the Commission a petition requesting such relief. The Commission may also on its own initiative consider such action. The petition shall state the changes desired and the changed circumstances warranting such action, shall include materials and argument in support thereof, and shall be served on all parties to the investigation in which the exclusion order, cease and desist order, or consent order was issued. Any person may file an opposition to the petition within 10 days of service of the petition.

(2) If the petitioner previously has been found by the Commission to be in violation of section 337 of the Tariff Act of 1930 and if its petition requests a Commission determination that the petitioner is no longer in violation of that section or requests modification or rescission of an order issued pursuant to section 337(d), (e), (f), (g), or (i) of the Tariff Act of 1930, the burden of proof in any proceeding initiated in response to the petition pursuant to paragraph (b) of this section shall be on the petitioner. In accordance with section 337(k) (2) of the Tariff Act, relief may be granted by the Commission with respect to such petition on the basis of new evidence or evidence that could not have been presented at the prior proceeding or on grounds that would permit relief from a judgment or order under the Federal Rules of Civil Procedure.

(b) *Commission action upon receipt of petition.* The Commission may thereafter institute a proceeding to modify or rescind the exclusion order, cease and desist order, or consent order by issuing a notice. The Commission may hold a public hearing and afford interested persons the opportunity to appear and be heard. After consideration of the petition, any responses thereto, and any information placed on the record at a public hearing or otherwise, the Commission shall take such action as it deems appropriate. The Commission may delegate any hearing under this section to the chief administrative law judge for designation of a presiding administrative law judge, who shall certify a recommended determination to the Commission.

[59 FR 39039, Aug. 1, 1994, as amended at 61 FR 43433, Aug. 23, 1996]

210. 77 Temporary emergency action.

(a) Whenever the Commission determines, pending a formal enforcement proceeding under § 210.75(b), that without immediate action a violation of an exclusion order, cease and desist order, or consent order will occur and that subsequent action by the Commission would not adequately repair substantial harm caused by such violation, the Commission may immediately and without hearing or notice modify or revoke such order and, if it is revoked, replace the order with an appropriate exclusion order.

(b) Prior to taking any action under this

section,the Commission shall consider the effect of such action upon the public health and welfare, competitive conditions in the U.S. economy, the production of like or directly competitive articles in the United States, and U.S. consumers. The Commission shall, if it has not already done so, institute a formal enforcement proceeding under § 210.75(b) at the time of taking action under this section or as soon as possible thereafter, in order to give the alleged violator and other interested parties a full opportunity to present information and views regarding the continuation, modification, or revocation of Commission action taken under this section.

210.78 Notice of enforcement action to Government agencies.

(a) *Consultation.* The Commission may consult with or seek information from any Government agency when taking any action under this subpart.

(b) *Notification of Treasury.* The Commission shall notify the Secretary of the Treasury of any action under this subpart that results in a permanent or temporary exclusion of articles from entry, or the revocation of an order to such effect, or the issuance of an order compelling seizure and forfeiture of imported articles.

210.79 Advisory opinions.

(a) *Advisory opinions.* Upon request of any person, the Commission may, upon such investigation as it deems necessary, issue an advisory opinion as to whether any person's proposed course of action or conduct would violate a Commission exclusion order, cease and desist order, or consent order. The Commission will consider whether the issuance of such an advisory opinion would facilitate the enforcement of section 337 of the Tariff Act of 1930, would be in the public interest, and would benefit consumers and competitive conditions in the United States, and whether the person has a compelling business need for the advice and has framed his request as fully and accurately as possible. Advisory opinion proceedings are not subject to sections 554,555,556,557, and 702 of title 5 of the United States Code.

(b) *Revocation.* The Commission may at any time reconsider any advice given under this section and, where the public interest requires, revoke its prior advice. In such event the person will be given notice of the Commission's intent to revoke as well as an opportunity to submit its views to the Commission. The Commission will not proceed against a person for violation of an exclusion order, cease and desist order, or consent order with respect to any action that was taken in good faith reliance upon the Commission's advice under this section, if all relevant facts were accurately presented to the Commission and such action was promptly discontinued upon notification of revocation of the Commission's advice.

[59 FR 39039, Aug. 1, 1994, as amended at 73 FR 38327, July 7, 2008]

Appendix A to Part 210—Adjudication and Enforcement

Initial determination concerning:	Petitions for review due:	Response to petitions due:	Commission deadline fordetermining whether to review the initial determination:
1. Violation § 210.42 (a)(1)	12 days from service of the initial determination	8 days from service of any petition	60 days from service of the initial determination.
2. Forfeiture of respondent's bond § 210.50(d)(3)	10 days from service of the initial determination	5 business days from service of any petition	45 days from service of the initial determination.
3. Forfeiture of complainant's temporary relief bond § 210.70(c)	10 days from service of the initial determination	5 business days from service of any petition	45 days from service of the initial determination.

4. Summary initial determination that would terminate the investigation if it became the Commission's final determination § 210.42(c)	10 days from service of the initial determination	5 business days from service of any petition	45 days from service of the initial determination.

Initial determination concerning:	Petitions for review due:	Response to petitions due:	Commission deadline fordetermining whether to review the initial determination:
5. Other matters § 210.42(c)	5 business days from service of the initial determination	5 business days from service of any petition	30 days from service of the initial determination on private parties.
6. Formal enforcement proceedings § 210.75(b)	By order of the Commission	By order of the Commission	90 days from service of the initial determination on private parties.

[73 FR 38327,July 7,2008]